Im Energiekreis des Lebendigen

Herausgegeben von
Edith Zundel und Pieter Loomans

Im Energiekreis des Lebendigen

Körperarbeit und spirituelle Erfahrung

Herausgegeben von Edith Zundel und
Pieter Loomans

Herder
Freiburg · Basel · Wien

Gedruckt auf umweltfreundlichem,
chlorfrei gebleichtem Papier

Herstellung: Freiburger Graphische Betriebe 1995
Umschlaggestaltung: Joseph Pölzelbauer, Freiburg
Umschlagmotiv: © Mauritius Bildagentur
ISBN 3-451-23698-2

Inhalt

Edith Zundel

Körperarbeit und Spiritualität
Einleitung

Es ist nicht leicht, etwas Einführendes und Zusammenfassendes über Körperarbeit und Spiritualität, das Thema dieses Buches, zu schreiben. Körperarbeit, ‚über den Körper die Seele heilen' (*Boyesen*)[1], ist eine Arbeits- und Therapieform, die in den letzten Jahrzehnten mehr und mehr Raum gewonnen und so viele Varianten hervorgebracht hat, daß ein Überblick notwendigerweise lückenhaft bleiben muß. Mehr noch gilt das für Spiritualität, persönlich erlebte Religiosität, die, so alt wie die Menschheit, in neuen und alten Formen rund um die Welt noch erheblich vielgestaltiger und facettenreicher in Erscheinung tritt. Und schließlich ist die Verbindung zwischen beiden sehr komplex. Dazu kommt, daß es in der Körperarbeit und mehr noch in der Spiritualität um ein Erleben geht, das verbal nur schwer oder gar nicht mit Worten zu beschreiben ist.

Meine ersten persönlichen Erfahrungen mit Körperarbeit machte ich Anfang der siebziger Jahre bei den Anthroposophen. Da war die Hauschkamassage – eine wunderbare Sache. Eine reizende alte Dame behandelte mich mit sehr zarten Bewegungen, oft berührte sie mich kaum. Ein paarmal wurde ich auch in einen hölzernen Waschzuber mit badewannenwarmem Wasser gesetzt, das sie in feine Wellenbewegungen brachte. Und danach, obwohl oder vielleicht weil es so schön war, saß ich tränenüberströmt auf einer Bank am Waldrand; warum das so auf mich wirkte, habe ich erst Jahre später in meiner Lehrtherapie begriffen. Mit der reizenden alten Dame darüber zu reden traute ich mich nicht. Und da war auch die Eurythmie, die meinen Mann und mich – wir wurden jeweils einzeln behandelt – begeisterte. Bei dieser Bewegungsmeditation geht es nicht nur um den Körper wie in der Gymnastik. Es geht bewußt auch um die Anregung von Lebens-

[1] Die Namen der Autoren dieses Buches und Bemerkungen dazu werden hier und im folgenden kursiv gedruckt.

kräften (‚Ätherleib') und von seelischen Kräften (‚Astralleib') und noch mehr: ‚Ich bin auf dem Wege zum Geiste, zu mir', endet eine wichtige Grundübung. Ich habe damals gelernt, meinen Körper mehr zu akzeptieren und mich rundum wohler, harmonischer zu fühlen. Es gab auch viele Spezialübungen gegen Streß, Kopfweh, Depressionen. Und immer wieder Sinnsprüche von Rudolf Steiner. Gewissermaßen über den Körper habe ich viel über Anthroposophie gelernt.

Die nächste Erfahrung machten wir in Rütte, dem Zentrum der Initiatischen Therapie im Schwarzwald. Da war zunächst die Zen-Meditation. Wir lernten viel über Haltung und Hara, die eigene Mitte, über äußere und innere Stille und darüber, was man so alles ‚absitzen' kann. Es gibt dort auch eine Fülle von Übungen zu Bewegung und Haltung im Raum, Übungen mit dem Schwert und mit dem Pferd, Tai Chi und Aikido und Yoga und sakraler Tanz. Spezifisch für die Initiatische Therapie in Rütte ist die ‚Personale Leibtherapie'. Graf Dürckheim (mit Maria Hippius-Gräfin Dürckheim Begründer der Initiatischen Therapie) hat sie entwikkelt. Ich wurde dabei wirklich ‚liebevoll in die Hand genommen'. Aber es blieb nicht immer so sanft. Die Griffe in meine reichlich vorhandenen Verspannungen sind unvergeßlich. Liebevoll aber bestimmt wurde mir bedeutet: ‚nicht so wehleidig sein, reinatmen'. In Rütte muß man immer ‚durchs Kreuz'. Aber danach gibt es Momente der Öffnung, des Glücks und Momente, in denen man ganz da und ganz still ist – heilende, heilige Momente, die lange nachwirken.

Mein Mann hatte nicht lange vor unserem Aufenthalt in Rütte bei einem Sturz vom Kirschbaum die Wirbelsäule verletzt – eine sehr reale ‚Kreuzerfahrung', die die Richtung seines Lebens veränderte. In Rütte erlebte er gleich bei seiner ersten Leibtherapie Dinge, die ihn für den Rest seines Lebens dieser neuen Richtung und auch der Körpertherapie verpflichteten. Hauptberuflich politischer Journalist bei der Wochenzeitung ‚Die Zeit', absolvierte er nun die Ausbildung bei den Boyesens in Biodynamik. Er meditierte viel, tat sich auch in anderen Körpertherapieformen um, las darüber und versuchte immer wieder zu verstehen, was dahintersteckte. Die Sache erschien ihm sehr komplex. Er hat bis kurz vor seinem Tod 1989 daran gearbeitet, leider jedoch nichts dazu aufgeschrieben.

Von seiner Faszination ist etwas auf mich übergegangen, auch von dem Gespür für das Geheimnis der Verbindung unseres Körpers mit unserer Seele und mit dem Spirituellen. Ich bin in verbalen Therapieformen ausgebildet (Wissenschaftliche Gesprächspsychotherapie nach Rogers und Katathymes Bilderleben nach Leuner), aber ich erlebe diese Verbindung täglich in meiner therapeutischen Praxis. Da werden Hände oder Füße nicht mehr gespürt, ein Ring um die Brust schnürt den Atem ein, ein Korsett um den Bauch andere Organe; das geht bis hin zu Out-of-Body- und Wiedergeburtserlebnissen. Aus diesen Erfahrungsbereichen entstand für mich der Gedanke, das vorliegende Buch zusammenzustellen.

Allerdings hätte ich mich nicht daran gewagt, wenn nicht ein so versierter Leibtherapeut wie Pieter Loomans dieselben Intentionen gehabt hätte. Wir haben gemeinsam geplant und die Fachleute ausgesucht, die wir um Artikel baten. Wir erhielten nur eine einzige Absage. Allen anderen Autoren sind wir sehr dankbar, daß sie es mit ihren Beiträgen möglich gemacht haben, in einem Buch einen sehr großen Teil von den derzeit wichtigen Formen der Körperarbeit zusammen darzustellen. Pieter Loomans und seine Mitarbeiter haben im Herbst 1994 in Todtmoos einen Kongreß organisiert, auf dem unsere Autoren Vorträge hielten und Workshops machten. Mein Teil der Aufgabe ist die Zusammenstellung des Buches und seine Einleitung. Ich danke Tilman Evers und Jutta Reichardt für ihre Hilfe dabei.

* * *

Das Leib-Seele Problem ist alt. Seitdem der Mensch sich seiner Sterblichkeit bewußt wurde, haben Leib, Seele und die Frage, was nach dem körperlichen Tode kommt, also auch die Frage nach Spirituellem, die Menschheit beschäftigt. Dabei wurden Leib und Seele lange als Einheit gedacht, auch ein Weiterleben nach dem Tod stellte man sich irgendwie leiblich vor oder doch sehr ähnlich wie das leibliche Leben; dafür sprechen die vielen Grabbeigaben, die man seit der Zeit der Neandertaler nachweisen kann.

Aber schon bei den alten Ägyptern und deutlicher noch bei Plato kam es zur Trennung zwischen Leib und Seele. In die sinnenfrohe Welt des antiken Griechenland brachte er vierhundert Jahre vor Christi Geburt die Vorstellung, daß das Wahre, die allem zugrundeliegenden Ideen nur von einer möglichst reinen Seele erkannt werden können, d. h. einer Seele, die vom Leib abgetrennt ist, denn der Leib ist ‚der Kerker der Seele'. Im Neuen Testament schreibt der hellenistisch gebildete Paulus (1. Kor. 13) ganz ähnlich: „Wir sehen jetzt durch einen Spiegel in einem dunklen Wort, dann aber von Angesicht zu Angesicht. Jetzt erkenne ich stückweise, dann aber werde ich erkennen gleich wie ich erkannt bin".

Die Minderbewertung, die ‚Last' des Leiblichen und damit auch die Abwertung des Sexuellen, der Frau und der Natur und die Wertschätzung der Askese, zieht sich dann auch durch das ganze christliche Mittelalter. ‚Der Geist ist willig, das Fleisch ist schwach' – der Körper wurde zum ‚Bruder Esel' (Franziskus). Ähnliches findet sich übrigens nicht nur im Christentum, sondern auch in den meisten Hochreligionen der Welt.

Allerdings gibt es auch eine andere Seite. Die Bibel spricht nicht nur vom ‚Fleisch', sondern auch vom ‚Leib'. Althochdeutsch hieß ‚lip' Leben – und das ist immer leiblich (zur Lippe 1988, S. 11). Thomas von Aquin sieht den Menschen als ‚verleiblichte Seele' und den Leib als ‚materielle Wirklichkeit der Seele'. Die Gemeinschaft der mittelalterlichen Gläubigen erlebte sich als ‚Leib Christi'. In den Visionen der Hildegard von Bingen wurde dieser Christusleib sogar kosmisch als Gesamtgestalt der Welt begriffen, ähnlich wie der indische Purusha oder der germanische Ymir *(von Brück weist auf Ähnliches hin)*. Und schließlich ist das Christentum die Religion, in der Gott sich inkarnierte, „das Wort ward Fleisch und wohnte unter uns" (Joh 1, 14), um die Menschheit zu erlösen.

Eigentlich wurde erst während der Renaissance, zu Beginn der Neuzeit, im Zuge großer Veränderungen der Arbeits- und Lebenswelt der lebendige Leib, der wir sind, zum Körper, den wir haben (Dürckheim, zur Lippe). Es ist ein Körper, mit dem wir uns nicht mehr wirklich identifizieren, den wir besitzen, nutzen und gegebenenfalls reparieren lassen wie unser Auto. Descartes schreibt diese Veränderung mit der Trennung von Leib und Seele, von res extensa und res cogitans für die neuzeitliche Philosophie fest.

Die neue Einstellung zum Körper hatte praktische Folgen. Es kam zu einer rein körperlich orientierten Medizin, deren Ärzte noch Anfang unseres Jahrhunderts spotteten, sie hätten bislang bei keiner Operation eine Seele entdecken können. Für sie war – und ist – der Körper nicht viel anderes als eine komplizierte Maschine, deren Störungen konsequenterweise dann auch mit der modernen Apparatemedizin diagnostiziert und repariert wurden und immer noch werden.

Die Psychoanalyse Sigmund Freuds brachte eine Gegenbewegung, allerdings nicht ohne in die Gefahr der umgekehrten Einseitigkeit zu geraten. Freud begann damit, in Fallstudien die individuellen Lern- und Leidensgeschichten seiner Patienten zu erfassen, ihre Psychodynamik zu verstehen und so Möglichkeiten zu entwickeln, die Psyche zu heilen. Körperliches wurde dabei auf Krankheitssymptome und auf die Triebe, vor allem die Libido – sexuelle Energie in einem sehr weiten Wortsinn – begrenzt.[2]

In der humanistischen Psychologie und -therapie, die in der Mitte unseres Jahrhunderts aufkam, kommt der enge Zusammenhang zwischen Körperlichem und Psychischem wieder mehr zu seinem Recht; das wird bei fast allen Vertretern dieser Richtung deutlich: Bei Rogers wird das Organismische zum Maßstab von Einstellungen und Verhalten, Perls arbeitet direkt mit Körperlichem, Ruth Cohn achtet sehr auf Körpergefühle. Unter dem Dach der humanistischen Psychologie werden heute auch die meisten Körpertherapien eingeordnet.

Auch in der modernen psychosomatischen Medizin denkt man ganzheitlich und im System und bezieht auch das soziale Umfeld ein (Th. von Üxküll). Man kommt auch mehr und mehr von der groben Zuordnung von Krankheitssymptomen zu bestimmten, festgelegten Charakterstrukturen ab; ‚der Infarktpatient' oder ‚die Asthmatikerin' sind passé. Dafür werden, viel allgemeiner,

[2] Das macht auch das strenge Abstinenzvervot verständlich: Damit die Patienten ohne Risiko offen auch über Liebesgefühle und Sexuelles sprechen können, müssen sie sicher sein, daß es zu keinen körperlichen Übergriffen kommt. Deshalb dürfen Freudianische Psychoanalytiker – und viele andere nach ihnen – ihre Patienten nicht körperlich berühren. *In seinem Artikel setzt sich T. Moser gleich über zwei Tabus hinweg. Er bekennt sich dazu, Körperarbeit zu betreiben, also seine Patienten zu berühren, und er bekennt sich auch zu Momenten der ‚Andacht'. Dabei beschreibt er einen außerordentlich differenzierten Umgang mit Formen und Fehlformen religiösen Erlebens und Verhaltens.* Natürlich sind auch für Körpertherapeuten sexuelle Übergriffe tabu. Aber sie belächeln die Vorstellung, daß das körperliche Berühren von – meist völlig bekleideten – Klienten zu solchen Übergriffen führen muß. Nach meiner Erfahrung gibt es sowohl bei verbaler als auch bei Körpertherapie gelegentlich erotische Gefühle, aber es hängt weniger von der Arbeitsform als von der Integrität und dem Können des Therapeuten ab, ob er angemessen damit umgehen kann.

Zusammenhänge etwa zwischen depressiver Verstimmung und der Funktion des Immunsystems untersucht.

* * *

Die Geschichte der abendländischen Körpertherapie beginnt mit Wilhelm Reich. Er war ein brillanter Wissenschaftler und Therapeut, sozial aufgeschlossen und sehr engagiert, mit einem ausgeprägten Faible für Tabuthemen und einem ebenso ausgeprägten Talent, Autoritäten und Konservative aller Couleur gegen sich aufzubringen. Zwanzig Jahre jünger als Freud, gehörte Reich bald zu dessen engstem Kreis und nahm vor allem Freuds damals sehr revolutionäre Libidotheorie auf. Bei Freud selbst war das allerdings nicht mehr sonderlich opportun; er beschäftigte sich zu der Zeit schon mit anderem.

Für Reich verschmelzen in der befriedigenden sexuellen Erfahrung Spannung und Lust. Gesunde Sexualität, das ist für ihn orgastische Potenz, die Fähigkeit der Hingabe an den Fluß biologischer Energie, Erregungsentladung ohne Hemmung. Die Unfähigkeit, sich den Energiebewegungen im Orgasmus hinzugeben, ist Ursache aller Neurosen. Wenn sie das Herzsystem erfaßt, wird Angst daraus. Diese Theorie wurde damals von dem Kreis um Freud und der Öffentlichkeit teils begeistert aufgenommen, teils als Selbstverständlichkeit abgetan. Freud selbst wandte sich ab.

Als Kliniker und Supervisor analysierte Reich an vielen Fallstudien Abwehrmuster und Widerstandsverhalten. Von Einzelwiderständen kam er zu Widerstandmustern oder Charakterstrukturen, von da zum Charakterpanzer, der für ihn aus vielen Schichten von unterdrückten Trieben und durch Unterdrückung der Triebe ausgelöster Feindseligkeit bestand: eingefrorene Geschichte. Von da war es dann nur noch ein kleiner Schritt, einen Zusammenhang zwischen sexueller und ökonomischer Unterdrückung in der patriarchalischen Familie zu finden.

Und Reich sah diesen Zusammenhang nicht nur, er begann auch, sich intensiv für die Überwindung der Unterdrückung und der Lustfeindlichkeit der Gesellschaft und für eine Vermeidung von Neurosen durch Reform der Kinderpflege und Erziehung zu engagieren. Er schrieb über dialektischen Materialismus und Psychoanalyse und wurde Mitglied der Arbeiterhilfe, einer Untergruppe der österreichischen kommunistischen Partei. Er gründete

Sozialberatungsstellen und den Deutschen Reichsverband für Sexualpolitik, plädierte für Empfängnisverhütung, für die Aufhebung des Abtreibungsverbotes, für Beratung von Heranwachsenden, um die Qualität und Bedingungen von deren Liebesleben zu verbessern, plädierte für lebensbejahende Erziehung überhaupt und hatte mit all dem enormen Zulauf. Schließlich wandte er sich auch noch mit einer Schrift gegen den Nationalsozialismus.

Freud gefielen diese Aktivitäten nicht: ‚Es ist nicht die Aufgabe der Psychoanalyse, die Welt zu retten', und ‚Kultur ist auf Triebverzicht aufgebaut.' 1933/34 kam es zur Krise. Reich hatte sich zwischen alle Stühle gesetzt. Er wurde nicht nur aus der Psychoanalytischen Vereinigung, sondern auch aus der kommunistischen Partei ausgeschlossen. Auch seine Ehe wurde geschieden. In Berlin erlebte er schlimme Formen von Judenfeindlichkeit mit. Er emigrierte daraufhin zunächst nach Skandinavien, später in die USA.

In seiner theoretischen Arbeit war Reich damals an die Grenzen des ‚Nur-Psychologischen' geraten. Er suchte nach einer körperlichen Basis für seine Befunde und fand: Muskuläre Verkrampfungen sind die körperliche Seite des psychischen Verdrängungsvorgangs und die Grundlage seiner Erhaltung. Jede muskuläre Verkrampfung enthält die Geschichte und den Sinn ihrer Entstehung. Eine Neurose ist nicht nur eine Störung des psychischen, sondern auch eine Störung des vegetativen Gleichgewichts und der natürlichen Beweglichkeit. Umgekehrt gilt: Emotionale Reaktionen lassen sich auch dadurch hervorrufen, daß man jemand auf seine Haltung hinweist oder typische Haltungen übertreiben läßt. Muskuläre Verspannungen sind also nicht nur Ergebnis, sondern auch Ursache von Emotionen.

Bestimmte Verhaltensweisen lassen sich nicht nur bestimmten Charakterstrukturen zuordnen, sondern sind auch mit bestimmten Körperhaltungen verbunden, deren Funktion es war, Bewegung, Atmung und Gefühl zu kontrollieren. Die wirksamste Affektsperre ist die Atemsperre; das läßt sich schon bei Säuglingen beobachten, wenn sie zu lange frustriert werden (Kontraktion des Zwerchfells und Verhärtung der Bauchmuskulatur). Angesichts dieser Zusammenhänge begann Reich mit der direkten Arbeit am Körper. Die charakteranalytische Vegetotherapie war geboren.

Aber es fehlte noch ein Aspekt. Während der vegetotherapeutischen Arbeit mit Patienten kam es oft zu heftigen seelisch-körperlichen Entladungen. Danach entspannte sich der Gesamtorganismus, die Atmung wurde frei, und feine Wellenbewegungen erfaßten den ganzen Körper. Die Befreiung von muskulären Spannungen erlaubte offenbar eine vegetative Lebendigkeit, ein Zulassen von Energieströmungen, die sich in Wärme, leichtem Kribbeln und pulsierenden Reflexbewegungen des ganzen Rumpfes äußerten.

Mit dieser ‚Bioenergie', später nannte er sie ‚Orgon', machte Reich nun eine Fülle von physiologischen und biophysikalischen Experimenten, mit denen er das Wesen der Erregung des Lebendigen zu erfassen suchte. Er war schließlich davon überzeugt, daß es sich um eine kosmische Energie handeln muß, die alles durchdringt. Und natürlich setzte er seine Befunde auch ins Therapeutische um: Er baute einen ‚Orgonakkumulator', mit dem sich seiner Überzeugung nach auch Krebs behandeln ließ.

Die Öffentlichkeit reagierte – wieder einmal – teils mit Begeisterung, teils aber auch mit vehementer Ablehnung. Die amerikanische Aufsichtsbehörde für Drogen und Arzneimittel erwirkte ein Gerichtsurteil, das den Verkauf von Orgonakkumulatoren und auch den Verkauf von Reichs Büchern verbot. Reich, durch die Wechselfälle seines Lebens fanatisch und körperlich und seelisch krank geworden, ignorierte dieses Urteil. Er kam daraufhin ins Gefängnis und starb dort 1957.

Ein engagiertes, schwieriges Leben und eine große wissenschaftliche und therapeutische Leistung. Reich wurde postum nicht nur zum gedanklichen Vater der antiautoritären Erziehung und mit dem Schlagwort ‚make love not war' zum Helden der Studentenbewegung der achtundsechziger Jahre, er hat – und das dürfte seine wesentlichste Leistung sein – im Grundsatz die Theorie und Praxis der Körpertherapie entwickelt, auch wenn man heute manches anders sieht und auch anders begründet. Die Orgasmusfähigkeit zum Beispiel gilt längst nicht mehr als Zeichen völliger psychischer Gesundheit, und umgekehrt bedeutet ihr Fehlen auch nicht unbedingt eine schwere psychische Störung.

* * *

Reich hatte keine unmittelbaren Nachfolger. Er duldete gegen Ende seines Lebens nur noch unkritische Jünger um sich, seinen anderen Schülern hatte er sich durch bodenloses Mißtrauen entfremdet. Aber diese ehemaligen Schüler, darunter so bekannte wie Baker, Kelemann, Raknes und über ihn die *Boyesens, Pierrakos* und Lowen arbeiteten intensiv an der Sache weiter. Auch die Primärtherapie Janovs und die Gestalttherapie von Perls sind von Reichs Arbeit beeinflußt.

Am bekanntesten wurde zunächst wohl A. Lowen. Er gründete schon 1956 mit Pierrakos zusammen das ‚Institute for Bioenergetic Analysis'. Für den bioenergetischen Therapeuten ist jeder Ausdruck des Körpers von Bedeutung, die Art sich zu bewegen, Mimik, Blick, Stimme. Hartnäckig, halsstarrig, leisetreten, nicht auftreten können, nichts vertreten, keinen Standpunkt haben, hochnäsig sein oder ein Schlappschwanz, Lachen oder Weinen verbeißen – alle fixierten Körperhaltungen sind Ausdruck einer Kompensation von Mangel, Unterdrückung oder Frustration. Jede körperliche Unbeugsamkeit entspricht psychischer Starre und verhindert einheitliche, situationsgerechte Reaktionen. Früheste und wichtigste Abwehr ist die Unterdrückung von Atmung. Sie ist Ursache und Ergebnis von Angst.

Ziel der Bioenergetik ist es, Menschen zu helfen, ihre primäre Natur wiederzugewinnen. Freiheit, Anmut und Schönheit sind die natürlichen Attribute jedes animalischen Organismus. Freiheit bedeutet Abwesenheit von innerlichen Behinderungen gegen den freien Fluß von Gefühlen; Anmut ist der Ausdruck dieses Flusses in Bewegung, deren Schönheit eine Manifestation innerer Harmonie ist, die solcher Fluß mit sich bringt. Sie kennzeichnen einen gesunden Körper und damit auch einen gesunden Geist. Die primäre Natur jedes menschlichen Wesens ist Offenheit gegenüber Leben und Liebe. Unsere kulturbedingte zweite Natur ist es, auf der Hut, gepanzert, mißtrauisch, verschlossen zu sein. Dadurch schützen wir uns gegen Verletzungen. Werden diese Einstellungen in der Persönlichkeit jedoch fixiert, zum ‚Charakter', bedingen sie tiefere Verletzungen und größere Verkrüppelungen als die ursprüngliche Bedrohung.

Die charakteranalytische Arbeit aus Reichs mittleren Jahren wieder aufnehmend, beschäftigt sich Lowen mit solchen Störungen. Er beschreibt, wie Muskelverspannungen beim Schizoiden ihn zusammenhalten gegen die Furcht, in Stücke aufgelöst zu werden und Gefühle drohender Vernichtung abwehren, oder wie Verspannungen beim Depressiven auf Anklammern und Sich-Festbeißen und auf Angst vor Verlassenheit hindeuten. Verliert man den Bezug zur körperlichen Realität, der sinnlichen Grundlage von Vertrauen und Realitätsbewußtsein, verliert auch das Leben Sinn. Lowen hat viele neue Körperübungen erfunden, seine wichtigste methodische Verbesserung ist es jedoch, den Patienten buchstäblich auf die Beine zu stellen, ihn in seiner körperlichen Realität zu verwurzeln.

Solche und ähnliche Konzepte machten die Körpertherapie für viele akzeptabel, und so trat sie ihren Siegeszug an, auch wenn sie gelegentlich recht massiv gehandhabt wurde. Mittlerweile gibt es sehr viele unterschiedliche Formen. Da ist die direkte Behandlung einzelner Patienten oder Klienten durch einen Therapeuten im Zweierkontakt oder als Einzelarbeit innerhalb einer Gruppe (*Boadella, Mindell, Moser, Loomans, Panförder*). Andere arbeiten mehr mit Gruppen entweder so, daß die Gruppenmitglieder gleichzeitig etwas miteinander tun oder auch so, daß sie sich gegenseitig helfen oder ‚behandeln' (*Plesse/St. Clair, Galuska*). Meist spielt dabei die Gruppenatmosphäre oder -energie eine große Rolle. Bei *I. und D. Galuska* sind verschiedene Formen der Gruppenarbeit, die jeweils verschiedene Patientengruppen und deren Entwicklungs- und Therapiebedürfnisse ansprechen, in das Gesamtkonzept der Klinik eingebettet.

Mindell hat entdeckt, daß körperliche Symptome sich immer auch in Träumen zeigen und umgekehrt. Er nennt dies den ‚Traumkörper'. In seiner prozeßorientierten Psychotherapie bemüht man sich auf vielen Kanälen, verbalen, visuellen, auditiven, mimisch/gestischen, in der Beobachtung von Bewegung, Haltung und der eigenen Körpergefühle, herauszubekommen, wo ‚es' mit der Person, der Gruppe, der Stadt, der Erde hinläuft. Dieses ‚es' nennt Mindell auch Tao. Vom Träumen beim autogenen Training berichtet *Sedlak*. Ein besonders enger Kontakt zwischen Körperlichem und Traum oder Vision besteht beim Holotropen Atmen nach *Grof*, das hier von *Jahrsetz* dargestellt wird: Durch schnelles tiefes Atmen im Verein mit Musik entstehen veränderte Bewußtseinszustände, die sich sowohl in der Vision als auch in Körpergefühlen und -bewegungen ausdrücken. Beim Umgang damit wird bei Grof auch viel mit dem Prinzip gearbeitet, blockierte Körperenergie wieder in Fluß zu bringen. Auf eine Art, die von der Initiatischen Therapie in Rütte geprägt ist, arbeitet auch *Loomans* mit einer Verbindung von Körpertherapie, Träumen und Körperenergie.

Viele Körpertherapeuten konzentrieren sich auf Bewegung und Haltung. In den alten Traditionen Yoga (*Weis*) oder Zen (*von Brück*) geschieht das in vorgegebenen Formen. Die modernen Körpertherapeuten arbeiten eher freier und individueller (*Boadella, Boyesen, Mindell, Plesse/St. Clair*). Speziell im Rolfing (*Schwind*) bemüht man sich um das Gleichgewicht zwischen Körper und Schwerkraft. Die Gründerin, Ida Rolf, fragt: Wie tritt der körperliche Mensch in das Schwerkraftfeld der Erde, wie kann er sich dort möglichst leicht und harmonisch bewegen, und wie lassen sich Strukturmängel beheben? Ihre Arbeit konzentriert sie dann auf Bindegewebe und Gelenke.

Gerda, Mona-Lisa und Ebba Boyesen richten bei ihrer Arbeit mit Charakterpanzer und Körperenergie ihr Augenmerk auf das Verdauungssystem und seine Geräusche. Sie können damit erstaunlich gut Psychisches und Physisches diagnostizieren. Der Atem ist für alle Körpertherapeuten wichtig; bei der Atemtherapie nach *Middendorf,* die *Panförder* darstellt, steht er im Zentrum. Der ‚erfahrbare' Atem erlaubt unmittelbare, ursprüngliche Bewegungen und ermöglicht damit das Zusammenschließen von Leib, Seele und Geist. Bewegungen aus dem Atem entstehen durch Dehnung, Druckpunktarbeit und Vokalraumbildung.

Auch die Arbeit mit der Körperenergie gibt es in verschiedenen Körpertherapiesystemen. Ganz speziell haben sich der Reich-Schüler *Pierrakos* und seine Nachfolger darauf konzentriert. Pierrakos setzt diese Energie letztlich mit dem Bewußtsein gleich. Praktisch übte und lernte er schließlich, Chakren und Auren zu sehen und in ihnen bestimmte Störungen zu diagnostizieren. Er entwickelte danach nicht nur seine Coretherapie, sondern als deren Grundlage auch interessante Theorien zur Körperenergie. Auch *Loomans* stützt sich in seiner Arbeit an psychosenahen Zuständen auf das Konzept der Kundalinienergie. Der Chinese *Mantak Chia* macht mit seinem Tao Yoga altes östliches Wissen über Ch'i-Energie für westliche Menschen zugänglich und nutzbar.

Bei allen Unterschieden ist den Körpertherapien gemeinsam, daß der Körper niemals nur wie ‚ein Auto, das man hat', behandelt wird, sondern immer als ‚Leib, der ich bin', als ‚die Weise, in der ein Mensch in dieser Welt lebt' (Dürckheim), oder in den Worten Thomas von Aquins, als die ‚materielle Wirklichkeit der Seele'. Freiheit, Anmut, Schönheit und freier Fluß der Gefühle sind Ziele. Es ist von der Weisheit des Körpers die Rede, von der

Möglichkeit, über ihn an Unbewußtes, Primäres, Schöpferisches, an den eigenen Grund und die eigene Geborgenheit zu gelangen.

Darüber hinaus kommen so viele Menschen über die Körperarbeit an spirituelle, transpersonale Erfahrungen, geschieht so viel Körperarbeit mit Konzepten und Methoden aus alten spirituellen Weisheitslehren, sind so viele spirituelle Wege, wie zum Beispiel Yoga oder Tai ch'i körperliche Wege, daß man sich fragt, ob es über den Körper einen direkten Zugang zum Spirituellen, zum Numinosen gibt.

* * *

„Ganz plötzlich war ich von einer feuerfarbenen Wolke umgeben. Einen Augenblick lang dachte ich an Feuer, an ein Flammenmeer irgendwo nahebei in jener großen Stadt, im nächsten wußte ich, daß das Feuer in mir war. Unmittelbar darauf überkam mich ein Gefühl des Jubels, der unermeßlichen Freude, begleitet oder gefolgt von einer Erleuchtung des Verstandes, die ich unmöglich beschreiben kann. Ich begriff nicht nur, sondern ich sah, daß das Universum nicht aus toter Materie besteht, sondern im Gegenteil eine lebendige Gegenwart ist; mir wurde bewußt, daß ewiges Leben in mir ist. Es war nicht die Überzeugung, daß mir ewiges Leben zuteil werden würde, sondern das Bewußtsein, daß ich in diesem Augenblick ewiges Leben hatte; ich erkannte, daß alle Menschen unsterblich sind; daß die kosmische Ordnung so ist, daß ohne jeden Zweifel alle Dinge zum Besten von allem und jedem zusammenwirken, daß das Ursprungsprinzip der Welt, aller Welten, das ist, was wir Liebe nennen, und daß das Glück aller und jedes einzelnen auf lange Sicht eine absolute Gewißheit ist." (Burke, zit. nach Wilber 1984 S. 11)

So kann eine große transpersonale Erfahrung aussehen, die Erfahrung einer Wirklichkeit, die weit über alles Persönliche und unsere Alltagsrealität hinausreicht, eine Erfahrung der Einheit mit allem Seienden und eine Erfahrung der Liebe. Meist geht dies Erleben über das hinaus, was man mit Worten oder Bildern sagen kann. Aber echte Erfahrungen dieser anderen Wirklichkeit, mystische Erfahrungen, bewirken oft eine Veränderung des ganzen Lebens. Sie führen sogar bei zuvor skeptischen Naturen zu einem unerschütterlichen Glauben an die Wirklichkeit des Numinosen.

Große transpersonale Erfahrungen, ‚Erleuchtungserlebnisse', sind selten. Aber kleinere ‚Seinsfühlungen' (Dürckheim), Erlebnisse, die uns eine Ahnung vom Geheimnis dieser anderen Wirklichkeit vermitteln, kennen wir fast alle: Erlebnisse in der Natur, der Kunst, in der Begegnung mit besonderen Menschen. Ständigen oder ständig wiederaufnehmbaren Kontakt mit dieser anderen Wirklichkeit, wie ihn etwa Theresa von Avila in ihrem immerwährenden Herzensgebet beschreibt, haben und hatten wohl immer nur wenige.

Wir Menschen benennen diese andere Wirklichkeit mit vielen Namen: Gott, Allah, oder unpersönlich, Tao, Brahman oder die Leere, der alle Form entspringt; manche sagen auch vorsichtig die andere Dimension oder Transzendenz. Der Pionier und Klassiker der Transpersonalen Psychologie, C. G. Jung, nennt sie das ‚Selbst', und dieses Selbst bildet gleichzeitig den innersten Kern unserer Seele und umfaßt den ganzen Kosmos, es ist Meister Eckarts Funken Gottes in uns, oder das Atman der Hindus, das wesensgleich ist mit Brahman, dem Göttlichen.

Je nach unserer Kultur spinnen wir um die andere Wirklichkeit unterschiedliche Religionen, Dogmen und Institutionen. Aber das persönliche Erleben, das dem allen zugrunde liegt, ist auf der ganzen Welt merkwürdig ähnlich. Offenbar schöpft die ganze Menschheit aus demselben Strom. Schiller nannte ihn ‚die Religion hinter den Religionen', Leibniz die ‚philosophia perennis', die ewige Philosophie.

In dieser ewigen Philosophie ist man sich auch bewußt, daß die andere Wirklichkeit, das Numinose, ständig um uns ist wie die Luft, die wir atmen; wir sind jedoch selten offen dafür. Wir verstellen uns den Zugang durch unsere Geschäftigkeit und unsere Geschäfte, durch unsere Sorge um Besitz und Status, um Genuß und Sex. Um die andere Wirklichkeit zu erfahren, ist es nötig, nicht an diesen Dingen zu ‚haften', frei und rein und damit offen für das Eigentliche zu werden. Mystiker nennen dieses Sich-freimachen den Tod des Ego.

Die Menschheit hat seit Tausenden von Jahren Wege entwikkelt, um dem Numinosen nahezukommen: Wege der Ekstase und Wege der Stille in vielen verschiedenen Meditationsformen, Wege der Kontemplation und des Gebetes, der Körperbeherrschung und Askese (die es keineswegs nur im Christentum gibt), Wege der Todesnähe bei den Schamanen und viele andere. Es sind zum großen Teil körperliche Wege oder doch solche, die den Körper einbeziehen. Yoga (*Weis, Fuchs*) und Zen (*von Brück*) gehören dazu.

Besonders interessant sind die Wege über die Körperenergie. Man wäre vielleicht nicht so rüde mit Reichs Energiekonzept umgesprungen, wenn damals schon allgemeiner bekannt gewesen wäre, was östliche Weisheitslehren von dieser Körperenergie zu sagen wissen, und wie man dort damit umgeht. In Indien heißt diese Energie Kundalini; in China kennt man eine ähnliche Form, Chi'i. In beiden Bereichen gilt diese Energie als menschliche und göttliche Zeugungskraft. Auch für Reich ist Körperenergie nicht nur Libido, also Sexualität in einem weiten Wortsinn, sondern zugleich auch kosmische Energie.

Die Inder stellen sich die Kundalinienergie wie eine Schlange vor, die aufgerollt am Ende der Wirbelsäule jedes Menschen ruht. Wird sie wachgerufen, steigt sie durch die ‚Shushumma' entlang der Wirbelsäule hoch und aktiviert dabei die Chakras. Chakras sind Zentren feinstofflicher Energie. Für Hellsichtige sehen sie wie Lotusblüten aus; so werden sie auch meist dargestellt. Jedes Chakra (= Rad) hat eine bestimmte Anzahl von ‚Speichen' und ist in einer bestimmten Weise gefärbt. Ist es aktiviert, dreht es sich wie ein Feuerrad. Mit Hilfe von ‚Nadis', einer Art feinstofflicher Nervenbahnen, wird die Energie dann im Körper verteilt. Die Chakras sind Nahtstellen; hier geht Körperliches und Seelisches ineinander über und durchdringt sich.

Jedes Chakra hat einen eigenen Charakter. Steigt die Kundalinienergie auf, erfährt der Übende bei jedem Chakra eine besondere Art der Glückseligkeit (Ananda), erwirbt er besondere psychische Kräfte (Siddhi) und eine bessere Form von Erkenntnis. Deshalb werden Chakren auch als Zentren des Bewußtseins (Chaitanya) bezeichnet. (*Boadella, der in seinem Artikel Einschlägiges aus sehr vielen spirituellen Traditionen zusammenstellt, bringt dort auch die Besonderheiten der einzelnen Chakras in europäisierter Form.*) Wenn alles gut geht, steigt die Kundalini schließlich zum letzten, dem siebenten Zentrum – es liegt nicht mehr wie die anderen sechs innerhalb des grobstofflichen Körpers, sondern etwas oberhalb des Kopfes über dem Scheitel – und vereinigt sich dort mit der kosmischen Energie. Hier entfaltet die Kundalinienergie ihre volle Kraft und bringt letzte Weisheit, Seligkeit und Erleuchtung. Der Heiligenschein auf mittelalterlichen Bildern ist vermutlich eine christliche Darstellung dieser Situation.

Der Weg dahin ist allerdings weit und kann an vielen Punkten auf Abwege führen. Wird er unter Anleitung eines guten Meisters begangen, umfaßt er Reinigungsübungen, Hatha-Yoga, bestimmte Mudras und intensive Konzentration; er dauert viele Jahre. Gopi Krishna, ein indischer Bahnbeamter, erlebte als Folge seiner Yogapraxis plötzlich dramatische körperliche und seelische Veränderungen. Die Energie strömte und tanzte förmlich durch seinen Körper. Doch sein anfängliches Staunen und Glücksgefühl verschwand bald. Die Energie hörte nicht mehr auf, machte ihn fast bewegungsunfähig und quälte ihn so, daß er manchmal nächtelang nicht schlafen konnte. Erst nach zwölf Jahren dieses Alptraums gelang es ihm, sie in seinem Körper ins Gleichgewicht zu bringen und sie auf kreative Weise anzuwenden. Er wurde dadurch zum Dichter und Autor von einem Dutzend Bücher. Eines davon schrieb er zusammen mit dem Physiker und Philosophen Carl Friedrich von Weizsäcker. Dieser sagt über ihn: „Das Eigentümliche seiner Erfahrung und der ganzen Yogaschule, auf die ihn diese Erfahrung verwiesen hat, ist die somatische Selbstwahrnehmung eines Bewußtwerdevorgangs."

Auch bei modernen westlichen Menschen gibt es spontane Kundalinierfahrungen. Sie führen in unserer Kultur, in der sie ja wenig gekannt und anerkannt werden, nicht nur zu sensitiven Öffnungen, paranormalen Fähigkeiten oder zu höherer Weisheit, sondern auch häufig zu Verwirrungszuständen bis hin zur Psychose. Manche Therapeuten, wie zum Beispiel Maria Hippius-Gräfin Dürckheim, sind sogar davon überzeugt, daß fehlgeleitete Kundalinienergie an der Basis von neunzig Prozent aller Psychosen liege. *Loomans beschreibt die Behandlung psychosenaher Zustände auf der Basis des Kundalinikonzepts.*

Das Chakrensystem ist im Hinduismus ausgebildet, es existiert jedoch auch im Buddhismus, in beiden Fällen im tantrischen Rahmen. Die Chakren und Nadis sind in beiden Systemen dieselben, aber die Buddhisten entnehmen ihre Symbolik der buddhistischen Ikonographie, und ihre meditative Praxis unterscheidet sich wesentlich vom hinduistischen Kundaliniyoga.

Im Hinduismus ist noch eine andere kosmische Energie bekannt: Prana. Sie durchdringt und erhält den Körper und manifestiert sich in den Geschöpfen am deutlichsten als Atem. Sie spielt im Hathayoga und bei Patanjali eine wichtige Rolle. Auch die *Atemarbeit nach Middendorf, die Panförder beschreibt,* ist davon beeinflußt.

Das chinesische Ch'i hat Ähnlichkeit mit der Kundalinienergie. Es ist ein zentraler Begriff des Taoismus und der chinesischen Medizin. In der Medizin bedeutet Ch'i allgemeine Lebensenergie, die im Körper in sogenannten Meridianen zirkuliert und den Aufbau und das Wachstum reguliert. Störungen im Kreislauf oder Blockaden des Ch'i sind verantwortlich für Krankheiten. Die mittlerweile auch im Westen angewandte Akupunktur basiert auf diesen Vorstellungen und nutzt sie. Im Taoismus bedeutet Ch'i Lebenskraft, Atem, kosmischer Geist, Urenergie, die alle Dinge durchdringt und belebt. Ko Hung, einer der großen alten Taoisten schreibt: „Der Mensch ist in Ch'i und Ch'i ist innerhalb des Menschen. Himmel und Erde und die Zehntausend Wesen, alle benötigen sie das Ch'i, um am Leben zu bleiben" (hier und im folgenden zitiert nach Diener et al. 1986, S. 74).

In der chinesischen Schöpfungsgeschichte heißt es: „Als Himmel und Erde noch nicht getrennt waren, war nichts als ein nicht unterschiedenes Eines. Dieses Eine wurde geteilt, und es entstanden Yin und Yang. Was Yang-ch'i empfing, stieg hell und klar empor und ward Himmel. Was Yin-ch'i empfing, sank schwer und trüb zur Tiefe und ward Erde. Und was gerecht und ausgewogen sowohl Yin-ch'i als Yang-ch'i empfing, das war der Mensch." Der Mensch ist hier also ausgewogene Mitte zwischen Himmel und Erde. Innere und äußere Ausgewogenheit und Harmonie sind denn auch die wesentlichen Ziele im Umgang mit der Ch'i-kraft.

Im Körper der Menschen wird Ch'i im ‚Ozean des Atems' in der Nähe des Nabels akkumuliert. Es muß sorgsam gehütet und am Verströmen gehindert werden, sonst sind Krankheit und Tod die Folge. Ch'i kann durch verschiedene Übungen gestärkt und vermehrt werden. Anders als bei der Kundalinienergie üben die Chinesen aber nicht nur, die Ch'i-energie aufsteigen zu lassen; sie lassen sie auch wieder absteigen, so daß ein Kreislauf entsteht. „Der Mensch, der sich darauf versteht, sein Ch'i zirkulieren zu lassen, erhält seine Person und bannt Übel, die ihm schaden könnten", weiß Ko Hung.

Ch'i bedeutet auch Atem. Wie der Mensch atmen auch Himmel und Erde. Ihr Atem ist wie beim Menschen beim Einatmen rein, beim Ausatmen verbraucht. Daher teilt sich ein Tag in zwei Abschnitte: In die Zeit des lebendigen Ch'i zwischen Mitternacht und Mittag atmen Himmel und Erde ein und in die Zeit zwischen Mittag und Mitternacht, der Zeit des toten Ch'i, atmen

Himmel und Erde aus. Nur während der Zeit des lebendigen Ch'i dürfen nach taoistischer Auffassung Atemübungen ausgeführt werden, denn nur zu dieser Zeit kann man positive Energie in sich aufnehmen.

Das taoistische Ziel ist ‚Unsterblichkeit'. Das ist natürlich vielschichtig zu interpretieren. Mag sein, daß die alten ‚Unsterblichen', die den Staub der Welt von ihren Füßen geschüttelt und sich in die westlichen, heiligen Berge oder ihr Inselreich zurückgezogen hatten, mit ihren Übungen, ihrer einfachen, natürlichen Lebensweise und ihrer taoistischen Weisheit wirklich sehr alt geworden sind. Mag sein, daß Volkspriester, um sich ein Zubrot zu verdienen, auch Fleisch- und Blut-Unsterblichkeit versprachen. Aber die eigentliche Unsterblichkeit ist natürlich auch für Taoisten eine Geistige.

Ähnliche Vorstellungen von einer Körperenergie gibt es auch im Schamanismus und anderen spirituellen Traditionen. Im Westen wurden der Kundalini- oder der Ch'i-Energie entsprechende Konzepte und die dazugehörige Praxis schon Ende des vorigen Jahrhunderts – also schon vor Reich – von der Theosophie und dann vor allem von der Anthroposophie Rudolf Steiners aufgenommen. *Fuchs beschreibt sehr interessant die Rezeption des Yoga in Deutschland.* Hier sei mit Steiners Worten eine Differenzierung dessen angefügt, was wir bislang als Unterscheidung des grobstofflichen und des feinstofflichen Körpers kennengelernt haben. Für Steiner – und in entsprechenden anderen Systemen – gibt es vier ‚Wesensglieder', den physischen Leib, den Äther-, Lebens- oder Bildekräfteleib, den Astralleib, und das Ich (eine Grobgliederung, die Steiner auch noch in verfeinerteren Formen ausgeführt hat).

a) Der physische Leib ist aus den mineralischen Stoffen der Umwelt gebildet. Er ist das älteste und vollkommenste Wesensglied und bildet den festen irdischen Rahmen, in dem sich Seelisches und Geistiges entfalten kann. Durch seine Sinneswahrnehmungen verbindet er den Menschen mit seiner Innen- und Außenwelt.

b) Der Äther, Lebens- oder Bildekräfteleib ist der Architekt des physischen Leibes, er durchdringt den physischen Leib, hält ihn zusammen und macht ihn lebendig. Er sorgt für Atmung, Wärme, Ernährung, Absonderung, Erhaltung, Wachstum und Reproduktion. Wir haben ihn mit der Pflanze gemeinsam, doch diese lebt gleichsam in dauerndem Schlaf.

c) Der Astralleib umfaßt alles Seelische, das Bewußtsein, Empfindungen von Lust und Schmerz, das Erleben äußerer Eindrücke als Innenwelt usw. Wir haben ihn mit den Tieren gemeinsam. Der Astralleib umgibt die physische Gestalt des Menschen als ungefähr eiförmige Wolke, der Aura. Sie ist bei verschiedenen Menschen unterschiedlich groß. Hellsichtige sehen in ihr Fluten von Farben, in denen sich die Grundeigenschaften eines Menschen und seine momentanen Affekte und Stimmungen ausdrücken. Bei spirituell weit entwickelten Menschen ist die ganze Aura durchstrahlt. Die Mandorla auf mittelalterlichen Bildern stellt eine solche Erscheinung dar, die damals wahrscheinlich noch von vielen Menschen wahrgenommen werden konnte.

d) Das Ich, spezifisch menschlich, verhilft zu einer gewissen Unabhängigkeit von Empfindungen, es kann sie suchen, ihnen ausweichen, sie beherrschen, weiß, daß seine inneren Erlebnisse nur ihm selbst angehören und hat ein von anderen unterschiedenes Selbstbewußtsein. In ihm ist auch ein Tropfen des allgemeinen Geistes, der Teil Gottes im Menschen.

Diese Darstellung geht auf die *Vedanta Lehre* zurück, *die Weis beschreibt*. Was Steiner ‚Wesensglied' oder ‚Leib' nennt, heißt dort ‚Hülle', und über die Hüllen des Grobstofflichen, Vitalen und Emotionalen hinaus gibt es an Stelle der Steinerschen ‚Ich' noch eine vierte, die Denk- und Intelligenzhülle, und eine fünfte, die Seligkeitshülle oder Kausalkörper genannt wird. Das Geistige oder Absolute ist mit keiner dieser Hüllen identisch und doch ist es sie alle.

Praktisch arbeitet man in der westlichen Körperarbeit, wie bereits erwähnt, nicht nur in der anthroposophischen Hauschkamassage und Eurythmie mit Körperenergie und Energiekörpern, sondern auch bei *Pierrakos* und seinen Nachfolgern, bei *Boadella*, den *Boyesens, Loomans* und anderen. Dabei gilt die Grundregel: Mit den zupackenden Bewegungen der üblichen Massage erreicht man den physischen Körper, mit feineren Berührungen den Ätherleib, eine Aurabehandlung geschieht in einer gewissen Entfernung vom physischen Körper. Bei der Eurythmie erreicht man die verschiedenen Wesensglieder mit etwas unterschiedlichen Bewegungen.

Weder Körperenergie noch Energiekörper sind in der westlichen Schulmedizin und -psychologie offiziell anerkannt. (Die

Anwendung dieser Konzepte bei der Akupunktur bildet eine gewisse Ausnahme; einige Krankenkassen übernehmen sogar schon die Kosten dafür.) Sowohl in Indien als auch im Westen gibt es inzwischen jedoch naturwissenschaftlich orientierte Forschung auf dem Gebiet.

Im Alternativbereich arbeitet man viel mit der Körperenergie, allerdings mit recht unterschiedlicher Kompetenz dafür. Für viele Körpertherapeuten sind physische und psychische Krankheitssymptome Signale dafür, daß der Energiefluß nicht in Ordnung ist. Kann man diesen Fluß wieder zum Fließen bringen, verlieren sich auch die Symptome. Auf der Ebene der Körperenergie und der Energiekörper geschieht vermutlich auch vieles, was mit ‚Geistheilung' und anderen paranormalen Fähigkeiten zu tun hat. Es ist wohl auch die Ebene, auf der man dem Geheimnis der Verbindung von Körper und Spiritualität besonders nah ist.

Über dieser geheimnisvollen Energie sollte man nicht vergessen: auch unser grobstofflicher Körper ist ein Wunderwerk, ein würdiges Gefäß, ein Tempel des Geistigen und des Spirituellen. Schon möglich, daß er, im Sinne des mystischen ‚wie unten so oben' Abbild von etwas viel Größerem ist. ‚Im Himmel Indras, so sagt man, hängt ein Netzwerk von Perlen so angeordnet, daß du beim Anblick einer Perle alle anderen in dieser widergespiegelt siehst. Genauso ist jeder Gegenstand der Welt nicht nur er selbst, sondern ein Teil jedes anderen, er ist in Wirklichkeit alles andere', heißt es in der Avatamsaka Sutra (zit. nach Grof 1985, S. 84). Die moderne Holographie, basierend auf den Interferenzmustern des Lichts, bringt Ähnliches. Ein holographisches Photo kann man zerschneiden und trotzdem in jedem Teilstück das Ganze erkennen. Vielleicht ist unser Körper, der grobstoffliche und der subtile, eine solche Perle, ein solches holographisches Photo, das den ganzen Kosmos spiegelt. Und es spricht manches dafür, daß der Kosmos tatsächlich wie ein unendlich großer Organismus ist, wie manche spirituellen Traditionen annehmen, und wie es auch bei *von Brück* anklingt.

* * *

In der philosophia perennis entsprechen die verschiedenen Körperebenen einer Entwicklungslinie, der ‚Großen Kette des Seins'. Sie findet sich fast in allen mystischen Traditionen. Der persische Dichter und Mystiker Rumi beschreibt sie so: „Ursprünglich warst du Ton. Vom Mineral hast du dich zum Pflanzlichen hin entwickelt, vom Pflanzlichen zum Tierischen, zum Menschen. Während dieser ganzen Entwicklung hat der Mensch nicht gewußt, wohin er ging. Aber er war auf diese Reise geschickt worden. Und wir werden noch durch hunderte unterschiedlicher Welten weitergehen müssen." Vielleicht, so wird dieser Evolutionsgedanke manchmal weitergeführt, hat diese Reise auch für das Universum Bedeutung, vielleicht wird es sich auf diesem Wege seiner selbst bewußt. Diesen Gedanken haben C. G. Jung und andere, neuerdings besonders ausführlich auch Ken Wilber, weitergeführt.

Ken Wilber, der Vordenker der transpersonalen Psychologie und Philosophie, beschreibt die Entwicklung der Materie, des Lebendigen und des Geistes im Sinne der Großen Kette des Seins (Wilber 1984, 1995). Er hält das Welt- und Menschenbild der ewigen Philosophie für tiefgründiger und sehr viel dauerhafter als die Welt- und Menschenbilder der modernen wissenschaftlichen Theorien. Aber er bezieht auf atemberaubende Weise nicht nur die modernen Natur-, Sozial- und Geisteswissenschaften, sondern auch die Philosophie von Plato über Kant bis Hegel und vor allem Habermas in seine Darstellung der Evolution mit ein.

Für Wilber besteht die Welt auf der Ebene der Materie, des Lebendigen und des Geistes primär weder aus Einzelteil noch aus etwas Gantem, sondern aus Einheiten – er nennt sie Holone – die sich aus Untereinheiten zusammensetzen und ihrerseits wieder Teil einer größeren Einheit sind. Ein Wasserstoffmolekül, zum Beispiel, setzt sich aus Atomen zusammen. Treffen zwei Wasserstoffmoleküle auf ein Sauerstoffmolekül, bildet sich Wasser. Wasser wiederum ist Bestandteil von vielen Dingen, auch von einer lebenden Zelle. Diese wiederum kann Teil eines Organs sein, etwa des Herzens, das wiederum zu einem Körper gehört und so weiter. Jedes höhere System umfaßt dabei alle unteren Systeme,die seine Basis bilden. Die Holone haben einiges gemeinsam. Neben ihrer Fähigkeit, die eigene Identität aufrecht zu erhalten und sich mit ihrer Umgebung zu arrangieren, ist es vor allem ein ziemlich dringliches Streben nach Höherem, nach Transzendenz in immer kompliziertere, differenziertere und umfassendere Systeme. Das ist eine Tendenz, die sich innerhalb des Weltbildes der modernen Naturwissenschaft nicht erklären läßt. Wilber kümmert sich auch um das ‚Innenleben' seiner Holone.

Die Innenansicht der Großen Kette des Seins ist ein auf jeder Stufe wachsendes Bewußtsein; angefangen bei der Irritation, die schon eine Zelle zeigen kann, über immer differenzierter werdende Empfindungen bis hin zum Denken und zum Spirituellen. Man kann auch sagen: ‚Gott schläft im Stein, atmet in der Pflanze, träumt im Tier und erwacht im Menschen.'

Die Entwicklung verläuft nicht völlig unproblematisch und geradlinig; sie kann steckenbleiben oder auch regredieren. Holone können nicht nur in höhere Systeme transzendieren, sie können sich auch wieder nach unten bewegen, das heißt, sich in derselben Reihenfolge zurückentwickeln, in der sie sich aufgebaut haben. Sie können auch ganz zusammenbrechen. Die Entwicklung ist umso gefährdeter, je höher es geht und je differenzierter die Systeme werden. Und sie ist besonders schwierig an den Dreh- und Angelpunkten von der unbelebten Materie zur belebten Natur – so viel wir wissen, gab es da nicht wenige Um- und Irrwege – und beim Übergang vom Lebendigen zum Geistigen. Millionen von Jahren seiner Entwicklung war der Mensch nur Körperwesen und Mutter Natur übermächtig. Diese Situation zu transzendieren, war so schwierig, daß das Körperliche und damit auch Natur und Frau oft völlig abgespalten und verteufelt, mindestens aber kontrolliert und beherrscht werden mußten. Bis heute haben moderne westliche Menschen in aller Regel kein unproblematisches Verhältnis zu ihrem eigenen Körper und auch nicht zur Natur, von den Frauen ganz zu schweigen. Das Weibliche im Mann und das Männliche in der Frau ist noch keineswegs richtig integriert. Der geistigen Seite unseres Wesens fehlt damit die solide Basis.

Dem modernen Menschen diese Basis wieder zu verschaffen, ist die Grundaufgabe der Körperarbeit. Überall zeigt sich das Bemühen, über den Körper die ‚Primärpersönlichkeit', das Spontane, Anmutige, Tier- oder Kindähnliche wieder erleb- und lebbar zu machen. Das ist im Prinzip richtig, aber es besteht eine Gefahr dabei. Dies ‚zurück zur Natur' kann und darf nicht heißen ‚auf die Bäume ihr Affen'. Eine völlige Regression in frühere, ‚natürlichere' Seinsweisen ist nicht nur nicht mehr möglich, sondern wäre auch eine Katastrophe für die individuelle und die Menschheitsentwicklung – und auch für die Natur. Sowohl in der Körperarbeit als auch in der Ökologie- und der Frauenbewegung wird da oft zu kurzschlüssig gedacht und gehandelt. Die Lösung kann nur heißen: zurück zur Natur, zum Körper, um dann Körper und Geist angemessen integrieren zu können. Nur so ist eine solide Weiterentwicklung möglich. „Körper und Geist müssen zur Erfahrung eines integrierten Selbst werden", sagt Wilber und benützt das Bild des Zentauren dafür, des weisen und gütigen Tiermenschen der griechischen Mythologie. Die Erfahrung des integrierten Selbst führt auch zu einem neuen Bewußtsein, zu einem neuen Denken und Handeln; ‚visionäre Logik' (vision logic) nennt Wilber das.

Die Bewußtseinsentwicklung beim Menschen teilt Wilber grob in drei Bereiche, den praepersonal/unbewußten, der in der Individualentwicklung etwa bis zum sechsten Lebensjahr reicht, den personal/bewußten, den Bereich des logischen Denkens, der moralischen Reife und persönlichen Autonomie, um den wir uns als Erwachsene mit mehr oder weniger Erfolg bemühen; und den transpersonal/überbewußten, den Bereich der Schamanen, Heiligen und Weisen, für den sich mehr und mehr Menschen öffnen. Die visionäre Logik ist für Wilber das letzte Entwicklungsstadium des personalen Bewußtseins, erst danach kommt der transpersonale, überbewußte Bereich. Es ist sehr wichtig, gerade auch, wenn wir uns um Transpersonales, Spirituelles bemühen, die Entwicklung des personalen, bewußten Bereiches nicht zu überspringen; denn ein Bypass vom Prae- zum Transpersonalen führt schnell zur ‚transpersonalen Süchtigkeit'.

Lama Anagarika Govinda beschreibt die Verbindung von Körper und Geist so: „Ein Mensch, der eine Buddhastatue betrachtet, wird – selbst wenn er von der Lehre des Buddha nichts weiß – zu dem Schluß kommen, daß dies die vollkommene Darstellung eines vergeistigten Menschen ist, eines Menschen, der nie den festen Grund unter den Füßen verlor, weil er seine Körperlichkeit akzeptierte und adelte, ohne jedoch daran zu haften und ohne von ihr abhängig zu sein, und der so in Frieden mit sich und der Welt lebt. Welche innere Heiterkeit und Glückseligkeit spiegeln sich in seinem Gesicht, welcher Gleichmut und welche Ruhe in jedem Glied seines Körpers, welches tiefe Schweigen und welche Harmonie ... Hier ist höchste Glückseligkeit, mit einem Wort: Ganzheit – Vollkommenheit ... Solange wie wir Materie und Geist als unversöhnliche Gegensätze betrachten, zerreißen wir die Welt in zwei Hälften und verlieren den Boden unter den Füßen. Es war die Tragödie aller Religionen, daß sie versuchten, die

Menschen der Welt zu entfremden, in der sie geboren waren. Statt die Menschen, wie es ihre Pflicht und Aufgabe gewesen wäre, zur Entwicklung der Welt zu stimulieren, lehrten sie sie, diese zu verdammen und zu vernachlässigen" (Govinda 1986, S. 94).

Im Verhältnis zwischen dem Menschen und seinem Körper, seiner Welt und seinem Gott findet Wilber (1995) zwei Grundbewegungen. Die erste ist eine Bewegung von der Welt weg zu einem transzendenten Gott. ‚Mein Reich ist nicht von dieser Welt' – ein mönchisches, asketisches Ideal, für das Körperliches, speziell Sexuelles, durch und durch sündhaft ist. Die Welt ist ein Jammertal, der Mensch kann dort nicht glücklich sein und flieht vor ihren vielen Erscheinungen zu dem Einen. Die zweite Bewegung ist der ersten entgegengesetzt. Der Mensch flieht vor dem Einen in die Umarmung des Vielen. Gott verkörpert sich in jedem Sonnenaufgang, in jeder Quelle, in jedem Menschen, er ist völlig immanent, ein Fest für die Sinne, den Körper und die Sinnlichkeit. Die erste Bewegung ist der Weg der Weisheit, des Eros, des Männlichen, die zweite der Weg des Mitgefühls, der Liebe (Agape), des Weiblichen. Schon Plato und nach ihm Plotin kannten diese Auf- und Abbewegung.

Die Vertreter des aufsteigenden Weges verteufeln den absteigenden und umgekehrt. Geschichte läßt sich als Krieg zwischen diesen Bewegungen, diesen Idealen, diesen Göttern (oder Gott und Göttin) lesen. Im Mittelalter war die aufsteigende Bewegung stark, die Menschen bauten im wirklichen und übertragenen Sinn gotische Dome. In der Neuzeit leben wir völlig auf dieser Erde. Ob Marxismus, Konsumorientierung, Sexualität – wir suchen unser Heil völlig im Diesseits. Das brachte viel Gutes: Demokratie, Befreiungsbewegungen für Sklaven und Frauen, Legalität, Wissenschaftlichkeit. Aber unsere Welt ist auch flach und fadenscheinig geworden und unsere horizontalen Fortschritte fragwürdig. Die Menschen sind von ihrer transzendenten Quelle abgeschnitten.

Außerdem: Evolution ist ein aufsteigender Prozeß, und Transzendenz ist eine Grundtendenz des Universums – eine Tatsache, die die Wissenschaft nicht erklären kann. Man kann an diesem Punkt resigniert die Achseln zucken. Man kann auch – es ist gar kein so großer Schritt – mit Schelling, Hegel, Aurobindo und Wilber sagen: Evolution ist Geist-in-Aktion oder auch ‚God-in-themaking'. Und dies unbeschadet der Tatsache, daß Gott, das Geistige, mehr ist als Evolution und immer schon da.

Wenn Eros ständig neue Formen, neue Systeme produziert, dann ist Agape die Kraft, das Neue zu integrieren und in sich aufzunehmen. Eros streckt sich nach oben, um auszubrechen, Agape nach unten, um zu umarmen. Weisheit und Liebe, die männliche und die weibliche Seite Gottes, Geist und Körper – ist es möglich, daß aus dem Kampf eine Liebesgeschichte wird, aus der Neues entsteht?

Literatur

Baumann, A: ABC der Anthroposophie. Bern 1986

Blofield, J.: Der Taoismus. München 1994

ders.: Das Geheime und Erhabene, Mysterien und Magie des Taoismus. München 1985

Büntig, W. E. in Psychologie des 20. Jahrhunderts: Wilhelm Reich. Zürich 1977

Dürckheim, Karlfried Graf: Erlebnis und Wandlung. München 1982

Govinda, Lama A.: Buddhistische Reflexionen. 2. Aufl. München 1986

Grof, St.: Geburt, Tod und Transzendenz. München 1985

Diener, M. S./Ehrhard, F. K./Fischer-Schreiber, I./Friedrichs, K.: Lexikon der östlichen Weisheitslehren. München 1986

zu Lippe, R.: Vom Leib zum Körper. Reinbek 1988

Lowen, A.: Bioenergetik. München 1986

Mookerjee, A.: Kundalini. Bern 1984

Reich, W.: Charakteranalyse. 3. Aufl. Köln 1970

Steiner, R.: Theosophie. 5. Aufl., TB, Dornach 1980

ders.: Die Geheimwissenschaft im Umriß. 4. Auflage, TB, Dornach 1981

von Üxhüll, Th.: Psychosomatische Medizin. München, Wien, Baltimore 4. Aufl. 1990

White, John: Evolution and Enlightenment. New York 1979

Wilber, K.: Halbzeit der Evolution. München 1984

ders.: Sex, Ecology, Spirituality. Boston, London 1995

Wilber/Engler/Brown: Psychologie der Befreiung. München 1988

Tilmann Moser

Psychoanalytische Körpertherapie und Andacht

Zum Ausgangspunkt nehme ich eine Frage von Martin Riemann an mich, den ich in einer Krise vor mehr als zehn Jahren einmal konsultierte. Er fragte mich, der die „Gottesvergiftung" kannte, was ich mit meinem Potential an Offenheit für das „Transzendente" mache. Ich konnte ihm damals keine Antwort geben und kann es im Grunde bis heute nicht. In vielen Zuschriften fragen Leser meiner „Gottesvergiftung" bis heute, wie man ohne Gott leben könne, und sie schlössen mich seit langem in ihre Fürbitte ein. Manchmal gerate ich auch mit einzelnen Patienten in Streit, die sich ihres Glaubens so sicher sind, daß sie mir mitteilen: sie beten für mich, daß ich den Weg zurück zu Gott finden möge.

Obwohl ich inzwischen gelernt zu haben glaube, mit religiös geprägten Neurosen freundlich umzugehen, ohne Einfluß nehmen zu wollen, entsteht in solchen Fällen vorübergehend eine therapeutisch undurchsichtige Situation: Einerseits spüre ich beim Patienten eine sorgende Zuneigung, die unsere an sich klar definierte Beziehung in ein anderes Koordinatensystem verpflanzt: Der Patient scheint einen privilegierten Zugang zu einer höheren Macht zu haben, an dem er mich teilhaben lassen will, und wo ich dann *sein* religiöser Klient bin; andererseits klingeln alle immanenten therapeutischen Warnsysteme, weil sich eine unerbetene Fürsorglichkeit zu melden scheint, vielleicht ein Widerstand, vielleicht ein verschleierter Machtkampf. Trotzdem bin ich ja bereit, die therapeutische Beziehung zu transzendieren, indem ich anerkenne, daß beide Partner des Dialogs bezogen sein können auf etwas Drittes, Übergreifendes, das sie trägt und umschließt.

Ich neige dazu, das Annehmen eines Patienten am ehesten mit dem Vorgang der Adoption zu vergleichen: Für einige Monate, meist Jahre, bin ich bereit, Verantwortung zu übernehmen und mich auch zu öffnen für die notwendigen eigenen Veränderungen. Die Andacht bezieht sich dann darauf, daß ein Mensch sich abhängig werden läßt und mir wie eine kostbare Leihgabe Gefühle anvertraut, die ich mit ihm erlebe, erleide, kläre, um sie ihm, wenn möglich in einem heilsameren Zustand, zurückzugeben, ohne ihn zu binden. Manchmal bezeichne ich mich als einen Handlanger Gottes, der mit einem begrenzten Potential an nachschöpferischen Fähigkeiten ausgestattet ist dadurch, daß er Ahnungen hat vom Bauplan der menschlichen Seele. Aber der Ausdruck Handlanger Gottes ist nur symbolisch zu gebrauchen. Denn ich fühle mich nicht wirklich als ein im persönlichen Sinne Beauftragter wie viele Seelsorger. Ich könnte auch einen verursachenden Gottesbegriff als dem eines Schöpfers nicht mit dem Ausmaß an Pfusch, als den ich die Welt erlebe, in Einklang bringen.

Die Andacht kann sich auf die immer wieder bedrohte Solidarität beziehen, das sogenannte Arbeitsbündnis, mit dem wir uns an ein Stück Reparatur machen, die gleichzeitig einen Neubeginn an Entfaltung darstellt; wird aus dem Arbeitsbündnis noch ein Stück gemeinsames Forschen, dann erhalte ich, neben dem Honorar, noch einen ganz besonderen Lohn: nämlich Erkenntnis und kooperative Forschung, eingebettet in ein Stück gemeinsames Leben, das aber zugleich Traum und Inszenierung ist. Ich habe es aufgegeben, die Geheimnisse der therapeutischen Beziehung vollkommen begrifflich fassen zu wollen, obwohl ich die Anstrengung, es zu können, doch nicht aufgeben will. Jedenfalls ist Andacht ein wichtiger Teil von ihr.

In den letzten Jahren stellt das Übergreifende, das die therapeutische Beziehung umschließt, mit manchen Patienten etwas sehr Geschichtliches, also zunächst nicht transzendent oder spirituell Erscheinendes dar: Das ist der Umgang mit den seelischen Nachwirkungen von NS-Zeit und Krieg, ich komme später darauf noch zu sprechen. Dabei handelt es sich, wenn die Patienten oder ihre Eltern und Großeltern destruktiven Gewalten ausgesetzt oder an ihnen aktiv beteiligt waren, um eine Art *negativer Transzendenz,* die die Form eines Fluches annehmen kann. Wir befinden uns dann in einem Raum *schrecklicher Andacht,* ein paradoxer Begriff. Er wäre genauso gut zu definieren als Grauen, als das Unheimliche, eine dämonische Verstrickung, die Kehrseite von all dem, was wir als Geborgenheit ansprechen könnten, die wir manchmal mit Andacht verbinden.

Doch zunächst zurück zum Persönlichen: Ich war und bin

selbst verwundert, in welchem Ausmaß mir alles Christliche, obwohl es als Bildungsinhalt gegenwärtig bleibt, durch meine religiöse Erziehung vergällt bleibt. Aber – und das ist wichtig –, für vieles an meiner religiösen Verstrickung fühle ich mich inzwischen selbst verantwortlich durch die wachsende Einsicht in die Struktur meiner Neurose. Das mir vermittelte Gottesbild war nicht so negativ, wie ich es mir in meinem kindlichen Beinahe-Wahn dann ausgestaltet habe, bis hin zum kaum auszuhaltenden Verworfen-Sein vor Gott, also schon viel negative Andacht als Auserwähltheit auf seiten der Böcke.

Trotzdem war dieser Prozeß angesichts fehlender Gesprächsmöglichkeiten unausweichlich. Aber wen sollte ich verantwortlich machen? Und da der christliche Gott alles Spirituelle in sich aufgesogen hatte oder zumindest Anspruch darauf erhob, waren auch andere Ahnungen und Fähigkeiten vergiftet, denen ich heute einen eigenen Wert zuerkennen würde. Aber die Worte einiger Pfarrer haben tiefer gegriffen, daß die Frömmigkeit in der Natur oder in der Musik oder in menschlichen Beziehungen, ohne Gott dahinter zu sehen, nur ein sündiges Ausweichmanöver seien. Alle kindlichen Fähigkeiten zu Andacht und Spiritualität waren enteignet, bevor sie ihren eigenen Wert und ihre eigenen Inhalte entwickeln konnten.

Doch auch dies hat geschichtliche Wurzeln, und so erlebe ich jede Frage nach Spiritualität und Transzendenz eingebettet in biographische und politische Geschichte, in schreckliche Geschichte in unserem Jahrhundert, in die durch das institutionalisierte Böse hervorgerufene Not, im zerstörten Sinn des Lebens Halt zu finden. Vereinfacht ausgedrückt: Spiritualität war für mich verdorben durch ihren Charakter der Kompensation, des Ersatzes, der Flucht, oder auch der Unfähigkeit zu Kommunikation. Sie verdarb schließlich den Umgang mit allem, was wir Andacht nennen, bis auf einen kleinen Ausblick in die Natur, der für meinen Vater zwar auch mit seiner Christlichkeit zusammenhing, aber doch weniger „imprägniert" war. Also ist ein Stück erlaubter Naturfrömmigkeit oder unverdorbener Spiritualität, soweit ich sie vermittelt bekam, durch die Maschen der christlichen Sündentheologie geschlüpft, weil mein Vater selbst außertheologische Schlupflöcher brauchte, um sich Seelennahrung abseits des Kirchlichen zu holen. Bei meiner Mutter sind die Freiräume vom alles sehenden und wertenden Gott noch undeutlicher, weil sie selbst Musik und andere Kunst noch als im Dienst der Religion erlebte. Nur im Gespräch mit Flüchtlingen nach 1945 erlebte ich sie als zugewandt, warmherzig und frei von moralischer und theologischer Beimengung. Aber immerhin: Sie schien im Gespräch mit Mühseligen und Beladenen über Kräfte zu verfügen, die das alltäglich Vertraute überstiegen.

Alle Religionen und alle Ideologien, vor allem, wenn sie sich mit Machtsystemen verbinden, scheinen zu wissen oder zu ahnen, daß es für ihre Zwecke darauf ankommt, das Andachtspotential des Kindes früh mit den dogmatisierten oder erwünschten Inhalten zu verknüpfen, und zwar so, daß es quasi vorsprachlich und vorargumentativ in der Seele verankert wird. Ist die Verknüpfung von Andacht und religiösem oder politischem System einmal geleistet, dann hat die sinn-stiftende und sinn-ausschlachtende Zentralverwaltung leichtes Spiel. Erst recht dann, wenn die Eltern, in bestem Glauben und auch relativ unneurotischen Wesens, durch Rituale und vorgelebte Frömmigkeit den Automatismus der Verweise aller religiösen Gefühle an Gott, Kirche oder politische Idole vorleben und selbstverständlich machen.

Das Paradox ist unauflöslich: Kinder brauchen Unterweisung und Vorbilder, aber die Gefahr des Verrats an selbstentfremdete oder -entfremdende Glaubensinhalte ist dieser Abhängigkeit inhärent. Manchmal sind die Religion oder der politische Glaube der Eltern ein Schutz vor ihrer eigenen Gewalt, manchmal eine Rechtfertigung dafür; manchmal verhelfen sie zu einem Stück brauchbarer Weltdeutung, und manchmal setzen sie die zerstörerische Abtretung unentwickelter Kräfte an Institutionen in Gang. Sie können sich christlich oder idealistisch oder nationalistisch oder beides zusammen nennen und doch nur Machtsicherung zum Ziel haben.

Als Gegenbewegung dieser macht- oder jenseitsorientierten Zentralverwaltung von Andacht haben wir es deshalb heute in vielen spirituellen Bewegungen, individuellen wie kollektiven, mit Subkulturen der Abkehr von Kirche und Politik, mit Inseln von eremitenhafter oder sektenartiger Sinnsuche zu tun. Sobald aber dort eine über das Individuum hinausgehende Weltdeutung versucht wird, ist das extrem Simplifizierende, das Wahnhafte und Regressiv-Infantile sofort offenkundig. Trotzdem muß die Individualisierung von Andacht und Spiritualität einen Sinn haben:

vielleicht den der Regeneration, nachdem die dogmatischen Zentren mit vorgegebenen globalen Sinndeutungen an ihrer eigenen Destruktivität oder Starrheit weitgehend gescheitert sind. Damit meine ich nicht nur die Enteignung menschlichen Seelenlebens unter dem Vorwand, es im Dienst von Religion und Ideologie zur Vollendung zu bringen, sondern auch die kriegerischen und völkermörderischen Katastrophen, die ohne das Potential akkumulierter und entfremdeter oder pervertierter Andacht gar nicht zu denken wären.

Aus eigenen Kindheitserinnerungen, aus Lektüre, von den Patienten, aus der Säuglingsforschung und von meinem knapp dreijährigen Sohne weiß ich, daß die Fähigkeit zur Andacht eine gewaltige Quelle von Kraft und seelischem Reichtum ist. Manchmal werde ich andächtig, weil ich *teilhabe* an der Gewalt der Andacht, die ein Kind oder einen Patienten ergreift. Dann ist das Geschenk die Teilhabe. Und ich wäre unaufrichtig, wenn ich verschwiege, daß bei meinem mühsamen Lernen im Umgang mit Andacht die Teilhabe eine wichtige Form des Zugangs ist.

Wir wissen noch wenig über die entwicklungsgeschichtliche Entstehung und Bedeutung von Andacht, aber so viel scheint klar, daß das zweite Lebensjahr einen Höhepunkt der sichtbaren und spürbaren Ausformung bedeutet. Mit dieser Formulierung verweise ich zugleich darauf, daß es mir wahrscheinlich scheint, daß leib-seelische Vorformen von Andacht bereits intrauterin angelegt sind, daß die Geburt möglicherweise die Bahnung von „negativer Andacht" einleitet, also alles, was mit Angst, Schrecken, Panik und Terror zusammenhängt, hinter denen dämonische Gewalten vermutet oder phantasiert werden.

Vermutlich gibt es einen Zusammenhang zwischen dem Gefühl der Andacht, dem Erleben eines Selbst oder dem, was die Säuglingsforscher das Kern-Selbst nennen, und der Wahrnehmung einer nicht zum Selbst gehörigen Außenwelt, sei es die Mutter oder die Natur. Daniel Stern hat eine solche Andachtssituation eines Kleinkindes unnachahmlich in Worte gefaßt, als er in dem Buch *„Tagebuch eines Babys.* Was ein Kind sieht, spürt, fühlt und denkt" (München 1990) dessen Faszination angesichts eines Sonnenkringels an der Wand nachzeichnet.

Wie bei allen frühen Affekten handelt es sich um Zustände, bei denen seelisches und leibliches Erleben eng verschlungen sind. Eine entfaltete Andacht ohne körperliche Signale scheint mir undenkbar: Man spricht vom Schauer, vom Überrieselt-Werden, von einem herausgehobenen Gefühl, das Ganzheit erzeugt. Es scheint mir sogar wahrscheinlich, daß Beimengungen von Andacht in jedem starken Gefühl mitenthalten sind, weil Andacht und Selbsterleben in Verbindung zu etwas Drittem eng verknüpft sind: das würde bedeuten, daß sowohl im Schrecken wie in der Lust Momente von Andacht enthalten sind. Anders wäre auch nicht zu erklären, daß sowohl Schrecken wie Lust zum Zentrum von Religionen oder extremen politischen Systemen werden können.

Andacht muß entstehen vor einer allzu großen Dominanz des Realitätsprinzips, ja auch vor der Dominanz der Sprache. Denn obwohl Andacht sprachlich faßbar sein kann und für viele Schriftsteller eine große Herausforderung darstellt, scheint sie doch im wesentlichen verknüpft mit Erlebnissen, die sich später in Symbolen und Ritualen konkretisieren oder von ihnen getragen oder durch sie wieder abgerufen werden. Deshalb spreche ich von dem Gefühl eines „feierlichen Zusammenhangs", der das Wesen der Andacht ausmacht, und der am leichtesten durch starke Bilder oder andere sinnliche Eindrücke ausgedrückt wird. Dabei gehört wohl unabdingbar das Moment eben jener rätselhaften *Verknüpfung von Selbst und Kosmos* hinzu, das in gesteigerten Momenten in mystische Erfahrung übergehen kann.

Trotzdem meine ich, daß es eine Ur-Person für die Entstehung von Andacht für das Kind gibt, nämlich die Mutter, durch die Universalität und Fülle ihrer Bedeutung für das seelische und personale Wachstum. Sie ist für das kleine Kind in ihren Dimensionen so riesig, reich, überraschend und doch vertraut, unheimlich und plötzlich wieder bergend und also gegen das Unheimliche im eigenen Innern wie in der Außenwelt einsetzbar. Sie bildet eine Matrix auch für spätere Transzendierungen. Je nachdem, welche Momente an ihr herausgegriffen und symbolisch überformt werden, wird die Andacht durch ganz verschiedene Sinne und symbolische Inhalte geprägt sein. Im schlimmen Fall aber muß sich das Kind eine kompensatorische Andachtswelt suchen: dann nämlich, wenn das Erleben mit der Mutter so negativ getönt ist, daß sich zu wenig an ihr dafür eignet, als bergend, heilsam oder heilig symbolisiert und später transzendiert zu werden. Auf jeden Fall bleibt die Mutter Auslöserin und Brücke zur Welt der Andacht, auch wenn die Brücke vom Kind später ausgebaut werden muß zur Flucht vor der Mutter. Mutter und frühe Bezugspersonen bleiben auch bestimmend dafür, was in die Gefäße der Andacht als vermittelter, kultureller, religiöser oder sonstwie vorgeschriebener oder unbewußt vermittelter Inhalt gegossen wird. Pflege und Mißbrauch stehen hier durch die extreme Abhängigkeit des Kindes eng nebeneinander.

Mißbrauchte Andacht oder *mißbrauchter Glauben* stellen nicht nur eine Katastrophe der Selbstentfremdung dar. Sie stellen auch den Patienten wie den Therapeuten vor ungewöhnliche Aufgaben. Denn Zurückweisung oder Mißbrauch von „heiligen" Gefühlen hinterlassen einen Schmerz und eine Scham, die es heutzutage viel schwieriger machen, über solche Probleme zu sprechen als über Sexualität oder Beziehungsstörungen. Denn die Verletzung trifft den Kern, der die seelischen Kraftreserven hinter unserer biologischen und affektiven Ausstattung beschädigt oder zerstört. Also haben wir es, wenn die verletzte Andacht sich wieder zeigen will, mit Angst und Widerständen von besonderer Qualität zu tun, die nur zu überwinden sind, wenn wir uns nicht nur auf die reine Professionalität unserer Haltung verlassen, sondern wenn wir uns anrühren lassen von einer bedrohlichen Koppelung von Andacht und Unglück. Ein Teil des großen Schweigens, das sich nach 1945 über die NS-Zeit gelegt hat, aber auch der Schwierigkeiten unserer Eltern und Großeltern, über religiöse Themen zu reden, dürfte hier ihre Wurzeln haben.

Am besten kann ich Ihnen das vieldimensionale Geflecht zwischen Andacht, Familie, Religion und politischer Katastrophe vielleicht deutlich machen durch Stichworte aus einer Fallgeschichte, die mich derzeit in Atem hält und ausspannt zwischen Hoffnung, Reifung und Resignation: Eine junge, etwas leichtlebige Frau verlobt sich im Herbst 1942 mit einem jungen Soldaten, bevor er an die Ostfront muß. Sie lebt, in Auflehnung gegen die Familie, ein Stück milder Verwahrlosung und wird von einem anderen Mann, der nie genannt wird, schwanger. Es könnte ein Armee- oder SS-Offizier sein, in deren Kreisen sie wegen ihres strahlenden Charmes verkehrt. Es könnte aber auch ein untergetauchter jüdischer Freund aus der Familie ihres früheren jüdischen Arbeitgebers sein. Der Verlobte an der Front akzeptiert aber die Vaterschaft und erwählt das werdende Kind als sein Symbol der Lebenshoffnung in der Todesnähe des Krieges. Er sieht das Kind während eines einzigen Urlaubs. Fotos von diesem vermeintlichen Vater, der den Säugling auf dem Arm hält und der durch das Anschauen des Bildes durch das Kind später zum magischen Vater wird, helfen der Patientin, mit einem inneren Andachtsbild, an das sie sich wenden kann, und das sie begleitet, schlimme Phasen ihres Lebens durch diese fast religiös getönte Beziehung zu überleben. Sein überhöhtes Bild wird zum inneren Zeugen ihres Leidens, das sie als solches gar nicht mehr spürt, und zum Garanten ihres Lebenswillens. Sie gestaltet mit ihm einen Kapellenraum der Bindung, die vom wirklichen Leben abgetrennt ist und dennoch trägt.

Sie lebt in einer Spaltung zwischen unwirtlicher Welt und innerem Andachtsraum, zwischen ihrer hohen moralischen Sensibilität und der familiären Orientierungslosigkeit, vor allem der Unfähigkeit, mit der NS-Vergangenheit und dem konfusen Gemisch aus Religiosität, Totenkult und Führerglauben anders als durch Dissoziation umzugehen. Sie hat vermutlich stellvertretend eine durch kein Gespräch eingrenzbare Schuld an den NS- und Kriegsverbrechen übernommen wie am sozialen Versagen ihrer Mutter, eine Schuld, die möglicherweise ebenfalls, diesmal in einer Andachts-Krypta, im noch tieferen Unbewußten, gelagert ist. Denn sie weiß, daß die Mutter gependelt ist zwischen Loyalität und Faszination einerseits für Juden und Naziverstrikkung und Führerverehrung andererseits. Ich fragte mich gelegentlich, warum ich sie angenommen habe, und erst bei der Arbeit an diesem Vortrag wage ich zu formulieren: aus Neugier wie aus Andacht vor dem Ausmaß ihres Leidens und ihrer Einsamkeit und deren geduldiger Reinszenierung in scheinbar immer neuen Situationen, die ihrer Grundstruktur nach einander doch gleichen. Ich war, während wir im Erdgeschoß über ihre Biographie sprachen, in die Krypta ihrer Lebensskripte geraten und schwebte mit einem Teil meiner selbst doch schon unter dem Kuppeldach der Kirche oder auf Retterwolken und konnte mich nicht mehr von einem Erzengel oder schwebenden Erlöser unterscheiden.

In früheren Therapien wie in den ersten Jahren der Therapie mit mir hat sie das Ausmaß der Bindung an die Andachtsfigur des gefallenen seelischen Vaters als einer Schutzengelfigur entweder nur in Andeutung erwähnt oder sogar verschwiegen, nicht bewußt, aber doch so, daß ich immer wieder mißtrauisch war, ob sie mir nicht Wichtiges verheimliche. Es entstand also eine für uns beide schmerzhafte Kluft zwischen den „normalen" therapeutischen Bemühungen einschließlich Körperarbeit und einer zeitlos gültigen Bindung, die zwar in der Übertragung als „Stimmung" auftauchte, aber von mir immer wieder falsch benannt wurde als symbiotisch oder gar als symbiotisch klammernd.

Das führt mich auch dazu, über die Verbindung von Körpertherapie und Andacht neu nachzudenken. Ich tue es auf einem kleinen Umweg über das Kind, für das die Mutter oder auch der Vater, neben der realen Beziehung, Andachtspersonen darstellen – es können auch andere wichtige Bezugspersonen sein, z. B. eine Großmutter oder sogar abwesende, aber symbolisch präsente Figuren, man denke an Millionen Fotos von Vätern an der Front, oder gefallenen oder verschollenen, oder Besucher oder Verwandte, von denen eine Faszination ausgeht.

Es gibt Berührungen, körperliche, aber auch seelische, die ein Kind als „heilig" erlebt oder als zu heiligen Momenten gehörig. Die Jungianer würden sagen: wenn unsere Seele in Kontakt kommt mit einem Archetypus, der neue Dimensionen erschließt. Dann rücken solche Personen in Vermittlerrollen, auf eine paradoxe Weise: Ihre persönlichen Eigenschaften sind wichtig, und trotzdem sind sie Träger von etwas über sie Hinausweisendem. Vermutlich ist Ihnen das geläufig, und manche Kollegen würden sagen: Wenn man es zu formulieren versucht, hat man das Geheimnis schon entweiht. Aber das glaube ich nicht, Annäherung durch die Sprache muß erlaubt sein. C. G. Jungs Begriff des Numinosen reizte mich oft durch das allzu Vage, durch den für mich zu raschen Qualitätssprung in etwas biographisch oder entwicklungsgeschichtlich nicht Faßbares. Für mich bleibt eine enge Verbindung bestehen zwischen wichtigen Entwicklungsschritten des Kleinkindes und mitgebrachten Fähigkeiten zur Andacht, und dem Eindringen religiöser und kultureller Inhalte, mit denen es aktiv und mitgestaltend leben kann. Je mehr Eltern (oder Therapeuten) sich bewußt sind, daß sie Träger von heiligen Momenten sind, desto weniger muß der Inhalt der Andacht abgespalten werden und zu einem tröstlichen oder kompensatorischen Geheimbesitz werden.

Ich hole mir noch einmal Rat bei einem kurzen Ausschnitt einer Fallgeschichte. Eine Patientin, die als viertes Kind und unter schwierigen familiären Umständen – Kriegsende, Vater an der Front und später in Gefangenschaft – geboren wurde, als eigentlich gerade kein Kind mehr kommen sollte, kann unter den drückenden Umständen der Sorge ihr Temperament nicht leben, bändigt es durch eine starke religiöse Entwicklung; beschließt „heilig" zu werden, führt eine Art Doppelleben durch die Erfüllung selbstauferlegter Gelübde, Gebete und regelmäßigem einsamen Besuch in der Kirche, die an ihrem Schulweg liegt. Etwas verkürzt ausgedrückt, könnte man von einem Erwählungsvertrag mit Gott sprechen, der dem seelischen Elend einen höheren Sinn gibt. Es fließt vielleicht noch eine verzweifelte Loyalität zur durchaus christlichen Familie ein, deren Glaubenswelt sie steigert und in den Augen der Familie durch Übererfüllung ad absurdum führt. Die Ambivalenz erlaubt also durchaus, noch aggressive Momente mit einzubauen: Die Familie ist besorgt und befremdet, obwohl es sich doch auch um eine Übernahme von Sorge, um einen Beitrag zur Rettung der Familie handelt.

Die nie erfüllte Hoffnung des Kindes und der Jugendlichen richtet sich auf Zeichen Gottes, die die Sehnsucht nach Geborgenheit, Andacht und Erwählung stillen sollen. Als Therapeuten stehen wir vor der schwierigen Aufgabe, zusammen mit dem Patienten herauszufinden, wie sich kreatives seelisches Potential und neurotische Verarbeitung vermischt haben. Denn irgendwann hat sie die Gelübde vergessen, Gott hat nicht geantwortet, die Nüchternheit der Erwachsenenwelt hat sich über die unterirdisch aufbewahrten Schätze und unerfüllten Sehnsüchte geschoben. Es gibt nur noch körpersprachliche Zeichen von unbewußt gewordenen Szenen der Suche nach Heiligkeit, Sinn, Geborgenheit und heilender Berührung, Variationen im Sprachklang, und eine averbale Form der Kommunikation, die den Therapieraum immer wieder in einen Andachtsraum zu verwandeln vermag. Wenn der Therapeut „mitspielt", geht von der geteilten Andacht auch etwas Heilsames aus. Dann aber verstärkt sich ein gewisser Druck der Inszenierung, und die haltenden Gebärden, die der Therapeut machen soll und die Art der Selbstüberantwortung der Patientin drängen den Therapeuten in die Rolle einer heiligen Figur, von der ganz real Erlösung erwartet wird. Er erlebt sich als übergroß, es wird ihm unbehaglich, wenn er die ihm übertragene Rolle weiterspielt, ein leichtes Gefühl von Mißbrauch und Entpersönlichung schleicht sich ein. Die neurotischen Aspekte der Andacht verdichten sich in der Übertragung, nicht ohne die neurotischen Momente im Therapeuten zu mobilisieren: die Verlokkung, mächtiger und heilender zu sein, als er ist, und eine manchmal spontane und stimmige oder auch neurotische Gegenwehr gegen die ihm angetragene heilige Macht.

In der Übertragungs- und Gegenübertragungsneurose wiederholt sich das Ringen des Kindes um eine Konkretisierung des Ziels aller Andacht: einer Verschmelzung mit Gott oder dem Göttlichen. Einerseits hat also die Bereitschaft des Therapeuten, Andacht als wichtige Beziehungsform zuzulassen, zu Steigerung der Erwartungen geführt, andererseits erfolgt irgendwann der Umschlag in ein Unbehagen, von dem neue diagnostische Überlegungen ausgehen und Überlegungen, wie das leidende Kind wieder aufzufinden wäre, das durch eine Überdehnung von andächtiger Sehnsucht in ein religiös-neurotisches Lebensskript geraten ist.

Da Andachts- oder gar Gottesübertragungen den seelischen Raum des Therapeuten einschließlich seiner Gegenübertragungen stark belasten können, ist der Ausweg für mich die *Inszenierung*. Damit ist gemeint: den frühen Interaktionsraum mit Gott oder anderen Andachtsfiguren wiederherzustellen, ohne ihn auf mich zu zentrieren. Der Therapeut tritt also aus dem Mittelpunkt sehr massiver Rollen- oder Stimmungszuschreibungen heraus und wird vom Objekt zum Regisseur der früheren Szenen. Er kann dann leichter das Potential kindlicher und später neurotisch infizierter Andacht würdigen, in dem er zum Dolmetscher zwischen dem Patienten und dem Göttlichen wird, zu dem er so verzweifelt Kontakt suchte. Dabei ist aber Hilfe nötig bei der Überwindung der Scham, und viele Erklärungen darüber, was die Neu-Inszenierung bedeutet. Denn das Zurückschauen auf kompensatorisch religiöse Lösungen kindlichen Elends ist extrem peinlich, so daß der Patient lieber die Neuinszenierung in Form von Übertragung wählt, als sich erinnernd in die frühere schmerzliche und schambesetzte Lage zu begeben. Nicht nur die Skepsis Freuds gegenüber der Religion, sondern auch die Überlastung des Übertragungsraumes dürfte der Grund sein, warum so viele religiös-neurotische Störungen in klassischen Analysen einfach nicht beachtet oder durch Zurückweisung ausgegrenzt werden.

Heinz Kohut zitiert in seinem Buch „Die Heilung des Selbst" eine Situation, zu der er in einer Nachanalyse Zugang erhielt, in der der Patient sich einer religiösen Übertragung näherte, der

Analytiker aber abweisend sagte: „Ich bin nicht katholisch." Damit war die Ursituation der Andacht erneut verschüttet. Die oft fruchtlose Dauer sehr langer Analysen dürfte unter anderem damit zusammenhängen, daß undurchschaute religiöse Übertragungen und Erwartungen und die nicht-thematisierte Hoffnung auf eine Form von Erlösung oder analytischer Heiligkeit im Untergrund zäh bestehen bleiben.

Der Therapeut sollte also einen toleranten Zugang haben zu Situationen der Andacht, mitschwingen, selbst andächtig werden können, und trotzdem wach und strukturierend bleiben, wenn sich in der Gegenüberstellung etwas abzeichnet, was sich anfühlt wie Überschwemmung, Mißbrauch, Vergewaltigung, Entgrenzung und Entpersönlichung, und versuchen, mit dem Patienten zur ursprünglichen Situation des Kindes durchzudringen. Es gibt aber auch Therapeuten, die es verstehen, in einer Art priesterlicher Rolle in Andachtsrituale einzutreten und der Sehnsucht neue Inhalte zu geben. Ich wage hier kein Urteil, es ist nicht mein Weg. Der Boom der Sekten zeigt, daß es ein drängendes Potential nach geistlicher Führerschaft gibt, die sich im Ausdruck Guru konkretisiert. Baghwan und sein weltweiter Anhang, dem sich auch Menschen, die ich schätzte, vorübergehend angeschlossen haben, hat mich dadurch fasziniert, als er Individuation und Wachstum zu verbinden suchte mit vorübergehender geistlicher Führerschaft. Das Geheimnis war vermutlich die Verknüpfung von Ritualen, geistigen und emanzipativen Impulsen, mit Entwicklungsmöglichkeiten zu permanenter Abhängigkeit wie zu einem Schub von Individuation, je nach den Grundkräften des jeweiligen Menschen, der sozusagen mit ungesättigten Andachtstentakeln nach heilsamer Heiligkeit Ausschau hielt.

Ich komme zum Schluß: In den „Heilsamen Berührungen" – so der Titel des schönen Buches von Günther Heisterkamp – kann sich menschliche Begegnung mischen mit der Andacht vor einer elementaren Gegenwart eines bedeutungsvollen andern. So wie manche Eltern die kindliche Andacht vor ihnen mißbrauchen und sie mit personaler Liebe narzißtisch verwechseln, so kann auch der Therapeut psychisch etwas konsumieren, bei dem er doch Mittler sein sollte, zu den jeweils eigenen Zielen des Patienten; oder aber ein Helfer bei der Entzifferung des symbolischen oder neurotischen Gehalts einer Andacht, die sowohl tragender Grund wie Flucht und Kompensation sein kann. Wenn der Patient spürt, daß der Therapeut das leidende Kind nicht vergißt, das Auswege aus der Not suchte; wenn er ferner spürt, daß der Therapeut sich als Mittler oder Entzifferer begreift, aber selbst auch andächtig sein kann, dann ist er auch bereit, einen Raum zu betreten, in dem er seine seelischen Kräfte neu inszenieren kann. Dazu mag sogar eine Wiederholung der Situationen von kindlichem Gebet oder kindlichem Gesang hilfreich sein, Unterstützung durch Atmung oder Musik. Fromme Texte und Bilder können helfen beim Auffinden der Erinnerung, auch vorgegebene Traumreisen in Bereiche früher Andachtssituationen. Dann kann der Patient neu überprüfen und sich entscheiden, was für ihn echt ist und seiner inneren Welt entspricht, und was Notlösung und illusionäre Hoffnung ist.

Arnold Mindell

Physik und Psychologie des Traumkörpers

Nach meinem Studium am C. G. Jung-Institut in Zürich wurde ich 1969 Analytiker und Lehranalytiker. Aber das ruhige Sitzen in einem Sessel machte mich mit der Zeit immer unruhiger. Die Frage, wie man aktiv mit dem Körper umgehen könnte, begann mich zu faszinieren. Damals konnte ich auch selber mit meinem Körper nicht so gut umgehen wie mit meinen Träumen. So war es gewissermaßen ein Glück, daß ich krank wurde. Ich studierte alle möglichen Heilverfahren, allopathische, alternative und auch schamanische Systeme. Als Jungianer wußte ich, daß Träume nicht krankhaft sind, und so war die Überlegung, daß der Körper möglicherweise nicht krank war, wenn er krank wurde, ein natürlicher nächster Schritt. Ich kam auf den Gedanken, daß man das, was mit dem Körper geschah, genau so betrachten sollte wie einen Traum, daß Körpererfahrungen weder gesund noch krank, sondern bedeutungsvoll waren. Als ich dann mit der Körperarbeit begann, hatte ich nicht den Mut, meinen Kollegen davon zu erzählen. Damals war man in Zürich nicht so sehr am Körper interessiert, wie es heute manche Jungianer sind. Deshalb experimentierte ich im stillen in meiner Praxis.

Aber die Nachricht, daß ich mit Körperproblemen arbeitete, verbreitete sich bald unter Ärzten und Patienten, und meine Praxis füllte sich mit Leuten, die ebenso am Körper wie am „Individuationsprozeß" arbeiten wollten. In meinem Buch „Der Leib und die Seele" beschreibe ich einen dieser Menschen, mit denen ich arbeitete; er hatte Magenkrebs. Ich besuchte ihn kurz nach seiner Magenoperation, als er aus seiner Anästhesie erwachte, und fand ihn kichernd vor. Er sagte, daß sein Körper sich anfühle, als ob er „wachse und wachse". Ich fragte, was da wachse, und er meinte, daß sein Magen wachse. Das kam mir sehr seltsam vor, aber getreu meiner Ausbildung als Physiker beschloß ich, zu beobachten, nichts auszulassen, sondern ihm genau zuzuhören. Ich beobachtete und hörte und schrieb auf, was er sagte. Er grinste und flüsterte, daß alles weiterwachse, streckte dann seinen Körper aus und versuchte zu zeigen, wie sein Magen wuchs, indem er den Bauch aufblies. Er sagte, daß es wachse und sicherlich eine große Explosion daraus würde.

Dann erinnerte er sich plötzlich, daß er vor zwei Wochen geträumt hatte, daß die ganze Schweiz, sein Heimatland, den Nationalfeiertag beging. Die Schweiz feiert am ersten August den Tag ihrer Gründung, ihren Geburtstag! In seinem Traum gab es an diesem Tag viele Explosionen, und man sagte ihm, daß diese Explosivität seine Heilung bedeute.

Um die Geschichte kurz zu machen, nachdem er die Klinik verlassen hatte, feierte er öfter und wurde in vieler Beziehung mehr er selber. Mir wurde damals zum ersten Mal klar, daß sein Traumich versuchte, diese explosive Feier in seinem Magen stattfinden zu lassen! Damit wurde mir klar, daß unsere Körpererfahrungen sich in unseren Träumen spiegeln. Die Erfahrung dessen, was wir in der allgemein akzeptierten Realität unseren Körper nennen, taucht ebenso in unseren Träumen auf. Diese offensichtliche Symmetrie zwischen Traum und Körpererfahrung nannte ich den „Traumkörper".

Ich fing an, mit dem Körper und mit Träumen zu arbeiten und publizierte Bücher über den „Traumkörper". In meiner Praxis machte ich einige unglaubliche Erfahrungen, als ich damit experimentierte, die Patienten den Körper spüren zu lassen, bei der Betrachtung von Träumen den körperlichen Aspekt zu verstehen und auch den mythischen Hintergrund der Körpererfahrung. Ich experimentierte weiter und fand zu meinem Erstaunen, daß das, was ich den Traumkörper genannt hatte, sich auch in der Art und Weise zeigt, in der wir Beziehungen aufnehmen. Der Traumkörper erscheint nicht nur in unseren Symptomen und Körpergefühlen, sondern auch in unseren Körpersignalen. Wenn jemand zum Beispiel vom Explodieren und sich Befreien träumt und das einem anderen erzählt, kann man beobachten, wie er Körpersignale aussendet, etwa ein ausdrucksvolles Öffnen der Arme, das (in seiner eigenen Erfahrung) das Gefühl von Explodieren und Befreiung ausdrückt.

Von nun an konzentrierte ich meine Untersuchungen auf die Arbeit mit Beziehungen und darauf, wie Träume sich in Körpersignalen manifestieren. Ich fand, daß Menschen durch Träume oder durch Krankheitssymptome ihrer Körper gewahr wurden.

Sie konnten sogar Symptome vermeiden, wenn sie ihr Körper- und Signalbewußtsein beibehielten, während sie in einer Beziehung waren. Sie wurden aber oft wieder „krank", wenn sie in die „Welt" zurückkehrten. Wenn sie an den Arbeitsplatz zurückkamen, wurden sie von den Spannungen der Umwelt wieder so gefangen genommen, daß sie den Kontakt zu ihrem Körper und zu sich selbst wieder verloren. Nachdem ich das entdeckt hatte, fing ich das an, was ich „Weltarbeit" nannte. Ich arbeitete mit allen möglichen Formen der Konfliktlösung in der Industrie, mit großen Organisationen und mit verschiedenen anderen Gruppen. Ich war überzeugt, daß Individuation bedeutungslos wird, wenn nicht Bewußtsein und die Fähigkeit, das eigentliche Selbst im täglichen Leben auszudrücken, mit ihr verbunden sind. An dieser Stelle möchte ich nicht ausführlicher über die „Weltarbeit" referieren. Ich möchte nur sagen, daß sich niemand in einem isolierten Raum entwickeln kann. Wir müssen sehen und fühlen, wie die Welt auf uns einwirkt *und* wie wir sie verändern können. An den Symptomen können wir erkennen, wie das vor sich gehen kann.

Symptome und ihre Aspekte

Ich möchte hier einige der vielen Aspekte, die mit einem Symptom verbunden sein können, aufgreifen. Aus pathologischer Sicht, d. h. aus der Sicht der allgemein akzeptierten Realität und dem allgemeinen Stand des Bewußtseins, zeigt ein Symptom etwas an, das verkehrt, übel oder ein Fehler ist. Es wird als Gegner empfunden und soll getötet, gestoppt, unterdrückt oder verändert werden und am besten wieder verschwinden. Es gehört nicht dazu.

Aber diese Sichtweise von Symptomen hängt mit unserem Bewußtseinszustand zusammen – daher ist sie relativ. Ein Symptom nur aus einem einzigen Blickwinkel zu erklären, kann niemals richtig sein. Es werden alle Sichtweisen benötigt, um das ganze Bild zu erhalten. Wenn wir aus der Sichtweise der allgemein akzeptierten Realität argumentieren, bewegen wir uns auf der dualistischen Ebene. Wir sind dann entweder gesund oder krank, gut oder schlecht, Körper oder Psyche. Viele Psychologen und Körpertherapeuten tendieren dazu, den Körper vom psychischen oder energetischen Blickwinkel aus zu sehen. Ärzte sehen den Körper mehr materialistisch, also aus Organen, Substanz und Gewicht etc. bestehend. Beide Zugänge gehören zum dualistischen Weg des Denkens. Beide sind wichtig. Wenn jemand an Magenkrebs leidet, wäre die materielle und kausale Empfehlung, daß er keinen Kaffee mehr trinken sollte. Aus psychologischer und körpertherapeutischer Sicht würde man empfehlen, die inneren Erlebnisse des Magens ernst zu nehmen.

Symptome als Mythen

Wenn man den Körper aus dem Blickwinkel der Träume – sozusagen aus der Mitte der Nacht – betrachtet, dann sind die Körperprobleme mythischer Natur. Ich möchte Ihnen hier den Traum einer Schweizerin erzählen. Sie träumte, sie wäre als Kind in einer Bäckerei. In ihren Träumen sah sie nicht nur Brote und Gebäck, sondern auch eine wilde Katze mit großen Krallen. Es handelte sich bei diesem Traum um einen Kindheitstraum. Überlegen Sie nun, welche Körpersymptome im „realen Körper" mit diesem Traum in Verbindung zu bringen wären? Was stellen Sie sich vor?

Die Symptome der Frau waren verbunden mit Kratzen und Ekzemen. „Meine Haut ist wild", sagte sie, indem sie auf ihre Haut schaute. Und wirklich: ihre Haut war wild! Ich fragte, wie sie diese Haut erleben würde, und sie sagte, die Haut jucke so, daß es sie wild mache. Dann machte sie eine Geste mit der Hand und zeigte ihre Krallen! Während sie ihre Krallen erlebte, stellte sie den Kontakt mit der archetypischen Katze in sich selbst her, die sich wieder einmal zeigen wollte. Ihr Traumkörper war eine wilde, ekzematisch-krallende Katze.

Symptome und Grenzen

Aus der Sicht der Träume können Symptome auch einen Mangel an Freiheit aufzeigen. Die wilde Katze in dieser Frau hatte keinen Platz im täglichen Leben. Außerdem werden kleine Mädchen in der Schweiz nicht dazu angehalten, wilde Katzen zu werden, eher das Gegenteil ist der Fall! Kulturelle Prägungen sind kulturelle Identitäten, die Grenzen und Begrenzungen errichten, die wilde

Katzen draußen halten. Daraus schließe ich, daß Symptome mit der jeweiligen Kultur und Gesellschaft in Verbindung stehen.

Symptome und soziale Botschaften

Dies läßt mich an ein Erlebnis in Japan denken. Während unseres Japan-Aufenthaltes hatte es einen ganzen Sommer lang nicht geregnet. Die Phase der Trockenheit war die längste in der japanischen Geschichte. 16 Stunden am Tag war es verboten, Wasser zu benützen. Meine Frau Amy und ich arbeiteten mit einer großen Gruppe. Ein Mann mit Körperproblemen meldete sich. Seit seiner Kindheit war er behindert, da die Sehnen an einer Körperseite zu kurz waren, was zur Folge hatte, daß er hinkte. Er wollte mehr über dieses Körperproblem und dessen psychische Entsprechung erfahren.

Zunächst fragten wir, wie er seine kurzen Sehnen erlebe? Dann baten wir ihn, das Erlebnis der kurzen Sehnen anzureichern, nicht nur, indem er darüber sprach, sondern seine Sehnen direkt erlebte. Sofort zog er seinen ganzen Körper zusammen. Er rollte sich zu einem Ball zusammen und sagte: „Oh, nein! Ich kann das nicht tun, das ist nicht erlaubt."

Wir fragten, was nicht erlaubt sei, und er sagte: „Sich zurückzuziehen!" Darauf schlugen wir ihm vor, daß er sich nur für einen Moment zurückzöge. Er versuchte es, zog sich zusammen und sagte: „Ich erinnere, daß ich als Kind nicht einmal zur Schule gehen wollte. Ich wollte zu Hause bleiben. Ich wollte nicht gehen." Wir sagten, daß ein Teil von ihm nicht in die Welt hinausgehen wollte, während ein anderer dachte, daß er „zur Schule gehen sollte." Amy und ich spielten ihm diese beiden Teile vor. Der eine sagte: Komm heraus und lebe das japanische Leben, und der andere erklärte, daß er drinnen bleiben wolle. Der Mann sah uns an und entschied sich, den „Richter" zu spielen. Der „Richter" sagte dann zur „japanischen Gesellschaft", daß sie wichtig sei, aber daß sie sich ein wenig mehr dem Prozeß des einzelnen öffnen solle. Die „Gesellschaft" stimmte zu. Der Mann begann zu weinen und war tief berührt von dieser Lösung.

Die anderen japanischen Gruppenteilnehmer fragten: „Was wirst du tun, wenn du dich zurückziehst? Wirst du in der Gruppe bleiben? Wirst du anderen helfen wollen?" Ein Gruppenprozeß begann. Der Mann dachte über diese Fragen nach und antwortete: „Ich werde dabei sein, aber zuerst von meinen persönlichen Erfahrungen ausgehen." Eine lange Diskussion folgte in der Gruppe, bis eine Lösung, die seine persönliche Erkenntnis widerspiegelte, Gestalt annahm. Dieser Gruppenprozeß war also nötig gewesen, um zu ermöglichen, daß er seine neue Erkenntnis in die Tat umsetzen konnte. Träume wollen uns verändern. Jedes Körpersymptom enthält eine kulturelle und soziale Botschaft. Die Körperbotschaft dieses Mannes war: „Hör auf, mich nach außen zu drängen, laß mich introvertiert sein!" Wenn Sie zum Arzt oder Therapeuten gehen, wird Ihnen oft gesagt, daß Sie an sich arbeiten müssen. Dabei wird nicht beachtet, daß Ihr Körper neben den individuellen auch soziale Spannungen und Botschaften austrägt.

Nach dieser Gruppenarbeit mit Körpersymptomen fing es in Japan an zu regnen. Es regnete so stark, daß wir wegen Überschwemmungen fast unser Flugzeug nach Hause verpaßt hätten. Vernünftigerweise würde man argumentieren, daß es ein Zufall war, daß der Regen kam, und daß dies nichts mit unserer Fallarbeit zu tun hatte. Ein Taoist würde jedoch sagen, wenn ein Individuum (oder eine Kultur) mit sich ins Reine kommt und Probleme gelöst werden, kann der Regen Teil einer solchen Lösung sein. Vielleicht brachte sich aber auch die Gesellschaft in Ordnung, und deswegen konnten wir mit diesen Leuten erfolgreich arbeiten.

Symptome und soziale Unterdrückung

Unsere Körper können als Träger sozialer Botschaften für unsere Kultur gesehen werden. In gewisser Weise sind wir alle „kulturell krank". Um zu erläutern, was ich damit meine, möchte ich folgendes Beispiel erzählen: Ich habe mit einem Mann gearbeitet, der ein Brennen in seinem Magen wahrnahm – ein Körpersymptom, welches ihm Angst machte. Er erlebte das Brennen wie eine Flamme und sagte: „Brennen bedeutet für mich Wildsein, Bewegung und Aufregung", dabei machte er mit seinen Armen kleine Bewegungen. Ich fragte ihn, ob er sich noch mehr bewegen wolle? Sofort begann er freudig im Zimmer herumzuhüpfen. Plötzlich blieb er stehen und sagte „Nein!" und erklärte, daß ihn solche wilden Bewegungen an gewisse „Primitive" erinnerten. Er war Skandinavier und vertrat die Ansicht, daß solche primitiven Völker aus dem Süden Europas kommen und Ärger und Konflikte verursachen könnten. Ich erklärte dazu, daß Südländer unglücklich und verärgert reagieren, wenn sie sich unterdrückt fühlen, und daß sie dann unter Umständen Ärger machen. Er war der Meinung, daß es in Ordnung wäre, wenn die Angehörigen dieser südlichen Völker Christen wären, aber wenn sie Ärger machten, wären sie keine Christen.

Daraus kann man ersehen, daß Feuer und Brennen für Bewegung und Leidenschaft standen, die dieser Mann in sich selbst niederhalten wollte, die er unterdrückte und nicht akzeptierte. Diese Gefühle wurden von ihm auf eine andere ethnische Gruppe übertragen, die er nun selbst unterdrücken wollte. Seine unterdrückten Leidenschaften schufen nicht nur eine Revolution in ihm in der Form eines Körpersymptoms, dem Brennen, seine Einstellung provozierte auch andere und grenzte an Rassismus. Wenn wir innerlich rassistisch oder faschistisch eingestellt sind, strahlt unser Verhalten Abneigung gegenüber anderen aus – auch dann, wenn das nicht verbal zum Ausdruck kommt. Wenn wir Wesenszüge in uns nicht annehmen wollen, negieren wir auch das Wesen anderer. Psychologie, Medizin und soziale Probleme können nicht auseinanderdividiert werden – sie stehen in Beziehung zueinander. Darum sollte der Arzt oder Körpertherapeut nicht nur „heilen", sondern auch Bewußtsein schaffen. Er sollte nicht nur den einzelnen „heilen" wollen, sondern die ganze Menschheit.

Symptome als Freunde

Eine weitere Möglichkeit, Symptome zu verstehen, stellt die Sichtweise der Schamanen dar. Wie gehen Schamanen mit Symptomen um? Castanedas Schamane Don Juan würde ein Symptom wie einen Freund ansehen, zum Beispiel ein magisches Tier, das den Menschen hilft, wenn sie es nötig haben. Mit anderen Worten: Die wilde Katze oder das Feuer können als angsteinflößende, aber magische Kräfte erlebt werden, die uns helfen, unser Leben ganzheitlich zu leben (siehe auch mein Buch „Der Schamanenkörper").

Methoden der Körperarbeit

Es gibt, wie schon gesagt, viele Möglichkeiten, Symptome zu interpretieren, und viele Arten der Körpererfahrung. Daher sind verschiedene Methoden der Körperarbeit nötig, damit die aus der Körpertherapie resultierenden Erfahrungen untersucht werden können. Wichtig ist dabei, auf das Körpergefühl zu achten.

Es kann erleichternd und erhellend sein, mit dem Körper zu sprechen oder sich selbst zu spüren. Viele Menschen nehmen sich einfach keine Zeit, auf ihre Sinne zu hören und sie zu nützen. Erforschen Sie einmal langsam Ihre Körperempfindungen und achten Sie darauf, was Sie dabei spüren. Eine körpertherapeutische Methode ist zum Beispiel, mit den Händen oder Fingern sanften Druck auf einen angegriffenen Körperteil auszuüben. Diese Methode wird Akupressur genannt. Um das Bewußtsein um ein Körpererlebnis zu erweitern, kann es unterstützend sein, mit den Fingern sanft und vorsichtig Druck auf eine schmerzende Stelle auszuüben. Bei dieser Form der Prozeßarbeit handelt es sich nicht um Heilung, sondern um das Bewußtmachen einer Erfahrung. Die Energie wird dabei unterstützt und nicht unterdrückt, wie es in einer allopathischen Behandlung der Fall wäre, die in Symptomen nur Gegner und keine Freunde sieht.

Auf jeden Fall ist es dabei wichtig, den Patienten zu fragen, ob er damit einverstanden ist, daß Sie ihn berühren. Diese Frage und die Einfühlung sind wichtig, um Raum für etwaige Scheu oder Körperprobleme zu geben, die sonst unter Umständen nicht zur Sprache kommen. Manche Ärzte und Therapeuten weisen die Patienten vorschnell an, sich auszuziehen, ohne sich klar zu machen, welch enorme psychische und körperliche Reaktionen solch eine Anweisung hervorrufen kann. Eine derartige Unsensibilität kann genausoviele Körperprobleme schaffen wie lösen.

Fragen Sie also auf jeden Fall, ob Sie Ihre Hand bei einer Person auflegen dürfen, und beobachten Sie deren Reaktion und den Prozeß genau. Ist die Person einverstanden, dann legen Sie ihre Hand sehr langsam auf. Bereits die Annäherung der Hand kann dazu führen, daß sich der Betreffende mehr spüren kann. Versuchen Sie eine Art Akupressur, indem Sie ihre Finger kreisförmig auf der Haut bewegen. Bitten Sie die Person, in ihr Symptom hineinzuatmen, denn eine solche Form der Konzentration fokussiert und kann dazu beitragen, daß das Erleben des Symptoms angereichert wird.

Es kann ebenfalls zur Erweiterung des Körperbewußtseins beitragen, wenn der betroffene Körperteil geschüttelt oder bewegt wird. Bitten Sie Ihre Patienten, sich zu schütteln – die leichteste Vibration kann helfen, den Körper zu spüren. Der Körper selbst kennt viele Möglichkeiten, das Körperbewußtsein auf natürliche Weise anzureichern. Es kann sogar sein, daß Sie nur Ihre Aufmerksamkeit auf den Körper des Patienten richten müssen. Bei der Arbeit mit Patienten, die im Koma liegen, wurde beispielsweise beobachtet, wie wichtig es ist, die kleinsten Signale zu registrieren. Man sollte kleine Laute von sich geben und, ohne den Patienten zu berühren, ermutigende Worte sprechen. Dies kann dazu beitragen, daß der Koma-Patient seinen Prozeß erlebt und beendet. Es genügt dabei allerdings nicht zu sagen: „Glauben Sie an die Erfahrungen, die Sie machen!" Sie können mit sich und anderen besser arbeiten, wenn Sie zum Ausdruck bringen, daß Sie von dem Unbekannten fasziniert sind. Experimentieren Sie mit Aussagen, wie „Oh, was für ein schönes, kleines Symptom – folgen Sie diesem Gefühl!"

Es kann sein, daß Koma-Patienten erwachen, wenn sie das liebevolle Fokussieren auf die Erfahrungen, die sie in der Trance machen, erleben. Eine Krankenschwester, die an den Erfahrungen des Koma-Patienten nicht interessiert ist oder diesen Patienten nicht als ein „menschliches Wesen" sieht, wird weniger Reaktionen erhalten als eine andere helfende Kraft, die sehr sensibel auf innere subtile Erfahrungen reagiert. Wenn Sie Kinder mögen, wird es Ihnen leichter fallen, diese nonverbale Therapie bei Komapatienten durchzuführen, denn sie ähnelt der Art und Weise, wie man mit einem Kleinkind am besten umgeht.

Vereinheitlichte Feldtheorien[3]

Es gibt noch viele andere Möglichkeiten der Körperarbeit. Aber ich möchte jetzt darüber sprechen, wie man das, was wir empirisch als Symptom beobachten, mit dem zusammenbringen

[3] Anm. der Übersetzerin: Mit Feld wird im allgemeinen ein Raum definiert, der aus unsichtbaren Kraftlinien und Informationen gebildet wird.

kann, was wir aus Psychologie, Medizin, Soziologie und Physik kennen.

Bis jetzt haben wir noch keine zufriedenstellende Theorie, die Medizin, Psychologie und Physik zusammenbindet, obwohl viele gute Praktiker, Heiler, Schamanen, Ärzte, Therapeuten und Körpertherapeuten bereits auf diesem Gebiet arbeiten. In gewisser Weise ist unser persönliches Gefühl und unsere Gruppenarbeit weiter entwickelt als unser theoretisches Verständnis.

Auch Physiker versuchen seit langem, eine integrierte Feldtheorie zu finden, die Mikro- und Makrophysik zusammenfaßt. Einstein und viele andere haben ein ganzes Leben damit zugebracht, ohne daß es ihnen gelungen wäre. Bohr, Einstein, Schrödinger, Pauli, Feynman und andere haben viel zu der Suche nach einer Theorie beigetragen, die die Wissenschaften zusammenfaßt, die durch den dualistischen Ansatz aufgesplittert wurden.

Pauli war ein Physiker, der sich besonders für die Psychologie C. G. Jungs interessierte. Wenn Pauli Ärger hatte, kam er nach Zürich, um mit Jung zu arbeiten. Es faszinierte ihn, Psychologie und Physik zusammenzubringen. Die beiden Männer starben – Pauli 1958 und Jung 1961 –, ohne daß ihnen dies gelungen wäre. Ihre Arbeit zum Thema Psychologie und Physik wurde unter dem Titel „Natur-Erklärung und Psyche" veröffentlicht. Viele Aussagen, die Jung und Pauli in diesem Artikel gemacht haben, werden in Zukunft wesentlich leichter zu verstehen sein, da ihre Ideen über Synchronizität[4] und die Zukunft der Wissenschaft ihrer Zeit weit voraus gewesen sind. Pauli interessierte sich besonders für den psychologischen Hintergrund der Mathematik. Fred Alan Wolf beschrieb Träume, die Pauli zu dieser Zeit hatte: Träume über imaginäre Zahlen, die später bedeutend für die Beschreibung der Wellenfunktion in der Physik wurden.

Um tiefer in den gemeinsamen Hintergrund von Physik und Psychologie einzusteigen, müssen wir die Grundbeschreibung der Realität in der Quantenphysik, die Wellenfunktionen (die aus dem bestehen, was die Mathematiker komplexe und imaginäre Zahlen nennen), in unsere Überlegungen miteinbeziehen. Wel-

---

[4] Anm. der Übersetzerin: C. C. Jung definiert Synchronizität wie folgt: „Ich gebrauche den Begriff Synchronizität in dem speziellen Sinne von zeitlicher Koinzidenz zweier oder mehrerer nicht kausal aufeinander bezogener Ereignisse, welche von gleichem oder ähnlichem Inhalt sind." GW VIII, 500f.

lenfunktionen stellen die elementare Beschreibungskategorie des Quantenphysikers dar. Meine Physiklehrer waren davon überzeugt, daß ein Stein nicht einfach nur ein Stein ist, sondern daß mit Hilfe der Wellenfunktionen – einem quantenmechanischen Ansatz also – elementare Charakteristika des Steines beschrieben werden können. Ein Stein ist also nicht nur ein Stein – diese Betrachtungsweise entspricht nur der allgemein akzeptierten Realität. Für den Quantenphysiker ist die Wellenfunktion der praktikablere Ansatz, die Eigenschaft eines Steines zu verstehen.

Diese Situation entspricht dem psychologischen Denkansatz von Wissenschaftlern wie C. G. Jung, die behaupteten, daß eine Person nicht nur eine Person ist, sondern sich in Teilen aus dem sogenannten kollektiven Unbewußten organisiert. Der Taoist würde sagen, daß eine Person einen Aspekt des Tao darstellt. Die Taoisten, Psychologen und Physiker sind der Meinung, daß man das Tao, das Unbewußte oder die Wellenfunktion, nur durch Träume und durch eine nichtdualistische Erfahrung verstehen kann.

Was genau das Unbewußte, das Tao oder die Wellenfunktion eigentlich sind, kann man mit den Worten der Alltagsrealität nicht ausdrücken. Es ist deshalb so schwer zu beschreiben, weil es sich auf Erlebnisse aus einem veränderten Bewußtseinszustand bezieht, die wir selten scharf fokussieren. Ich verwende das Wort „Feld", um diese nichtdualistische Realität, die von den Taoisten als Tao, von den Psychologen als das Unbewußte und von den Physikern als Wellenfunktion bezeichnet wird, zu beschreiben.

Das Denken in der vereinheitlichten Feldtheorie macht einige Geheimnisse, mit denen wir uns in der Psychologie, Physik und Medizin heute noch herumschlagen, verständlicher. In der Psychologie spricht man von psychosomatischen, parapsychologischen und synchronistischen Phänomenen, wenn es darum geht, jene Vorkommnisse zu beschreiben, die an der Grenze des psychologischen Paradigmas auftreten und nicht in das gängige Verständnis von der Psyche einzuordnen sind.

Ohne den psychologischen Ansatz bleibt auch die Physik mit Problemen stecken, die man bereits 1925 zu lösen versuchte. Physiker setzen die Wellenfunktion herab, weil zwar die Mathematik zur Beschreibung der Ereignisse auf der Quantenebene paßt, weil sie aber nicht verstehen können, wie Beobachtung diese Wellenfunktionen verändern oder sogar zum Zusammenbruch bringen kann. Es gibt unterschiedliche Auffassungen, warum das passiert. Für mich geht es hier zu weit, in die Mathematik einzudringen, aber ich möchte sagen, daß Physiker zu verstehen versuchen, ob und wie der Beobachter während der Beobachtung selbst und durch das Beobachtete verändert wird.

Ein weiteres Problem besteht darin, daß Physiker nicht wissen, warum man komplexe oder imaginäre Zahlen im Bereich der Wellenfunktionen braucht. Hier könnten vielleicht Psychologen weiterhelfen. Psychologen würden sagen, daß der Einsatz imaginärer oder komplexer Zahlen anzeigt, daß ein Teil der beschriebenen Realität imaginär und nicht mit den gewöhnlichen Mitteln meßbar ist. Imagination muß in jede Beschreibung der Realität miteinbezogen werden, da alles sowohl von Beobachtungen der allgemein akzeptierten Realität als auch von traumgleicher Imagination abhängt. Wenn ich zum Beispiel eine Reaktion meines Magens beobachte, wäre sowohl ein realer wie ein imaginärer Aspekt des Magenproblems zu beachten. Die reale Seite ist, daß mein Magen wie ein Computer oder eine chemische Fabrik arbeitet. Auf der anderen Seite beinhalten die Magensymptome alle möglichen Arten von imaginären Aspekten. Wenn ich das Gefühl von Brennen habe, spielt Feuer eine Rolle. Für mich ist es daher vorstellbar, daß die Zukunft der Physik vom Studium der Psychologie des Beobachters abhängen wird, ebenso wie die Physik in Zukunft in die Psychologie integriert werden sollte.

Kurz gesagt, wenn ich zum Arzt gehe und ihm sage, daß ich ein Brennen im Magen verspüre, kann es sein, daß er sagt, das Problem bestehe darin, daß ich zu viel Säure im Magen habe. In diesem Augenblick unterstützt er die allgemein akzeptierte Realität, daß ein Magen eine Verdauungsmaschine ist, und er bietet mir eine Diagnose auf dieser Ebene an. Er möchte, daß ich seine Vorstellung (und die von anderen) teile, daß der Magen eine Art Maschine ist, die zu viel Säure enthält. Dieser Denkansatz kann interessant und korrekt sein und doch kann er auch vernichtend sein. Denn es wird nur der reale Aspekt der Wellenfunktion, nur der Aspekt der allgemein akzeptierten Realität beachtet – der imaginäre Aspekt wird dabei vernachlässigt.

Der Traumkörper stellt eine Verbindung zwischen „realen" und „imaginären" Beobachtungen und Erfahrungen dar. Er ist in der Tat beides: real und imaginär. Er ist nichtdualistisch, wie das

Tao oder die Wellenfunktion und das Unbewußte. Er ist weder das eine noch das andere, sondern eine Kombination von beiden. Daher kann man mit Körpererfahrungen arbeiten, und diese Arbeit wird einen Effekt im realen Körper zeigen. Wenn man nur den dualistischen Ansatz der allgemein akzeptierten Realität nimmt, wenn man mit den klassischen Methoden von Physik und Psychologie vorgeht und den imaginären Aspekt mit dieser Methode des Beobachtens eliminiert, schafft man eine allgemein akzeptierte Realität und unterdrückt den imaginären Aspekt des Lebens.

Was passiert mit dem imaginären Aspekt, der hierbei vernachlässigt wird – dem Gefühl des Brennens, der imaginären Flamme? Niemand weiß es genau. Als Therapeut weiß ich jedoch, daß er nicht weg ist. Er wird negiert, bleibt aber bestehen und kann in anderen Körpersymptomen zum Ausdruck kommen. Man kann das Körpergefühl bessern, indem man Pillen nimmt, doch das Problem des Brennens existiert weiter. Wenn man sich entschließt, sich nur auf die Pilleneinnahme zu konzentrieren und so das Brennen zu unterdrücken, kann es sein, daß man, ohne es zu merken, den Menschen seiner Umgebung verbietet, freudig und leidenschaftlich zu sein. Man kann sich zum sozialen Tyrannen entwickeln, der anderen Menschen untersagt, denjenigen Teil des Lebens zu leben, den er in sich selbst unterdrückt.

Daher bin ich der Meinung, daß ein Arzt, der von einem Patienten konsultiert wird, welcher ein „Brennen" empfindet, sich bewußt machen sollte, daß dieser Patient Träger einer sozialen Botschaft ist: ein Patient, der ein Feuer in sich trägt, eine wilde Katze, Mythen und imaginäre Botschaften. Ein Arzt, der diesen Aspekt nicht beachtet, spaltet Körper und Seele. Er lebt gewissermaßen noch im Zeitalter Newtons, einer Zeit, in der der Körper noch als ein Uhrwerk angesehen wurde. Wenn ein Teil nicht funktionierte, mußte das Uhrwerk repariert werden. Damit leben wir trotz der Erkenntnisse von Jung, Einstein und anderen noch immer im Jahre 1750 und nicht im zwanzigsten Jahrhundert. Physik und Psychologie sind immer noch wie Träume, die darauf warten, in Erfüllung zu gehen. Aber bislang folgen nur wenige Menschen ihrer Botschaft.

Die Zeit zwischen 1910 und 1930, als die Komplextheorie, die Wellenfunktionen, die Relativitäts- und Quantentheorie entwikkelt wurden, war eine sehr schöpferische Zeit. Damals waren die

Wissenschaftler nahe daran, eine vereinheitlichte Feldtheorie zu entwickeln. Heutzutage jedoch muß man, wenn man einen Arzt aufsucht, ihn bitten, dem Bericht der eigenen Träume und Erfahrungen zuzuhören.

Die Psychologie des Beobachters

Die Frage, wie die Dinge zu beobachten sind, stellt ein großes Problem dar. Stellen Sie sich einen Computer vor, der auf einem Tisch in Ihrem Schlafzimmer steht. Tagsüber sehen Sie ihn als Computer. Wenn Sie aber nach Mitternacht aufwachen und gerade die Augen geöffnet haben, können Sie den Computer vielleicht ganz anders sehen – Sie sehen vielleicht keinen Computer, sondern eine Schildkröte. Kann das eine Schildkröte sein? Sie schauen noch einmal hin und sagen: „Das ist keine Schildkröte, das ist ein Computer. Ich muß verrückt sein oder träumen."

Die leichte, chronische Depression

Beobachtende Psychologie und vereinheitlichte Feld-Theorien sollten bereits im Kindergarten gelehrt werden. Kinder sollten ermutigt werden, Computer und Schildkröten zur gleichen Zeit zu sehen. Ein solcher Denkansatz würde einen großen Einfluß auf die Volksgesundheit haben und auch auf unsere Ängste vor dem Tod. Es haben viel mehr Menschen Angst vor dem Tod, als gemeinhin angenommen wird. Viele denken: „Oh, ich bin ein Hypochonder und habe Angst vor dem Tod. Aber ich kann das niemand erzählen. Die Leute könnten denken, ich sei verrückt". Es gibt viele Gründe für die Angst vor dem Tod, und natürlich sterben wir alle eines Tages. Einer der Hauptgründe für die Angst vor dem Tod ist jedoch die Angst vor all dem, was in unserer Wahrnehmung nicht zugelassen wird – die Angst davor, in die Welt der Toten, in die Welt der Phantasien, der Träume, hineinzugeraten. Wenn Sie Angst vor dem Tod haben, fragen Sie sich doch einmal, wie es wäre zu sterben. Als nächstes untersuchen Sie Ihre Imaginationen über den Tod. Fragen Sie sich, was mit Ihnen passieren wird, wenn Sie sterben. Wenn Sie mit den Erfahrungen und Imaginationen, die bei solchen Fragen in Ihnen auftauchen, in Kontakt bleiben, werden Sie feststellen, daß sich unglaubliche Dinge in Ihnen ereignen und Sie wieder in Kontakt mit Ihrem „Phantasieleben" kommen.

Wenn Sie eine gute Beziehung zu Ihren Phantasien haben, dann können Sie sich, bevor Sie schlafen gehen, ungefähr vorstellen, was Sie träumen werden. Auch im täglichen Leben werden Sie bessere und telepathischere Beziehungen aufbauen können, in denen Sie die Erfahrung machen, daß Sie um Dinge wissen, bevor diese sich ereignen. Das ist sehr aufregend, und es passiert, weil das Imaginäre eine andere Beschreibung dessen ist, was im täglichen Leben passiert. Die Imaginationen können dabei sogar zum Schöpfer oder dem Tao von unerwarteten Ereignissen werden.

Wenn Sie nah an Ihren veränderten Bewußtseinszuständen bleiben, wissen Sie, daß die Dinge beides sein können: real und imaginär. Sie sind dann wie ein Physiker, der träumt, daß er die Wellenfunktion beobachtet – die holistische Welt, in der Reales und Imaginäres untrennbar miteinander verbunden sind. Wenn Sie Ihren Körper wahrnehmen, wissen Sie, daß Sie nicht nur ein sogenannter „realer" Körper in Raum und Zeit sind; Sie sind ein Traumkörper, eine Mischung aus vielen Realitäten. Wenn Sie Ihren imaginären Erfahrungen keine Aufmerksamkeit schenken, wenn Sie sich nur auf die allgemein akzeptierte Realität einstellen, in der Sie Computer und keine Schildkröten sehen, spalten Sie die Traumwelt aus Ihrem täglichen Leben ab. In gewisser Weise verletzen Sie dabei den Traumkörper. Sie lassen die Wellenfunktion „zusammenfallen", wie Physiker, die Tricks und Methoden benützen, um das imaginäre Material auszuschalten. Die Folge ist, daß sie eine reale Welt erhalten, die in sich deprimierend ist, da sie nur einen Teil der Vielfalt des Lebens widerspiegelt.

Es hat Konsequenzen, wenn wir die imaginäre Beobachtung und Wahrnehmung ausschalten. Wenn Sie nicht nahe an Ihren Träumen leben, unterdrücken Sie die Träume und das träumende Element in Ihrem Körper. Die Folge ist eine Unterdrückung Ihres Selbstes. Symptome können das Ergebnis dieser Unterdrückung sein. Außerdem schieben Sie andere Menschen an den Rand, so als ob sie unreal, falsch oder unwichtig wären. Sie schaffen eine Welt, in der es einen Hauptstrom gibt und eine marginalisierte, entkräftete Minoritätssektion der Welt, die Sie auf diese Weise provozieren, sich gegen sie zu wenden.

Zum Abschluß noch kurz etwas zum Weltarbeits-Aspekt des Traumkörpers. Ein integrierter Zugang der Wissenschaften zu unserer Arbeit hat zur Folge, daß wir viele Dinge mit in Betracht ziehen, die wir im Grund lieber außer acht lassen würden. Auf jeden Fall bedeutet es, eng mit dem Traumkörper zu leben, wenn wir imaginäre Beobachtungen und Wahrnehmungen zur Kenntnis nehmen. Der Traumkörper stellt dann unser persönliches Gefühl für uns selbst dar. Er ist in Teilen unser realer Körper und gleichzeitig unsere Erfahrung dieses Körpers. Er gleicht dem Tao, das wie die Wellenfunktionen vor der Beobachtung, eine unbeschreibliche Mischung von Realem und Imaginärem, von Zeit und Zeitlosigkeit, darstellt und in einem einzigen Augenblick gleichzeitig auf der ganzen Welt stattfinden kann.

Übersetzt von Rosemarie Selbmann

Michael Plesse und Gabrielle St. Clair

Orgodynamik – Tür zum Sein

1. Zum Grundverständnis

In diesem Artikel möchten wir den Leser mit Kontur und Grundprinzipien der Orgodynamik, einer jungen transpersonalen Energiemethode vertraut machen. Der Begriff Orgodynamik verweist auf „Orgon" – Wilhelm Reichs Terminus für Lebensenergie und die „Dynamik" der Bewußtseinsentfaltung. Die Orgodynamik versteht sich weniger als körpertherapeutisches System, das der Bioenergetik oder anderen herkömmlichen Körpertherapien vergleichbar wäre, sondern als ganzheitliche, transformative Energiemethode, die schwerpunktmäßig nicht bei der Ebene von Pathologie, Krankheit oder Störung ansetzt, sondern bei dem, was im menschlichen Energiesystem in jedem Moment schon vollständig und ganz ist, wie in den Augen des chinesischen Zen Meisters Huang-Po: „Das, was du vor dir siehst, ist es in all seiner Ganzheit, absolut vollständig" (zit. von Kopp 1993).

Wir gehen davon aus, daß die Ganzheit der Wirklichkeit in jedem Augenblick da ist, selbst wenn wir sie nicht mehr direkt erleben, weil wir in der Dualität, an der wir leiden, gefangen sind. Wir sind Teile einer grundlegenden Einheit des Seins, erleben uns aber oft als von ihr getrennt. In einem Bild gesprochen: Die Welle ist nie vom Ozean getrennt, war es nicht und wird es nicht sein. Sie kann sich nur als separat vom Ganzen als Welle erleben. Diese grundlegende Illusion der Getrenntheit ist das, was Störung, Verwirrung, Leiden und Konflikt mit sich bringt. Diese Getrenntheit entsteht durch unser Ich-Bewußtsein: Wir fühlen uns als getrennt vom Leben, von anderen Menschen, von unseren Gefühlen und vom Göttlichen (Galuska, 1994). Und gleichzeitig ist dieses Ich-Bewußtsein als „erstes Wunder" das, was uns aus dem archaischen, unbewußten Leben heraushebt und uns erst zu Individuen mit freiem Willen macht.

In der Perspektive der Orgodynamik fließt an diesem Punkt die

Grundhaltung der tantrischen Spiritualität mit ein: Tantra als eine Umarmung dessen, was ist, ist nicht daran orientiert, durch Kampf und innere Anstrengung zum Ziel der Ganzheit zu kommen, sondern wendet sich achtsam und liebevoll dem zu, was ist. Aus der Sicht des Tantra, der universellen Lehre, die Spiritualität und Sexualität miteinander verbindet, ist Nichtdualität der ungeteilte Tanz von Form und Leere. Tantra bedeutet Verwebung und auch Ausdehnung. Die Erfahrung der Leere ist etwas, das nicht getrennt ist von der „grenzenlosen Vielfalt ihrer spontanen Darstellung" (Ngakpa 1993). So gesehen beziehen wir uns in orgodynamischer Sicht gleichermaßen auf die Leere, den kreativen Raum, der in tantrischer Sicht auch als die große Mutter oder der Grund des Seins bezeichnet wird, als auch auf die Erfahrung von Dualität, Getrenntheit, dem Sich-unterschieden-Fühlen. Unsere anfangslose raumhafte Natur des Seins lädt uns sozusagen ständig ein, in die Ganzheit unseres Erlebens und unserer Wahrnehmung zurückzukehren, wie das Kind, das zur Mutter zurückkehrt. Diesen Raum, jenseits aller Konzepte und Vorstellungen, das „Bewußtsein ohne Inhalt" (Merrell-Wolff 1994), der Raum kosmischer Energien, nennen wir den Energie-Raum.

Ganzwerdung ist so in orgodynamischer Sicht im ersten Schritt ein Zurückkehren in diesen Raum, in dem sich die dualistische Sicht allmählich auflöst, wie das Stück Kandiszucker, das sich in ein Glas warmen Wassers eintaucht und allmählich seine harten Kanten und Begrenzungen verliert. In einem zweiten Schritt geht es um ein Wieder-Ganz-Werden des Menschen in seiner Form, in seiner Verbundenheit mit anderen Menschen, der Umwelt, dem ganzen Leben.

In der orgodynamischen Perspektive geht es nun darum, diese dualistische Sicht in der ersten Phase der Arbeit nicht zu bekämpfen, sondern sie erst einmal anzunehmen als gewordenen Teil unseres sich selbst verstellenden Menschseins. Die Sicht des Tantra sagt dazu: „Was immer gerade der Augenblick bringt, akzeptier es. Dann suchst du dich nicht mehr in anderen Richtungen. Du lebst alles, Augenblick für Augenblick in tiefer Hinnahme. Du wächst, aber keinem Ziel entgegen und ohne Verlangen, irgendwo anzukommen, irgendwie anders zu sein oder irgendein anderer zu sein" (Rajneesh 1994). Gemeint ist der Geist, der sich den Instinkten verstellt, die erstarrte rationale Macht, die sich gegen die Natur stellt, der Sex, der sich dem Herzen verstellt, der

Verstand, der sich vor die Intuition stellt, die übernommene Information, die sich gegen den Impuls stellt, das erinnerte Wissen, das sich gegen die Lebendigkeit stellt. Wenn wir diese Gegensätze innerlich umarmen lernen, das heißt, das akzeptieren lernen, was ist, entsteht ein Klima von grundsätzlichem Ja, im Wissen, daß die dualistische Sicht als gewordener Teil unseres Menschseins durch dieses Akzeptieren ins Fließen, in Bewegung kommen kann. Dieses tantrische Ja läßt eine heilende, erlaubende Atmosphäre spürbar werden, die durch die akzeptierende Ausstrahlung des orgodynamischen Energiebegleiters entsteht. Achtsamer Respekt für die inneren Grenzen des Klienten, den Energieraum jenseits der Dualität zu betreten, ist die innere Grundhaltung, die den speziellen Geschmack dieser Arbeitsweise ausmacht.

Gleichzeitig wird der Klient in ein transformatives Geschehen eingeladen, in dem Identifikation mit innerer Gespaltenheit, sich aus der Mitte geworfen fühlen, keinen inneren Halt haben, sich fremd fühlen, zunehmend bewußt werden und sich auflösen können – darin geschieht Wandlung. In diesem Prozeß ist es nun von entscheidender Bedeutung zu verstehen, daß wir es hier mit einem tiefgründigen Paradoxon zu tun haben. Inneres Akzeptieren, das über die mentale Ebene hinaus geht und den Organismus, die Gefühlsebene und das zelluläre Verstehen meint, bringt einen transformativen Prozeß in Gang. Oft ist es ja gerade der zwanghafte und verkrampfte Wunsch nach Veränderung, der der organischen Wandlungsbewegung im Weg steht.

2. Das energetische Klima

Bevor wir nun auf orgodynamische Grundkonzepte eingehen und dann zu den energetischen Methoden dieser Arbeit kommen, soll erlebnisnah skizziert werden, wie die spezielle Atmosphäre entsteht, die wir als „Arbeit mit dem energetischen Klima" bezeichnen. Wir alle wissen, was gemeint ist, wenn wir von einem Arbeitsklima, dem Klima einer Beziehung oder dem Klima einer Gruppe sprechen. Oft ist es gerade dieses Klima im kollektiven Geschehen transformativer Gruppenarbeit, das schwer zu beschreiben ist, dennoch deutlich spürbar wird und von dem wir uns oft ergriffen fühlen. Diese Arbeit mit dem „energetischen

Klima" gehört zu den Grundmodalitäten orgodynamischer Gruppenarbeit mit Menschen und folgt drei grundlegenden energetischen Leitlinien:

Anstelle an den individuellen Störungen des Menschen, dem Unversöhnten, Unerledigten, dem Konflikthaften, dem Verwirrten, dem Nervösen oder nicht Bewußten anzusetzen, geht es darum, als erstes die Wahrnehmung auf das Kontinuum des Erlebens im Hier und Jetzt zu lenken. Anstelle in mentalen Erinnerungen oder Zukunftsphantasien vom gegenwärtigen Erleben abzulenken, die den Moment, das aktuelle Erleben vermeiden, soll dieses ganz bewußt, sozusagen mit jeder Faser unserer Wahrnehmungsorgane, gespürt werden. In diesem Bewußtmachen, Gewahrwerden der Fülle des Moments entsteht mühelos das, was wir als Achtsamkeit, „awareness", Bewußtheit bezeichnen, Bewußtheit, die weit mehr ist als bloße Verstandestätigkeit und die in die Tiefe unseres Wesenskerns führt und mit ihm verschmilzt. Diese gesammelte Achtsamkeit als ununterbrochener Wahrnehmungsprozeß des Hier und Jetzt läßt im kollektiven Feld einer Gruppe ein deutlich spürbares energetisches Klima entstehen. Um in einem Bild zu sprechen: In eine unbelebte, karge Landschaft kommt ein sanfter Wind, eine spürbare Brise, das Prickeln der Sonne auf der Haut, Geräusche von Blättern und Tieren, ein Gefühl von „Seins-Energie".

All das soll umschreiben, was gemeint ist, wenn eine schwer beschreibbare, aber dennoch deutlich spürbare Präsenz im Raum erlebt wird. So sitzt etwa eine Gruppe von Männern und Frauen mit geschlossenen Augen auf Kissen in einem Kreis am Boden und wird vom Energiebegleiter in einen Zustand innerer Sammlung geleitet. Ein ganzes Spektrum von Wahrnehmungsmöglichkeiten tut sich auf: Angefangen von dem Gewahr-Werden kleinster körperlicher Empfindungen geht die Reise hin zum Aufspüren innerer Gefühlszustände, spontaner interner Bilder bis hin zum Entdecken unbenennbarer tieferer Regungen und manchmal erschütternder Selbsterkenntnis. In dieser Entdeckungsreise entsteht durch innere Sammlung, Entspannung und glasklare Wachheit eine Art kollektive Präsenz. Diese Qualität wird oft als Dichte, Stille und Verbundenheit wahrgenommen, die den einzelnen bis ins Innerste berühren kann und ihn aus seinen Identifikationen mit Problemen, Ängsten und Störungen herauslösen kann. Ja, es können sich Räume von tiefer Entspannung, Harmonie und

Frieden auftun, die den Menschen durchlässig machen für das Wiedererspüren des innersten transzendenten Wesenskerns. Dieses Eingestimmt-Sein auf etwas, von dem der Mensch Teil ist, lenkt seine Aufmerksamkeit auf die Dimension in ihm, die bereits im Frieden, die schon ganz und vollständig ist. In diesem Erleben entsteht für den Menschen Kontakt mit einem Bewußtseinsraum, in dem biographisch und personal bedingte Verwirrung, Störung und Verletzung zumindest für eine Zeit in den Hintergrund tritt und eine Art ungestörtes Ur-Vertrauen zu schwingen beginnt, das als innerer Ankerpunkt die Bereitschaft zur Wandlung nährt und bekräftigt. Diese Qualität von Präsenz wird durch jeden einzelnen Teilnehmer eines Gruppenfeldes mitbewirkt, und darin wird vielleicht zum ersten Mal für den Menschen der kollektive Energiekörper als Ganzes intuitiv, nicht rational spürbar. Dieser „Körper" ist mehr als die Summe der Einzelindividuen und ihrer psychisch-somatischen Prozesse – wir können ihn auch als Gruppenseele beschreiben. Die Kunst, eine höhere Gruppenkraft zu orchestrieren, liegt dabei in der Fähigkeit des Gruppenleiters, jeden Teilnehmer ohne Bedingungen zu akzeptieren und gleichzeitig liebevoll dazu aufzufordern, die trennenden Muster beiseite zu lassen.

Der zweite Vektor, der zum Entstehen des energetischen Klimas beiträgt, ist die Energie der Verbindung (im Englischen: relatedness statt relationship). Verbindung, nicht die Dimension diskursiver Interaktion oder Kommunikation, sondern vielmehr ein organismisch/intrapsychischer Vorgang, der allerdings über die Wahrnehmungsgrenzen des einzelnen Menschen hinausführt. Energetische Verbindung hat ihren Anfang darin, daß ein Mensch dem anderen das Geschenk der ungeteilten, ungestörten Aufmerksamkeit macht: die Wahrnehmung geht über den inneren Raum hinaus und bezieht den anderen in die Tiefe der eigenen Präsenz mit ein. Es geschieht eine geheimnisvolle Resonanz, ein Zusammenschwingen, das die somatische Ebene ebenso mit einbezieht wie den Herzenskontakt und die Fühlung mit einer tieferen Seins-Ebene. In dieser Begegnung entsteht unbenennbare Verbundenheit, ein Verschmelzen von individuellen Energiefeldern zu etwas Größerem mit etwas Größerem. So wie der vertrauensvolle Blick des Kindes zur Mutter gleichzeitig in ihre Präsenz hineinfällt, so wie ein wortloses Sich-Erkennen zweier Liebender ein gemeinsames Nach-Innen-Fallen ist. In dieser spürbaren Resonanz braucht es zwei Voraussetzungen: einmal die Bereitschaft zu anstrengungsloser und störungsfreier Wahrnehmung des anderen, zum anderen die Fähigkeit, in sich zentriert zu bleiben: in der eigenen Mitte der Wahrnehmung zu sein und dort „bei sich" bleiben zu können. Wenn zwei Menschen so zusammen kommen, sich in Herz und Seele berühren lassen, bereit sind, überholte Identifikationen mit alten Schutzmustern zu sehen und sie sich auflösen zu lassen, dann entsteht anstelle von innerer Distanzierung eine gemeinsame Präsenz – zwei Welten, die zusammenkommen und eine neue Welt bilden, mit neuen Landschaften, neuen Gipfeln und Tälern, neuen Klimazonen, einem neuen inneren Puls. Es ist, als ob zwei Saiten eines Instruments, die neu gestimmt werden, in eine gute Schwingung zueinander kommen, und gemeinsam einen Wohlklang hervorbringen.

Der dritte Vektor, der zum Ingenium, dem unverwechselbaren Fluidum eines kohärenten Gruppengeschehens dazugehört, ist die Erlebnisweise von Raum: wir sprechen im Spektrum orgodynamischer Arbeit davon, wie es ist, den inneren Raum wahrzunehmen, Raum zu geben, Raum wahrzunehmen – wir wissen, daß Identifikation mit Dualität zu Begrenzung und Trennung führt. Unsere Wahrnehmung wird eingegrenzt, verengt sich, isoliert, trennt, schneidet heraus, unterscheidet nicht richtig – falsch, gut – böse, oben – unten, Instinkt – Geist, Ich und der andere. Und so leidet das Bewußtsein unter der Enge, die darin entsteht. Anstelle die Weite des Himmels wahrzunehmen, schauen wir nur noch in den Tunnel und sehnen uns doch nach der Weite und Tiefe des Erlebens, das uns berührt und von dem wir ergriffen werden in den Momenten, wo uns ein Sonnenuntergang anrührt, wo wir das Licht im Tautropfen sehen, wo wir das nasse Gras unter den Füßen spüren, wo wir durch die Berührung eines geliebten Menschen angerührt werden.

Der dritte Modus, von dem wir hier also sprechen, lenkt die Wahrnehmung auf die Dimension von raumhaftem Erleben: Anstatt Energien zu bekämpfen, lerne ich, „ihnen Raum zu geben", sie zu mir sprechen zu lassen, ihnen zuzuhören. Anstelle Unsicherheiten, konditioniertes Reagieren, psychische Ängste von mir fernzuhalten, kann ich sie in meinen Bewußtseins-Raum aufnehmen, anstelle mich in ihm zu verlieren. Ich lerne, mich im körperlich spürbaren Raum meines Atems zu verankern und meinen inneren Bildern Raum zu geben. In diesem Verankern im Raum finde ich einen neuen Halt, einen neuen Bezugspunkt, einen neuen Verständnisrahmen, eine neue Perspektive, neue Handlungsmöglichkeiten, die angemessener und erfüllender sind als reaktive Muster. Anstelle sich vom Druck seiner Erwartungen und Ansprüche beherrschen zu lassen, lernt man den innersten Regungen und Impulsen der Stimme der Intuition und des Herzens Aufmerksamkeit und Raum zu geben. Anstelle mich vom Idealbild des perfekten Partners blenden zu lassen, gebe ich dem realen Erleben dieses Partners, dieses Mannes/dieser Frau mir gegenüber Raum und erlebe ihn mit all seinen Unvollkommenheiten, seinen Stärken, seiner Schönheit, seinem Potential. In diesem raumhaften personalen Erleben weitet sich die Wahrnehmung über das Bekannte hinaus, nimmt Verbundenheit mit dem Ganzen wahr und lernt von Moment zu Moment, präsent zu bleiben mit dem, was geschieht, und erlebt sich in der Weitung für Neues, Unbekanntes, Erfüllendes. Gleichzeitig ist hier der Ort, der Durchgang in einen Energie-Raum, den wir bereits erwähnt haben und den wir hier auch als transpersonalen Bewußtseins-Raum bezeichnen können.

In den nun folgenden Beispielen wollen wir veranschaulichen, wie im konkreten Erleben eines Teilnehmers einer orgodynamischen Gruppe die beschriebenen drei Grundkräfte, Präsenz, Verbindung, Raum, neue Erlebnisqualitäten und Bewegungsebenen möglich machen.

1. Beispiel
Ernst, 64, hatte nach einer längeren Herzerkrankung Impotenzerscheinungen mit seiner jungen Geliebten und kam zu einem Mann-/Frau-Training mit dem Ziel, seine sexuellen Schwierigkeiten zu beseitigen.

Im Verlauf dieses Seminars begleiten wir die Teilnehmer durch Körpersequenzen, tantrische Massagen, Atemöffnungsübungen, sanfte emotionale Reinigung (Begegnung mit dem inneren Kind), Selbstbildheilungsrituale, Sinnesöffnungsrituale und verschiedenste Meditationen.

Ernst nahm engagiert an allem teil. Am dritten Tag entstand ein tiefes Bedürfnis, nichts mehr zu tun, das er sich zunächst nur zögernd eingestand. Wir luden ihn ein, während der Übungen im

Raum zu bleiben, aber ganz für sich zu sein und dem Ruf nach „NichtTun" zu folgen.

Zwei Tage blieb er in diesem inneren Rhythmus von Nichttun, während sich der Gruppenprozeß dynamisch vor seinen Augen abspielte. Intuitiv folgte er der tiefen Sehnsucht, alles Tun loszulassen und begegnete darin dem stillen Beobachter in sich, der in Ruhe und Gelassenheit am Leben teilnahm. Anstatt seine Erschöpfung zu verdammen oder zu überspielen, fand er in Kooperation mit ihr seinen eigenen Rhythmus, da zu sein. Daraus entstand ein tiefes Gefühl von Dankbarkeit und Ruhe dem Leben gegenüber, ein Annehmen von dem, „wer ich bin".

Ernst berichtete später, daß in dieser Zeit sein ganzes Leben und alle durchlebte Hektik und Anstrengung an ihm vorübergezogen sei. „Wie in einem Film sah ich Hunderte von Situationen, in denen ich schneller war und sein wollte, immer vorn, immer der erste. Jetzt merke ich, wie sehr ich mich nach ‚einfach da sein' sehne – es ist nicht das ‚Kommen', das ich brauche, sondern das Ankommen." Als wir ihn nach seiner Geliebten fragten, sagte er: „Ich muß es riskieren, sie zu verlieren. Sie ist jung, aber ich weiß jetzt, daß es darum geht, diesen Weg zu mir selbst weiter zu gehen – ich habe nicht mehr so viel Zeit. Aber jetzt gerade ist es wunderbar: Wir können uns nahe sein, ohne viel zu tun. Wir hatten eine stille Liebesnacht mit einer ganz neuen Intimität."

2. Beispiel

Anja, 45, hatte Brustkrebs und kam ein Jahr nach ihrer Brustamputation zu uns.

Im Verlauf ihrer Krankheit hatte sich ihr Lebenspartner von ihr getrennt, und sie stand nun voller Verzweiflung, Unsicherheit mit großen Zukunftsängsten in ihren beginnenden Wechseljahren. „Ich fühle mich nicht mehr als vollwertig, jetzt ist alles vorbei", sagte sie zu Anfang.

Anja ließ sich nach anfänglichem Zögern auf ein Ritual der Selbstbildheilung ein. Das langsame, bewußte Sich-Entkleiden vor einer kleinen Gruppe von TeilnehmerInnen des Seminars, die die drei Kräfte „Liebe ohne Bedingung", das „Ja zu dem, was ist" und „Mut" repräsentierten, ließ sie tief die Gefühle ihrer Verletzung, Angst und den Schmerz des Verlusts ihrer Weiblichkeit durchleben.

Im positiven Feedback der Begleiterinnen, das sie bewußt ohne „ja aber" in sich aufnahm, erfuhr sie von den vielen Merkmalen ihrer Weiblichkeit, die sie trotz ihrer verlorenen Brust zu einer anziehenden Frau machen: ihre anmutige Bewegung, der Schimmer in den Augen, der Schwung ihrer Hüften etc.

Das Muster der begrenzten Selbstwahrnehmung zerbrach, als sie plötzlich die Lebendigkeit ihrer schönen Beine spürte und spontan zu tanzen begann.

In der Berührungsphase des Rituals bildeten die Männer und Frauen auf ihren Wunsch die verlorene Brust mit ihren Händen nach. Sie konnte ihre Brust so spüren, als wäre sie noch da, so wie es den Phantomschmerz bei Amputationen gibt, so fühlte sie das „Heilsein" als sinnliche Empfindung von Kribbeln, Wärme und Weichheit. Auf diese Weise konnte sie innerlich noch einmal Abschied nehmen von ihrer realen Brust und sich gleichzeitig auf eine neue Weise ganz fühlen.

In ihrer Berührtheit und Offenheit verankerte sich das Gefühl, eine „ganze Frau zu sein", tief.

Wir haben die drei Vektoren, Präsenz – Verbindung – Raum, als die kardinalen Bezugspunkte angesprochen, die zum Entstehen des energetischen Klimas beitragen. Es ist ein Klima, in dem der Mensch sich wie zu Hause, wie angekommen fühlt, in dem der einzelne sich als eingebettet in ein Kraftfeld erlebt, das eine bestimmte Atmosphäre, Dichte und fast körperlich spürbare Stimmung hat. Wir wissen heute, daß für die psychischen Strukturen des aufwachsenden Kindes das atmosphärische Klima der Familie prägend ist. Das Phänomen des energetischen Gruppenklimas ist also etwas, was uns intuitiv vertraut ist, das uns positiv nähren kann, und von dem wir uns ergriffen fühlen können. In diesem Klima werden die individuellen Energie-Felder füreinander durchlässiger. Jenseits allen linearen Verstehens geschieht ein kollektiver Resonanz-Prozeß (vgl. dazu Sheldrakes morphogenetische Feldtheorie), in dem die Membran und die Poren des „hautverkapselten Ichs" (Watts 1982) durchlässiger werden für das Numinose, jene größere Dimension, die unser anfangsloser Ursprung ist, aus der wir kommen und in die wir wieder gehen. Hier werden die personalen Grenzen also durchlässiger für den Energie-Raum, das Unbegrenzte, oder wie auch immer wir diesen kosmischen Schwingungs-Raum des Absoluten bezeichnen wollen, der sich jeder Beschreibung entzieht und dennoch greifbar wird, denn „wenn zwei oder drei in meinem Namen zusammenkommen, werde ich unter ihnen sein."

Der orgodynamische Energiebegleiter weiß um diese Einkehr in den größeren transpersonalen Energieraum. Er hat ihn am eigenen Leibe viele Male durchlebt, durchlitten. Er ist durch die Subjekt/Objekt-Spaltung immer wieder hindurchgegangen und hat die Geschenke des Energie-Raums in seinem innersten Kern erfahren – dieser wortlose natürliche Zustand, das Geschenk der Gnade, wenn die Welle sich wieder als Teil des Ozeans erahnt.

„Unser Geist trägt eine Entwicklungsdynamik zur Überwindung des Ich-Bewußtseins, zur Transzendenz zu höheren Bewußtseinszuständen in sich" (J. Galuska, 1994). Diese natürliche Dynamik ist so gesehen Ausdruck der Evolution selbst, denn wir Menschen sind ja der Teil der Natur, der dabei ist, sich seiner selbst bewußt zu werden. Im orgodynamischen Verständnis äußert sich diese Dynamik als transformativer Impuls, der den Menschen in der Tiefe seines Bewußtseins anspricht, den er als inneren Ruf zur Wandlung bewußt oder unterbewußt wahrnimmt, den er nun als inneren Weg zu gehen beginnt und dem er in der Welt und in seinen Beziehungen Ausdruck gibt.

Diesen transformativen Impuls näher zu verstehen heißt, sich den verschiedenen Struktur-Ebenen unseres Erlebens zu nähern, auf denen er sich ausdrückt, sowohl im Personalen als auch im Transpersonalen.

3. Der transformative Impuls und der transformative Prozeß

Der transformative Impuls wirkt als Katalysator, um unseren Bewußtwerdungsprozeß zu initiieren und immer wieder neu zu beleben. Ihm zuzuhören, ihm zu vertrauen, ihn wahrzunehmen und Raum zu geben heißt, dem, was in uns erwachen will, zu dienen. In der orgodynamischen Sicht wird somit den natürlichen, spontanen, organismischen Lebensimpulsen in uns große Aufmerksamkeit geschenkt, da erst die feine sensibilisierte Wahrnehmung uns befähigt, die reaktiven Impulse in uns von dem puren Urausdruck der transformativen Impulskraft zu unterscheiden.

Diese Unterscheidung ist kein mentales Erkennen allein, sondern ein Sensibel-Werden für das intuitive ganzheitliche Wissen, das sich in dem wachen Spürbewußtsein für den Moment ausdrückt. Wir alle kennen Momente, in denen wir intuitiv, spontan genau das tun oder nicht tun, was der Moment erfordert und darin eine beflügelnde Atmosphäre von Stimmigkeit, Einklang und Verbundenheit erfahren. Dem transformativen Impuls in uns zu folgen heißt, auf der Spur des Erwachens unseres wirklichen Selbst zu sein.

So legen wir in unserer Arbeit viel Wert darauf, alle Impulse in uns in einem wertfreien, liebenden, bejahenden Klima zu beobachten, denn jede Regung, jeder Ausdruck unserer Lebensenergie kann ein direkter Eingang in die Ungebrochenheit unseres Bewußtseins werden, denn in jedem Impuls könnte „Gott" verborgen sein.

Gewohnheit, Gedankenmuster, unbewußte instinktive Kräfte, Gier, Anhaften etc. bilden die reaktiven Muster unseres Lebensausdrucks, die uns begrenzen, erstarren lassen und in Abhängigkeit zu dem, was uns umgibt, führen.

Natürlich brauchen wir ein Gewand unseres Selbstausdrucks als sichernde Begrenzung unseres erweiterten Selbst. Dieses kann jedoch zum Gefängnis werden, in dem wir in einer ständigen Bewegtheit den reaktiven Impulsen auf einen Außenreiz folgen. Darin entsteht dann eine Erstarrung, ein nervöses Tun, ein Zuviel-Tun, ein dauernd In-Aktion-Sein, das uns von uns selbst entfremdet, und das ein vorherrschendes Phänomen unserer Zeit ist.

Indem wir ein feines Spürbewußtsein für die unterschiedlichsten Lebensregungen in uns entwickeln, verliert die Dynamik des unbewußten Getriebenseins an Kraft, da diese nun in die feinen Verästelungen und tieferen Schichten unseres Seins fließen kann.

Bewußtheit, sensibilisierte Wahrnehmung im Klima von „Ja, es ist gut so, wie es ist", bewirkt das Wunder der Verlangsamung und Reinigung neurotischer Verhaftung.

Das Aufspüren des transformativen Impulses ist somit ein Weg, ein Prozeß des Entblätterns, des Abschälens, innerlich Entkleidens von gewohnten reaktiven Mustern. Das Bild des langsamen Entkleidens von Vorstellungen, Erwartungen, Haltungen, die uns begrenzen, wie ein Ausziehen von nicht mehr notwendigen Kleidungsstücken, ist eine Metapher für diesen Prozeß, der

Prozeß der Reinigung. Wir hier im Westen leben in einem Klima von Schnelligkeit, Außenorientiertheit, der „aktiven Faulheit" (Sogyal Rimpoche, 1994). Unser Wesen hat selten die Gelegenheit, diese Unruhe abzustreifen, da Inseln der Stille und Einkehr nicht mehr in unserem Alltag geankert sind.

Somit beginnen wir in der Orgodynamik immer wieder damit, Räume der Stille in gemeinsamer Resonanz einzuladen und aufzubauen.

Diese Innenwendung, das Lauschen nach innen, das auf den Moment bezogene Wahrnehmen, was jetzt ist, bereitet den Boden dafür, unsere transformativen Kräfte, die ja die ganze Zeit da sind, wahrzunehmen, zu erlauben, zu würdigen.

Dies wird wesentlich durch das Latihan-Prinzip, das die orgodynamische Arbeit durchzieht, unterstützt. Latihan ist eine Übung einer indonesischen mystischen Schule der Bewußtseinserweiterung, in der der Fluß von Bewegung unserer Lebensenergie mit Achtsamkeit begleitet wird und darin der Eintritt des Lebensprinzips, der Präsenz des Göttlichen, geschehen kann (Bennett, 1959).

Ein Beispiel aus einer Latihan-Meditation verdeutlicht dieses Geschehen. Claudia sagt: „Ich stehe im Raum und schließe die Augen. Gedanken wirbeln in meinem Kopf herum. Ich nehme ein paar tiefe Atemzüge. Etwas entspannt sich in mir und wird ruhiger. Jetzt richte ich meine Aufmerksamkeit auf meine Hände. Ich spüre Kribbeln, Dichte, Wärme. Ich löse mich allmählich von Vorstellungen, etwas tun zu müssen, etwas richtig machen zu sollen und überlasse mich meinen Händen und ihren spontanen Bewegungen. Ich spüre, wie die linke Hand sich allmählich wie von selbst nach oben bewegt, wie die rechte Hand sich ganz langsam dreht. Etwas geschieht von selbst, ohne mein Zutun. Ich nehme ein paar weitere tiefe Atemzüge. Tränen fließen über mein Gesicht. Ich tue nichts und lasse einfach geschehen. Es ist wie eine Ahnung von Vertrauen, etwas, das ich nicht in Worte fassen kann. Wie ein inneres Wundern, Beobachten, am Fluß sitzen und den Fluß beobachten: Was möchte weiter geschehen? Und ich spüre, wie sich jetzt auch mein ganzer Körper langsam nach vorne beugt. Wohin will sich dieses Geschehen entwickeln? Ich nehme einfach wahr, ohne einzugreifen und spüre: Etwas geschieht in mir, etwas Größeres bewegt mich. Ich bin es nicht mehr, die etwas tut, sondern Es wirkt, bewirkt."

Wir sind im Fluß unserer Energie und gleichzeitig am Fluß. Wir erlauben die Bewegung der Hand, die z. B. langsam nach oben geht, und folgen dieser Bewegung mit unserer ganzen Achtsamkeit.

Damit entwickeln wir eine innere Kunstfertigkeit, die uns spontan zu den Wurzeln des Einsseins führen kann, und in der die Getrenntheit von Im-Fluß-Sein und Am-Fluß-Sein sich auflöst.

Die Überwindung der Getrenntheit von Innen und Außen, Bewegung und Beobachter ist ein Geschenk, das sich oftmals in dem Empfinden von Eingebettet-Sein in etwas Größeres, einfach da sein, „alles ist gut so, wie es ist", ausdrückt.

Wir unterstützen, fördern und laden den spontanen Energieausdruck ein und begleiten ihn mit der wertfreien, beobachtenden Kraft des „Aha".

Es ist faszinierend zu beobachten, wie sich die Qualität, der Geschmack, das Klima unseres energetischen Ausdrucks verändert, wenn die Kraft des inneren „Ahas" diesen begleitet. So verliert z. B. der Tanz seine Mechanik, und die Bewegung wird anmutig, das ausgedrückte Gefühl wirkt richtig am Platz, und die Einsicht ist einfach und klar. In dem „Aha" liegt keine Kontrolle oder Bewertung, sondern es ist die liebevolle Umarmung dessen, was ist.

Das Latihan-Prinzip zieht sich wie ein unsichtbarer roter Faden durch die Orgodynamik – dem „Wie wir leben, wie wir uns bewegen, wie wir etwas tun" fügen wir jetzt die Qualität von Bewußtheit, Achtsamkeit hinzu.

So werden die vielfältigen Methoden, die unseren Wandlungsprozeß unterstützen, in einer Haltung von Achtsamkeit, Nicht-Zielorientiertheit, Respekt und Freiheit gelehrt. Darin geschieht ein Flüssigwerden, ein Durchlässigwerden unserer transformativen Energiebewegung.

Transformation ist kein linearer Prozeß, kein notwendig evolutionäres Geschehen, das Schritt für Schritt einem bestimmten Ziel entgegenstrebt. Immer wieder können wir beobachten, wie Wandlung mit spontanem, kreativem Ausdruck einhergeht.

Gerade in Momenten von Diskontinuität werden neue Kräfte wach, so wie z. B. jemand im Prozeß seiner Erkrankung plötzlich das Malen entdeckt oder in einer persönlichen Krise zu der tieferen inneren Berufung findet.

Diesen-Prozeß der Bewußtwerdung als höchst individuellen, einzigartigen Weg zu würdigen, das ist es, woran uns die orgodynamische Alchemie dauernd erinnern will.

Bewußtwerdung kann jeden Moment geschehen, sei es durch die Tür des Körpers, der Gefühle, des Geistes oder der Seele.

Wir verstehen den transformativen Prozeß als eine bewußte Reise durch unser energetisches Hologramm, indem wir unseren einzigartigen Lebensausdruck geschehen lassen und in Präsenz begleiten. Es ist die Hingabe an unsere Urlebendigkeit, gekoppelt an unsere Präsenz.

Somit geht es im Wandlungsprozeß vielmehr um die Bezogenheit, die Beziehung zu dem, wer ich bin, die Beziehung zu dem, was mich umgibt, und die Beziehung zu dem Größeren, dem, was keinen Anfang und kein Ende hat.

„Der Weg ist das Ziel", sagt Laotse, und so ist der transformative Prozeß selber die sich ereignende Verwirklichung unseres Selbst.

Und so wie wir auch in unseren Beziehungen manchmal nah und manchmal entfernt sind, manchmal in Kontakt oder auch nicht, gleicht unser Wandlungsweg dem Weg einer Beziehung, die sich jeden Moment neu ausdrückt.

Es ist ein fließendes sich ständig veränderndes Geschehen, ein Fluß mit sprudelnden Quellen, lebendigen Bachläufen, tobenden Wasserfällen, stillen Seen und der Einmündung in den großen Ozean.

4. Das Energierad als Landkarte

Als Landkarte, in der sich der Wandlungsprozeß in seinen verschiedenen energetischen Dimensionen nachvollziehbar spiegelt, dient uns in der Orgodynamik das Modell des Energierades. Inspiriert durch das Medizinrad der schamanischen, tantrischen Quoduschka-Tradition (Swiftdeer, 1986) sowie dem Grundverständnis der Fünf-Kräfte-Lehre (Erde, Luft, Wasser, Feuer, anfangsloser Raum) der „Nyingma"-Tradition innerhalb des tibetischen Buddhismus (Ngakpa 1993) entsteht ein anschauliches Modell, das die vier Grundkräfte im Menschen – Körper, Geist, Gefühle und Seele – würdigt und in Verbindung zum Raum ohne Anfang setzt. Es kann als Brücke zwischen der personalen und der transpersonalen Dimension verstanden werden.

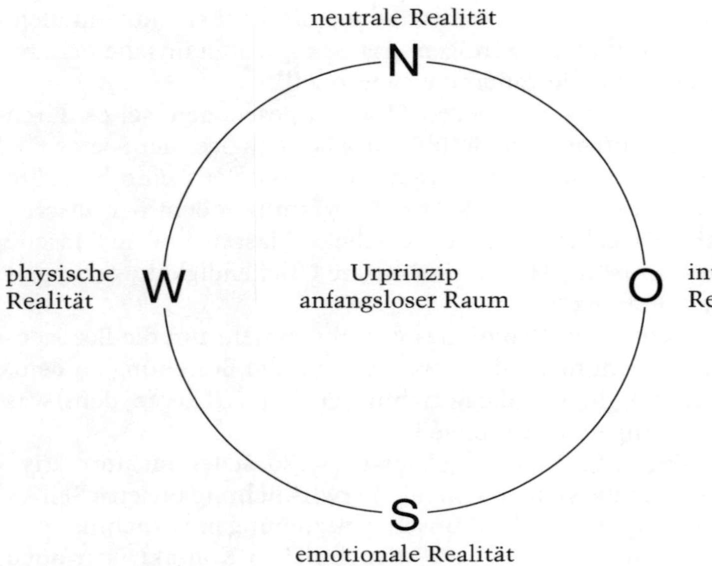

Die physische Realität

„Der Körper ist dein Tempel", sagt Tantra und verweist darin auf eine innere Haltung, das Vehikel und Gefäß unserer Lebensenergie zu würdigen und als kostbare Seins-Realität wertzuschätzen.

In unserer Zeit leben wir zumeist in einer funktionellen Beziehung zu unserem Körper, der unseren mentalen Zielen zu dienen hat und trennen uns darin von der instinktiven, organismischen Weisheit, die in ihm ruht. Betrachten wir den Körper als erste Realität, die Dualität von innen und außen, von Ich und Du, von Subjekt und Objekt zu manifestieren, liegt gerade in ihm das erste Wunder des Subjekt-Objekt-Bewußtseins verborgen, das uns in unserer Bewußtwerdung als menschliche Gattung hineinhebt. In ihm erfahren wir leiblich und sinnenhaft die Gesetze der Lebensenergie in der Pulsation von Kontraktion und Expansion, im Ein- und Aus-Atmen usw. In der orgodynamischen Sicht geht es darum, das Spürbewußtsein unseres Körpers wiederzugewinnen, die funktionelle Entfremdung zu heilen, und den transformativen Impulsen unseres im Körper verankerten Selbst zuzuhören, die sich in Schmerz, Wohlgefühl, Spannung, Durchlässigkeit, Weichheit, Erstarrung etc. ausdrücken können. Blockierungen, Krankheiten werden als Wegweiser unserer Transformation und nicht als Manifestation von Fehlhaltungen verstanden.

Die bewußte Erfahrung von Kontraktionen innerhalb des physischen Schutzsystems, z. B. Verspannungen, Muskelpanzerungen, somatische Krankheiten sowie von den expansiven Impulsen als Ausdehnungs- und Erlösungskräfte, z. B. Belebung des Sympathikus, spontane Bewegungs- und Strömungserlebnisse und ihr Zusammenwirken, führen zur Wahrnehmung und Bewußtwerdung von somatisch geankerter Dualität.

Somit ist die sanfte Körperarbeit, Massage und ein Wiederfinden der Sprache der Sinne ein wichtiger Bestandteil der Orgodynamik. Der Focus ist dabei, das vorhandene Energiepotential zu erwecken, die Wahrnehmung zu erweitern und Raum zum spontanen Ausdruck zu geben. Wir gehen dorthin, wo die Tür geöffnet ist und begegnen der Nicht-Flexibilität unseres Körpers, sei es in Verhärtung oder Erschlaffung z. B. mit einer inneren Haltung des Kennenlernens, Erforschens und Übens. Der orgodynamische Energiebegleiter kreiert einen Kontext für unterschiedlichste Spürerfahrungen, sei es in dynamischem Ausdruckstanz, verinnerlichtem Spontan-Tai-Chi, der Sinnesöffnung durch Geruchs-, Geschmacks- und Spürimpulse, der Atemerforschung in verschiedensten Meditationen etc.

In diesem breiten Spektrum kann sich das berührbare, bereite, reife Potential von Lebendigkeit ausdrücken und zeigen. Hindernisse werden bewußt, und die instinktive, gesunde Selbstregulation und ihre Heilungsimpulse werden eingeladen.

Die emotionale Realität

Der Emotionalkörper ist die Instanz in unserem Energiehologramm, die unserem Leben die Farbe gibt. „Dieses höchst komplexe innere Wesen" (Griscom, 1988), das aus bewußten und nicht bewußten Gefühlsströmungen besteht, bestimmt, „wie wir unser Leben wahrnehmen".

Unser Fühlen wirkt in alle Lebensbereiche und energetischen Dimensionen hinein, es prägt die Atmosphäre, es bildet die Frequenz unserer Ausstrahlung, es formt unsere Persona und wirkt zumeist als geheimer Wertmaßstab, der unsere Lebensausrichtung bestimmt.

Der Emotionalkörper ist nicht an das Raum-Zeit-Kontinuum gebunden und wirkt somit als kraftvolle Instanz, Vergangenes und Zukünftiges als reale Empfindung ins Jetzt zu transportieren. Die Realität des Augenblicks wird verzerrt und verschleiert die nackte Energie der „puren Empfindung" im Jetzt. Und genau darin verankert sich die grundlegende Illusion der Getrenntheit. Unbewußte emotionale Strömungen trennen uns von der Wirklichkeit und führen uns in die illusionäre Welt von „Samsara", der zwanghaften Wiederholung, Verhaftung und Sucht nach Intensität.

Die Meisterschaft unseres Emotionalkörpers zu erlangen heißt, sich unserer Abspaltung, Verdrängung, Kompensation und dem unbewußten Ausagieren bewußt zu werden. Der Fächer unserer Gefühlsempfindungen kann sich zu einer neuen Weite öffnen, dem differenzierten, feinspürigen, bewußten Fühlen im Jetzt. Im orgodynamischen Verständnis ist der erste Schritt dazu, das Potential all unserer Gefühle annehmen zu lernen und sie innerlich zu umarmen. In diesem rückhaltlosen inneren Ja zum ganzen Spektrum unserer Gefühlsenergie entsteht Hingabe an das, *was ist.* Dieses Ja bereitet den Boden für das organische Aufschmelzen tieferer verborgener Gefühlsschichten, die nun ins Bewußtsein kommen können, sich ausdrücken und auflösen.

So ist z. B. die einfache Ja-Meditation ein wichtiges Handwerkszeug, diesen Boden zu bereiten. Nachdem die TeilnehmerInnen z. B. die spontane Körperhaltung ihres augenblicklichen Gefühls modelliert und getanzt haben, geben sie sich selbst das *Ja* zu dem, was ist. Sie legen eine Hand aufs Herz und flüstern sich selbst ein *Ja* zur Traurigkeit, Wut, Freude, ein *Ja* zum *Nein* usw. zu.

Immer wieder ist deutlich zu beobachten, wie dieses *Ja* ein direkter Zugang zu einer tieferen Gefühlsschicht wird und häufig zu dem existentiellen Ur-Schmerz der Getrenntheit führt, um sich dann in der neuorganisierenden Verbundenheit mit dem eigenen Kern zu manifestieren. Darin entsteht eine tiefe innere Umarmung.

Besonders dann, wenn wir uns alten Verletzungen und sogenannten Schattengefühlen nähern, brauchen wir einen Schutzraum, in dem sich diese Energien frei entfalten und ausdrücken können, ohne sich selbst oder andere zu verletzen.

Präsenz, Raum geben und Verbindung bilden den Kontext, den der Energiebegleiter herstellt, wenn er sanft unterstützend, respektierend und raumgebend interveniert.

In diesem Schutzraum wird das organismische Heranreifen der emotionalen Energiequalitäten gewürdigt, indem Barrieren und Widerstände respektiert und als Verbündete auf dem Weg der Wandlung betrachtet werden. So tritt der Klient in eine direkte Beziehung zu seinem *Nein* vor der aufsteigenden Traurigkeit. Er erforscht zuerst die Geschichte des *Neins,* bevor er dem emotionalen Energieausdruck folgt. Übt der Klient die Verankerung seines inneren Beobachters, so hat er ein Instrument, in starken Gefühlsentladungen präsent zu bleiben. Wenn Gefühlszyklen im wachen Bewußtsein durchlebt werden, lösen sich alte Verhaftungen und Identifikationen auf und entsteht ein Raum für das pure Empfinden im Jetzt.

In dieser Präsenz können die verschleiernden Brillen unsers Selbstbildes, unserer Projektionen und unserer Weltsicht abgelegt werden. Die Qualität von bewußtem Fühlen führt zu emotionaler Intimität, die der Boden ist, die fühlbare Lebendigkeit unseres Wesens sichtbar für uns selbst und für andere werden zu lassen.

Die mentale Realität

In dieser energetischen Realität dominiert die Fiktion des vom Ganzen getrennten Ichs. Unser Mentalkörper bewegt sich in der Dimension von Raum und Zeit, von Ursache und Wirkung, von Vergleich und Wertung.

Logos regiert und teilt die Welt in Gegensätze auf, analysiert, interpretiert, kategorisiert. Es ist der Intellekt, das ich-hafte Subjekt/Objekt-Bewußtsein.

Unser Mentalkörper ist ein Ordnungsinstrument, eine Instanz, die Wirklichkeit in aushaltbaren Teilaspekten zu erfassen. Der Intellekt teilt alles Lebendige in Namen und Formen auf. Aus der Ganzheit herausgeworfen, führt uns das Denken in die Getrenntheit vom Sein und wird in der Überwindung seiner selbst Diener unseres Erwachens. Jeder Vorgang des Benennens ist ein Herauslösen aus der unmittelbaren Seinserfahrung, jeder Gedanke ist wie eine Wolke am klaren Himmel unseres Bewußtseins.

Unser Mentalkörper ist Instrument unseres Bewußtseins und wird in seiner Selbstüberwindung Katalysator der Transformation.

Dies braucht die Bereitschaft und den Mut, unsere gewonnenen, eingefrorenen Überzeugungen, Gedankenmuster und Glaubenssätze zu überprüfen und von unterschwelligen, lebensnegierenden Prägungen zu befreien, denn unsere Überzeugungen bestimmen unser Leben und Handeln.

Eine Vielzahl von inneren Glaubenssätzen, z. B. „ich bin nicht willkommen", „ich kann niemanden vertrauen" usw. sichern das Terrain des Vertrauten und hindern uns in einer Art kognitivem Zwang, dem Neuen, dem Unbekannten in uns zu begegnen.

Dabei lernen wir, der gewohnheitsmäßigen Gedankenflut Einhalt zu gebieten und die häufig verselbständigte mentale Aktivität zu disziplinieren.

Die Klärung unseres denkenden Geistes geschieht im Bogen von Disziplin und Entspannung, so wie wir ein aufgeschütteltes Glas Wasser ruhig in der Hand halten können und dabei beobachten, wie sich die Partikel setzen und das Wasser von selber rein wird. In diesem Prozeß werden wir mit der Grundangst vor unserer raumhaften anfangslosen Natur konfrontiert, dem Sterben auf der geistigen Ebene. Meditationen der angeleiteten Gedankenbeobachtung, Aufspüren und Loslassen alter Überzeugungen sowie die Schulung und Entwicklung des nicht-linearen bildhaften Denkens haben in der Orgodynamik einen wichtigen Stellenwert. Innere Bilder, Symbole und Träume sind Träger des Unbenennbaren, des Mysteriums. Durch sie scheint der anfangslose Raum oft im Rätsel bleibend hindurch, und sie bilden die Brücke zwischen der benennbaren und der namenlosen Natur. In geleiteten Bildreisen, Trance-Induktionen und Traumarbeit wird diese Ebene des Mentalkörpers geschult. Das Klima von geistiger Entspannung und zielfreier Wachheit unterstützt den Prozeß der Reinigung und Klärung, indem alte Überzeugungen wie welkes Laub vom Baum fallen und nun die kreativen Geisteskräfte, Einsichten und das tiefere Wissen aufscheinen können.

Die intuitive Realität

Diese Dimension, die der intuitive oder auch Seelenkörper genannt wird, geht über das rational Meßbare, das logisch Faßbare hinaus. Wir sind angehalten, uns diesem „Körper" durch eine Sprache zu nähern, die nicht linear und quantifizierend ist, so wie wir uns von einem guten Musikstück erst dann tief berührt fühlen, wenn wir nicht mehr über Melodieführung, Akkordfolge,

Rhythmus und Harmonien nachdenken. Die Begriffe „intuitive Realität" und „Seelenkörper" verweisen auf eine energetische Dimension, die nicht mit den gewohnten Antennen unserer Sinne oder unseres Denkens zu erfassen ist. Feinspüriges Lauschen nach innen, Einfühlung und Eingestimmtsein, lassen uns das wahrnehmen, was wir unser innerstes Wesen, den Kern, die Seelennatur nennen können.

Östliche und westliche Mystik sprechen davon, wie diese Kraft unseren physischen, mentalen und emotionalen Körper belebt, erhält und durchstrahlt.

Meditative Übung hilft uns hierbei, innerlich still und leer zu werden und uns aus dem Zugriff von Gedanken und Verhaftungen zu lösen. Wenn wir den Zugang zu diesem feinen inneren Raum gewinnen, uns auf ihn einstimmen, dann wird es auch möglich, die eigene innere Stimme zu hören. Folgen wir unserer inneren Stimme in unserem Leben, gelangen wir vielleicht auf den Weg unserer Be-*Stimmung.* Scheinbare zufällige Begegnungen mit den richtigen Menschen zur richtigen Zeit z. B. lassen das Empfinden entstehen, das C. G. Jung „Synchronizität" nennt, der Einklang von Innen und Außen. Die Worte Ein-Stimmen, Be-Stimmung, Einklang deuten an, daß wir es mit der Frequenz eines ganzheitlichen Erlebens zu tun haben, wenn wir mit uns selbst und dem Leben um uns herum in Resonanz kommen.

Der Schlüssel, in Fühlung mit unserem Wesenskern zu sein, ist die Bereitschaft, die Aufmerksamkeit von Gedanken, Gefühlen, Empfindungen hin auf das, was ganz ist, zu richten, sich in das Nicht-Wissen zu entspannen und den inneren Schwerpunkt vom Tun zum Nicht-Tun zu verlagern. Dies ist ein Vertraut-Werden mit dem Klima von Ausgedehntheit und lebendiger Leere, dem Geschmack von Geschehen-Lassen statt Getrieben-Sein.

Viele der orgodynamischen Energieübungen, Gruppen-Energie-Mandalas (siehe Galuska in diesem Buch), die Latihan-Meditation und andere Meditationen dienen den Teilnehmern als Übungsfeld, diese Art des Sehens, „die zweite Art zu sehen", zu entwickeln. Dieses innere Auge der Wahrnehmung zu öffnen heißt, den Schritt von einer Ich-bezogenen Wahrnehmung, in der wir uns dauernd mit Gedanken, Vorstellungen und Konzepten identifizieren, hin zu jenem Raum zu machen, wo das Denken schweigt und das Ich-Bewußtsein in den Hintergrund tritt. Darin kann der Zugang zum Selbst (C. G. Jung), dem inneren Wesen

(Dürckheim), der Wesensnatur (Zen), dem „Bewußtsein ohne Objekt“ (Merrell-Wolff) gefunden werden.

Hier verstummt das greifbare Wissen des orgodynamischen Begleiters und macht dem Staunen, der Demut und dem Mitgefühl Platz, wenn Menschen sich dem Geschehen ihrer Seelenführung überlassen, alte Identifikationen mit Leid, Schmerz, Festklammern lösen können und zu ihrem innersten Wesen Zugang finden. Hier wird aus dem Gruppenleiter und Energiebegleiter der Weggefährte, der es selbst riskiert, im Raum des eigenen Nicht-Wissens zu stehen und der als stille anwesende Präsenz dem wortlosen Geschehen Unterstützung und Halt gibt. Er „hält“ durch seine eigene Ausstrahlung und gesammelte Achtsamkeit den anderen in einer Art absichtsloser, mitfühlender Umarmung.

Beide, Begleiter und Suchender, entkleiden sich hier ihrer Rollen und Vorstellungen und fühlen sich eingebettet in den Schwingungsraum einer größeren Kraft der Wirkweise des anfangslosen Raums. Darin geschieht Initiation. Hier weiten sich die drei Vektoren Präsenz, Raum, Verbindung als personal definierbare Qualitäten, auf die sich der orgodynamische Energiebegleiter bezieht, und verweisen auf die Fühlung mit dem Größeren, dem Unbegrenzten, dem Formlosen.

Die Intuition des Erlebenden wird behutsam durch verbale Anleitung, stille Berührung, einen Blickkontakt oder auch durch das gemeinsame Stillwerden in Richtung auf das gelenkt, von dem wir immer schon Teil sind.

Der orgodynamische Energiebegleiter verweist den einzelnen immer wieder auf seine Verantwortung und seine innere Stimme, seine eigene Weisheit, statt ihm diese Schritte abzunehmen. Nur wenn wir zwar liebevoll unterstützt, aber auch auf uns selbst zurückgeworfen werden, entsteht die Bereitschaft, tiefere Qualitäten wie Mut, Einfachheit des Herzens, emotionale Flexibilität, Demut und Mitgefühl in uns zu entwickeln und in den Turbulenzen des Lebens getestet zu werden.

4. Methoden in der Orgodynamik

Im folgenden möchten wir kurz auf einige Methoden der Orgodynamik eingehen. Da das Spektrum offen und sehr breit ist, kann es in diesem Übersichtsartikel nicht umfassend dargestellt wer-

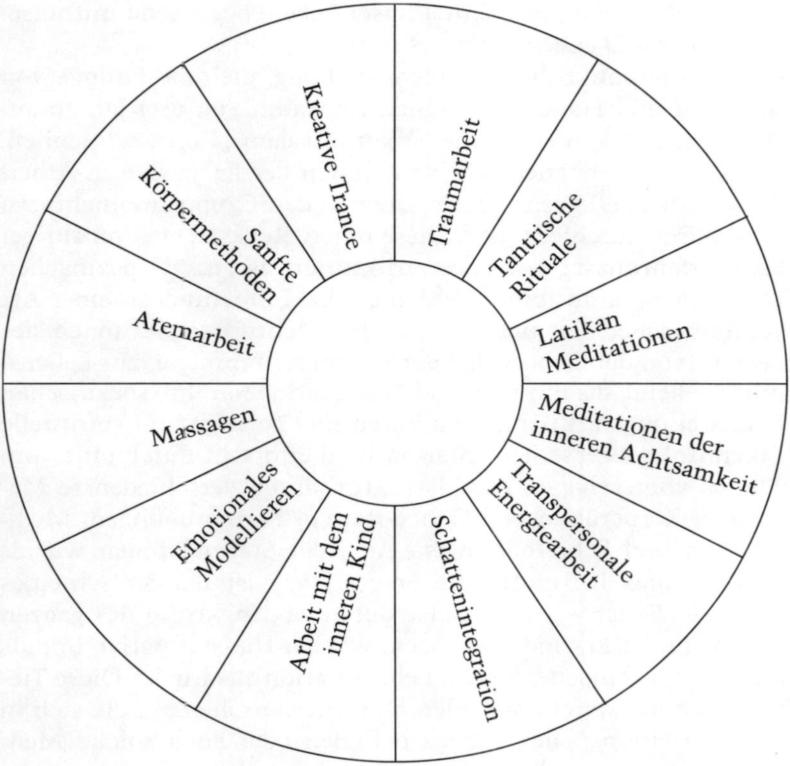

den. Um dem Leser jedoch einen ersten Eindruck zu vermitteln, haben wir die folgende Skizze ausgewählt, in der ein Spektrum orgodynamischer Methoden in einem vorläufigen „Methodenmodell" zusammengestellt ist. Diese Skizze kann als erster Überblick dienen und hat nicht den Anspruch auf Vollständigkeit.

5. Das Erfahrungsfeld des Lebensbogens

Als Verdeutlichung dessen, wie in der Orgodynamik mit den oben skizzierten vier „Körpern" gearbeitet wird, um durch sie als Türen zur Mitte zu gelangen, wollen wir kurz auf die Arbeit mit dem Lebensbogen eingehen. Unter Lebensbogen verstehen wir eine symbolische Reise durch unser Leben, beginnend mit unserer Geburt und endend mit unserem Tod.

Im Mittelpunkt dieser Tiefenforschung, die eine Gruppe von Männern und Frauen über einen Zeitraum von drei Jahren anstellt, steht das, was wir die Arbeit mit dem „Kontext" nennen. Als Kontext verstehen wir im Rahmen der Lebensbogen-Arbeit die spezifische Lebensstation, die von den Gruppenteilnehmern symbolisch durchlebt wird. Diese innere Reise ist ein dreijähriger Selbsterfahrungsprozeß, der strukturiert ist nach spezifischen Lebensthemen. In ihm durchlaufen die Teilnehmer in einer Art archetypischer Themenstruktur die wichtigsten Stationen des Lebens, von der Geburt und der Kindheit kommend, zur Lebensmitte gehend, bis hin zum Tod. Jede Station hat ihre spezifischen Fragestellungen, Erlebnisqualitäten und geistige und spirituelle Erkenntnisprozesse. Jede Station wird erforscht durch eine vom Thema vorgegebenen Ritualstruktur, durch verschiedenste Methoden, Körperübungen, Trance-Reisen, Partnerübungen, Meditationen und Schreibübungen. An jeder Station finden wir als thematisches Leitmotiv die Frage: „Was ist der Sinn meines Lebens?" Es ist wie eine Reise durch das Spektrum des ganzen Lebens in der Erkundung dessen, wie der transformative Impuls sich an jeder entscheidenden Lebensstation ausdrückt. Diese Tiefenforschung spricht vor allen Dingen Menschen an, die sich in Grenzsituationen des Lebens befinden oder auch solche Menschen, die andere durch Grenzsituationen begleiten, wie etwa Hebammen, Geburtsbegleiter, Psychotherapeuten, Sterbebegleiter. Diese intensive Reise der Wandlung und der Selbsterforschung steht allerdings auch jedem Suchenden offen. An jeder Station des Lebensbogens steht der Mensch vor neuen Aufgaben und Herausforderungen. Er geht durch Höhen und Tiefen den Weg zu tieferer Selbsterkenntnis, geleitet von der Frage „wer bin ich?"

Von den meist siebentägigen Abschnitten sollen hier einige exemplarisch umrissen werden. Der erste Abschnitt beginnt mit dem Kontext: Geburt und die Welt des inneren Kindes. Dieser erste Abschnitt ist deshalb von großer Bedeutung, weil im Kontext von Geburt und frühester Kindheit die entscheidenden somatischen, emotionalen und mentalen Muster und Überzeugungen entstehen, die als Leitmotive das weitere Leben des Menschen entscheidend prägen und ihn auf seinem Weg der

Wandlung entweder unterstützen oder ihm im Wege stehen. Die Methoden, die breit und vielfältig sind, setzen an allen vier der oben skizzierten „Körper" an und beziehen biodynamische Methoden (nach Boyesen, 1987) ebenso wie Methoden der De-Hypno-Therapie (entwickelt von D. Shoulders) mit ein. Zu dem weiteren Spektrum gehören kreative Trance-Reisen, in denen sich die inneren Bildebenen mit dem Körperausdruck verbinden, sowie intuitive Arbeit mit Prägesituationen. Ein weiterer Schwerpunkt ist tantrische Ritualarbeit und ein breites Spektrum von Achtsamkeitsübungen, Meditationen, Arbeit mit dem inneren Raum und mit Präsenz.

Die Methoden sind so miteinander verwoben und aufeinander abgestimmt, daß alle vier Körper in eine neue Balance kommen können und gleichzeitig jeder Teilnehmer dazu angehalten wird, sich zu fragen, welcher Körper jetzt im Moment am offensten für den transformativen Impuls ist. Dieser Zyklus ermöglicht einen inneren Reinigungsprozeß, der organisch in die Tiefe des emotionalen Erlebens, des zellulären Spürbewußtseins, des klaren Erkennens frühester biographischer Prägung und der Auseinandersetzung mit der individuellen spirituellen Thematik führt.

Während viele neuere Erlebnistherapien noch stark „leidenslastig" sind, geht es im Ansatz der Orgodynamik nicht einseitig um die Bearbeitungsperspektive als Freilegen von verborgenem biographischen Material, was oft mit starker innerer Anstrengung und verkrampftem Suchen nach Veränderung verbunden ist.

Neben dem wertvollen Anliegen, die frühbiographischen individuellen Thematiken aufzuspüren und im Erleben zu verstehen, geht es uns in einem weiteren Schritt darum, durch das Medium erlebnisnaher spielerischer und experimenteller Rituale einen Raum zu schaffen, in dem neue sinnliche und lustvolle Erfahrungen möglich werden, die die Genußfähigkeit und die Liebesfähigkeit erwecken und vielfach heilend und inspirierend wirken. Damit öffnet sich der innere Blick leichter dafür, daß der furchterregende Tiger der Vergangenheit in Wirklichkeit nur ein Papiertiger ist und wir nicht Opfer der Vergangenheit sind, sondern einen Sprung in das Jetzt machen können und selbstverantwortlich unser Leben in die Hand nehmen und genießen können. Es zeigt sich in dieser Arbeit auch, daß im Entwirren des Knäuels unserer frühesten Prägung ein roter Faden sichtbar wird, an dem entlang wir durch die einzigartige Textur unserer inneren Spaltung hindurch zu unserer Essenz geführt werden können.

Bereits in diesem ersten thematischen Zyklus werden die Teilnehmer inmitten eines sehr oft bewegten emotionalen Prozesses an das Schlüsselverständis der orgodynamischen Arbeit erinnert: Selbst inmitten der heftigen emotionalen Stürme, die das innere Kind erlebt, gibt es einen Ort der inneren Achtsamkeit, einer stillen wachen Präsenz, den wir als Platz des inneren Beobachters oder des „Zeugen" bezeichnen können. Es ist diejenige Instanz im Menschen, die sich dessen bewußt ist, was im anfangslosen Bewußtseinsraum aufsteigt, sich zu Körperempfindungen, Gedanken und Emotionen verdichtet, psychische Energie bindet und Namen und Form bekommt. In diesem allmählichen Bewußtwerdungsprozeß entsteht Kraft und Vertrauen, daß es ein „Zentrum des Zyklons" (Lilly, 1974) gibt, einen unerschütterlichen inneren Platz von Stille, Frieden und Schon-Ganz-Sein: mit den Worten eines Teilnehmers: „Ich spüre, wie das innere Kind in mir noch verletzt ist, und ich bin im Frieden."

Die nächste Station des Lebensbogens sind Pubertät und die Heilung des verletzten erotischen Selbstbildes. In diesem Zyklus geht es darum, die unterschwelligen Prägungen im Bereich Sexualität, Eros und Liebe aufzuspüren und neue Begegnungsmöglichkeiten auszuprobieren. Mit Hilfe von Kleingruppenarbeit wird daran gearbeitet, das verletzte erotische Selbstbild zu heilen (siehe Beispiel 1). Es geht auch darum, die individuellen Themen in diesem Kontext aufzuspüren und zu lernen, in Kleingruppenritualen miteinander die Qualität der erotischen Präsenz zu erwekken. Rituale, die aus der Tradition des schamanistischen Tantra des Westens kommen, in die Orgodynamik einflossen und hier weiterentwickelt wurden, geben dieser Station der Erforschung ihre besondere Farbe.

An der nächsten Station des Lebensbogens geht es um die Arbeit mit der inneren Polarität, mit den eigenen Licht- und Schattenkräften und ihrer Integration. In einer archetypischen Ritualreise stehen sich hier der helle und dunkle Teil gegenüber, werden in der Tiefe erforscht und haben vielleicht zum ersten Mal im geschützten Raum des Rituals die Möglichkeit, sich zu begegnen und sich zu versöhnen. Es ist, als ob ein neues Wesen geboren wird, ein authentisches Selbst, das beide Teile integriert.

In diesem Zyklus verweben sich Körperarbeit, emotionales Modellieren, kreative Trance-Arbeit, Arbeit mit Bewegungsimprovisation aus dem westlichen und dem östlichen Theater (z. B. dem japanischen No-Theater), täglichen Meditationen und kreativen Schreibübungen. Die stark dynamische und expressive Ritualarbeit des amerikanischen Gestalt- und Ritual-Therapeuten Paul Rebillot (Rebillot, 1993), die diesen Zyklus inspirierte, wurde um eine wesentliche Dimension erweitert und entwickelte sich zu einem mehr „verinnerlichten" Stil der Arbeit. Tägliche Achtsamkeitsübungen, Präsenzarbeit und geleitete Meditationen erwecken den inneren Beobachter und führen hinter die Polarität in das innere unseres Bewußtseins: Es entsteht die Möglichkeit, erkennen und erfahren zu lernen, daß wir Zeuge dessen werden können, was auch immer an hellen oder dunklen Kräften auf der Bühne unseres Bewußtseins erscheint.

Der nächste thematische Zyklus beschäftigt sich mit dem Mysterium von männlich/weiblichen Kräften in uns. Hier geht es um die Erforschung des gegengeschlechtlichen Aspekts unsers Menschseins, der Erkundung der Landschaft des inneren Mannes, der inneren Frau. Es geht um das, was C. G. Jung mit dem Animus/Anima-Aspekt bezeichnete. Geleitete köperorientierte Trance-Reisen führen den Menschen über tantrische Bilder und Symbolreisen in die Welt innerer Alchemie und zu neuen Erkenntnissen und Einsichten in das komplexe Zusammenspiel von männlich/weiblichen Kräften in der eigenen Psyche. Damit wird ein tieferer Zugang zum Verständnis des anderen Geschlechts möglich, der uns im Äußeren auch oftmals neue Formen der Begegnung ermöglicht.

Im nächsten Zyklus des Lebensbogens geht es um das Thema der Sinnsuche in der Lebensmitte. Im Vordergrund steht hier die Sinnkrise in der Lebensmitte und die Frage der Individuation, der inneren Bestimmung und der Lebenswidmung. In diesem Abschnitt stehen Rituale des Selbstausdrucks, der Stimme und der Visionssuche im Vordergrund. Die Orgodynamik wurde dabei von der Arbeit des zeitgenössischen amerikanischen spirituellen Lehrers Richard Moss (Moss, 1989) inspiriert.

Der letzte Zyklus beschäftigt sich mit dem Thema „Tod und Wiedergeburt". Die symbolische Reise in den eigenen Tod wird hier begleitet von einer Phase des Abschiednehmens vom Leben, der letzten Erforschung unseres Lebenspanoramas und einer bewußten Beziehungsklärung mit den wichtigsten Menschen unseres Lebens. Hier verweben sich spezifisch entwickelte Trance-Reisen mit vielfältigen Meditationen, kreativen Schreibübungen und emotionaler Arbeit mit verschiedenen Partnern zu einem Ritualbogen, der bis zum Punkt des symbolischen Todes und einer symbolischen Wiedergeburt führt. Dieser Zyklus führt in die existentielle Tiefe der Sinnfragen von Leben und Vergänglichkeit, Sterben und Unvergänglichkeit. Es entsteht ein tieferes Verständnis vom Raum des Nicht-Wissens und – im Angesicht des Todes – eine neue Wertschätzung des Lebens. Der einzelne Teilnehmer kehrt nach dem Durchleben dieser Zyklen jedesmal mit einer Fülle von Erfahrungen, Körperempfindungen, Erkenntnissen und meditativen Einsichten in sein Leben zurück und sieht sich nun dazu aufgefordert, dieses vertiefte Verständnis in seinem Alltag, in seiner Arbeit und seinen Beziehungen umzusetzen und zu erproben. Es geht jetzt darum, gerade nach der Konfrontation mit dem eigenen Sterben das, was dem Menschen wesentlich ist, im eigenen Leben auszudrücken.

Auf dem Weg, dem transformativen Impuls zu folgen, dem sich die Orgodynamik verpflichtet sieht, steht am Anfang und am Ende nicht die Frage nach Auflösung rein personaler Störungen oder Schwierigkeiten im Mittelpunkt, sondern die Frage, worauf sich unser Leben denn eigentlich ausrichten sollte. Diese Erkundung unserer „Lebenswidmung" (Moss, 1989) führt uns zu einer unserer Schlüsselfragen, in der personale Entwicklung und transpersonale Ausrichtung zusammenschwingen, nämlich „Was ist wesentlich?" Sie wird für den Suchenden zu einem roten Faden, einem inneren Laserstrahl, der ihn in die Tiefe des eigenen Wandlungsprozesses begleitet und ihm die Richtung weist. Achtsamkeit wird darin zur Kontemplation über das, wie wir gemeint sind und was unser Auftrag in dieser Welt ist. „Laß dich lieben, Geliebte, in dem Einen. Und von diesem Einen ziehe hinaus in die Welt, die großen Kräfte des Lebens in dir tragend, um unsere Welt zu begrünen, Planeten zu schaffen, Sonne, Sterne, Steine, Wellen, Meere, neue Formen von Leben und Ausdruck – sei es in Freundschaft, Gefühlen oder neuen Talenten" (Rumi, zitiert in Margo, 1990).

Die Sicht der Orgodynamik ist so einem Diamanten vergleichbar, der in beide Richtungen scheint. Es geht um den gemeinsamen Tanz von ausgedehntem Selbst und einfachem Selbst mit all seinen Unvollkommenheiten.

Riskieren wir es, in Hinwendung auf das Größere unsere einfache Menschlichkeit zu leben und ihr Ausdruck zu verleihen, so stellt sich als Alpha und Omega die Frage „Was ist ein gut gelebtes Leben?", ein Leben, in dem Personale Entfaltung und kosmisches Verwurzeltsein miteinander Hand in Hand gehen, hin zu einem ganzwerdenden Leben, in dem ich schon der bin, nach dem ich gesucht habe. Um es zum Schluß noch einmal ganz deutlich zu sagen: Es geht um ein ganzwerdendes Leben, das nicht Selbstzweck in sich ist, sondern von dem spricht, was dem gemeinsamen Erwachen in uns und um uns herum und auf unserem Planeten dient.

Literatur

Anand, M. (1989): Tantra oder die Kunst der sexuellen Ekstase, München
Bennett, J. (1959): Our Experiences in Subud, New York
Beck, J. C. (1995): Einfach Zen, München
Boyesen, G. (1987): Über den Körper die Seele heilen, München
Galuska, J. (1994): Ganzheitliche stationäre Psychotherapie, in: Integrative Therapie 1–2/1994, Paderborn
Griscom, C. (1988): Die Heilung der Gefühle, München
Kopp, F. (1993): Zen, Interlaken
Lilly, J. (1974): The Centre of the Cyclone, San Francisco
Merrell-Wolff, F. (1994): Experience and Philosophy, New York
Moss, R. (1989): Der schwarze Schmetterling, Interlaken
Ngakpa, Ch. R. (1993): Der Biß des Murmeltiers, Paderborn
Rajneesh, O. (1994): Die tantrische Vision, Köln
Rebillot, P. (1993): The Call to Adventure, San Francisco
Stattman, J. (1988): Kreative Trance, München
Swiftdeer, H. (1986): The Sweet Medicine Sundance Teachings, Los Angeles
Sogyal, R. (1994): Das tibetische Buch vom Leben und Sterben, München
Watts, A. (1982): OM Kreative Meditation, Basel

Joachim und Dorothea Galuska

Körpertherapie im Spektrum des Bewußtseins

In unserem Beitrag möchten wir Körpertherapie aus klinischer Perspektive beleuchten. Hintergrund sind unsere Erfahrungen in einer psychiatrisch-psychotherapeutischen Klinik, der Fachklinik Heiligenfeld in Bad Kissingen. Wir verstehen die Klinik als ein strukturiertes Energiefeld, und wir verstehen unsere Arbeit eingebettet in die energetische Verbindung von uns Menschen.

Es ist möglich, diese Qualität erlebbar werden zu lassen, wenn sich unser Bewußtsein öffnet für Erfahrungen des Seins, die jenseits der Konzepte und Bedeutungen liegen, mit denen wir üblicherweise unser Erleben strukturieren. Dann entsteht eine Wahrnehmungsweise, die eine gewisse Reinheit und Weite besitzt. Formen erscheinen wie momentane Verdichtungen von Energie, die entstehen und wieder vergehen. Diese meditative Geisteshaltung, der transpersonale Bewußtseinsraum (Galuska, 1995) stellt idealtypischerweise für jede Art der Therapie in unserer Klinik die Basis dar. Es ist die wesentliche Verankerung des Therapeuten, die sich in seiner Ausstrahlung bemerkbar macht. Jede Form von Therapie, sei sie körperbezogen, psychotherapeutisch, soziotherapeutisch usw. geschieht idealerweise aus diesem Geist heraus. Im Feld der Klinik erscheint dies als die Atmosphäre. Eine heilsame Atmosphäre zu ermöglichen, ist unser wichtigstes Anliegen für die Therapie (Galuska, 1994). Vom Atmosphärischen werden wir ergriffen, da es unsere archetypischen, überpersönlichen, transpersonalen Schichten berührt. Gegen Atmosphärisches können wir uns nur mit äußerster Mühe, wenn überhaupt, abgrenzen. In unserer persönlichen Entwicklung wirkt die familiäre Atmosphäre früher und tiefer als bestimmte Erfahrungen und Muster. Die Säuglingsforschung spricht vom Interaktionsklima (Lichtenberg, 1990), das in den ersten Lebenswochen prägend und entscheidend ist. Angesichts seines transpersonalen Charakters erfordert das Atmosphärische unsere besondere Aufmerksamkeit und einen verantwortungsbewußten Umgang.

Gleichzeitig liegt hierin ein besonderes Heilungspotential. Die Aufmerksamkeit der Patienten und Patientinnen auf die Atmosphäre zu lenken und die gemeinsame Verantwortung für die Atmosphäre zu erkennen, ist ein einfacher Zugang zur Erfahrung, eingebettet zu sein in etwas größeres Ganzes, eine Gemeinschaft von Patienten und Therapeuten, eine Klinik als Energiefeld. Insofern verweist der Umgang mit der Atmosphäre auf eine größere Ganzheit, die in Bewußtheit zu erleben schließlich das Ziel des spirituellen Weges ist.

Wenn wir im Folgenden körpertherapeutische Interventionsformen im Spektrum des Bewußtseins beschreiben, so geschieht dies auch auf dem Hintergrund eines ganzheitlichen und integrativen Klinikkonzeptes. In unserer Arbeit versuchen wir, den Menschen in seiner Ganzheit zu erreichen als ein Wesen, dessen Leib-Sein psychisches, geistiges, soziales und ökologisches Sein natürlich miteinschließt (Petzold, 1988). Gleichzeitig verwenden wir in unserer Arbeit neben den Körpertherapien auch pointiert psychotherapeutische Methoden, Meditationsmethoden und gemeinschaftsbezogene Methoden. Im Unterschied zu den zwei Personen, die bei einer individuellen Körpertherapie beteiligt sind, besteht eine Klinik aus einer Gemeinschaft von vielen Menschen, die den Weg der Heilung gehen möchten. Diese Gemeinschaft können wir auch verstehen als einen Organismus, mit einem Gemeinschaftskörper oder einem Gruppenkörper. Da jeder einzelne Anteil an der Gemeinschaft besitzt, jeder individuelle Körper ein Teil des Gruppenkörpers darstellt, können subtile individuelle Heilungsprozesse geschehen durch Anteilnahme an den Heilungswegen, die innerhalb einer Klinikgemeinschaft gesucht werden. Die Interventionsrichtungen und -formen des Therapeuten beispielsweise im Rahmen der Körpertherapie sind daher sinnvollerweise nicht nur oder sogar nicht primär auf die individuelle Problematik bezogen, sondern auf den Prozeß der Gesamtgruppe bzw. der Gesamtklinik. Einzelkörper und Gruppenkörper sind, wie Ken Wilber sagt, Holone, Ganzheiten, deren Teile wiederum Ganzheiten darstellen. Ihre Verwobenheit, ihre Resonanz ist entscheidend. Insofern ist die klinische Frage, welche körpertherapeutische Interventionslinie angemessen ist, immer vom Zusammenwirken des Prozesses eines einzelnen und seiner Gruppe abhängig.

Nun zu unserem klinischen Modell. Wir beziehen uns dabei auf Ken Wilbers Modell des Spektrums des Bewußtseins (in Wilber, Engler, Brown, 1988). Wilber unterscheidet die präpersonale von der personalen und der transpersonalen Bewußtseinsebene, die er jeweils weiter unterteilt. Die Bewußtseinsentwicklung versteht er als eine Art stufenförmige Entfaltung einer jeweils höheren Ebene. Dabei können auf jeder Ebene typische Störungen der Differenzierung und Integration dieser Ebene entstehen, für die er auch die jeweils zugehörigen und passenden Therapien beschreibt. Aus klinischer Sicht sind nicht alle Implikationen seines Modells zu übernehmen. Die Ergebnisse der modernen Säuglings- und Kleinkinderforschung weisen darauf hin, daß die übliche Verknüpfung von Entwicklungspsychologie und Psychopathologie nicht haltbar ist. Beispielsweise erklärt zwar die Situation eines Kleinkinds in der Loslösung aus der Symbiose viele Phänomene bei Borderline-Patienten, doch das wesentliche klinische Phänomen, die Spaltung der Ich-Zustände und der Beziehungen, ist bei Kindern in dieser Form nicht nachzuweisen. Lediglich in hyperaktiven Zuständen im späteren Säuglingsstadium könnten solche Spaltungsprozesse Erklärungswert besitzen (s. Lichtenberg, 1990). Darüber hinaus finden wir bei Borderline-Patienten neben Anteilen ihrer Persönlichkeitsstruktur, die als Fixierung auf kindliche Erlebnisformen verstanden werden können, auch eine Fülle reifer und erwachsener Verhaltensweisen. Diese Überlegungen treffen natürlich auch für andere Störungsformen zu. Wenn wir also im folgenden auch von psychopathologischen Strukturen sprechen, so denken wir nur an eine lose Verknüpfung zur Entwicklungspsychologie.

Wir wollen uns auch auf eine klinische Perspektive beschränken und uns daher nicht auf das Spektrum der gesamten Bewußtseinsentwicklung, sondern nur auf das Spektrum des Erwachsenen-Bewußtseins beziehen. Dabei möchten wir das Wilbersche Modell für klinische Zwecke auf fünf Strukturen reduzieren: die psychotische Struktur, die Borderline-Struktur, die neurotische Struktur, die personale und die transpersonale Struktur. Diese Einteilung ist natürlich eine Vereinfachung. Sie erscheint jedoch für klinische Zwecke grundsätzlich brauchbar. In der alltäglichen Praxis ist selbstverständlich eine weitere Differenzierung nötig. Da wir mit unserer Einteilung nicht die Entwicklung des Bewußtseins abbilden wollen, sondern lediglich die möglichen

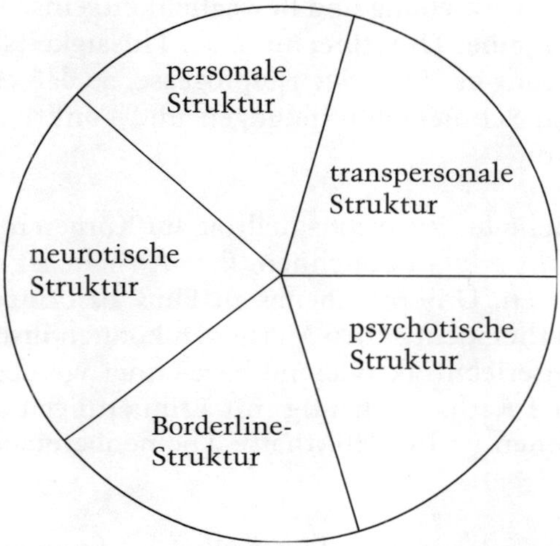

Das Spektrum des Erwachsenen-Bewußtseins

Strukturen des Erlebens eines Erwachsenen, ist eine kreisförmige graphische Darstellung möglich.

Wir werden im folgenden versuchen, unseren Ansatz konsequent durchzuhalten, um seine Bedeutung sichtbar zu machen, auch wenn wir ihn hinterher wieder ein wenig relativieren werden. Am einfachsten ist unsere Vorgehensweise zu erläutern für Menschen, bei denen eine neurotische Struktur im Vordergrund steht. Wir wollen dies nicht ausführlich, sondern im Überblick tun.

Die neurotische Struktur

Die neurotische Struktur ist charakterisiert durch den *Konflikt.* Der Konflikt wird unterschiedlich begründet. Psychoanalytisch gesehen ist es der Konflikt zwischen Triebimpulsen und Abwehr oder zwischen Ich, Es, Über-Ich und Außenwelt. Die Symptombildung gilt als neurotischer Kompromiß. Im Körperlichen führt der unbewußte Konflikt zu einer Blockierung. Eine traumatische Situation, deren Zyklus nicht abgeschlossen werden kann, mündet in einer Verpanzerung und Kontraktion im muskulären Bereich, in einer Verklebung und Beweglichkeitseinschränkung der Weichteile, in einer Unterbrechung der Flüssigkeitsbewegungen und Veränderung der Stoffwechselprozesse, so daß es auf vielfältige Weise zu Schmerzempfindungen und Funktionseinschränkungen kommt.

Die wesentliche Interventionsqualität auf Körperebene möchten wir als *mobilisierend* bezeichnen. Ihre Absicht ist, die Blockierung aufzulösen, Unterbrochenes in Fluß zu bringen. Die entsprechenden therapeutischen Methoden können insofern als aufdeckend oder erlebnisaktivierend bezeichnet werden, zumal die entsprechende Katharsis häufig mit Erinnerungen an traumatische Situationen und konflikthafte Themenbereiche verbunden ist.

Typische körpertherapeutische Methoden, die einen mobilisierenden Charakter haben und in unserer Klinik angewandt werden, sind:

– die Atemgruppe, in der vergleichbar zur holotropen Atemarbeit, zum Rebirthing und zur orgodynamischen Atemarbeit mit Hilfe einer bewußten, leicht vertieften Atmung und musikalischer Unterstützung, jeweils begleitet von einem Partner, kathartische Körperprozesse ermöglicht werden,

– die körperdynamische Gruppe, in der mit dynamischen Methoden aus der Orgodynamik, der Bioenergetik und anderen dynamischen Körpertherapien, z. B. mit Beckenübungen, Fallübungen und Aggressionsübungen, gearbeitet wird,

– und die konfliktzentrierte Bewegungs- und Leibtherapie, die im Sinne der Integrativen Therapie (Petzold, 1988) über Bewegungs- und Körperübungen Regressionen in Kindheitserfahrungen und deren Durcharbeitung ermöglicht.

Zu den mobilisierenden körpertherapeutischen Methoden gehören weiterhin vor allem die reichianischen und neo-reichianischen Verfahren.

Wir wollen nun kurz einige Beispiele aus der klinischen Arbeit für diese Interventionsqualität geben:

In der Bewegungstherapie bewährt sich die Regression in sehr frühe Säuglings- und Kindheitsthematiken entlang der normalen motorischen Entwicklung. Zunächst laden wir die Patienten ein, in relativ großen Schritten innerlich zurückzublicken bis zur Zeit ihrer Ankunft auf dieser Erde. Von dort begleiten wir sie mit altersgemäßer Ansprache langsam durch die ersten Monate und Jahre ihres Wachstums, zum Beispiel wie sie lernten, den Blick zu fixieren, sich zu drehen, zu robben, bis etwa in das Kindergartenalter hinein. Wir fordern die Patienten auf, ihre Leiberfahrung und Erinnerung mittels Bewegung und Stimme auszudrücken. Oft werden auf diesem Weg bislang unbewußte Konflikte mobilisiert, die sich im Anschluß an die Übung verbalisieren lassen. Einige Zitate unserer Patienten können dies belegen: „Ich war im Bettchen festgebunden und konnte mich nicht bewegen. Alles war sehr eng, und ich fühlte mich alleingelassen.“ Oder: „Mir war sehr kalt, ich habe ständig gefroren, niemand gab meinem Körper Wärme und Kontakt.“ Oder: „Ich habe nie gespielt, alles war immer ernst.“ Oder auch positiv formuliert: „Ich erinnere mich an eine sehr schöne Atmosphäre zuhause, alles war voller Farben, Gerüche und Wärme.“

Ein weiteres Übungsbeispiel besteht in der Aufgabe, daß sich innerhalb von Dreier-Gruppen nonverbal Paare bilden sollen. Ziel ist es für jedes Mitglied der Gruppe, Teil des entstehenden Paares zu sein. Diese Vorgabe kann auf verschiedenen Ebenen die Themen Konkurrenz und Ausgeschlossensein aktualisieren, z. B. Geschwisterrivalität in der Familie, die verschiedenen Paarbildungen zwischen Mutter, Vater und Kind oder auch Rangeleien im Kindergarten- oder Schulalter. Die Möglichkeiten, mit dieser Vorgabe umzugehen, reichen von einer heiter-spielerischen Atmosphäre bis zum erbitterten Kampf um den ersehnten Platz in der Zweisamkeit.

Aus klinischer Sicht sind die *Gegenübertragungsreaktionen* der Therapeutin oder des Therapeuten, gerade auch bei körpertherapeutischen Interventionen, besonders zu beachten. Unter Gegenübertragung verstehen wir sowohl die eigene Übertragung des Therapeuten auf den Patienten, die aus der ungelösten Geschichte des Therapeuten stammt, als auch die typische und passende gefühlsmäßige und körperliche Antwort des Therapeuten auf die Übertragung des Patienten. Die wesentliche Aufgabe des Therapeuten in der Körpertherapie bei neurotischen Strukturen besteht darin, über die drei Stufen körpertherapeutischer Interventionen, der Technik, der Intuition und der Involvierung durch die Ursprungszene, zu einer prozeßbezogenen angemessenen Antwort auf die körperlichen Prozesse des Klienten zu gelangen. Seine Abstinenz und Neutralität kann zum einen gefährdet sein durch eigene unerledigte neurotische oder narzißtische Bedürfnisse sowohl körperlicher als auch gefühlsmäßiger Art, die einen gewissen Mißbrauch der Therapiesituation bewirken können. Zum anderen kann es zu einem vielfältigen Mit- oder Gegenagieren kommen, beispielsweise indem der Therapeut versucht, eine bessere Mutter zu sein und jedes unangenehme Gefühl des Patienten sofort zu lindern usw.

Die Borderline-Struktur

Die Borderline-Struktur ist gekennzeichnet durch eine Problematik der *Identität.* In der Tiefenpsychologie wird gesprochen von einer ich-strukturellen Störung oder einer Störung der Ich-Organisation (Blanck und Blanck, 1982). Die Identitätsentwicklung und damit insbesondere die Entwicklung von Selbstgefühl und Selbstkonzept und von differenzierten Beziehungen ist in vielfältiger Weise defizitär und geschwächt. Insbesondere ist die Struktur des Erlebens nicht stabil, integriert und geordnet. So findet man häufig wechselnde intensive Gefühlszustände, Neigung zu Extremen, eine extreme Selbstwertproblematik, eine Abgrenzungsschwierigkeit gegenüber anderen Menschen und eine mangelhafte Selbstkontrolle, so daß es häufig zu Aggressionsausbrüchen, Selbstverletzungen oder suchthaften Verhaltensweisen kommt. Die Beziehungen zu anderen Menschen sind sehr intensiv, aber extrem schwankend, oder aber sie sind kaum möglich, so daß es zu sozialer Isolation kommen kann. Der eigene Körper wird mechanisch als Maschine erlebt, als ein Objekt benutzt oder gehaßt. Oder er wird als Gegenüber gesucht bzw. manipuliert, um spezielle Effekte zu erreichen, wie beispielsweise eine körperliche Entlastung durch Erbrechen oder motorische Überaktivität zu erwirken. Oder der eigene Körper wird abgelehnt und bestraft für sein Sosein und in diesem Sinne mißbraucht. Wenn dies auch nicht immer derart ausgeprägt ist, so weisen doch Borderline-Strukturen immer auch eine Strukturstörung des Körpererlebens auf, wobei insbesondere das Gefühl der Grenze, der Mitte, der Körperform als männlicher oder weiblicher Körper, das Körpergefühl der verschiedenen unterschiedlichen Körperbereiche und der körperliche Kontakt zu anderen Menschen gestört sind.

Die wesentliche körpertherapeutische Interventionsqualität, die einer Borderline-Struktur angemessen ist, möchten wir ganz im Sinne der Psychotherapie als *strukturbildend* (Blanck und Blanck, 1982) bezeichnen. Dabei hat insbesondere die grenzensichernde, schützende, aufbauende und strukturierende Komponente dieser Interventionsqualität eine besondere Bedeutung, da Borderline-Strukturen häufig Grenzverletzungen aufweisen, wie sie infolge von Gewalterfahrungen oder sexuellem Mißbrauch entstehen.

Wesentliche, in unserer Klinik angewandte körpertherapeutische Methoden, die sich bei Borderline-Strukturen als günstig erwiesen haben, sind folgende:

Die strukturbildende Bewegungstherapie findet täglich eine halbe Stunde lang statt. Dabei geht es insbesondere durch Erspüren des Körpers, der Körperform, der Körpergrenzen und des zu Hause-Seins im eigenen Körper um die Entwicklung eines positiven, akzeptierenden und differenzierten Körperlebens.

Im TaKeTiNa (Flatischler, 1984), einer rhythmustherapeutischen Gruppe, in der insbesondere im Rhythmuskreis mit Hilfe von basalen Grundrhythmen in einfachen Schrittfolgen, Klatschen und Singen eine gemeinsame polyrhythmische Erfahrung entsteht, können fundamentale Elemente organismischen Erlebens, wie z. B. Pulsieren, Strömen, Periodizität, Gleichzeitigkeit und Unabhängigkeit unterschiedlicher Rhythmen, Verankerung in einer (existentiellen) Basis und kreative Gestaltung der (Lebens-) Melodie verinnerlicht werden.

Auch die Gartengruppe, in der die Patienten einen Gemüse- und Kräutergarten versorgen, kann als strukturbildende Form der Körpertherapie verstanden werden, da im direkten körperlichen Kontakt mit der Erde und den Pflanzen über mehrere Monate hinweg fundamentale natürliche Prozesse, die auch unseren Organismus strukturieren, auf eine einfache und konfliktfreie Weise erfahren werden.

Darüber hinaus besitzen die asiatischen Bewegungssysteme, wie Tai Chi, Qi Gong und das Aikido, auch das Hatha-Yoga eine starke strukturbildende Komponente. Sie wurden und werden teilweise auch in unserer klinischen Arbeit eingesetzt und haben sich gerade durch die Sicherheit der Form und die Ausgereiftheit der Methode bei Borderline-Strukturen als sehr beliebt und nützlich erwiesen.

Wir wollen nun einige konkrete Beispiele für die strukturbildende Interventionsqualität aus der klinischen Arbeit geben:

Eine Möglichkeit, die Patienten zu einem Gefühl der eigenen Mitte hinzuführen und ihnen einen konstruktiven Umgang mit Grenzen zu ermöglichen, besteht in der Einladung an die Patienten, sich zusätzlich mit einer Decke zu umhüllen, soweit es sich gut und sicher anfühlt. Jeder kann entsprechend seiner Leibgeschichte und seiner aktuellen Verletzlichkeit das Medium nutzen, um Geborgenheit und Wärme zu finden. Manche Patienten verschwinden hierbei fast vollständig unter der Decke, sie hüllen sogar Kopf und Gesicht ein. Im weiteren Verlauf der Übung werden die Patienten aufgefordert, miteinander in Kontakt zu treten und dabei jeweils soviel ihres Körpers zu zeigen oder zu verhüllen, wie ihrem Gefühl der Vertrautheit in diesem Kontakt entspricht. So können sie das Öffnen und Schließen ihrer Schutzhülle üben und dabei gleichzeitig, je nach ihrem Gegenüber, verschiedene Varianten von Mißtrauen oder Vertrauen im Kontakt erleben. Manchmal werden unter dem Schutz der Decke ungeahnte Potentiale lebendig: Ein Rücken richtet sich auf, das erste Mal wird ein attraktiver Mitpatient genauer betrachtet, der Gang wird federnder und leichter, oder eine Hüfte beginnt sich weiblich zu wiegen. Eine Patientin mit einer schweren Mißbrauchsgeschichte stieg bei dieser Übung in den Rollkasten, in dem die Decken sonst aufbewahrt werden. Dort fühlte sie sich endlich angstfrei und geborgen, was ihre Stimmung derart veränderte, daß sie sich von ihren Mitpatienten unter Applaus in die Mitte des Raumes rollen ließ und zum ersten Mal sichtbarer Teil unserer Gruppe wurde.

Ein anderes Übungsbeispiel verdeutlicht, wie der Umgang mit körpereigenen Grenzen spürbar gemacht werden kann. Jede Form der Muskeldehnung beinhaltet die Möglichkeit, zwischen einem geringen Dehnreiz, einem Dehnschmerz und dem Schmerz an der Dehngrenze zu unterscheiden. Wir laden die Patienten ein, ihren eigenen Umgang mit einer solchen Dehngrenze zu erforschen: Hören sie bereits früh auf, weil sie sich nicht weh tun wollen oder sehr empfindlich sind? Preschen sie schnell und ohne Rücksicht auf ihren Körper an die eigene Grenze? Wollen sie mehr und immer mehr erreichen, ohne Respekt für die individuelle Grenze, oder ist erst gut, was weh tut? Der Therapeut kann auf die angenehme Form des Dehnens hinweisen, d. h. langsames Sinken mit dem eigenen Ausatmen, respektvolles Verweilen an der individuellen Dehngrenze, Zeit für das Nachgeben der Muskulatur, kein Nachfedern, langsames Zurücknehmen der Dehnung. Aber selbst bei extremem Umgang mit den eigenen Grenzen ist die Verletzungsgefahr äußerst gering. Patienten, die sich sonst schneiden oder auf andere Art ihre Körpergrenze verletzen, um sich zu spüren, können mit diesen Übungen konstruktive Alternativen finden. Einige unserer Patienten haben regelrechten Ehrgeiz entwickelt, gelenkiger und geschmeidiger zu werden, statt weitere Narben zu produzieren.

Weitere strukturbildende Übungsmöglichkeiten sind das Abklopfen, Betasten und Erforschen des eigenen Körpers, besonders der Körperoberfläche, in einer systematisierten Form, z. B. von den Füßen beginnend, Richtung Kopf.

Bei Partnerübungen oder Aufgabenstellungen für die Gesamtgruppe eignet sich besonders auch die Zuhilfenahme von Geräten, weil der direkte Körperkontakt oft bereits als Grenzverletzung erlebt wird. Über das Gerät, z. B. Stab, Ball oder Springseil können die Patienten Nähe und Distanz selbständig regulieren.

In der Beziehung zum Therapeuten haben wir als typische *Gegenübertragungsprobleme* den Umgang mit der Spaltung, der projektiven Identifizierung und der Wechselhaftigkeit der Gefühle des Patienten zum Therapeuten (s. Kernberg, 1993). Die Spaltung zeigt sich darin, daß die Therapeutin bzw. der Therapeut idealisiert oder entwertet wird. Ein idealisierter Therapeut neigt in seiner eigenen Gegenübertragung dazu, mit dem Patienten zu verschmelzen und eine übergroße Nähe zu empfinden. Es besteht dann die Gefahr, daß er nicht mehr strukturierend, z. B. schädliches Verhalten konfrontierend, eingreifen kann oder daß er die körperliche Nähe des Patienten sucht. Da Borderline-Strukturen jedoch häufig extreme Angst vor körperlicher Nähe haben, neigen sie dann dazu, diese Nähe im Sinne eines symbolisierten Mißbrauchs über sich ergehen zu lassen oder sich zurückzuziehen und den Therapeuten zu entwerten. Die Entwertung oder Ablehnung eines Therapeuten kann in dessen Gegenübertragung wiederum zu vielfältigen Problemen führen. Insbesondere bei einer eigenen Identitätsunsicherheit oder Kränkbarkeit wird er sich hilflos fühlen, mit Selbstzweifeln reagieren oder gegenagierend den Patienten als unheilbar oder unmotiviert zurückweisen. Besonders anstrengend sind die emotionalen Wechselbäder, in die der Therapeut bei schwankenden Übertragungen kommt. Ein weiteres Thema bildet die projektive Identifizierung, d. h. die Aktivierung von abgespaltenen Persönlichkeitsanteilen des Patienten im Erleben des Therapeuten, z. B. als körperliche Empfindungen, Gefühle oder Phantasien. Sie entstehen dadurch, daß der Therapeut durch seine Verbundenheit mit dem Patienten eine für diesen unerträgliche Empfindung in sich selbst aktiviert, wie um diese zu erhalten, kennenzulernen und der Bearbeitung zugänglich zu machen. Alle diese extremen und ungewöhnlichen Gegenübertragungsreaktionen kann der Therapeut nur erkennen und für die Therapie nutzbar machen, wenn er sich nach Kernberg (1993) in seiner Rolle als Therapeut verankert, sich seiner therapeutischen Aufgabe sicher ist und den therapeutischen Rahmen klar formuliert und aufrecht erhält. Wir möchten dies ausdehnen durch die Verankerung des Therapeuten in seinem Menschsein. Nur wenn die Therapeutin oder der Therapeut sich als Person, als Mann oder als Frau, als dieser Leib, der wir sind, als erwachsener Mensch mit einer bestimmten Lebenserfahrung, als verletzter und in einem gewissen Sinne geheilter Mensch akzeptieren können, sich ihrer Form und ihrer Grenzen, auch ihrer Verletzbarkeiten bewußt sind, können sie sicher sein, sich in den Stürmen der Übertragungen und Gegenübertragungen bei Borderline-Strukturen nicht zu verirren oder unterzugehen, sondern sie für die Therapie fruchtbar zu machen.

Die psychotische Struktur

Die psychotische Struktur befindet sich in einer fundamentalen Problematik über die *Wirklichkeit.* Die Sicherheit über die alltägliche Konstruktion der Wirklichkeit, die durch unser Ich-Bewußtsein entsteht, ist partiell verlorengegangen. Es kommt zu einer Identifikation mit archetypischen Kräften und Inhalten, die jedoch nicht ausgehalten und ertragen werden. So ist der Patient einerseits den archetypischen Energien in gewisser Weise ausgeliefert, andererseits versucht er, diese zu organisieren und zu interpretieren. Die Überforderung zeigt sich jedoch darin, daß es zu erheblichen Fehlinterpretationen, Projektionen und Externalisierungen kommt, die zwar eine gewisse kreative Leistung darstellen, jedoch die Innen/Außen-Unterscheidung beeinträchtigen. Angesichts der Intensität des Erlebens und der mangelhaften Organisierungsfähigkeit des Erlebens kommt es zu dem Eindruck des Zerrissenseins, des Gespaltenseins und der Fragmentierung. Man könnte sagen, der Patient hat den Boden und den Halt verloren und treibt nun wie ein steuerloses Schiff in einem gewaltigen Unwetter im Meer. Gelegentlich meint er, er sei der Sturm, das Regnen, das tosende Meer, das beschädigte Schiff, das lose Steuer oder die Blitze. Er versucht, aus all diesen Identifikationen eine Struktur aufzubauen mit den Werkzeugen seiner alltäglichen Wirklichkeitskonstruktion. Dabei entsteht dann ein mehr oder weniger verfremdetes Bild. Das Körpererleben ist somit verzerrt, möglicherweise fragmentiert, oder es besteht für bestimmte Bereiche des Körpers überhaupt keine Empfindung. Eine Verankerung im Körperlichen ist nicht möglich, die körperlichen Energiequalitäten werden eher als bedrohlich wahrgenommen oder als fremd, unberechenbar oder auch nutzlos.

Die wesentliche therapeutische Interventionsqualität bei psychotischen Strukturen möchten wir als *tragend* bezeichnen. Es ist erforderlich, ein Grounding zu geben, zu halten, und angesichts der mangelnden Selbstregulation in die emotionalen und körperlichen Prozesse steuernd und regulierend einzugreifen. Dies ist vergleichbar mit dem Umgang der Eltern mit ihrem Säugling, der ja auch zunächst einmal der Fülle seiner Eindrücke und Impulse ausgeliefert ist und nur in der haltenden, tragenden und steuernden Beziehung mit Hilfe seiner Eltern überleben kann. Noch prägnanter ist vielleicht der Vergleich des Austragens der existentiellen Thematik eines psychotischen Menschen mit dem Austragen einer Schwangerschaft, so daß ein neues Selbst entstehen kann.

Typische körpertherapeutische Methoden, die in unserer Klinik durchgeführt werden und die tragende Interventionsqualität erfahrbar machen, sind folgende:

In der Wassergruppe trägt jeweils ein stehender Partner einen im körperwarmen Wasser liegenden Partner auf seinen Armen und schwingt ihn langsam hin und her, so daß er sich völlig entspannen und abgeben kann. Nach einem Zyklus von einer halben Stunde nimmt der Tragende seinen Partner an seine Brust und läßt ihn für einige Minuten ruhen. Dann werden die Rollen gewechselt.

Die tägliche strukturbildende Bewegungstherapie ist angesichts der mangelhaften Körperverankerung auch für die psychotischen Strukturen wichtig, wobei der Schwerpunkt aus diesem Blickwinkel mehr im Grounding, im Kennenlernen des Körpers und Spüren seiner Lebendigkeit liegt.

Das TaKeTiNa, die rhythmustherapeutische Gruppe, besitzt sowohl eine ausgesprochen tragende, als auch eine archetypische Qualitäten steuernde Komponente: der Rhythmuskreis, der gemeinsame Rhythmus, die archetypischen Musikinstrumente, wie Berimbao, Surdo, Gong, Caxixi usw. und die geleitete Trance, ermöglichen positive und angstfreie Erfahrungen mit veränderten Bewußtseinszuständen und archetypischen Erfahrungsqualitäten.

Das Klang-Massage-Sandawa-Monochord (Klein, 1991) ist ein zwei Meter langes, auf Füßen stehendes Monochord, auf das sich eine Patientin bzw. ein Patient hinlegen kann. Die Saiten sind auf der Unterseite der Liegefläche angebracht und auf den gleichen Ton gestimmt. Das Monochord wird nun für einen längeren Zeitraum ununterbrochen gespielt und ermöglicht das Eintauchen, Genährt- und Getragenwerden in einem Klangraum, der sich durch den direkten Kontakt mit dem Monochord besonders leicht und intensiv vermittelt. Denn die obertonreichen tiefen Klänge werden nicht nur aus der ungewöhnlich großen Nähe gehört, sondern gleichzeitig wird ihre Vibration im ganzen Körper gespürt.

Auch ritualisierte Meditationen zu den vier Elementen, den vier Himmelsrichtungen oder den vier Tages- und Jahreszeiten ermöglichen strukturierte und getragene archetypische Erfahrungsqualitäten.

Wir wollen nun einige konkrete Beispiele geben, um die tragende Interventionsqualität in der klinischen Arbeit zu veranschaulichen.

Eine einfache und doch sehr wirkungsvolle Übung ist das Ausprobieren und Experimentieren mit verschiedenen Gangarten. Beginnen kann diese Sequenz im Liegen, mit dem Hinweis auf die tragende Qualität des Bodens. Von dort aus können Rollen, Robben, Krabbeln und nach und nach unterschiedliche Formen der Fortbewegung erforscht werden. Beobachtungshinweise für die Patienten können dabei sein: Wie betrete ich den Boden, wie verlasse ich ihn? Wie kann ich Sicherheit finden und Lebendigkeit fühlen? Oft laden wir die Patienten dazu ein, jeden Schritt mit einem inneren „ich bin" oder „ich lebe" zu begleiten. Nach dieser Übung äußern die Patienten zum Teil ebenso einfache, wie für sie „revolutionäre" Entdeckungen: „Ich habe ja Füße" oder „meine Zehen können sich bewegen". Eine Patientin entdeckte, daß sie sich eigentlich lieber in der Luft als am Boden befände. Eine andere äußerte: „Anfangs war ich mißtrauisch, ob der Boden mich wirklich trägt." Bei einem unserer Patienten wurde eine sehr tiefliegende Verletzung spürbar, als er nach dieser Übung heftige Schmerzen in seinen Füßen fühlte. Wir erfuhren, daß er mit 6 Zehen an jedem Fuß geboren war und seine Eltern ihn deswegen für eine Mißgeburt hielten. In seiner ersten Lebenswoche noch wurden diese „überflüssigen" Zehen amputiert, aber die Narben an seinen Füßen erinnerten weiter an dieses frühe Trauma. Durch langsame und behutsame Begleitung in unseren tragenden Therapien, vor allem in TaKeTiNa, konnte dieser Patient ein Stück Heilung finden. Er fühlte immer wieder die alten Schmerzen, trauerte, und gleichzeitig spürte er den gegenwärtigen Boden unter seinen Füßen in der Verbundenheit mit allen anderen Teilnehmern des Rhythmuskreises.

Ein in unserer Klinik häufiges und fast charakteristisches Ritual ist das „Wiegen" zum Abschied in der Großgruppe. Es verdeutlicht den tragenden, nährenden Aspekt, der für diese Struktur so bedeutsam und heilend ist. Ein Patient wird von der gesamten Gruppe aus dem Liegen angehoben und mit langsamrhythmischen Bewegungen hin- und hergewiegt. Dabei wünscht sich der Getragene häufig ein Stück Musik oder das Summen von Tönen der ganzen Gruppe. Die Innigkeit und Hingabe, die von dieser Verbindung ausgeht, läßt kaum jemanden im Raum unberührt. Oft fließen Tränen der Berührtheit, und es ist eine Atmosphäre der Heilung spürbar, die über die individuelle Identität hinausgeht.

Weitere körpertherapeutische Möglichkeiten für die psychotische Struktur bestehen in geführten Reisen in Bewegung, z. B. vom Samenkorn in der Erde bis zur ausgewachsenen Pflanze, wobei jeder Patient selber entscheidet, ob er lieber in der Erde liegt und sich wärmen und nähren läßt, als kleiner Sprößling herausschaut, oder die volle Reife seiner Pflanze erleben will. Außerdem bieten verschiedene Formen von Kreisspielen die Möglichkeit, sich als Teil der ganzen Gruppe zu erleben.

Was die *Gegenübertragung* betrifft, so erlebt der Therapeut angesichts der abgrundtiefen Bodenlosigkeit des Patienten, der Intensität seiner Gefühle und Impulse und der Fremdheit seines Wirklichkeitserlebens ebenfalls eine Verunsicherung seiner selbstverständlichen inneren Ordnung. Typisch ist das Gefühl, einem Sog ausgeliefert zu sein und in der eigenen Identität bedroht zu werden, vielleicht sogar verrückt zu werden. Diese Gefühle werden nun entweder objektivierend abgewehrt, so daß der Patient als krank, verrückt oder als Fall für den Psychiater betrachtet wird. Oder der Therapeut neigt dazu, das abgrundtiefe Leid des Patienten auszuhalten, es ihm abzunehmen oder zusammen mit ihm den Kampf gegen die Bodenlosigkeit oder die übermächtigen Kräfte zu führen. Dies können wir jedoch nicht von der Warte unserer persönlichen Identität tun. Mit unseren begrenzten persönlichen Möglichkeiten fühlen wir uns bei diesem Bemühen überfordert und verzweifelt, werden dabei von tiefgreifender existentieller Angst und Aussichtslosigkeit überwältigt. Die Therapie eines Psychotikers ist daher nicht von der Verankerung in unserer persönlichen Identität möglich, sondern nur von einer Verankerung im Existentiellen, die um die Unverletzbarkeit und Sicherheit des Seins weiß. Nur wenn ich von einer spirituellen Haltung getragen bin, die darum weiß, daß letztendlich alle Themen und Energien, alles Leben und Sterben Ausdruck eines unbegrenzten und unbedingten Seins sind, kann ich das nichtintegrierte Erleben des Patienten in dem Gefäß meines Seins erscheinen lassen und es mit ihm gemeinsam zu einem gesunden Leben austragen.

Die personale Struktur

Die personale Struktur ist gekennzeichnet durch ihre Suche nach *Ganzheit.* Es geht um die Integration der verschiedenen Erlebnisdimensionen von uns Menschen, so daß wir uns als Einheit von Leiblichem, Seelischem und Geistigem erleben in einer Bezogenheit auf die Mitmenschen und die Mitwelt (Petzold, 1988). Wesentliche Aufgaben sind die Selbstverwirklichung, die Fähigkeit zur Authentizität und Verantwortlichkeit, die Fähigkeit zu schöpferischem Handeln und zu Begegnung, Selbstgestaltung und Weltgestaltung geschehen mit Würde, Integrität und liebender Grundeinstellung. Das angestrebte Körpererleben ist das der ganzleiblichen Erfahrung und einer Verankerung im jeweiligen Moment. Der Körper und insbesondere seine sinnlichen Qualitäten werden als Quell der Lebensfreude, des Lebensgenusses erlebt. Die körperlichen Ausdrucksformen, insbesondere in der Freiheit der Bewegungen, im Tanz und in der Fähigkeit zu körperlichem Ausdruck der eigenen Emotionen und Impulse, zeigen den inneren Reichtum der Person.

Die wesentliche körpertherapeutische Interventionsqualität für die personale Struktur möchten wir als *kontaktierend* bezeichnen. Berühren kann berührend sein und Berührtsein zur Folge haben. Es ist ein Sich-Verbinden mit der Ebene des Fühlens, der Fühlungnahme. Es kommt darauf an, inneren Kontakt zu den verschiedenen Erlebnismöglichkeiten herzustellen und dabei insbesondere Sinne und freie Bewegung einzubeziehen, so daß ein Erleben innerer Ganzheit geschehen kann. Es geht um die Qualität von Bewegung, die Bewegtheit zur Folge hat und die Qualität von Ergreifen, die Ergriffensein ermöglicht. Die Interventionen sind auf das gegenwärtige Erleben bezogen und damit prozessual, mitgehend. Der Kontakt zum Klienten ist dialogisch, einladend, mit Respekt vor seiner Selbstverantwortung und seiner Bereitschaft, sich einzulassen.

Methoden, die in der Klinik die kontaktierende Interventionsqualität zum Ausdruck bringen, sind:

- in gewisser Weise die schon beschriebene Wassergruppe und das TeKeTiNa,

- die Stimmgruppe, in der wir die Patienten über unterschiedliche Wege ihre Töne finden lassen und sich von innen her tönen lassen
- und insbesondere die etwa vierteljährlich stattfindenden Intensivtage. Hier werden mit etwa der Hälfte der Patienten der Klinik in einer Großgruppe von 25 bis 30 Teilnehmern auf orgodynamischer Grundlage (Plesse, St. Clair, in diesem Buch) in einer hohen Dichte und Intensität ganzleibliche körperbezogene Erfahrungen ermöglicht. Dies wird durch unterschiedliche Zugänge wie Tanz, Stimmübungen, Sinnesrituale, Trancetechniken, aber auch Traumreisen und Kontaktübungen gefördert.

Zur kontaktierenden Interventionsqualität gehören darüber hinaus vor allem auch die Tanztherapie, daneben Sensory Awareness, das Focusing, besonders in der klientenzentrierten Körpertherapie, der erlebnisorientierte Ansatz der integrativen Bewegungstherapie und viele andere.

Wir wollen nun wieder einige konkrete Beispiele für den Einsatz der kontaktierenden Interventionsqualität in der klinischen Arbeit geben.

Im Rahmen der erwähnten Intensivtage teilen wir gelegentlich die beschriebene Großgruppe in eine Frauen- und eine Männergruppe auf. Dort kreieren wir an einem Abend mit unseren Patienten einen Raum der Heilung für das eigene Körperbild und Körpererleben. In Gruppen zu jeweils vier Patienten bereiten sich die Teilnehmer bequeme und einladende Plätze mit Hilfe von Matratzen, Decken, Kerzen und persönlichen Gegenständen. Diese gemütliche Atmosphäre ist wichtiger Bestandteil des Heilrituals, da sie sowohl Schutz bietet wie auch die Sinnlichkeit zu wecken vermag. Nach einer Phase des Einstimmens aufeinander, z. B. durch einen Resonanzkreis in der kleinen Gruppe oder durch gemeinsames Tönen, beginnt ein Teilnehmer jeder Gruppe über seinen Körper zu sprechen: Wie erlebe ich mich als Frau bzw. Mann? Was mag ich an mir, was macht mir Schwierigkeiten? Wie erlebe ich meine Sinnlichkeit und meine Sexualität, was vermisse ich usw. Der Sprechende ist dabei eingeladen, soviel von seinem Körper zu enthüllen, wie er den anderen zeigen möchte. Oftmals erleben wir eine so vertrauensvolle Stimmung, daß die Teilnehmer sich völlig entkleiden und sich nackt sehen lassen. Die Patienten erwähnen alte Verletzungen genauso wie Unzufriedenheit mit ihrem Körper in der Partnerschaft, Unsicherheit in ihrer Geschlechtsidentität oder worüber sie sich freuen. Nach dieser Phase, die etwa 20 Minuten dauert, bekommt der Teilnehmer, der sich gezeigt hat, ein positives Feedback aus seiner Kleingruppe. Die anderen sind eingeladen, ihre Berührtheit auszudrücken und Sätze der Unterstützung zu äußern. Danach beginnt ein offener Teil des Rituals, wobei sich der Partner, der sich gezeigt hat, eine Berührung oder einen Kontakt von den anderen wünschen darf, der die Heilung seines Körpererlebens unterstützt. Jeder Teilnehmer der kleinen Gruppe hat für seinen Teil insgesamt etwa 45 bis 60 Minuten Zeit, und dann wird gewechselt, so daß sich innerhalb der jeweiligen Gruppe eine innigvertraute Atmosphäre entwickeln kann, die selbst einem ängstlichen Teilnehmer viel akzeptierende Unterstützung schenkt.

Eine weitere Möglichkeit, das Erleben der Kontaktaufnahme zu fördern, besteht in einer Partnerübung, bei der die beiden Teilnehmer jeweils den Kopf des anderen zwischen die eigenen Hände nehmen und sich dabei ansehen. Die Achtsamkeit wird zunächst auf die Wahrnehmung des eigenen Kopfes gelenkt (ich spüre *mich* zwischen Deinen Händen), dann auf die Hände am Kopf des anderen (ich spüre *dich* zwischen meinen Händen) und schließlich auf den Kontakt beider Partner (*wir* spüren einander und sind verbunden). Der Augenkontakt beider Partner erleichtert hier die Verankerung in der Gegenwart und verdeutlicht auch die Veränderlichkeit der verschiedenen Empfindungsqualitäten, die während dieser Übung ins Fließen geraten.

Grundsätzlich gesehen ergeben sich die wesentlichen *Gegenübertragungsprobleme* meistens aus einem Mit- oder Gegenagieren auf der Ebene der jeweiligen Struktur. Man könnte also sagen, die Therapeutin oder der Therapeut läßt sich in die Problematik der jeweiligen Struktur einbeziehen und in ihr verwickeln. Notwendig ist daher grundsätzlich eine von der jeweiligen Strukturebene freie innere Haltung. Dies bedeutet beispielsweise, daß ein Therapeut bei der Behandlung einer neurotischen Struktur durchaus in seiner eigenen personalen Struktur verankert sein kann. Bei einer personalen Struktur der Klientin oder des Klienten muß er jedoch jenseits der personalen Ebene verankert sein, also im transpersonalen Bewußtseinsraum. Die wesentlichen Gegenübertragungsprobleme im Umgang mit der personalen Struktur ergeben sich somit neben den häufigen neurotischen Phänomenen, also der üblichen Übertragungs-Gegenübertragungskonstellation, durch die Fixierung auf die Personalität. Die Fixierung auf das Hier und Jetzt, das konkret Sinnliche, den Körper und die weltliche Begrenztheit führt zu einer Verabsolutierung der Konzepte des Therapeuten über das menschliche Leben, so daß er keine Freiheit besitzt, im Klienten eine Entwicklung zuzulassen, die außerhalb seines Menschen- und Weltbildes und außerhalb der Identifizierung mit seiner therapeutischen Methode liegt. So kommt es häufig zu einer Überbetonung der Selbstverwirklichung und des Individualismus, zu einer Überbetonung der Hier- und Jetzt-Perspektive, zu einer Ablehnung des Religiösen und zu einer gewissen dogmatischen Fixiertheit auf die eigene Schule. Vor allem die antireligiöse und antimystische Haltung verhindert das Finden eines positiven eigenen Lebenssinnes und die Aussöhnung mit dem Sterben als existentielles Geschehen. Diese Fragen, für die die personale Struktur irgendwann eine Antwort sucht, müssen sonst abgewehrt werden und führen dann zu resignierten Einstellungen. Sie sind nur von der transpersonalen Ebene her zu beantworten.

Die transpersonale Struktur

Die transpersonale Struktur beschäftigt sich mit Grundfragen des *Seins.* Wenn eine Transformation von der Verankerung im Ich-Bewußtsein zu einer Verankerung im Wesen, im Selbst oder höheren Selbst langsam und schrittweise stattgefunden hat, wird die Person durchlässig für die Qualitäten des Transpersonalen und Heiligen (Dürckheim, 1973). Aus dieser Perspektive kann die eigene Lebensaufgabe, die Bestimmung, der eigene Sinn erkannt werden, und die Person stellt sich in den Dienst dieses Auftrags und der damit verbundenen Visionen (Galuska, 1995). Die transpersonale Struktur ist geöffnet für die Verbundenheit der Menschen und letztlich aller energetischen Formen. Durch ihre Teilhabe am Fluß des Seins und der Vergänglichkeit aller Formen erlebt sie sich als hingegeben an die Fülle des Lebens und weiß um das Nichtwissen des Todes. Im transpersonalen Bewußtseinsraum besteht, auch als körperliches Erleben, eine Durchlässigkeit für archetypische Energiequalitäten, die im Gefäß der Bewußtheit bewahrt und gesteuert werden können. Die Hingabe an diese Qualitäten führt zur Erfahrung energetischen Fließens: es atmet, es geht, es fließt, alles Leben ist Tanz. Die innere Schönheit, Liebe und Weisheit strahlen gelegentlich in lichtvoller Klarheit.

Die wesentliche Interventionsqualität für die transpersonale Struktur ist die *Präsenz.* Der Therapeut ist eher meditativer Begleiter, der aus dem transpersonalen Bewußtseinsraum die verschiedenen Ausdrucksformen des Existentiellen, die verschiedenen Energiequalitäten, begleitet. Seine Ausstrahlung kreiert eine Atmosphäre, in der seine Erfahrung und die Erfahrung des Klienten sich verweben zu einer Art gemeinsamen inneren oder äußeren Tanzes, dessen Form gelegentlich durch Konzepte verstanden werden kann. Insofern ist der Therapeut für die transpersonale Struktur in gewisser Weise auch Lebenslehrer oder spiritueller Lehrer, der durch seine Ideen, Bilder, intuitiven Vorschläge oder Berührungen den gemeinsamen Prozeß anreichert und weiterfließen läßt.

Formen, in der die Präsenz des transpersonalen Bewußtseinsraumes in der Arbeit der Klinik sichtbar wird, sind:

zunächst einmal alle Meditationen, wobei die Teilnahme an ihnen grundsätzlich freiwillig ist: Morgens findet täglich eine halbe Stunde stille Meditation statt, in der die buddhistische Meditation gelehrt wird. Am Nachmittag wird täglich ein unterschiedlicher Zugang zur Meditation angeboten: Klangmeditation, Summ-Meditation, Bewegungsmeditation, Herzensmeditation, Lichtmeditation, geführte Meditationen zu den vier Elementen, vier Himmelsrichtungen, vier Jahreszeiten, christliche Meditation, gelegentlich auch Chakrenmeditationen und andere Meditationsformen.

In den Großgruppenveranstaltungen, die zweimal wöchentlich stattfinden, und insbesondere in den vierteljährlich stattfindenden Intensivwochen werden regelmäßig Kreise der energetischen Resonanz, des energetischen Heilens, der Erfahrung sowohl von Stille als auch von Lauschen auf spirituelle Texte gestaltet.

Im Sinne dieser Interventionsqualität können natürlich alle Methoden verstanden werden, die aus der Qualität des transpersonalen Bewußtseinsraumes heraus geschehen. Neben den unterschiedlichsten Meditationsformen wären hier insbesondere die transpersonalen körperbezogenen Therapien zu nennen wie die Orgodynamik, die Biodynamik, die personale Leibarbeit, das holotrope Atmen, TaKeTiNa und viele andere.

Wir wollen auch diesmal einige konkrete Beispiele für die Energiebegleitung aus der Präsenz heraus geben, wie wir sie im klinischen Kontext durchführen und die wir der Orgodynamik (Plesse, St. Clair, in diesem Buch) verdanken:

Eine Möglichkeit der Hinführung zu einem inneren Raum der Weite und des Fließens ist der Bodyflow (Barnett, 1993). Mit geschlossenen Augen beginnt jeder Teilnehmer die Aufmerksamkeit auf die eigenen Hände zu richten, wie sie sich anfühlen und wie sie erlebt werden. Vielleicht gibt es feine Impulse, denen man folgen möchte, kleine Bewegungen ohne Anstrengung, die wie von selbst geschehen möchten. So folgt jeder Teilnehmer dem Bewegungsfluß seiner eigenen Finger und Hände, der sich langsam auf den gesamten Körper ausdehnen kann. Es kann sich anfühlen wie das Folgen einer inneren Melodie oder eine stille Meditation in Bewegung. Jeder Teilnehmer wird andere Beschreibungen für diesen Erlebnisraum finden, z. B.: „Mein ganzer Körper fühlt sich an wie ein einziges Fließen". Oder: „Die Bewegungen schaffen sich immer wieder neu". Begleitet werden kann der Bodyflow mit einer unterstützenden meditativen Musik. In einer großen Gruppe kann auch die eine Hälfte der Teilnehmer im Bodyflow sein, während jeweils ein zugeordneter Partner der anderen Hälfte den Raum schützt und seinem Partner seine ganze Aufmerksamkeit schenkt. So erleben beide eine Qualität von Verbundenheit und Verwobensein in ein größeres Ganzes.

Eine weitere Form, die gesamte Gruppe energetisch in Präsenz zu „verweben", besteht in einem sogenannten Energie-Mandala. Die Teilnehmer werden nach und nach im Sitzen oder Liegen in eine kreisförmige Mandala-Form geführt, in der Mitte beginnend, so daß sie sich mit Händen, Füßen oder anderen Teilen ihres Körpers verbinden können. Sobald sie ihren Platz in dieser Struktur eingenommen haben, schließen sie die Augen und entspannen sich in die Verbindung mit ihren Nachbarn. Sie werden nun eingeladen, im Erleben über jede Form der Benennung hinauszugehen und die Verbindung als Tür zu einem erweiterten oder vertieften Erlebnisraum wahrzunehmen. Es gibt nichts zu tun, als gerade hier Teil dieser Gruppe zu sein, einfach da zu sein. Jeder Teilnehmer schenkt seine Form der Entspannung und Präsenz und wird gleichzeitig durch die große Verbindung getragen und genährt. Diese Phase des gemeinsamen Eintauchens in diesen Energieraum kann ebenfalls von einer unterstützenden, zum Loslassen einladenden, meditativen Musik begleitet werden. Es ist für uns immer wieder überraschend und bewegend, wie sehr sich die Gesichter einiger Teilnehmer entspannen, fast schmelzen und einer freudigen oder gar verzückten Ausstrahlung Raum geben. Auch die Teilnehmer selbst äußern nach dem Wiederauftauchen in das Alltagsbewußtsein gelegentlich: „Ich wußte gar nicht, wie schön wir Menschen sind!" Oder: „Etwas tief in mir fühlt sich geheilt."

Die typischen *Gegenübertragungsprobleme* der Therapeutin bzw. des Therapeuten für die Arbeit mit Klienten auf der Ebene der transpersonalen Struktur hängen primär mit einer mangelhaften Verankerung im transpersonalen Bewußtseinsraum zusammen. Es vermischen sich dann ungelöste Problemkreise anderer Strukturebenen mit der Arbeit im Transpersonalen. Dabei besitzen erfahrungsgemäß die größte Dominanz weniger neurotische als vor allem narzißtische ungelöste Themenkreise des Therapeuten. So kommt es zu allen möglichen Formen von guruhaften Verhaltensweisen des Therapeuten, der sich von seinen Klienten bewundern und hofieren läßt. Häufig sind auch missionarische Ansätze und mangelnde Fähigkeiten, die eigene Methode und den eigenen spirituellen Weg zu relativieren. Eine Verhaftung in der personalen Identität zeigt sich auch in einem übermäßigen persönlichen Engagement für die Heilung der Klienten und in einem zu aktiven, machenden, etwas technischen Interventionsstil. Stattdessen wären ein Vertrauen in den Fluß der energetischen Prozesse und insbesondere der Heilungsprozesse nötig, für die wir nur durchlässig sein können und an denen wir lediglich Anteil haben können.

Wir unterscheiden die transpersonale Struktur von der Bewußtseinsstruktur der Seinsverwirklichung, der Erleuchtung, der Auflösung jeglicher Dualität.

Abschluß

Wir verkennen nicht, daß die geschilderte Einteilung ein Konzept ist, eine Form, die die Wirklichkeit formt. Wir halten sie für nützlich.

Wir wissen, daß diese Einteilung zu relativieren ist, und möchten dies in drei Richtungen tun:

1. Wir folgen bezüglich der Strukturen keinem linearen Stufenmodell, sondern eher einem Denken in verschiedenen Schichten oder Segmenten, die gleichzeitig aktiv sind. Dabei wird das Erleben jedoch schwerpunktmäßig von einer Hauptstruktur bestimmt, innerhalb der wir primär identifiziert sind. Ein ganzheitliches Behandlungskonzept müßte alle Schichten würdigen. Zumindest sollte der Therapeut eine Offenheit besitzen für die verschiedenen Strukturen und, am besten in sich selbst, erkennen, welche jeweils gerade angesprochen werden. Insofern sprechen wir uns hier aus für eine Anerkennung der Komplexität menschlichen Erlebens und der Notwendigkeit der Komplexität von Therapie, insbesondere auch von körperbezogener Therapie. Dabei scheinen einige Methoden auf ihre unterschiedliche Weise eher vielschichtig anzusetzen und zu wirken, wie beispielsweise die Integrative Bewegungs- und Leibtherapie, die Orgodynamik oder das TaKeTiNa. Andere, wie die Strukturbildende Bewegungstherapie oder die Bioenergetik, fokussieren auf ein oder zwei Strukturen und besitzen für diese eine große Prägnanz.

2. Der Dynamik der Bewußtseinsentwicklung folgend sind wir überzeugt, daß jederzeit die jeweilige Form, also die beschriebene Struktur, transformiert werden kann. Dabei wird die der jeweiligen Struktur zugehörige Identifikation aufgelöst und das Sein selbst erfahren. Die Erleuchtungserfahrung ist prinzipiell aus jedem Moment her möglich. Aus bestimmten Strukturen ist sie jedoch seltener, am seltensten vermutlich aus der neurotischen Struktur, da hier die ichhafte Identifikation am größten ist. Am häufigsten geschieht sie wahrscheinlich aus der transpersonalen Struktur heraus.

3. Die beschriebenen Strukturen können sich relativieren in das einfache Sein jedes Moments, das nicht sensationell ist, sondern

das leibliche So-Sein des Augenblicks erlebt. Die Erfahrung des einfachen Seins ist zwar geprägt durch die jeweilige Strukturebene des Erlebens, aber nicht identifiziert mit ihren Themen oder Dynamiken, sozusagen blank, leer von ihren Bedeutungen. Das Gehen kann uns dies veranschaulichen, wenn wir es befreien von neurotischen Bedeutungen, borderlinigen Abspaltungen, psychotischen Fehlinterpretationen oder personalen Formen der Selbstverwirklichung im Gehen. Sondern wenn wir einfach gehen!

Literatur

Barnett, M. (1993), Diamant Yoga Handbuch, CEC, Zürich

Blanck, G./Blanck, R. (1982), Angewandte Ich-Psychologie, Klett-Cotta, Stuttgart

Dürckheim, K. G. (1973), Vom doppelten Ursprung des Menschen, Herder, Freiburg

Flatischler, R. (1984), Die vergessene Macht des Rhythmus, Synthesis, Essen

Galuska, J. (1994), Ganzheitliche stationäre Psychotherapie, Integrative Therapie 1–2/1994, 101–112

Galuska, J. (1995), Ich, Selbst und Sein, Transpersonale Psychologie und Psychotherapie 1, 1995

Kernberg, O. G. (1993), Psychodynamische Therapie bei Borderline-Patienten, Huber, Bern

Klein, M. P. (1991), Die „Ur-Ton"-Musiktherapie mit dem Klang-Massage-Sandawa-Monochord, Vortrag beim 3. Int. Somatotherapiekongreß in Straßburg

Lichtenberg, J. D. (1990), Einige Parallelen zwischen den Ergebnissen der Säuglingsbeobachtung und klinischen Beobachtungen an Erwachsenen, besonders Borderline-Patienten und Patienten mit narzißtischer Persönlichkeitsstörung, Psyche 44, 871–901

Petzold, H. G. (1988), Integrative Bewegungs- und Leibtherapie, Junfermann, Paderborn

Wilber, K./Engler, J./Brown, D. P. (1988), Psychologie der Befreiung, Scherz, München

Franz Sedlak

Die autogene Meditation des Leibes

J. H. Schultz hat das Autogene Training anfangs unseres Jahrhunderts aus der Hypnose entwickelt. Ihm fiel bei Berichten von hypnotisierten Patienten auf, daß alle über wohlige Zustände von Schwere und Wärme in den Extremitäten berichteten, aber auch mit einem gesamten leiblichen Zustand angenehmer Gelöstheit reagierten. Aus diesen Beobachtungen heraus entwickelte er in einer Art „Kopernikanischer Wende" die Idee, die Patienten zur intensiven Vorstellung dieser körperlichen Zustände anzuregen und dadurch auf umgekehrte Weise zu einem Zustand tiefer Entspannung zu gelangen. Diese Vorgangsweise bewährte sich, und *Schultz* hat damit nicht nur eine leicht verfügbare Form der Entspannung entwickelt, sondern die (auch bei der Hypnose unersetzbare) Eigenleistung des sich entspannen wollenden Menschen zum Grundstein seiner „autogenen", das heißt aus dem Einzelnen selbst heraus entstehenden Methode gemacht.

Autogenes Training ist aber mehr als Entspannung. Zunächst handelt es sich in einem tieferen Verständnis um autogene Psychotherapie. Diese besteht aus drei Bausteinen. In der sogenannten *Grundstufe des Autogenen Trainings* wird durch eine naturwissenschaftlich fundierte Methode der normal über die Sinneskanäle einfließende Strom von Informationen gedrosselt. Dadurch wird das Zentralnervensystem „beruhigt". Es werden vor allem die unmittelbar beeinflußbaren Informationskanäle des Erlebnisses von *Bewegung, Schwere, Wärme und Atmung* eingesetzt, um einen wohligen Entspannungszustand zu erreichen. In-adäquate, d. h. zu schwache oder zu starke Spannungen (Dystonus), werden in eine Spannungsbalance übergeführt (*Eutonus*). Dies hat auch einen tiefgreifende Effekt auf psychosomatische Beschwerden, aber auch auf den psychischen Zustand des autogen Trainierenden, der durch die Entspannung gelassener und zugleich auch spannkräftiger wird. In der *Mittelstufe der autogenen Psychotherapie wird die autogene Sammlung und Ruhe eingesetzt, um sich mit Problemen auseinanderzusetzen.* Es ist dabei gleichgültig, ob sich diese Probleme in Form von Gedanken, Gefühlen oder Bildern im Entspannungszustand melden. Da normalerweise seelische Konflikte mit Verspannungen eng korrelieren, wirkt die Ruhe des Körpers desensibilisierend gegenüber aufsteigendem Konfliktmaterial. Außerdem setzt der Übende persönliche Vorsatzformeln ein, in denen er kontinuierlich seine *inneren Leitbilder* sprachlich zum Ausdruck bringt, um sich an dieser persönlichen Leitformel zu orientieren. *Der dritte Baustein der autogenen Psychotherapie besteht in der Sammlung und Bearbeitung aller aufsteigenden Bilder, Gefühle und Gedanken,* die durch bestimmte Themen und Motive der Oberstufe des Autogenen Trainings stimuliert werden. Dabei kommt es zu einem traumähnlichen Geschehen, das sich symbolisch ebenso wie der Nachttraum entschlüsseln läßt. *Diese psychotherapeutische Betrachtung des Autogenen Trainings ist noch von einer Warte der Instrumentalisierung der Entspannung bzw. einer Instrumentalisierung des Körpers gekennzeichnet. Der Leib ist Vehikel zur Selbstauseinandersetzung.* Tiefer (oder höher, je nach dem, wie man es betrachten möchte) reicht aber eine Betrachtung, *die das Zuständliche zum Gegenständlichen macht, ohne sich darin zu erschöpfen: Die Meditation des Leibes.*

Umberto Eco läßt in seinem Roman „Das Foucaultsche Pendel" den Erzähler auf eine abenteuerliche Reise nach Analogien gehen – und schließlich zugrundegehen. Zwar hält ihm schon in der Mitte der Handlung seine Freundin Lia entgegen, daß alle Analogien ihre Vergleichsgrundlagen aus dem Körper erhalten. Ob es die Öffnungen des Körpers sind, die eine Relation zu Zahlen herstellen lassen. Ob es die liegende oder aufrechte Haltung ist, die eine Analogie zur Horizontalen und Vertikalen herstellen läßt. Ob es die Vorgänge im Inneren betrifft oder das Beobachtbare am Außen des Körpers, was eine Analogie zwischen dem Innen und Außen, zwischen dem Verborgenen und dem Geoffenbarten zuläßt. Der Körper spiegelt das Sein. Und Lia macht das so deutlich, daß der Erzähler ausruft: „Du sagst mir immer die Wahrheit. Du bist mein Ich, und das heißt mein Sich, gesehen durch Dich. Ich möchte alle verborgenen Archetypen des Körpers entdecken." Am Ende der Erzählung muß der Erzähler des Romans flüchten, weil er von esoterischen Kreisen verfolgt wird. Als er schließlich die Flucht als sinnlos erkennt und auf einem Hügel die Verfolger und damit seinen sicheren Tod erwartet, gelangt er zu einer letztmöglichen Erkenntnis. *Nicht die Analogie ist es, was das letzte Geheimnis ausmacht, sondern das Seiende bzw. das Sein selbst.* Und so kommt er zum Schluß: „Ich hätte gern alles aufgeschrieben, was ich seit heute nachmittag gedacht habe. Aber wenn *sie* es läsen, würden sie nur eine weitere finstere Theorie daraus ableiten und eine Ewigkeit damit verbringen, die geheime Botschaft zu entschlüsseln, die sich in meiner Geschichte verbirgt. Unmöglich, würden sie sagen, daß der uns bloß erzählt hat, wie er sich über uns lustig gemacht hat. Nein, vielleicht hat er es nicht gewußt, aber gerade durch seine Vergessenheit hat uns das Sein eine Botschaft geschickt. Ob ich es aufschreibe oder nicht, macht keinen Unterschied. Sie würden immer nach einem anderen Sinn suchen, auch in meinem Schweigen. Sie sind so. Sie sind blind für die Offenbarung. Malchuth ist Malchuth, und damit basta. Aber sag ihnen das mal. Ihnen fehlt der Glaube. Also kann ich ebensogut hier bleiben, warten und den Hügel betrachten. Er ist so schön."

Die Quintessenz, die der Held dieses Romans zieht, ist nicht die Absage an die Analogie, nicht die prinzipielle Verneinung von Metaphern. Wir können ja gar nicht anders als in Vergleichen reden, Sprache ist immer relational. Sprache verweist immer auch auf etwas anderes. Aber der Appell, der in dem Ausruf gipfelt: „Er ist so schön!", mahnt uns, *bei den Dingen selbst zu verweilen.* Das Gegebene nicht nur als vorläufiges, als Hinweiszeichen auf anderes zu deuten, sondern es – auch – als eigentlichen Gegenstand der Meditation anzusetzen.

Das Autogene Training ist weitverbreitet. Jährlich besuchen Tausende Menschen die Einführungskurse in dieses sehr praktikable, weitestgehend von besonderen räumlichen und zeitlichen Bedingungen unabhängige Entspannungsverfahren. Wenn es gelingt, *diese Entspannungspraxis spirituell zu vertiefen, dann ist eine weite „Propädeutik" für den Bereich des Transpersonalen geleistet.*

Meditation des Leibes im Autogenen Training

Im folgenden ein typisches Beispiel für die Erlebnisse während der Autogenen Meditation (es handelt sich um ein Transkript der Erlebnisse während einer Autogenen Meditation des Leibes; nicht aber um Suggestivformeln).

Ich lasse meinen Körper zur Ruhe kommen ... ich merke, wie noch die Erregung meine Arme und Beine durchzuckt, ich spüre das Vibrieren meiner Augenlider ... ich spüre rasche Bewegungen meiner Gesichtsnerven ... doch dann läßt der Körper Stille zu, aber manchmal fährt ein schnelles Zucken durch mein Bein oder hebt sich mein Finger in spontaner Bewegung ... in dieser Stille spüre ich die Unruhe von Außen ... eine Tür fällt zu ... ein Auto fährt auf der Straße ... ein Hund bellt ... ein Wasserhahn wird aufgedreht ... nach und nach kann die Umwelt zurücktreten, und eine dicke Mauer aus Watte schirmt mich ab ... völlige Stille ... Äußeres dringt nicht heran, aber ich merke die Unruhe meiner Gedanken, die um mich herumwirbeln ... diese Gedanken jagen an einzelnen Fragmenten vorbei, sie lärmen, ohne etwas zu sagen ... ich merke, wie ich das eine und andere Mal mitgerissen werde, mich wieder fange und meinen Platz im Inneren in der Stille wieder einnehme ... in diese Stille und Leere lasse ich nun das Gefühl der Schwere einkehren ... ich merke, wie mich das Bett, auf dem ich liege, an allen Flächen, die ich ihm biete, den Fingern der Hand, am Hinterkopf, an den Schultern, am Rücken, am Gesäß, an der Unterfläche der Arme und Beine, an den Fersen ansaugt ... ich merke, wie ich nach unten verströme ... aber die Fläche meines Unterbodens sich mir entgegenstemmt ... ich merke, daß in diesem Sinken eine Bewegung ist, die aufgefangen wird vom Boden, auf dem ich mich am Bett befinde ... nach und nach verschwimmt die Grenze zwischen meiner Haut und dem Bett ... wir werden eins, wir verschmelzen ... ich bin plötzlich ... ich und das Bett, ich habe einen größeren Umfang, und ich spüre, wie wir nach unten sinken, aber aufgefangen werden vom Boden, auf dem das Bett steht ... bis aber schließlich dann die Beine des Bettes mit dem Boden versinken und alles in ein weiches, sanftes Fallen übergeht ... und in dieser stillen Bewegung der Schwere, die zugleich unendlich leicht ist ... lasse ich Wärme einziehen, spüre meine Zehenspitzen von einem warmen Guß getroffen ... am linken Bein klettert die Wärme hinauf, aber auch am rechten ist Wärme spürbar ... meine Finger sind heiß oder vielmehr die Fläche zwischen ihnen ... der Zwischenraum zwischen den Fingern wird heiß ... meine Handflächen glühen, und insgesamt ist mein Körper angenehm wohlig und warm, und ich merke, wie diese Wärme mich durch und durch ... zugleich fühle ich, wie es wärmer ist hier, verglichen mit dem, was um mich herum ist, und in diese warme, behagliche Stille, sich senkende Empfindung spüre ich meinen Puls ... mein Puls ... er pocht durch den Arm ... er schnellt auf und ab entlang der Außenfläche meines rechten Beines ... ich spüre ihn auch an meiner linken Seite da und dort ... ich spüre vor allem ein riesiges Herz ... sein Pochen und Pulsieren ... zunächst unregelmäßig ... zu schnell ... dann wieder langsam ... und schließlich ... strömt diese Ruhe und Wärme und Schwere ... Puls ... noch weiter ... und ich merke ... wie über allem der Atem sich bewegt und meine Bauchdecke wie eine Wolke auf und abschweben läßt ... sich weitet ... zurückkehren läßt ... mich ausdehnt und zusammenkommen läßt ... und in diesem Atem weitet sich mein ganzer Körper, meine Arme heben und senken sich fast ... meine Beine werden wie voller und leerer ... und ich fühle ein sanftes Schaukeln ... und in dieser Stimmung spüre ich auch meine Leibesmitte ... ein strahlender Stern, der sein warmes Strömen, seine Spitzen, die zugleich ganz sanft und weich sind, nach allen Richtungen verströmt ... und spüre ... ein leuchtendes Strahlen wie ein X greift es auf allen vier Seiten auf meine Beine, meinen linken und rechten Brustraumkorb ... und wieder zurück ... greift aber auch nach anderen Seiten ... und ich spüre, wie diese Wärme von Innen nach Außen dringt und wie alles jetzt verbunden ist innen und außen ... und ich spüre meine Stirn ... ruhig, sanft und kühl ... Kühle eines Berges, eines Lufthauchs über einer warmen Wiese ... und in dieser Stille spüre ich meinen ganzen Körper, ein Prickeln wie Sonnenlicht auf Gräsern, wie viele kleine Lichtnadelstiche auf allen Poren meiner Haut. Ich woge ab und auf in diesem Zustand, ich spüre mich leicht und schwer, weit und doch gesammelt, voll und leer, und es wird ganz still. Jetzt tauchen Farben auf, ein lichtes Braun, teilweise mit Goldfäden, ein zartes Grün, das darüberschwingt, ein tiefes Himmelsblau. Ich bleibe in diesem Blau und schwebe in ihm wie ein Boot im Meer. Mein Empfinden sagt mir, daß wieder Zeit zur Rückkehr ist. Ich nehme Abschied von den Farben, sie ziehen sich langsam zurück. Ich versuche, wieder meine Grenzen zu spüren, und ich spüre sie: an den Außenrändern meiner Füße, an meinen Unterschenkeln, Oberschenkeln, ich spüre die Hitze in den Knien, in den Gesäßbacken, die leichte Brücke im Rücken, ich spüre dort, wo das Rückgrat ist, ich spüre, wie meine Arme sich wiegen und bewegen wollen. Ich atme tief durch, ich bewege meine Füße hin und her in kleinen Kreisen, ich spanne meine Fäuste fest an und ziehe die Unterarme kräftig nach oben, auch meine Beine ziehe ich kräftig an und atme tief durch, ich spüre, wie eine Druckwelle durch meinen ganzen Körper geht und lebensspendend, dynamisch, meinen ganzen Körper von unten nach oben durchwogt und wieder zurückflutet. Ich öffne die Augen und sehe den blauen Plafond, das Licht, das aus dem Fenster oder durch das Fenster hereindringt. Ich sehe eine Spinne, die über mir am Plafond hängt und ebenfalls ruhig da ist. Ich richte mich auf, ich höre einzelne Geräusche, ein Nachbar hantiert in der Küche, ein Motorrad brummt vorbei, ich denke an das, was ich jetzt erleben und tun werde.

Bedarf es einer besonderen Erwähnung, was hier meditiert, nein, nicht meditiert: erlebt wird? Im Einnehmen der Ruhehaltung wird der Mensch des ständigen Bombardements von Sinnesreizen, inneren und äußeren Aufladungen, Erinnerungen, Assoziationen, Reflexionen, gewahr. Nach und nach breitet sich Ruhe aus, bildet sich ein schützender Schirm, versiegen endlich die störenden inneren Lärmquellen, und der Übende gelangt zur urgründigen, aufmerksamen, lauschenden Stille, in der der Mensch sich der Andacht der Schöpfung gegenüber dem Sein zugesellt. In der Schwereübung erfährt der Übende die Grenzen, aber auch *die Auflösung der Grenzen zwischen Ich und Nicht-Ich* (aber nicht im Sinne eines Zerfalls, sondern in Form einer Erweiterung und Überhöhung). Er spürt die Schwerkraft, wie sie an seinem Leib einwirkt, aber er fühlt sich auch getragen vom Grund. Aber in dem gemeinsamen „Fallen", das einer – wie Rilke es formulierte – unendlich sanft in seinen Händen hält, spürt der Übende zugleich auch Leichtigkeit, Schwerelosigkeit, ein *Verschwinden der Grenzen* nicht nur durch Verschmelzung, sondern *durch Ablösung.* Die Schwereübung vermittelt somit die *leibhafte Erfahrung des Ineinanderfallens von Gegensätzen* oder, in anderen Worten, die schwingende Bewegung zwischen den Gegenpolen verschiedener Achsen. Denn nicht nur die Empfindung von Gewicht und Gewichtslosigkeit ist spürbar, sondern auch Zeitbewußtheit und Zeitvergessen, Anheben und Absenken der Sinnesreizschwellen ...

In der Wärmeübung (sei es die Einstellung auf die Wärme der Körperperipherie oder der Leibesmitte) hat der Übende das eindringliche *Erlebnis energieverbrauchender und energiespendender Transformationsprozesse.* In der Wärmeübung erlebt der Übende aber auch seine *innige Verschränkung mit der Umwelt.* Die Wärme im Außen und die Wärme im Innen sind relational, sie bedingen einander. So vollzieht der Übende das Begreifen, daß Selbstwahrnehmung und Selbstdefinition unlösbar verbunden sind mit „Welt"-Wahrnehmung und „Welt"-Definition. In den rhythmischen Übungen (innere Einstellung auf das Erleben von Herz und Puls sowie das Erleben des Atemflusses) spürt der Übende dem *Geheimnis des Lebens* nach. Er nimmt die Pulswellen wahr und somit die Gezeiten des Blutkreislaufes. Er spürt im Einatmen und Ausatmen den *Wechsel von Fülle und Leere,* den *Austausch mit der Umwelt.* Im Wechselspiel der Einstellung auf die Körperperipherie und die Leibesmitte erfährt der Übende die *Verbindung von Innen und Außen, Kern und Schale, Ich und Selbst.* Die Vergegenwärtigung angenehmer Stirnkühle ist Anzeichen intensiver, bewußter Präsenz und tiefer Konzentration. Der Übende erlebt kein präpersonales Versinken in einem Meer spannungsfreier Formlosigkeit, sondern in Annäherung den *transpersonalen Zustand höchst bewußter Individualität,* zugleich aber auch *Durchströmt-Sein vom Sein* (Personalität) und Aufgehoben-Sein in einem höheren Gesamten. In der Aktivierung erlebt der Übende leibhaft *Intentionalität:* das kraftvolle Anspannen der Muskeln, das tiefe Einatmen und Vollpumpen mit Luft, das in die Welt expandierende Ausdehnen und Strecken: All dies sind Signale für die aktive Begegnungsbereitschaft.

Wir können daher unterscheiden: *das Autogene Training als Grundlage für Regeneration und einen gesunden Wechsels zwischen Energieeinsatz und Energieaufbau* sowie als Grundlage für die nun weiter zu besprechenden Möglichkeiten. Zweitens: *die autogene Psychotherapie,* die den Übungsgewinn höherer Autonomiegewißheit und Selbstverfügungsfähigkeit sowie höherer Durchlässigkeit in bezug auf das Aufsteigenlassen von Assoziationen, das Wahrnehmen erfahrungsbedingter Erlebnis- und Verhaltensdeterminanten, *zum Abbau neurotischer Blockaden einsetzt,* und drittens die hier vom Autor in dieser Form zusammengestellte *autogene Meditation des Leibes.* Das Autogene Training hat eine weite Verbreitung gefunden. Auch die autogene Psychotherapie wird immer mehr in ihren Möglichkeiten zur Behandlung psychoneurotischer bzw. psychosomatischer, aber auch unterstützender Behandlung somatischer Probleme bzw. Leidenszustände erkannt. Somit bietet sich hier die Chance eines Brückenschlages zur *autogenen Meditation des Leibes,* die anders als die Schau innerer Bilder im autogenen Oberstufentraining den *Leib nicht nur als Vehikel der Verinnerlichung instrumentalisiert,* sondern ihn selbst als eine *Offenbarung höherer, spiritueller, transpersonaler Realität* betrachtet.

Ingo Jahrsetz

Veränderte Zustände des Bewußtseins und Körpertherapie

1. Der Körper wider die Vernunft – Schreber

Der menschliche Organismus ist extrem anpassungs- und lernfähig; er ist daher nie eine rein biologische Struktur. Menschen leben immer unter bestimmten kulturellen, sozio-ökonomischen und sozio-ökologischen Bedingungen, was nicht nur gravierende Differenzen in den individuellen Erscheinungsformen bewirkt, in der Art emotionale, geistige, spirituelle Erlebnisse zu verarbeiten, sondern auch Unterschiede in den körperlichen Strukturen. Der Körper eines übergewichtigen mitteleuropäischen Geschäftsmannes ist kaum zu vergleichen mit dem eines indischen Yogis.

Die Körpertherapie ist oft an „normalen" oder „idealen" Zuständen orientiert. In diesem Fall bezieht sie sich auf eine Fiktion, die es nicht gibt und dann zutage tritt als versteckte Norm, als Vorstellung, wie Menschen idealerweise sein sollen (während gleichzeitig nur wenige diesen Idealen entsprechen). Sie können mehr oder weniger ausgesprochen als Maßstab angewandt werden für den Entwicklungsstand der betreffenden Personen oder auch, ob die Arbeit der Therapeuten erfolgreich war. Für den Altvater der Körpertherapeuten *Wilhelm Reich* war dieses Ideal die Orgasmusfähigkeit, erwachsene Genitalität. Tiefengewebe-Masseure, Rolfer achten auf eine balancierte Struktur des Skeletts; Alexander-Therapeuten auf die aufrechte Haltung als idealen Maßstab usw. Alle Menschen, die dem nicht entsprechen, teilen die Resignation eines „falschen Lebens" oder den Streß des „noch-nicht-richtig".

Vielen Theorien über Körpertherapie gemeinsam ist das Ideal eines gesunden Körpers und eine organismische Natürlichkeit. Diese herzustellen, Verspannungen, Symptome zu beseitigen, ist dann die Aufgabe der Arbeit am Körper. Historisch gesehen sind dies Normen des aufgeklärten Bürgertums, für das Natürlichkeit,

Vernunft, Machbarkeit fast austauschbare Begriffe waren und das diese gegen die alten feudalen Maßstäbe von Blutadel, Lehenstreue, Gehorsam und Unterwerfung absetzte. Der französische Strukturalist *Michel Foucault* hat das in seinem Buch „Sexualität und Wahrheit" sehr eindrücklich beschrieben.

Ein *gesunder Körper,* ein *optimales Gleichgewicht von Ausdehnung und Kontraktion innerhalb der Skelettmuskulatur, Orgasmusfähigkeit* – diese Werte können natürlich existentielle Bedeutung für den einzelnen haben. Denn Menschen leben in einem von der Natur geschenkten Körper; alle Ausdrucksformen finden durch diesen Körper statt; viel hängt davon ab, ob die Organe optimal funktionieren. Die *Natürlichkeit* des Menschen ist ein Gottesgeschenk; sie besteht aus einem möglichst ungehinderten Fluß der Energie und einem optimalen Gleichgewicht von Spannung und Entspannung. Aus der unbedachten Verallgemeinerung dieser Sicht wird sie für manchen zu etwas *Natürlichem,* jenseits dessen keinerlei Vernunft existiert.

Anders ist es für den schizophrenen Senatspräsidenten *Daniel Paul Schreber,* der um die Jahrhundertwende lebte. Er behauptet von sich zum Beispiel, für längere oder kürzere Zeiten keinen Magen zu haben, so daß sich die von ihm „genossenen Speisen und Getränke ... sich dann ohne weiteres in die Bauchhöhle und die Oberschenkel" ergossen (*Schreber, Denkwürdigkeiten*, 107). Einmal lebte er mit einem anderen Herzen, seine Lungenflügel waren zeitweilig völlig absorbiert, sein Zwerchfell saß „ganz oben in der Brust fast unmittelbar unter dem Kehlkopfe ..." (106). Überhaupt begreift er seine körperlichen Vorgänge nicht als das Ergebnis organismisch natürlichen Funktionierens, sondern als eine Folge von „Wundern", die ihm geschehen. Schreber sieht sich als den Menschen schlechthin, dessen Leib eine Art Experimentierfeld Gottes darstellt, als körperlich-persönliche Manifestation der kosmischen Evolution.

Daniel Paul Schreber war der Sohn des aufgeklärten Pädagogen *Gottlieb Moritz Schreber,* der das Prinzip von „in einem gesunden Körper wohnt ein gesunder Geist" mit äußerster Konsequenz als System ausgearbeitet hatte und in diesem Rahmen unter anderem ein Gerät zum Geradehalten des Kopfes wie auch die Schrebergärten erfunden hatte. Daniel Paul wurde bekannt durch seinen autobiographischen Roman „Denkwürdigkeiten eines Nervenkranken", indem er sehr ausgefeilt beschreibt, wie sich bei ihm das System einer paranoiden Schizophrenie entwikkelte.

Der „Fall Schreber" wurde vielfach interpretiert, zuerst in *Sigmund Freuds* „Psychoanalytische Bemerkungen über einen autobiographisch beschriebenen Fall von Paranoia" (Freud GW VIII), ein Aufsatz, in dem es um die Triebdynamik des Präsidenten geht, besonders um dessen verdrängte homosexuelle Neigungen. Später wurde Schrebers Symptomatik aus der Familiendynamik erklärt, zum Beispiel als die „Angst vor dem Vater", wie es *Morton Schatzman* in den 70er Jahren beschreibt.

Schrebers Erleben und Produktion eines *„Körpers ohne Organe"* wird in der Literatur jedoch nur selten ernst genommen. Einer der wenigen Ansätze dazu stammt von *Gilles Deleuze* und *Felix Guattari* in ihrer Beschreibung der Wunschproduktion des Schizophrenen auf der opaken Oberfläche des „organlosen Körpers" (*Deleuze/Guattari: Anti-Ödipus, Frankfurt 1974*). Für Deleuze und Guattari zeigt die Erfahrung eines „Körpers ohne Organe", wie tief im Fleisch die *genormte Natürlichkeit* des westlichen Menschen eingegraben ist. Schrebers Organe haben sich zum Protest erhoben gegen das gesellschaftliche auferlegte Funktionieren, was Ausdruck ist des Cartesianischen Paradigmas, das die Trennung von Seele und Körper in der Lebensweise des gerade aufkommenden Bürgertums institutionalisiert. Der *organlose Körper* Schrebers scheint verrückt, seine Abstrusität verwirrt, und gleichzeitig ist er ein Aufschrei nach der verlorenen Seele, die er unmittelbar zu suchen beginnt.

An Schrebers Körper wird *alles* und wie alles andere *„nämlich auch das Ausleerungsbedürfnis durch Wunder hervorgerufen; es geschieht dies, indem der Koth in den Därmen manchmal vorwärts, manchmal auch wieder rückwärts gedrängt wird und wenn infolge bereits geschehener Ausleerungen genügendes Material nicht mehr vorhanden ist, wenigstens die noch vorhandenen geringen Reste des Darminhalts auf meine Gesäßöffnung geschmiert werden* ... so daß *nämlich derjenige, der zu den göttlichen Strahlen* (die diese Wunder erzeugen) *in ein dem meinigen entsprechendes Verhältnis gekommen ist, gewissermaßen berechtigt sei, auf alle Welt zu scheißen"* (Schreber, Denkwürdigkeiten, 155).

Schreber scheißt auf diese Welt mit ihren gesunden Körpern und einer Natürlichkeit, die ihm die Luft genommen hat für die

Entwicklung seiner Menschlichkeit. Aufrecht zu gehen, keine Muskelblockaden, kein Körperpanzer, orgasmusfähig sein ... und doch jeden Sinn verloren zu haben und jede Lust am Leben. Schrebers Erfahrung erscheint als ein äußerst konsequenter Ausdruck des cartesianischen Paradigmas.

In ihm ist die Seele gespalten vom alltäglichen Leben, auseinandergerissen in körperlich-maschinelles Funktionieren und einen Gott, der an das Für-wahr-halten kirchlicher Institutionen gebunden und kaum erfahrbar ist. Der Westen hat im Zuge seiner „rationalen Sicht" der Welt tendenziell die Seele verkauft; und dieser Verlust ist tief in die Körper derer inkarniert, deren gesunde Natürlichkeit und braungebranntes Glück bei dem einen oder der anderen ein etwas unbehagliches Gefühl von Mißtrauen erwecken.

Schrebers *Körper ohne Organe* wird so leicht als Symptom einer Geisteskrankheit gesehen und argumentativ abgetan, weil es auf den ersten Blick ganz klar erscheint, daß das Steuerrad bei einem Auto nicht am Hinterreifen angebracht sein kann. Verrücktheit erscheint den anderen immer so offensichtlich.

Scheinbar hilfsbereite Zeitgenossen versuchen diese in für den common sense leichter verständliche Zusammenhänge zu rükken wie etwa: Wenn er sagt, daß sein Körper Gottes Experimentierfeld sei, dann spricht er damit infantile Erfahrungen mit seinem ihm als übermächtig erschienen Vater an. Nicht Gott, sondern der Vater ... Auch sie nehmen Schrebers *organlosen Körper,* den Leib, in dem alles aus einem Wunder heraus geschieht, nicht ernst.

Schreber habe es „in Wirklichkeit" so nicht gemeint: Wenn sich nach psychologischen Erklärungen oder therapeutischen Übertragungs-Deutungen in der Symptomatik etwas „verbessert", dann erscheint es über allen Zweifel erhaben, daß da doch noch eine Frage offen bleibt. Der bekannte Gestalttherapeut *Hilarion Petzold* greift in diesem Zusammenhang den Begriff der *Begründungslegende* auf (der ursprünglich aus der Bibelwissenschaft stammt), was eine Tendenz des menschlichen Bewußtseins meint, sich um hartnäckig Unverständliches Legenden zu schaffen, um es sich auf diese Weise aus der Welt zu schaffen; denn für viele Menschen scheint es äußerst beunruhigend, wenn sich im eigenen Leben eine offene Frage findet, auf die sich nicht sogleich eine Antwort einstellt. Ich denke, die psychotherapeutische Arbeit im allgemeinen ist voll von solchen Begründungslegenden: Nicht Gott experimentiert mit seiner Evolution auf meinem Körper ... Papa und Mama waren es. Die Symptome sind zum Schweigen gebracht, und unsere Seele ist verkauft.

Wirkliches Erwachen ist etwas anderes als die Beschwichtigung von Symptomen. *Ronald Laing,* einer der Pioniere der sogenannten „Antipsychiatrie" der 70er Jahre, beschreibt es so: *„Wenn unsere personalen Welten wiederentdeckt werden und sich wieder entfalten dürfen, entdecken wir zuerst ein Schlachtfeld: Halbtote Körper; Genitalien dissoziiert vom Herzen; das Herz getrennt vom Kopf; Köpfe dissoziiert von Genitalien. Ohne innere Einheit, mit gerade genug Kontinuitätsgefühl, um nach Identität zu schnappen ... in verschiedene Richtungen gezerrt: ‚der Mensch', abgeschnitten vom eigenen Geist, abgeschnitten ebenso vom eigenen Körper – halbtolle Kreatur in verrückter Welt"* (Ronald Laing: Phänomenologie der Erfahrung, Frankfurt 1973, 48).

Der Traum von Schrebers *Wunschkörper ohne Organe* will ausgeträumt werden, damit die Schleier der Illusionen zerreißen können und sich jeder finde als das Wesen, das er oder sie in ihrem Herzen wirklich ist und Gottes Evolution durch ihn und mit ihm stattfinden kann.

Ich werde den Terminus *„organloser Körper"* benutzen, um Körper und Seele in Zuständen veränderten Bewußtseins zu beschreiben. Der *organlose Körper* ist etwas anderes als der nur verspannte biologische Körper. Im Ausdruck des *organlosen Körpers,* in seinen Muskelspannungen, Grimassen, neurologischen und energetischen Entladungen findet sich die Evolution des Lebendigen wieder, was die Seele ist auf der Suche nach sich selbst. Allerdings kann der *organlose Körper* nicht existieren ohne die Funktionen des biologischen Körpers. Auch Schreber lebt kraft und mittels optimal funktionierender biologischer Mechanismen. Mancher Seelensucher, sprich: „Mensch auf dem spirituellen Weg" übersieht das. Das Göttliche kann sich im Menschen nur inkarnieren, so lange das Menschliche lebt!

2. Verändertes Bewußtsein – die Verkörperung des Transpersonalen auf der Oberfläche des organlosen Körpers – Vom Wahnsinnigen und vom Mystiker

Schrebers Wunschkörper, sein *organloser Körper*, kann im Holotropen Atmen von vielen Menschen erlebt werden. Die Technik des Holotropen Atmens begünstigt *„Zustände veränderten Bewußtseins“* („states of altered consciousness"), deren Dynamik die eigentliche Kraft und Wirksamkeit dieser Methode ausmachen. In ihnen gehen wir in Distanz zu den Identifizierungen mit unseren üblichen Alltagsrollen und tauchen ein in den endlosen, unbegrenzten Raum des persönlichen und kollektiven Unbewußten.

Stanislav Grof hat in seinem Buch „Das Abenteuer der Selbstentdeckung" (München, Kösel 1987) die verschiedenen Typen von möglichen Erfahrungen in *verändertem Bewußtsein* beschrieben. Diese sind möglich auf unterschiedlichen Ebenen:

Zunächst auf der *Ebene des Alltäglichen,* auf der jemand zum Beispiel unvermittelt die Gedanken einer nahen Bezugsperson lesen kann oder sich durch den Körper von Menschen seiner Umgebung erlebt. Im *Raum des Biographischen* können Kindheitserlebnisse aufsteigen, bislang nicht verarbeitete Szenen aus der Pubertät zum Beispiel ebenso wie auch frühkindliche Erfahrungen, die Schmerzen von Kränkung, Wut und Verlassensein ebenso wie die Wonne an der mütterlichen Brust.

Einen breiten Raum nehmen die *perinatalen Erfahrungen,* Erfahrungen im Zusammenhang mit der menschlichen Geburt. In diesem Erfahrungstyp geht es *nicht* nur darum, daß eine Person noch einmal ihre Geburt erleben könnte, weil diese Ursache sei von einem speziellen Symptom. Wichtiger ist, daß die Geburt (genau wie der Tod in umgekehrter Folge) eine der Schnittstellen unserer Existenz ist. *Das Perinatale* ist der Raum zwischen Tod und Leben; Erfahrungen in diesem Bereich lehren uns, daß wir mehr sind als unsere Körper, was dieses „mehr" ausmacht und welche Beziehungen und Dynamik zwischen dem Organismischen und dem „Geistigen" im weitesten Sinne bestehen.

Körper, Seele und Geist sind in der perinatalen Erfahrung nur lose verbunden, entsprechend offen ist das Ego in diesem Zustand, sich mit allen möglichen energetischen Formen, körperlichen und nicht-organismischen zu identifizieren. Das Ego scheint die Leere zu fürchten und heftet sich quasi an alle möglichen Formen der Schöpfung, an dämonische Energien und archetypische Gestalten der unterschiedlichen Kulturen. Es fühlt sich von ihnen angesaugt, eben wie es sich mit ihnen identifiziert. Das gleiche macht es mit organismischen Strukturen, es kann sich ebenfalls „heften" an die körperliche Erfahrung der Geburt in ihren einzelnen Phasen; eine Person kann in diesem Fall intrauterine Wahrnehmungen haben und auch Kontakt zu biologischem Material erleben, zu Schleim, Kot, Urin usw.

Die zentrale Thematik des *Perinatalen* sind die Themen Sterben und Wiedergeborenwerden, körperliches Gefangensein, Leiden und die befreiende Erfahrung der Transzendenz.

Als weitere *Ebene möglicher Erfahrung* nennt Grof das *Transpersonale.* In diesen Bereich zählen archetypische Erfahrungen (z. B. die Identifikation mit der „Großen Mutter"), karmische Erfahrungen; die Identifikation mit Pflanzen, Tieren, der sogenannten unbelebten Natur und dann auch spirituelle Erfahrungen im eigentlichen Sinne – wie z. B. die Erfahrung der All-Einheit mit allen Menschen und Wesen der Schöpfung, *unio mystica* in Liebe und Mitgefühl, die Erfahrung der Leere (*void*) als das Herz der Schöpfung.

In gewisser Weise scheinen diese Erfahrungen „hinter", „nach" der perinatalen Erfahrungsebene zu liegen, wie ja auch *nach der Geburt* (im Gegensatz zum fötalen Stadium) Beziehungen zwischen allen möglichen Lebewesen und zu Dingen geknüpft werden können. Im wesentlichen scheint mir die Erfahrung des Tanspersonalen gebunden an die *Fähigkeit einer Person, Beziehungen und Netzwerke knüpfen zu können. „Trans"* meint in seiner Wortbedeutung „hinüber" von einer Person zu einer anderen, die Bedürfnisse des Ego, *sich* vollkommen loslassen zu können, die lockere Verbindung von Organismischem und Geistigem zu ahnen und deshalb auch „trans-personal", Brücken und Querverbindungen zu allen Wesenheiten auf unserem Planeten und im ganzen Universum schlagen zu können.

So ist in gewisser Weise die Erfahrung des Transpersonalen an die Geburt der Person geknüpft. Die Beobachtung perinataler Prozesse zeigt jedoch, daß dieses Gebären und Geborenwerden als Person in der Regel nicht vollständig abgeschlossen ist, ein fortwährender Prozeß ist bis hin zum Zeitpunkt unseres biologischen Todes. Im Zusammenhang der Heraus-Bildung des Personalen, scheinen auch karmische Muster eine Rolle zu spielen. Deshalb kann jeder Mensch transpersonale und spirituelle Erfahrungen haben; denn im Ansatz sind wir alle als Personen geboren, *weil wir eben geboren sind.* Menschen sind nicht entweder/oder, sondern mehr oder weniger *personal entwickelt.* Eine Unterscheidung von prä-personal und trans-personal, wie dies z. B. *Ken Wilber* vorschlägt, scheint mir aus dieser Sicht nicht sinnvoll. Gotteserfahrungen sind demokratisch.

„Zustände veränderten Bewußtseins" sind Teil der Menschheitsgeschichte. Sie finden sich in sehr vielen Kulturen an den unterschiedlichsten Orten der Welt: in den geheimen Mysterienkulten, Initiationsritualen und bei der Heilung von Kranken. Manchmal treten Erfahrungen veränderten Bewußtseins spontan auf: besonders in Situationen starker körperlicher und emotionaler Belastung, an existentiellen Grenzen und in Zeiten von Exkstase und Liebe.

Generell gesprochen findet in den *„Zuständen veränderten Bewußtseins"* eine Reise statt von der Dunkelheit unserer Schatten ins Licht dessen, der ich wirklich bin. In verändertem Bewußtsein erscheint die Aufmerksamkeit schärfer focussiert und gleichzeitig präsent auf mehreren der hier beschriebenen Ebenen, der Mensch ist wacher, bereiter zum Lernen und hat mehr Distanz zu seiner alltäglichen Identität. Gleichzeitig haben diese Erfahrungen eine Qualität von psycho-somatisch-Ganzheit. Westliche Menschen können sich oft nicht vorstellen, was hier eigentlich geschieht. Schrebers *„organloser Körper"* ist für sie unbegreiflich oder eben verrückt. In wissenschaftlichen Diskussionen werden diese Erfahrungen häufig und irrtümlicherweise gleichgesetzt mit Träumen, dem Symbolismus in Märchenmotiven oder mit regressiven Erlebnissen in Gestalt- oder Psychodramasitzungen. Letztere können dem ähneln; am nächsten kommen den *Holotropen Erlebnissen* meines Erachtens Erfahrungen in tiefer Hypnose, wo offensichtlich ähnliche Informationen und Energien körperlich-geistiger Ganzheit geöffnet werden.

Erfahrungen in verändertem Bewußtsein *verwandeln* den Körper. Wenn Sie sich z. B. *kraft ihrer Vorstellung ausmalten,* ein Säugling zu sein, Robespierre, eine Buche, ein Adler oder Gott, so würde Ihnen das vielleicht mehr oder weniger Spaß machen, Sie hätten wahrscheinlich interessante Einfälle oder Erinnerungen, doch Sie blieben die Person, die hier meinem Vortrag zuhört. In verändertem Bewußtsein *sind* Sie die entsprechenden Wesen; Sie schlüpfen in die Haut, in die Körper der anderen: Als Baby würde Ihr Mund dabei den entsprechenden Saugreflex entwickeln, als Robespierre sprächen Sie das Französisch von 1789, als Baum erlebten Sie, wie Sie durch Ihre Blätter Sauerstoff abgeben und Kohlendioxid aufnähmen, als Adler hätte Ihr Auge die Qualität eines Zooms, mit dem Sie Ihre Beute von weither erspähen können, als Gott wüßten Sie, was es bedeutet, *allgegenwärtig, allwissend und allmächtig* zu sein.

Schrebers *organloser Körper* ist das Symptom seiner Verrücktheit und gleichzeitig eine *Erfahrung veränderten Bewußtseins* par excellence. Im *organlosen Körper* weist das Bewußtsein auf seine Möglichkeit zu universeller Inkarnation hin. Jedes Bewußtsein kann jede Form annehmen, die dieses Universum enthält; es kann Kanäle für die unbegreiflichsten Energien öffnen. Erfahrungen dieser Art und ihre Begleitung und Beobachtung bei vielen Menschen können das Weltbild des westlichen Menschen, der meist bis in die kleinste Zelle seines Körpers im Paradigma Descartes und Newtons sozialisiert ist, grundlegend verändern. Sie regen bei vielen Menschen einen Drang zum Weiterforschen an und eine Lust an offenen Fragen. Gleichzeitig können solche Erfahrungen von einem therapeutischen Standpunkt aus gesehen extrem heilend sein. Viele Menschen werden innerlich selbstbewußter, stärker, liebevoller, manche von ihnen zu wahren Mystikern, zu Trägern der göttlichen Evolution.

Schrebers Erfahrungen und die von anderen Wahnsinnigen sind allerdings meistens unfreiwillig. Diese sind in den Strudel geraten und (statistisch gesehen) taucht knapp die Hälfte nur aus ihm nicht wieder auf.[5]

Denn Mystik und Wahnsinn sind nicht eins. Der *organlose Körper* Schrebers kann als eine Art Rohmaterial betrachtet werden, das er mit dem Mystiker teilt. Jedem Wahnsinn ist eine Art Hybris eigen, Wahnsinnige glauben von sich, die einzigen zu

---

[5] Vgl. hierzu den Aufsatz von Gerd Huber: Hauptströme der gegenwärtigen ätiologischen Diskussion der Schizophrenie. Kindl. Psychologie des 20. Jahrhunderts. Psychiatrie, 388. Huber führt aus, daß ca. 56 % aller Schizophrenen spontane Remissionen haben.

sein, um die sich die Welt dreht. *Ram Dass'* Bruder war in der Psychiatrie, weil er glaubte, Christus zu sein. Die Ärzte hielten das für Größenwahn, Ramdass meinte, daß sein Bruder schon recht hätte; sein Denkfehler würde jedoch darin liegen zu meinen, er allein nur sei Jesus Christus. So fühlt sich der Wahnsinnige von niemandem gehalten und stürzt sich selbst kopfüber in den Strudel, demonstrativ leidend und doch lustvoll dem Untergang geweiht, daß für ihn nicht gesorgt sei. Sein Sprung ist auch immer Anklage an die anderen. Der Mystiker wird vielleicht von dem gleichen Strudel erfaßt und weiß voll Vertrauen, daß er durch die Fluten wirbelt, weil Gott ihn das Schwimmen lehren will, und daß Engelsflügel ihn zur rechten Zeit wohlbehalten ans andere Ufer tragen werden. Der Mystiker weiß, daß er von Engeln umgeben ist: Ein Engel kann gegebenenfalls der Postbote ebenso sein wie die Geliebte, der Widersacher in gleichem Maße wie der gütige Freund.

Doch gibt es Stationen auf dem Weg, an dem Wahnsinnige und Mystiker miteinander eine Legierung eingegangen sind, Phasen, in denen sich das Gold vom Unedlen zu scheiden lernt. In diesen Entwicklungsphasen ist es für die Person selbst und für die nahe Umgebung oft nicht leicht, Mystiker von Wahnsinnigen zu unterscheiden. In der hinduistischen Tradition werden solche Personen *masts, d. h. die Glücklichen* genannt. Diese sind dem Göttlichen schon sehr nahe gekommen; sie sind jedoch nicht erleuchtet, weil ihre Persönlichkeitsstruktur für den Fluß dieser Energien noch nicht vorbereitet genug ist. In diesem Prozeß wird der Strudel den Wahnsinnigen verschlingen, wenn es ihm an Demut fehlt, in welcher Haltung allein Erfahrungen veränderten Bewußtseins verarbeitet werden können. Vielleicht ist das das Wesentliche, was die Wahnsinnigen zu lernen haben, um aus dem Strudel wieder herauszukommen; und wahrscheinlich teilen wir, viele von uns Therapeuten, mit ihnen diese Wunde.

3. Therapeutische Arbeit in Zuständen veränderten Bewußtseins

Die therapeutische Arbeit mit *Zuständen veränderten Bewußtseins* gleicht einem alchemischen Prozeß, einem ständigen *solve et coagula,* löse und verbinde des in seine verschiedenen Formen inkarnierten Bewußtseins (des *organlosen Körpers*), des biologischen Körpers und des göttlichen Geistes, der Arroganz des Verrückten mit der Demut des Mystikers. Dieses ständige *„Löse und verbinde"* ist ein permanenter Reinigungsprozeß, im therapeutischen wie auch im spirituellen Sinne. In verändertem Bewußtsein werden wir gewahr, daß beides in der Regel so lange miteinander legiert auftritt, bis ich mich als der gefunden habe, der ich bin, Menschliches und Göttliches eins geworden sind, Gott sich im *Hier* und im *Jetzt* ereignen kann.

Damit dieser Prozeß gelingen kann, müssen Therapeuten ihre Macht aufgeben, die ihnen im konventionellen Setting gegeben oder zugeschrieben wird, und die manche auch immer wieder gern genießen. Am stärksten scheint mir diese Macht gestützt durch die Beschreibung des therapeutischen Verhältnisses als *Übertragungsstruktur.* Für die frühe Psychoanalyse mit Couch und Analytiker als Projektionsschirm war sie in gewissen Grenzen angemessen wie auch therapeutisch nützlich. Obwohl sich jedoch das grundlegende Setting in den modernen Therapien sehr gewandelt hat und die Grundbedingungen für den Aufbau einer Übertragungsbeziehung und die Arbeit mit dieser Übertragung in der Regel nicht mehr gegeben sind, wird die Übertragungstheorie immer noch zur Erklärung der Beziehungsdynamik des therapeutischen Verhältnisses verwendet. Auf der einen Seite scheint dies vor therapeutischem Mißbrauch zu schützen, auf der anderen dient sie jedoch der Stütze des therapeutischen Machtprivilegs. Denn: Wenn es Schwierigkeiten gibt in der Therapie-Beziehung, dann können wir uns sehr leicht hinter ungelöste Übertragungsprobleme zurückziehen – im Sinne von „du meinst ja nicht mich … sondern es sind doch Papa oder Mama!" Stellen Sie sich nur einmal vor, Sie würden das zum Beispiel im Streit mit Ihrem Vermieter sagen!

Ich möchte damit nicht infrage stellen, daß es auch in der Arbeit mit *verändertem Bewußtsein* zu mächtigen Übertragungsprozessen kommen kann. Sie haben ihren begrenzten Rahmen in therapeutischen, heilenden und anderen Beziehungen – wie auch die Gesetze von Zeit und Raum ihren begrenzt gültigen Raum in der Einsteinschen Relativitätstheorie haben. Wie im *neuen Setting* mit den Übertragungen gearbeitet werden kann, wäre ein eigenes Thema und wirft viele Fragen auf, die heute noch wenige beantworten können.

Stan Grof meint, daß die Übertragungen nicht Werkzeug in der Arbeit sind, sondern als Widerstand gesehen werden müssen bzw. als Angst, die Gestalten des *organlosen Körpers, seine Verrücktheit,* sich wirklich entfalten zu lassen.

Eine therapeutische Arbeit in *Zuständen veränderten Bewußtseins* ist mit der Übertragungsstruktur des therapeutischen Verhältnisses kaum möglich. Manche Psychotiker scheinen ihre Symptome manchmal aus Protest gegen diese latenten Machtstrukturen zu entwickeln. So schreibt der Schweizer Schizophrenietherapeut *Gaetano Benedetti,* daß sich in die therapeutische Arbeitsbeziehung der Therapeut immer als gleicher begeben müßte, zusammen mit dem Klienten in die Verrücktheit eintauchen, dann einen Beziehungs-Klärungs-Prozeß einzuleiten hätte, in dem beide Partner bewußt *Zeuge* des Prozesses werden ... *solve et coagula,* verschmelze, löse und verbinde.

Im *Holotropen Atmen* gehen wir ein Bündnis mit der Verrücktheit ein; wir Therapeuten sind im wörtlichen Sinne die *facilitators,* Erleichterer, Förderer von Prozessen, die wir nicht „machen" und nur sehr bedingt voraussehen können. Im Prozeß mitzufließen, ihn im Fluß zu halten, im energetischen Feld der Gruppe zu *floaten* ist Aufgabe des facilitators. Dies ist nur möglich, wenn dieser sich den unterschiedlichsten Beziehungssituationen wirklich stellt. Häufig entstehen in diesen Prozessen kathartische Situationen, in denen ein *facilitator* körperlichen Widerstand anzubieten hat, um den vollen Ausdruck der Energie zu erleichtern. Sehr häufig braucht er dazu, ebenso wie die Person in der Atemerfahrung seine volle körperliche, geistige, emotionale Energie. Für beide können solche Prozesse jedesmal neu voller Abenteuer sein, wenn sie es zulassen, daß die Ereignisse in verändertem Bewußtsein auf die Spitze getrieben werden. Verhaltensmuster, emotionaler Ausdruck, transpersonale Inkarnationen gehen dann über das durchschnittliche Mittelmaß, den Kompromiß von Zulassen und Abwehren hinaus (was die Psychologie als neurotisches Symptom bezeichnet), gelangen ins Extrem, ins Karikaturhafte. Für alle Beteiligten, für die Person, die gerade ihre Erfahrung durchlebt und für die Therapeuten, erfordert das Mut, sich auf einen solchen Prozeß einzulassen, und gleichzeitig erlebe ich es jedesmal als eine Chance, Demut zu lernen und einer Ordnung zu dienen, die größer ist als die eigene Person.

Ein Mann im holotropen Atmen, ich nenne ihn Andreas, erlebte, wie er mit seinem Kopf immer wieder an eine Mauer rannte, immer wieder. Er drückte das aus, indem er immer wieder nach einem Handtuch faßte, das wir für ihn bereithielten, und mit dem wir seinem Greifen kraftvollen Widerstand boten. Andreas zerrte an diesem Handtuch mit allen Körperkräften, immer wieder, immer wieder. Seine Gier, gegen die Mauer zu rennen, konnte nur aufhören, weil sein Körper vollkommen erschöpft war. Auch unsere Kräfte waren am Ende.

In diesem Moment änderte sich plötzlich für Andreas die Situation: Er entdeckte neben der Stelle, an der er vor der Mauer lag, einen Durchlaß: Er fühlte sich jetzt frei.

Körperarbeit in Zuständen *veränderten Bewußtseins* unterscheidet sich von anderen Körpertherapien, die mehr oder weniger auf eine Entspannung des biologischen Körpers mit Massagen, Interpretationen, Übungen z. B. hinzielen. Im *holotropen Atmen* wird die Körperarbeit mehr als eine Ergänzung verstanden. Sie hat eine Hilfs-Funktion, das Geschehen in *verändertem Bewußtsein* zu verstärken und zu erweitern, damit auf dieser Ebene Blockierungen überwunden werden können. Ihr Wirkungsprinzip ähnelt dem in der Homöopathie: *Heile die Vergiftung mit dem gleichen Gift:* Verspannungen können überwunden werden durch mehr Verspannungen, Lachen durch seine Übertreibung, Tränen durch verstärkte Traurigkeit.

In manchen Prozessen im *Holotropen Atmen* findet überhaupt keine Körperarbeit statt. Durch beschleunigtes Atmen, durch eine spezifische auf den sich entwickelnden Prozeß abgestimmte Musik erreicht das Alltagsbewußtsein die Schwelle, an der die Dynamik der *Gestalten und Ereignisse veränderten Bewußtseins* (die Inkarnationen des organlosen Körpers) die Logik des Ablaufs übernehmen. Manchmal, nicht immer führt diese über dramatische Auseinandersetzungen und Katharsis schließlich zu einer friedlichen Auflösung. Wird diese erreicht, tritt das Bizarre des *organlosen Körpers* in den Hintergrund und der *biologische Körper* erscheint energetisch ausgeglichen und entspannt; die erfahrende Person kehrt zurück ins Alltagsbewußtsein.

Falls Körperarbeit angeboten wird, dient sie immer zur Erweiterung oder Vervollständigung der *Gestalten veränderten Bewußtseins,* die sich gerade entwickeln. Dies erfordert sehr viel Einfühlungsvermögen; denn „von außen" ist es oft nicht leicht zu erkennen, was die entsprechende Person in dem Augenblick erlebt. Eigentlich ist dies nur möglich, wenn wir selbst ein Stück weit in *verändertem Bewußtsein* sind.

So arbeiten im übrigen die *Schamanen:* sie gehen aus und ein vom *Alltagsbewußtsein* zu *verändertem Bewußtsein* und wieder zurück. Schamanen gehen soweit, daß sie mit den Augen des anderen sehen können, und dann jedoch ohne Aufhebens wieder zu sich selbst und anderen Aufgaben zurückkehren.

Körperarbeit wird als Hilfe in *verändertem Bewußtsein* m. E. eher zu oft und zu schnell angeboten. Manchmal windet sich die erfahrende Person in *Gestalten des organlosen Körpers,* die für den Beobachtenden nur schwer zu ertragen sind, so daß er nicht *in die Erfahrung* mit hineingehen kann. So ist mancher Begleiter geneigt, Hilfen zur Linderung des Leids oder der Entspannung anzubieten, ohne sich bewußt zu sein, daß diese Hilfe mehr dem eigenen Bedürfnis zu trösten entspricht, und er die *Erfahrung* und die Auflösung *auf der ihr angemessenen Ebene* eher stört. Wir helfen mit Körperarbeit eigentlich nur, wenn die erfahrende Person danach ausdrücklich verlangt, oder wenn sie solche Schmerzen in ihrem Prozeß hat, daß sie daran nicht mehr weiterarbeiten möchte, wenn sie andere Personen im Raum durch ihren Prozeß zu stören beginnt, oder wenn der Prozeß sonst nicht abgeschlossen werden könnte.

Und auch in diesen Fällen scheint es unumgänglich, die Art und Weise der Körperarbeit aus Inhalt und Dynamik des Prozesses zu entscheiden.

Ein Beispiel: *Maria erlebt die Strafe der Götter, indem sie sich mit dem Körper von Prometheus identifiziert, der an den Felsen geschmiedet ist. Seine Leber wird von einem Adler gefressen und wächst gleichzeitig immer wieder nach. Er kann nicht sterben und kann nicht leben. Immer wieder wehrt er sich gegen die Fesseln und kommt doch zu keinem Ende.*

Aus der Sicht des Begleiters liegt Maria nun resignativ auf ihrer Matratze. Sie hat aufgegeben, doch nichts ist aufgelöst. Ereignet sich diese Szene am Anfang des Prozesses, dann scheint es vielleicht notwendig, Maria *keine* Form äußerer Hilfe anzubieten, damit sich der *Körper des Prometheus weiter* in ihrem Leib inkarnieren, entfalten kann. Gleichzeitig wird Prometheus seine Resignation spüren, und archaische Erinnerungen werden ihm vielleicht aufsteigen, kreative Wege, aus dieser Sackgasse hinauszugelangen. Bleibt *Maria* dennoch bis gegen Ende des Prozesses stecken, könnte Körperarbeit sinnvoll sein.

Als *facilitator* konnten wir die *Fesseln des Prometheus verstärken, indem wir Marias Handgelenke festhielten und sie aufforderten, Widerstand zu geben. Maria erlebte nun, wie aussichtslos ihr ewiger Kampf eigentlich war, und gleichzeitig spürte sie, wie schmerzvoll Blut aus Prometheus' Leberwunde rann. Maria/Prometheus gab jede Hoffnung auf. Gänzlich unerwartet spürte er einen Ruck in der Lebergegend. Es war der Adler, der im Mythos von Herakles erschossen wurde, um Prometheus zu erlösen. Sofort entspannte sich der Körper, Maria legte voll Dankbarkeit und Frieden die Hände auf ihr Herz, das sich öffnete und gleichzeitig schmerzte. Prometheus Frevel gegen die Götter, daß dieser das Feuer vom Olymp gestohlen hatte und Marias Herzwunde hingen zusammen. Sie konnte jetzt Liebe annehmen.* Mit dieser tiefen Einsicht kehrte Maria langsam in ihr *Alltagsbewußtsein* zurück.

Körperarbeit in *verändertem Bewußtsein* kann an allen möglichen Orten des Körpers ansetzen. Das ist die Dynamik des *organlosen Körpers,* in den alle möglichen Dramen „hineingewundert" sind, um es in Schrebers Worten auszudrücken. Am gerade beschriebenen Beispiel läßt sich erkennen, wie die Körperarbeit voll in das Drama integriert ist. Besonders im Bereich des *Transpersonalen* scheint das unumgänglich.

Die wesentlichste Frage dabei ist, wie das innere Drama Marias scheinbar von außen vom Begleiter erkannt werden kann. Wie ich schon mehrfach betonte, *wirklich von außen* ist der Prozeß kaum zu erkennen. *Erfahrende Person* und *facilitator* haben gewissermaßen beide in diesen Prozeß gemeinsam einzutauchen. Gleichzeitig sind jedoch beide auch *Zeugen,* Beobachter der Erfahrung, die Person auf der Matratze hat ihr Zeugenbewußtsein ganz nach innen gerichtet, der *facilitator* beobachtet gleichzeitig Marias energetische und körperliche Reaktionen, die Symbolik ihrer Gesten, er hört, wenn sie etwas spricht usw. Manchmal ist es auch hilfreich, die erfahrende Person nach dem Inhalt ihres Erlebnisses zu fragen, eventuell auch wodurch sie sich blockiert fühlt. Beim Sprechen beobachtet der Begleiter auch wieder und gleichzeitig körperliche Reaktionen, gibt eventuell Widerstand, Unterstützung. Er wird auch sehen können, wie weit die erfahrende Person in *verändertes Bewußtsein* eingetaucht ist.

Schneuzt diese sich allein die Nase, führt sie *schöne* Körperfiguren aus oder benutzt vielleicht ein Kissen in Gestalt-Manier, um ihre Aggression abzureagieren, wird das Erleben sich nah am Alltagsbewußtsein bewegen. Je unwillkürlicher die Bewegungen sind, je unerwarteter die Reaktionen, desto tiefer ist es eine Erfahrung des *organlosen Körpers.*

Außerdem ist der Therapeut gleichzeitig Zeuge seiner eigenen Körperreaktionen. Sehr häufig geben diese einen Aufschluß über das Drama der erfahrenden Person. Das setzt jedoch beim Therapeuten ein großes Maß an Erfahrung mit *Prozessen veränderten Bewußtseins* voraus. Hat er das nicht, dann ist die Gefahr groß, daß er projektiv die erfahrende Person für seine eigenen Strukturen und Bedürfnisse mißbraucht. *Stan Grof* spricht davon, wie wichtig es ist, daß der *facilitator* in den Prozeß zwar involviert (wie ich es hier beschrieben habe), aber doch nicht durch ihn bestimmt ist.

So gibt es in der *Körperarbeit in verändertem Bewußtsein* keine eigentliche Technik, auch kaum spezielle Übungen oder Druckpunkte. Sie kann eher verstanden werden als eine Einladung an die Symptome, sich zu entfalten, wie *Stan Grof* das ausdrückt. Manchmal zeigt sie auch eine Verwandtschaft im körperbezogenen Psychodrama, wenngleich sich auch die Gesetzmäßigkeiten des Psychodramas im Sinne Morenos von ihr unterscheiden.

Innen ablaufende Strukturen werden dabei oft nach außen verlegt und auf diese Weise deutlicher erfahrbar. Die *facilitators* bieten der erfahrenden Person zum Beispiel an, sie körperlich zu beengen und nehmen ihr damit äußerlich den Druck ab, der sie *innerlich* wie in einem Käfig festhält. Diese Hilfe kann besonders dann nützlich sein, wenn die *Erfahrungen in verändertem Bewußtsein* auf der Ebene aktuellen Lebens sind oder sich im Bereich des Biographischen abspielen.

Gesetzmäßigkeiten auf der *perinatalen Ebene* werden stark durch den anatomischen Geburtsvorgang bestimmt. Der *organlose Körper* ist hier der Körper der Geburt, die verkörperte Erinnerung an die Geburt. Auf der *perinatalen Ebene* können auch aktuelle, biographische oder transpersonale Erfahrungen gemacht werden. Doch wird deren Struktur wesentlich durch die einzelnen Phasen der Geburt bestimmt und durch das Ziel, geboren zu werden. Alle perinatalen Phasen (Empfängnis und

Schwangerschaft/Eröffnung/Geburtskampf/Austreibung und Geburt) haben von der Körperdynamik her die Gesetzmäßigkeit *„Beengender Raum und Befreiung aus ihm, limitierte Grenzen, Überschreitung und Neudefinition der Grenzen, Gehaltensein in einem Gefäß und die Sprengung dieses Gefäßes"*. Der *Körperausdruck* kann sich entsprechend der Geburtsphase (bzw. entsprechend der *perinatalen Matrix,* wie *Stan Grof* das nennt) verwandeln. In der Phase von Empfängnis und Schwangerschaft wird sich der Körper fließend, entfaltend, aber gleichzeitig ausweichend verhalten, in der Phase der Eröffnung des Muttermundes eingeklemmt, mechanisch funktionierend, gefühllos, scheintot. Während des Geburtskampfes erscheint der Körperausdruck titanisch, emotional stark, verwegen oder masochistisch, pervers, wahnsinnig außer Kontrolle und vom Ansehen her sehr realistisch mit dem Tode ringend. Dann nach der eigentlichen Geburt wird er sich oft unerwartet vollkommen entspannen, wieder fließend, tanzend sich zeigen, sich konkret konfrontativ verhalten, wenn es notwendig ist. Er hat aufgehört, gegen Umgrenzungen zu kämpfen und freut sich am Lebendigsein des biologischen, des leiblichen Körpers.

Bewegungen und Haltungen des Körpers auf der perinatalen Ebene können sehr stark fötalen Haltungen während der Geburt entsprechen. Oft sind diese jedoch überlagert von anderen Ausdrucksformen des *organlosen Körpers,* von biographischen Gestalten, dämonischen, archetypischen, symbolischen usw. Unterstützende Körperarbeit wird auch auf dieser Ebene versuchen, sich in das Drama einzupassen. Im perinatalen Bereich kommt es dabei sehr häufig zu enormen kathartischen Entladungen, die von den *facilitators* eine ungeheure körperliche Präsenz verlangen. In *verändertem Bewußtsein* entwickeln sich manchmal Kräfte, die im *Alltagsbewußtsein* kaum vorstellbar sind. Manchmal werden zur Unterstützung einer Person mehrere Begleiter benötigt. Dabei ist es meist sinnvoll, wenn die Gruppe der Begleiter Männer und Frauen enthält.

Vielleicht der wesentlichste wie auch kunstvollste Aspekt der Körperarbeit in *verändertem Bewußtsein* sind Abschluß und Auflösung des Prozesses ... daß der *organlose Körper* wieder zu dem wird, was uns als *biologischer Körper erscheint* und das Bewußtsein wieder in der Lage ist, sich mit den Notwendigkeiten des Alltags auseinanderzusetzen. Denn *Zustände veränderten*

Bewußtseins mit ihrer ungeheuren Dynamik brauchen einen sicheren Rahmen, in denen sie ausgedrückt werden können. Im *holotropen Atmen* wird dieser Rahmen geschaffen durch das Setting *„Paar in der Gruppe, facilitator"*. In der Paardyade arbeitet eine Person jeweils auf der Matratze, die andere ist der Sitter und übernimmt für die Dauer des Prozesses die Verbindung und Kontrolle der Alltagswelt.

Zum Überleben ist es notwendig, daß Menschen eine bestimmte Ebene der Wirklichkeit *verabreden,* auf der sie sich in ihrem Alltag bewegen. Wir Menschen benötigen einen Konsens über das, was wir als Realität bezeichnen, auch wenn diese Übereinkunft nur auf einen sehr schmalen Streifen kosmischer Möglichkeiten unserer Existenz bezogen ist. Menschliches Leben ist an die Bedingung dieser Beschränkung gebunden. Höherentwicklung der Menschheit, die Evolution lebendiger Wesen scheint jedoch abhängig bezogen, inwieweit Menschen immer mehr unbekanntes Terrain des Universums in ihr Bewußtsein von Realität integrieren. Das ist die Botschaft der großen Meister in den abgelegenen Gebieten des Planeten. Viele von ihnen befinden sich über Jahre im Zustand *veränderten Bewußtseins.* Allerdings lassen sie dabei ihre biologischen Körper oft von ihren Schülern versorgen, wenn sie diese noch nicht ganz verwandelt haben in den *Körper des Heiligen,* der keiner Nahrung mehr bedarf, kaum noch Kleidung, in dem sich das universelle Gesetz von Liebe ganz inkarniert hat.

So scheint es in der Arbeit mit *verändertem Bewußtsein* relativ leicht, Zustände und Dynamiken veränderten Bewußtseins auszulösen, ihre Gestalten abzuschließen ist oft eine Kunst. Nur auf die Weise jedoch können sie sinnvoll in den Alltag integriert werden und dort zu einer Erweiterung des Bewußtseins und einer Reifung der Persönlichkeit beitragen. Sehr häufig werden die Kräfte unterschätzt, die in verändertem Bewußtsein freiwerden. Können diese nicht in den Alltag integriert werden, so kann der „Meister" sein neuerworbenes Wissen nicht leben und ist stattdessen ständig damit beschäftigt, verwirrt die Straßen zum nächsten Lebensmittelladen zu suchen.

Die Auflösung des Prozesses geschieht ebenso, wie ich die Arbeit beschrieben habe. Nur ist es in diesem Fall sehr wichtig, daß die erfahrende Person an einen Ort gelangt, an dem sie sich in ihrem *biologischen Körper wohl, entspannt, zu Hause fühlt.* Visionen des *organlosen Körpers* können wundervolle Landschaften sein, tiefblauer Himmel, Pfauenfedern als Symbol der Wiedergeburt, klare Wasser, Quellen, Springbrunnen usw.

4. Erfahrungen

Ich möchte jetzt noch drei Erfahrungen aus dem *holotropen Atmen* berichten, die mir freundlicherweise zur Verfügung gestellt wurden.

Eine Frau, 40 Jahre alt, berichtet. Sie lebt in einer Trennungssituation und sehnt sich nach der Beziehung zu einem neuen Partner:

„Durch die Füße kommt der Tod.
Bodenlos – ohne Boden – ohne Erde – Kälte – Angst.

Ich muß sterben.
Einsamkeit – Alleinsein
bis an mein Lebensende.

Ich sehe nichts und niemanden. Unendliche Einsamkeit, unendliche Trauer.
Ich sehe alles
Großes Glück, große Freude
Zusammen – Gehalten – Zuhause.

Ich trete in die giftige Falle;
die Messerfalle schneidet meinen rechten Fuß ab.
Ich sterbe.
Ich stehe neben dem Sarg, in dem ich liege. Ich begrabe mich unter der Tanne im Wald.
Maden, Würmer und allerlei Unter-der-Erde-Getier dringen in mich ein.
In Nasenlöcher, Ohren, Scheide, Mund und After;
sie zerfressen mich von innen und von außen.

Aus der fast zerfressenen Leiche wird der Adler,
der vom Sarg durch die Erde sich in die
Lüfte erhebt.
Große Freiheit; eine andere Seite des Lebens!

Doch dann kommt er wieder, plötzlich
steht er da,
der Tod, der durch die Füße kommt.

Wieder am Anfang!
Ratlosigkeit
War alles nur ein Traum,
etwa alles umsonst?

B. (die Leiterin der Gruppe) *hält mich, ich erzähle ihr alles, alles ... meine Füße werden warm. Sabine* (die Sitterin) *ist da. Gott sei Dank.*
Danke.

Verlassen sein, Einsamkeit, Tod, aus der *fast* zerfressenen Leiche wird der Adler ... Träger neuer Freiheit. Diese ist nicht tragfähig, gerät wieder in den alten Kreislauf. Körperarbeit ist hier Körperkontakt. Es ist, wie wenn das Neugeborene gehalten werden, in Kontakt sein muß, der Boden, der die Füße tragen kann: aufgenommen sein in Beziehung, miteinander-sprechen-können, wieder zur lebendigen Welt gehören, nicht mehr allein-sich-fühlen.

Jetzt die Erfahrung einer anderen Frau, sie steht kurz vor ihrer Scheidung, sie ist Mitte 50:

„Wieder Mutter Erde, die diesen aquamarienblauen Planeten in sich trägt, in dem deutlich zwei Foeten als Yin und Yang zu erkennen sind. Dieses Yin/Yang-Paar ist nicht mehr schwarz/weiß, sondern ebenfalls transparent, der eine Teil nur etwas dunkler als der andere, sehr zart. Die Botschaft heißt: Im neuen Zeitalter werden die Gegensätze nicht mehr so kraß, nicht mehr so schwarz/weiß sein, alles wird transparenter.

Dann, urplötzlich, erlebe ich die eigene Geburt. Ich erlebe, wie ich verzweifelt mit aller Kraft durch den Geburtskanal hindurch raus will. Es gibt nichts in diesem Augenblick als den einen Wunsch: raus hier! ... Und es geht nicht –

Es werden mir von außen solche Widerstände entgegengesetzt, daß mir mein Kampf absolut aussichtslos erscheint. Ich gebe auf und bin sehr traurig, ratlos und auch wütend über meine Ohnmacht.

Dann erleben die Zwillinge, im Einklang mit der Musik, alles, aber auch absolut alles, was sich auf der Erde zuträgt. Sie hören und sehen mit ihren Ohren alles, was da draußen ‚Mensch-sein' heißt: Freude, Leid, Angst, Bestürzung, Lachen ... und viel, viel Belangloses.

Genau zu diesem Zeitpunkt ist plötzlich I. (der Gruppenleiter) da und greift in den Prozeß ein. Ich liege, Gesicht nach unten, während er in Nierenhöhe meine Wirbelsäule gegen den Boden drückt. Es ist ein schwarzer, höllischer Schmerz, unter dem ich mich aufbäume und gegen den ich ankämpfen muß. Tonnenschwere Körper liegen quer über mir, und ich kämpfe, als ginge es um Leben und Tod. Und tatsächlich, in diesem Augenblick ist das meine Wahrheit. –

In diesem Sekundenblitz habe ich die Wahl der Entscheidung: Entweder ich kämpfe diesen aussichtslosen Kampf bis in alle Ewigkeit, oder ich lasse los. Loslassen heißt in diesem Moment: bereit sein zu sterben, sich anheimzugeben, bedingungslos zu vertrauen.

– Ich lasse (bewußt) los und bin ganz unerwartet (absolut) frei. –

Eine unendliche Stille, Geborgenheit und Glückseligkeit breitet sich aus. Ich weiß plötzlich mit jeder Zelle: Loslassen und Vertrauen, das ist der Sieg, die Wahrheit ist sehr einfach."

Ich möchte schließen mit einem Gedicht von *Rainer Maria Rilke,* das ich aus der Erfahrung einer anderen Teilnehmerin entnehme:

„Und dann meine Seele sei weit, sei weit,
daß dir das Leben gelinge
Breite dich wie ein Federkleid
über die sinnenden Dinge."

und – möchte ich fortfahren –
wohne in einem entspannten, friedvollen Leib voller Wonne.

David Boadella

Inspiration und Verkörperung Qualitative Ebenen des Ausdrucks in der Körperpsychotherapie

1. Unidualität und Integration

Die Biosynthese arbeitet seit vielen Jahren mit einem morphischen Menschenbild, kombiniert mit einem Konzept der bi-polaren Natur des Lebensprozesses. Diese Bi-Polarität wurde von *Wilhelm Reich* als „Prinzip der funktionalen Identität und Antithese" beschrieben. In der therapeutischen Arbeit versuchen wir, die verschiedenen der emotionalen Störung zugrundeliegenden Spaltungsformen zu überwinden und zu transzendieren.

Gegen Ende seines Lebens wandte sich Wilhelm Reich dem Leben und der Lehre des Jesus von Nazareth zu, die er als tiefe spirituelle Metapher für die menschlichen Bedingungen, sein essentielles Herz und seine existentiellen Grundlagen nahm. Ich folgte Reichs Forschungen mit meiner eigenen detaillierten Darstellung der tiefen Bedeutung und des soziopolitischen Kontextes jenes Mannes, den ich „Jesus, der Ketzer" nannte.

In den häretischen Lehren, die (auch heute noch nicht Teil der Bibel) während des dritten Jahrhunderts in der ägyptischen Wüste verschwanden und erst neuerdings wieder entdeckt wurden (hier besonders das Thomas-Evangelium), finden wir fünf grundlegende Polaritäten des Seins, die bei jedem Versuch, die grundlegenden Spaltungen in der menschlichen Natur zu überwinden, transformiert werden müssen. Ich möchte hier nicht unterstellen, daß diese Polaritäten ausschließlich von Jesus gelehrt wurden. Tatsächlich hatten auch andere Heiler (Therapeuten) diesen Hintergrund, wobei eventuell Jesus der Lehrer von vielen war. Wir können die zu integrierenden Polaritäten als Grundlage nehmen, um uns nicht in dualistischen Spaltungsarten zu verfangen:

a) *Innen – Außen;* Tiefe zu Oberfläche und Oberfläche zu Tiefe; von der Möglichkeit zur Wirklichkeit. Wie manifestiert sich Essenz in der Existenz? Wie kann die Existenz der Essenz helfen?

b) *Oben – Unten;* was hat Spiritualität mit Körperlichkeit zu tun? Ist es besser, Emotionen freizugeben oder sie zu unterdrücken, oder gibt es einen dritten Weg, sie zu verwandeln?
c) *Vorne – Hinten;* wie ist das Verhältnis zwischen den weichen, empfangenden Bereichen der Vorderseite des Körpers (im allgemeinen mit dem Weiblichen verbunden) und den starken, selbstbehauptenden Aspekten der Körperrückseite (manchmal mit dem Männlichen assoziiert)? Wie können wir diese beiden polaren Aspekte von Empfänglichkeit und Stärke, Rezeptivität und Selbstbehauptung, mit denen sowohl Männer wie Frauen Kontakt haben müssen, verbinden, um den Dualismus der Geschlechter zu vermeiden?
d) *Vergangenheit – Zukunft;* wo kommen wir her und wo gehen wir hin? Wie können wir Sinn und Absicht finden, wenn wir unsere Ursprünge verleugnen? Wie können wir erkennen, wohin wir gehen, wenn wir die durch alte Erfahrungen erzeugten Wolken des Schmerzes nicht auflösen? Wann ist Regression hilfreich und wann eine Falle?
e) *Links – Rechts;* wie sind Intuition und Intellekt verbunden? Was ist vorherrschend? Wie stehen die Kräfte radikaler Erneuerung und energetischen Festhaltens zueinander?

2. Zustände des Herzens und die Polaritäten von Emotionen

Die Bewegung von innen nach außen bezieht sich auf unseren Kontakt mit anderen Menschen und uns selbst. Eine zu starke Wende nach innen ohne Rückfluß zur Außenseite führt zu einem über-kontemplativen introvertierten Lebensstil. Eine zu starke Konzentration auf das Außen, ohne die Möglichkeit, die eigenen Kraftquellen wiederaufzufüllen, kann zu einem Leben des Dienstes an anderen auf Kosten von Bitterkeit und Ressentiments führen.

Liebe für andere und liebende Sorge für die eigenen Tiefen sind komplementär. Beim Fluß von außen nach innen geht es um Ernährung, Ruhe, „Auftanken“ und kreativen Rückzug von unseren äußeren Tätigkeiten. Die Bewegung von innen nach außen ist ein kreativer Energiefluß, den wir in unsere Liebe, Arbeit und Wissen hineinströmen lassen; es handelt sich um eine Art Strahlung.

In den kontemplativen Lehren nähert man sich der „Zentrierung" aus drei Richtungen:

- Zentrierung im Bauch, wie bei den chinesischen Taoisten und den japanischen Kriegskünstlern;
- Zentrierung in der Mitte des Kopfes, wie im Raja-Yoga;
- Zentrierung im Herzen, wie im frühen Christentum betont, wo es hauptsächlich um die Wahrnehmung des Herzbereiches bei Beruhigung der Atmung geht. Das gleiche gilt für das buddhistische „Brahma Vihara" (transformierte Räume des Seins).

Das Herz ist nicht nur der Mittelpunkt dieser drei Zentren, sondern auch ein Symbol für die Einheit der sich nach innen und außen bewegenden Wahrnehmung. Das Herz bezieht sich eng auf die Arme. Herzgefühle können sich entsprechend der energetischen Funktion der Arme ausweiten oder kontrahieren. Die Arme bewegen sich vorwärts aktiv ausgreifend, seitwärts aktiv expandierend und rückwärts in einer Dehn- oder Bogenbewegung. Dementsprechend gibt es vier primäre, mit dem Herzen auf der horizontalen Ebene verbundene Raumrichtungen: nach vorn, nach hinten, zur linken und zur rechten Seite. Die vier im Brahma Vihara genannten Herzzustände sind Freude, Mitgefühl, Liebe und Gleichgewicht. Das tibetische Totenbuch Bardo Thödol verbindet die vier Grundqualitäten des Herzens mit den vier Himmelsrichtungen: Mitgefühl mit dem Süden, Freude mit dem Westen, Gleichgewicht mit dem Norden und Liebe mit dem Osten. Jede dieser vier vom Mittelpunkt der Zentren von innen nach außen fließenden Herzqualitäten ist in sich selbst ein zentraler Zustand zwischen zwei sich polar gegenüberstehenden Abweichungen. Die vier Herzzustände sind dementsprechend mit vier Paarungen emotionaler Zustände (d. h. acht emotionale Zustände insgesamt) verbunden, von denen einige das genaue Gegenteil des assoziierten Herzzustandes sind, einige eher ein Ersatz.

Die Polaritäten jeder Herzqualität wurden zum erstenmal im buddhistischen Abidhamma während des auf den Tod des Gautama folgenden Jahrhunderts beschrieben. Ganz ähnlich nennt *Frank Lake* in seiner klinischen Theologie die schizo-hysterische Bewegung ein Komplement der manisch-depressiven. Diese beiden Bewegungen sind in der Psychiatrie wohlbekannt. Lake fügt jedoch die Bewegung zwischen dem zwanghaft-dominanten und dem zwanghaft-unterwürfigen Zustand hinzu, sowie eine transmarginale Bewegung zwischen narzißtischer Indifferenz und symbiotischer Anklammerung.

Im folgenden eine Beschreibung der vier Herzqualitäten des Abidhamma und ihrer bi-polaren Störungen:

1. Liebe. Nicht-besitzergreifende Liebe, charakterisiert durch guten Willen. Gegensatz aller Formen von Wut, Haß und Selbstsucht. Das Gegenteil ist der „entfernte Feind der Liebe", neben dem es einen „nahen Feind der Liebe" gibt, der sich als Liebe maskiert. Der „nahe Feind der Liebe" zeigt sich in zwei Symbioseformen, einer offenen und einer verdeckten:

a) besitzergreifend, liebebedürftig, über-abhängig, anklammernde Qualität.
b) oral-kompensierte Liebe, wo ein verstecktes Bedürfnis nach Liebe durch die Hilfe für andere ausgedrückt wird oder durch eine unangemessene Freundlichkeit aus Angst, von anderen abgelehnt zu werden. Diese Liebe verleugnet ihre Bedürftigkeit, indem sie sich auf andere konzentriert, die etwas brauchen. Sie wird Ko-Abhängigkeit genannt.

2. Freude. Fröhlichkeit und die Kapazität, zu feiern. Der Gegensatz, oder der „entfernte Feind" ist Freudlosigkeit, Leid, Depression einschließlich Selbstmitleid. In der Biosynthese unterscheiden wir zwischen hilflosem Weinen und befreiendem Weinen. „Hilfloses Weinen" verstärkt das Gefühl des Selbstmitleides und der Freudlosigkeit, während „lösendes Weinen" ein starkes und klares Gefühl der Trauer nach außen bringt und damit das Herz für neue Freude öffnet. Der „nahe Feind" der Freude ist frivole Erregung, eine Playboy- oder Playgirl-Haltung, die an der Oberfläche bleibt und das Vertrauen und die Ernsthaftigkeit des Herzens nicht einbezieht.

3. Gleichgewicht (Balance). Die Fähigkeit, zentriert zu bleiben und nicht von jedem möglichen Ereignis in wilde emotionale Turbulenzen hineingetrieben zu werden. Der Gegensatz ist die Über-Emotionalität, ein hysterischer Lebensansatz, wo jedes Ereignis mit einem emotionalen Ausbruch beantwortet wird. Der „nahe Feind" ist Indifferenz oder Apathie, Gefühlskälte, ein schizoider Rückzug vor emotionalem Kontakt. Spirituelle Richtungen arbeiten mit dem Konzept der „Nicht-Anhaftung" und der „Des-Identifikation" von emotionalen Zuständen. Dies beinhaltet die Fähigkeit, „Zeuge" zu sein. Ein Teil von uns bleibt von den emotionalen Schwingungen getrennt und hilft uns, den Kontakt mit dem Gleichgewicht des Zentrums wiederzuerlangen. Der „nahe Feind" wäre hier die Verschiebung von der Nicht-Anhaftung zur „zwanghaften" Abkoppelung, von der „Des-Identifikation" zum Des-Interesse und dem Verlust des Mitgefühls und vom „zentrierten Zeugen" zum unpersönlichen „Beobachter". Der Meditationslehrer *Evagrius von Ponticus* (345–395 v. Chr.) benutzte den Begriff „apatheia" noch positiv als Vermeidung, in pathologische Emotionen hineinzufallen, wohingegen der heutige Begriff „Apathie" einen Zustand „ohne Gefühl" meint.

4. Mitgefühl ist die Fähigkeit, mit anderen mitzuschwingen und mitfühlend zu handeln. Der „nahe Feind" ist die Sentimentalität, Selbstmitleid und hilflose Identifikation mit einer leidenden Person ohne die Möglichkeit, die Situation zu verändern. Der „ferne Feind" ist Machtmißbrauch, Rache, Verachtung, gemeinsam mit Ausbeutung. Die Zentrierung in der Herzqualität hilft, den „fernen Feind" zu neutralisieren. Zur Neutralisierung des „nahen Feindes" empfiehlt der im 14. Jahrhundert lebende Tibeter *Longchenpa:*

„Liebe hilft gegen Apathie, dem nahen Feind des Gleichgewichts. Freude wirkt der Sentimentalität entgegen, dem nahen Feind des Mitgefühls. Ausgeglichenheit stellt sich der Frivolität entgegen, dem nahen Feind der Freude. Mitgefühl vermeidet die symbiotische Abhängigkeit, dem nahen Feind der Liebe."

Die Verbindung der vier Herzqualitäten mit den vier Himmelsrichtungen spiegelt sich auch in der Spiritualität des *Matthew Fox* wider. Er spricht von vier grundlegenden Pfaden der Spiritualität, die ausgeglichen sein müssen. Den ersten nennt er „via positiva", hier finden wir Freude und Feiern; den zweiten „via creativa" mit Geburt, Wachstum, Liebe und schöpferischem Tun; den dritten „via negativa" mit Nicht-Anhaftung, Loslassen und Akzeptanz, Aspekten, die eng mit der Herzqualität der Ausgeglichenheit (upekha) verbunden sind. Den vierten spirituellen Weg nennt er „via transformativa", auf dem wir sozialem Engagement und mitfühlenden Handlungen für die Gemeinschaft begegnen.

Die vier transmarginalen Schwingungen entstehen in vier entwicklungsgeschichtlichen Zeiträumen.

1. *Schizoid-hysterische Polarität:* die ersten sechs Lebensmonate
2. *Manisch-depressive Polarität:* in den zweiten sechs Monaten
3. *Narzißtisch-Borderline Polarität:* zweites Jahr
4. *Zwanghaft-dominante – zwanghaft-unterwürfige Polarität:* drittes Jahr.

Daraus ergibt sich eine Entwicklungslinie psychodynamischen Wachstums, die sich auf die entsprechenden Herzqualitäten bezieht:

1. Ausgeglichenheit, Ruhe, friedvolle Akzeptanz, Erfüllung: Selbst – Inneres
2. Freude, Glück, Dankbarkeit: Selbst – Äußeres
3. Liebe, Freundlichkeit, guter Wille: Innen – Außen; Selbst – Anderer.
4. Mitgefühl, Identifikation mit anderen, Empathie: selbstlose Bewegung hin zum anderen.

Hier wird eine Folge bi-polarer emotionaler Störungen möglich.

3. Die Achse der Verwirklichung

Das menschliche Wesen ist ein vertikales Tier, das zwischen Erde und Himmel steht. Es wird in der Regel mit dem Kopf voran geboren, und die Schwerkraft zieht es, wie die Ureinwohner Australiens sagen, zum Mittelpunkt der Erde. Dies ist die *erste, die körperliche Geburt.*

Während seiner *zweiten Geburt* lernt es, seine Muskeln der Schwerkraft entgegen zu stemmen, die Erde wegzustoßen, sich aufzurichten und zu stehen. *Margareth Mahler* nennt diese Zeit die „psychologische Geburt des Kindes".

Während unserer *dritten Geburt* erwacht unsere essentielle Natur im Prozeß der Verwirklichung unserer Qualitäten und unserer Fähigkeit, uns im alltäglichen Leben zu manifestieren.

Die Achse der Wirbelsäule ist bei allen drei Geburten lebensnotwendig. Während der körperlichen Geburt gibt sie dem Geburtsreflex Halt, Kraft und Effektivität. Bei der Geburt des aufrechten Ganges koordiniert sie das, was *Moshe Feldenkrais* das

Stehen ohne Energieverschwendung nennt. Bei der dritten Geburt leitet sie die feinstoffliche Energie und verbindet die drei Zentren in Bauch, Herz und Kopf.

In vielen Lehren werden die vitalen Energien oder feinstofflichen Kräfte der spinalen Achse beschrieben. *Valerie Hunt* (Kalifornien) und *Hiroshi Motoyama* (Tokyo) haben die Phasenverschiebungen zwischen diesen Kraftknoten (Sanskrit: Chakras) und der Körperphysiologie (z. B. im endokrinen Drüsensystem) erforscht. Die Energiezentren werden verschieden benannt und gezählt, lassen sich aber leicht auf die sieben natürlichen Knotenpunkte des Rückgrats, das in seiner energetischen Form einer Sinus-Welle ähnelt, beziehen. In und zwischen diesen Kraftknoten finden wir fünf primäre Bewegungen:

1. eine Rotationsbewegung entgegen dem Uhrzeigersinn, wenn wir den Körper von außen betrachten, eine Spirale;
2. eine Bewegung ins Zentrum der Spirale hinein;
3. eine Bewegung aus der Spirale hinaus;
4. eine Bewegung hoch zu den höheren Zentren;
5. eine Abwärtsbewegung hin zu den niederen Zentren.

Zur Inkarnation, also der Involution von Energie aus einer feineren, eher transzendenten Ebene in eine physikalische Form (durch den Prozeß der Morphogenese, wie medial begabte Menschen ihn beschrieben haben) gehört ein primäres Herabströmen in das Kronenchakra des Kopfes und weiter in den Körper hinein. Bei der Exkarnation, also dem Prozeß des Sterbens, zeigt sich eine umgekehrte Richtung aufsteigender Energie, von den Füßen angefangen die vertikale Achse aufwärts hin zum Kopf.

Das Leben zwischen Geburt und Tod ist ein ständiger Tanz zwischen Kondensation/Verdichtung oder sich nach unten bewegenden Energien und Transzendenz oder aufwärts steigenden Energien. Im ersten Falle sprechen wir von der Erdung eines Menschen, im zweiten helfen wir jemandem, die offenen Räume seines Bewußtseins, die feineren Seinsebenen und das, was ich den „inneren Grund" genannt habe, zu erforschen. Wer sich nur nach unten bewegt, verengt sich auf Körper, Verwurzelung, Beruf, in der Welt funktionieren, Sexualität, Partnersuche, Familie, Mietzahlungen usw. Es hilft uns intensiv zu leben, kann uns aber nichts bieten, wenn wir dem Tod gegenüberstehen. Die Bewegung nach oben verbindet uns mit Existenzebenen, die vor diesem Leben bestanden und auch danach weiter bestehen werden, dem, was der japanische Zen-Lehrer *Bankey* (17. Jh.) das „Ungeborene und Unsterbliche" nannte. Die Aufwärtsbewegung verbindet uns mit unseren Trans-Dimensionen, dem verborgenen Potential, dem höheren Bewußtsein, dem tieferen Selbst, den Qualitäten, die wir noch nicht aufgeweckt haben und einer mystischen Ebene, die jenseits und hinter jeder Problemebene liegt. Wenn jedoch die niederen Zentren ignoriert werden, finden wir auch hier unseren Boden nicht.

Die Achse der Verwirklichung, symbolisiert im vertikalen Stamm der Wirbelsäule, wurde in Ägypten „Djed-Säule" genannt. Antike Mythologien stellen sie als Baum dar. Seine Wurzeln verschwinden in einem Loch im Boden. Von seinen obersten Ästen kann man in ein Loch des Himmels hineinklettern. Sie ist die Säule zwischen den Welten, eine kosmische Verbindung. Wir müssen lernen, in beide Richtungen zu klettern. Die hawaiianische Huna-Psychologie lehrt uns, daß wir zuerst hinuntergehen müssen, wenn wir hochklettern wollen, eine Botschaft, die kürzlich von *Robert Bly* in seiner Beschreibung der Reise durch die Asche wiederholt wurde. Die vertikale Achse verkörpert die erdlichte Polarität, die in vielen Kulturen, sei es nun die ägyptische, mexikanische, indische, nordische oder chinesische, von der Schlange am Fuß und dem Vogel am Kopf symbolisiert wird. Am Äskulap-Stab, dem Zeichen für Heilung, windet sich eine Schlange nach oben.

Spirituelle Richtungen, die nur mit der Aufwärtsbewegung, der aufsteigenden Kundalini arbeiten, können massive Ungleichgewichtigkeiten hervorrufen. Therapeutische Systeme, die sich nur auf die Abwärtsströmung beziehen, auf die (blitzartige) Entladung von Energie in den Boden durch kathartische Techniken, tun das gleiche. Ich habe diese beiden Störungen bereits vor vielen Jahren in meiner Artikelserie *„Zwischen Koma und Konvulsion"* beschrieben. Die chinesischen Taoisten arbeiten hingegen mit der die Wirbelsäule hinauf- und hinabfließenden Zirkulation der Energie und der Verbindung des Höheren mit dem Niederen und umgekehrt.

Dies ist ebenso das Prinzip der von *Bob Moore* in Dänemark gelehrten Anatomie und Physiologie der feinstofflichen Energien. Moore arbeitet mit drei horizontalen Polaritäten, die er Erd-Polarität (Erdung, Füße und unterer Körper), Herz-Polarität und Kopf-Polarität nennt. In meinem Buch *„Befreite Lebensenergie"* nenne ich sie die Hara-, Herz- und Kopf-Ebenen der Erfahrung. Moore lehrt, daß jeder der ersten sechs Kraftknoten der Wirbelsäule mit einer besonderen Qualität verbunden ist, während der siebte Knoten auf dem Scheitel des Kopfes diese Qualitäten integriert. Jede Qualität kann durch emotionale Konditionierungen, die uns in festgelegte Verhaltens- und Reaktionsmuster hineinziehen, gestört werden. Moore beschreibt nur eine Abweichung für jede Qualität, aber der Beschreibung „naher" und „ferner Feinde" des Herzzustandes folgend, halte ich es für hilfreich, die Abweichungen polarisiert zu betrachten, und zwar auf eine Art und Weise, wie wir es bei den bi-polaren Charaktermustern tun.

Kommen wir nun zu den sechs primären Qualitäten auf der Achse der Verwirklichung und den beiden Formen der Abweichung:

1. *Kreuzbein,* Basis der Wirbelsäule, Wurzelzentrum, (S 3).

Primärqualität: Erfolg. Erfolg ist nicht nur gute Erdung im körperlichen Sinne, sondern die Fähigkeit, angemessen mit der eigenen grundlegenden Situation oder Wurzel-Situation umzugehen. Das heißt, Umwelt, Wohnsituation, Zufriedenheit in der Arbeit, Vorwärtsgehen mit einem Gefühl der inneren Stärke usw., auf einer tieferen Ebene den Sinn oder die Absicht des Lebens finden, eine Richtung und eine Grundlage, von der dieser Richtung gefolgt werden kann.

Erste Störung: Hilflosigkeit, Versagen, Zusammenbruch, Wurzellosigkeit und andere Formen der Ungeerdetheit, Verlust der Richtung.

Zweite Störung: Rigidität, egoistische Ambitionen, Überdrehtheit, mit dem Beruf verheiratet sein und Übergeerdetheit im Sinne von Inflexibilität.

2. *Lendenwirbelsäule* (Zentrum in L 3), auf der Vorderseite des Körpers das Hara (Zentrum der Schaffenskraft), drei Finger unterhalb des Nabels.

Primärqualität: Frieden, Ruhe, tiefe Zentrierung im Bauchbereich (unmöglich bei kontrahiertem Zwerchfell).

Erste Störung: Wut, Ärger, Ungeduld, Reizbarkeit und Erschöpfung.

Zweite Störung: Resignation, neurotische Über-Toleranz, Zwanghafte Schwäche und ein Verlust an Konfrontationsfähigkeit.

3. *Mitte der Wirbelsäule* (dorsal, 6. Wirbel), Vorderseite Solar Plexus, direkt unter dem Brustbein.

Primärqualität: Liebe, ausdehnende Bewegung auf andere zu, Beginn einer aufwärts gerichteten Umwandlungsbewegung auf das Herz hin, Gefühl des Selbstvertrauens.

Erste Störung: Angst, Verlust des Selbstvertrauens, neurotische Furcht, Kontraktion gegen Ausdehnung.

Zweite Störung: Provokation, falscher Mut, Überspringen der inneren Angst, kontra-phobische Neigungen.

4. *Herzzentrum* (Mitte der Brust, dorsal, 2. Brustwirbel)

Primärqualität: Freude, das Leben zelebrieren, feiern, Freude ist eine der vier im Buddhismus beschriebenen Herzzustände.

Erste Störung: Selbstmitleid, neurotische Traurigkeit, Depression.

Zweite Störung: Anklammerung, festhalten an Kontakten, die nicht nähren oder destruktiv sind, gierige Anhaftung an Ersatzbefriedigungen.

5. Das *Kehl-Zentrum* (unterhalb des Kehlkopfes und im Nacken am 3. Halswirbel).

Primärqualität: Ausdruck, Kommunikation, mitteilen, herausgeben.

Erste Störung: Zurückhaltung, nichts abgeben, festhalten, einschließen.

Zweite Störung: Heraussprudeln, zwanghaftes Verstreuen der eigenen Gefühle oder Gedanken, ohne Empfindsamkeit für die Reaktion des anderen, hysterischer Über-Ausdruck, zwanghaftes Sprechen (in einer oral-dominanten Art).

6. *Augenbrauen-Zentrum,* Mitte der Stirn (ohne Kontakt mit der Wirbelsäule).

Primärqualität: Klarheit der Einsicht, klares Verstehen, essentielle Vision.

Erste Störung: Zweifel, Verwirrung, Unklarheit, zerstreute Vision.

Zweite Störung: Fixiertheit, zwanghafte Sicherheit, Tunnel-Vision, rigides Glaubenssystem, geschlossener Verstand, dogmatische Sichtweise.

Diese sechs Qualitäten ähneln den sechs *„Paramitas"* oder transzendenten Qualitäten *des Mahayana-Buddhismus:*

1. *„Sila"*, das erste Paramita, bedeutet ethischer Grund oder Prinzipien der Handlung. Es ist der Grundstein für eine zentrierte und verwurzelte Reaktion auf die Herausforderungen des Lebens.
2. *„Dana"*, Großzügigkeit, Herausgeben, Teilen, bezieht sich deutlich auf die fünfte Qualität.
3. *„Kshanti"*, Geduld, Akzeptanz im Sinne des chinesischen „Nicht-Bestrebens" (wu wei). Ähnlichkeiten mit der zweiten Qualität.
4. *„Virya"*, Stärke, Kraft, Gerichtetheit. Stellt sich der Angst entgegen. Dieses Paramita scheint sich nicht sehr auf die Qualität Liebe zu beziehen (die unter den Paramitas nicht erscheint), jedoch eng auf den essentiellen Willen (der Rückseite der Liebe) oder der Intensität der Verbindlichkeit, die ohne Liebe zu Abhängigkeit oder kurzlebiger Anhaftung degeneriert.
5. *„Dhyana"*, Meditation, im chinesischen „ch'an", im japanischen „Zen". Kontaktvolle Gegenwart, Hier-und-Jetzt-Zentrierung im Herzen, das „Gnosis Kardias", welches die frühen Christen zu kultivieren suchten. Freudvolle Präsenz, Beziehung zur vierten Qualität.
6. *„Prajna"*, Weisheit, Verständnis, essentielle Einsicht, Verbindung mit der sechsten Qualität.

In den vom Sophismus des Mittelalters inspirierten psychospirituellen Lehren von *Almaas* (Kalifornien) finden wir eine Beschreibung der verschiedenen Essenz-Qualitäten, die ebenso jenen auf der Achse der Verwirklichung ähneln. Almaas bezieht den Verlust des Kontaktes mit der Essenz auf die Entwicklung spezieller Formen der Ich-Abwehr (die hier im Detail nicht beschrieben werden können). Die grundlegenden Essenzqualitäten, die dem oben beschriebenen ähneln, sind bei Almaas: essentielle Kraft, verbindende Essenz, essentieller Wille, essentielle Freude, essentielles Mitgefühl, persönliche Essenz und Diamant-Essenz.

Almaas verbindet diese Essenz-Qualitäten jedoch nicht mit den Energieknoten der Wirbelsäule.

Die sechs mit der Achse der Verwirklichung assoziierten Qualitäten sind Fokussierungs-Zentren. Natürlich besitzen wir noch viele weitere Qualitäten, aber sie sind alle auf die eine oder andere Art mit den Zentralbereichen verbunden, kombinieren, unterscheiden oder differenzieren sie. Der Begriff „Verwirklichung" (Realisation) hat zwei Bedeutungen: a. feinstofflichere Kontaktebenen werden in der Außen-Realität geerdet; b. alltägliche Lebenserfahrungen vertiefen die Ebene unserer inneren Realität. Existentielle und essentielle Wahrheit beziehen sich auf die inneren und äußeren Dimensionen.

4. Die Pulsation von Verschmelzen und Trennen

Die Polarität zwischen Vorder- und Rückseite wird im Thomas-Evangelium nicht ausdrücklich erwähnt. Die Polarität zwischen männlich und weiblich jedoch durchaus. Was bedeutet es, das Männliche und Weibliche in uns selbst zu finden? Es gibt zwei Herangehensweisen. Einmal bezüglich der Balance zwischen Selbstbehauptung und Empfänglichkeit, zweitens bezüglich der Balance zwischen rationalem und intuitivem Wissen. Das Gleichgewicht zwischen Selbstbehauptung und Rezeptivität bezieht sich nun tatsächlich eng auf die Vorder- und Rückseite des Körpers. In der Biosynthese kennen wir „Türen der Beweglichkeit" und „Fenster der Wahrnehmung". Die motorische Achse des Körpers ist die Wirbelsäule und die ihr anhaftenden Muskeln. Wir kennen auch eine Anzahl Willens-Zentren oder Kraft-Bereiche: an der Lendenwirbelsäule bezüglich der Bewegung/Aktion der Beine, zwischen den Schulterblättern bezüglich der Bewegung/Aktion der Arme und im Nacken bezüglich der Bewegung/Aktion der Kiefer. *Rudolf Steiner* beschreibt den Kiefer als drittes Gliederpaar. Auf der Körpervorderseite geht es mehr um Empfänglichkeit und Empfindsamkeit: die Augen, die Lippen, die Innenseiten der Hände, die Brust, Bauch, Genitalien, Fußsohlen. Die Indianer sagen, wir hätten zehn Augen und alle befinden sich an der Vorderseite.

Einige Unterschiede zwischen Männern und Frauen sind eindeutig biologisch, aber viele kulturell bedingt. Eine der allgemeinsten Formen kultureller Indoktrination ist es, die selbstbehauptenden, willensbasierten, aktionsorientierten Seiten des Jungen als typisch „männlich" zu bezeichnen, während andere entmutigt werden. Ganz ähnlich wird das Mädchen dazu ermutigt, die weicheren Seiten von Emotion und Gefühl als typisch „weiblich" zu entwickeln, während die Entwicklung ihrer selbstbehauptenden Seite entmutigt wird. Die politische Bewegung des Feminismus versucht, die den Frauen verlorengegangene selbstbehauptende Seite wiederherzustellen, jedoch oft auf Kosten einer Über-Kompensation und einer Abwertung der sensitiven Seite. Umgekehrt möchten einige Männerbewegungen den Mann vom Macho-Bild der Maskulinität befreien, hier jedoch auf Kosten des Verlustes der selbstbehauptenden Seite und aus Angst, zu „männlich" zu sein. *Robert Blys* Bild des wilden Mannes möchte die Selbstbehauptungsseite mit der Gefühlsseite verbinden. Er wurde von etlichen Kritikern jedoch deutlich mißverstanden, so als ob er ein neues Macho-Bild des Mannes entwerfe.

Sowohl Männer als auch Frauen brauchen die komplementären Seiten der beiden Pole „Stärke" und „Sensitivität". Es geht hier um das Wiedereröffnen der Verbindungen zwischen der Rück- und der Vorderseite des Körpers. In der chinesischen Medizin heißt der den Rücken hinauflaufende Energiekanal „der Regierende", es geht eindeutig um Leitung und Richtung. Der Energiekanal auf der Körpervorderseite heißt „der Empfangende", bezogen auf Kreativität und Geburt.

Oscar Ichazo, ein chilenischer, vom Sophismus beeinflußter Psychologe, nennt die Position eines auf dem Bauch liegenden Menschen die Körperhaltung der „Selbst-Erinnerung", die auf dem Rücken liegende Position die Körperhaltung des „Selbst-Vergessens". In den ersten Lebensmonaten kann ein Baby sich nicht vom Rücken auf den Bauch drehen. Allmählich lernt es dies jedoch. Die Bauchlage hilft ihm dabei, den Kopf zu heben und in die Welt zu schauen. Dadurch mobilisiert es die Willenszentren im Rückgrat, die später wichtig für das Krabbeln werden. Die motorische Achse des Rückgrats kann als Ich-Achse angesehen werden, sie koordiniert gerichtete Bewegungen. Wenn die Willens-Säule überentwickelt ist, führt dies zu spinaler und motorischer Rigidität und Inflexibilität, gepaart mit Überkontrolliertheit. Wir nennen dies eine „über-begrenzte" Ich-Struktur. Wenn dazu im Gegensatz die Willens-Säule unterentwickelt ist oder nicht oft genug gebraucht wird, neigen wir zu Hilflosigkeit, Richtungslosigkeit und einer „unter-begrenzten" Ich-Struktur, die im Extrem ihren Ausdruck in der Borderline-Persönlichkeit findet, die Schwierigkeiten hat, Grenzen zu ziehen.

Das Ziehen von Grenzen ist eine essentielle Funktion in allen Lebensprozessen. Grenzen sind Übergangs- und Umwandlungsoberflächen, die Energien erlauben, hinein und hinaus zu fließen. Zu viele Grenzen, und das System wird undurchdringlich, verschlossen, eng, zu sehr festgehalten. Zu wenig Grenzen, und das System läuft aus wie ein Sieb, es kann nicht festhalten oder sich gegen Invasionen verteidigen. Wir passen die Beweglichkeit unserer Grenzen entsprechend den verschiedenen Situationen und den verschiedenen Rhythmen von Kontakt und Rückzug an. Der Fötus im Mutterbauch ist bezüglich des Energieflusses seiner Mutter durch die Nabelschnur unbegrenzt. Bei der Geburt benutzt es die Stärke seiner Wirbelsäule im Geburtsreflex, um sich von seinem neun Monate währenden Container und Unterstützungssystem zu trennen. Dies geschieht noch einmal, wenn die Nabelschnur zerschnitten wird. Danach wird es nahe am Körper der Mutter gehalten, durchlebt erneut während einiger Monate eine sehr enge Bindung, um später mit seinem ihr abgewandten Rücken von ihr wegzukrabbeln. Es lebt nun die Rhythmen von Annäherung und „libidinöser Wiederauffüllung/Auftanken" und Aktivitäten, die immer mehr Unabhängigkeit ermöglichen. Schließlich wird es erwachsen und verläßt die Eltern, eine essentiell wichtige Trennungsstufe, bevor ein neuer Partner gefunden wird und eine neue Verschmelzungsphase beginnt.

Der Rhythmus von Verschmelzen und Trennen begleitet uns das ganze Leben hindurch, wobei die Inkarnation die erste Verschmelzung des Geistes mit der Materie darstellt und der Tod die letztliche Trennung des Geistes von der Materie. Jede Geburt ist eine Art Tod. Jeder Tod ist, spirituell gesehen, eine Art Geburt.

In der Sexualität ist die Kombination der Kraftbereiche von Körperrückseite und der Empfänglichkeitsbereiche der Vorderseite notwendig, um Ausgeglichenheit und Erfüllung zu gewähren. Beide Bereiche sind notwendig, um den anderen zu ergänzen und das ganze Spektrum allgemeiner sexueller Probleme zu vermeiden (einerseits Darstellungsdruck = Überaktivität; andererseits Angst vor sexuellem Ausdruck). Sexualität ist demnach die feine Balance zwischen essentieller Stärke und verschmelzender Essenz.

5. Handlung und Verständnis als Leitlinien

Die Polarität von Männlich-Weiblich kann auch im Gleichgewicht zwischen der linken und der rechten Seite des Körpers ausgedrückt werden. Das Gehirn ist zweiseitig getrennt und wird durch eine Brücke oder einen Balken verbunden. Ist dieser unterbrochen, funktioniert jede Gehirnhälfte unabhängig, so daß der Mensch buchstäblich zwei Verstandesseiten hat. Jede Gehirnhälfte neigt zu spezialisierten Funktionen. Die linke Seite ist normalerweise dominant und versorgt hauptsächlich die rechte Körperhälfte, die dementsprechend dominant ist (bei Linkshändern umgekehrt). Bei ihr geht es mehr um lineare Funktionen, während die andere eher intuitiv, gefühlsmäßig die Welt versteht. Konsequentes Schritt-für-Schritt-Denken ist eher eine Funktion der linken Seite, während globales, holistisches Weltverständnis eher zur rechten Gehirnhälfte gehört.

Das vom Wort „dominant" Beschriebene wird von uns, kulturell bedingt, auch eher als das Wichtigere angenommen. Rationale Prozesse werden belohnt, besonders bei Männern, dem politisch und kulturell „dominanten" Geschlecht. Eine mir bekannte Schriftstellerin fand im Laufe ihrer Doktorarbeit heraus, wie sehr unsere die Welt beschreibende Sprache von Männern geformt wurde. Weibliche Philosophen gibt es kaum. Madame Curie ist eine Ausnahme unter den Wissenschaftlern. Intuitive Sprache hingegen wird den Frauen zugestanden, Dichtung oftmals jedoch als zu „weich" für einen Mann angesehen. Es gibt sicherlich mehr Dichterinnen auf dieser Welt als Philosophinnen. Die Links-Rechts-Polarität führt (gemäß der Überkreuzung im Balken des Gehirns) zu einer dominanten rechten Seite und einer sub-dominanten linken Seite. Der rechte Arm, die rechte schreibende Hand, der rechte zeigende Finger sind Teil der aktionsorientierten Seite der funktionalen Führungsseite. Der linke Arm gehört zur Seite des Herzens, bezieht sich eher auf Empfänglichkeit, Gefühle und Intuition, die linke Schulter erdet feinstofflich-physiologisch gesehen wie eine Antenne die Qualitäten aus den höheren Ebenen in den physikalischen Körper. Bei vielen Menschen leiten sich die beiden Seiten ihres Körpers von den maskulinen oder femininen Qualitäten ihrer Eltern ab, entweder gemäß dem klassischen Muster der kulturellen Kondition oder durchaus auch umgekehrt, z. B. entsprechend der Passivität des Vaters oder der Dominanz der

Mutter. In der Therapie geht es oft darum, den beiden Seiten zu helfen, wieder miteinander zu kommunizieren, damit z. B. die eventuell unterdrückten Funktionen einer Seite wieder zurückgewonnen werden können und so letztlich beide wieder in eine bessere Balance kommen. Damit hebt sich die bilaterale Dualität des Körpers zu einer gut-koordinierten bilateralen Polarität auf.

Das Energiefeld des Körpers weist natürliche Unterschiede zwischen den beiden Seiten auf, hinzu kommen aber auch die Unterschiede bei den jeweiligen Geschlechtern. Auch hier geht es um die selbstbehauptenden und die rezeptiven Prinzipien in jeder Person, aber auch um die verschiedenen Rhythmen der Beziehung zwischen zwei Menschen gegensätzlichen Geschlechtes.

Beim hebräischen „Baum des Lebens" gibt es (bezogen auf den Körper) einen klaren Unterschied zwischen der rechten Seite, die eher selbstbehauptend, und der linken Seite, die eher sensitiv ist. Der tibetische Buddhist *Longchenpa* (14. Jh.) beschreibt drei Energiekanäle im Körper, einen zentralen koordinierenden, dem ein rechter und ein linker zur Seite stehen. Der rechte heißt „roma" und ist für die Aktion zuständig (tibet.: thabs), der linke heißt „rkyang-ma" und steht für Empfängnis (tibet.: shes-rab). Die feinstofflichen Energien drücken sich in der Koordination dieser drei Energiekanäle in der physikalischen Existenz aus.

6. Sprungbretter und Gewächshäuser

Jede einzelne Lebensgeschichte ist einzigartig, sogar für eineiige Zwillinge. Wir werden von ganz besonderen Eltern zu einem ganz besonderen Zeitpunkt an einem ganz besonderen Platz auf dieser Erde geboren. Unsere Raum-Zeit-Koordinaten definieren unser Horoskop. Das Leben entfaltet sich in einer Folge von Ereignissen, einigen offensichtlich gewählten, einigen offensichtlich nicht gewählten, bis zum Moment unseres offensichtlich nicht gewählten Todes (außer bei Selbstmord).

Nach spirituellen Überlieferungen sind wir Wesen aus anderen Sphären, die zeitweilig in einem Zwischenzustand (tibet.: bar-do) auf der Erde weilen. Die von uns geformten oder uns auch auferlegten Ereignisse wirken auf einer tieferen Kontinuitätsebene fort, die wir nur in Träumen, durch unbewußte archetypische Bilder oder durch Meditation erreichen. Astrologische Untersuchungen enthüllen unbewußte Synchronizitätsmuster der Lebenszyklen von Kindern, Eltern und Partnern, die nicht in Begriffen von Ursache und Wirkung erklärt werden können. *C. G. Jung* schrieb sein Buch über Synchronizität gemeinsam mit dem Physiker *Wolfgang Pauli,* dessen Beitrag in späteren Ausgaben des Buches jedoch nicht mehr erscheint. Pauli hatte sich neben seinen wesentlichen Beiträgen zur Quantenphysik lebenslang für das Phänomen der Synchronizität interessiert, d.h. jenen Mustern versteckter Bedeutung, die unter den Oberflächenereignissen liegen. Alle drei in den letzten 2000 Jahren in Indien entstandenen grundlegenden spirituellen Überlieferungen nennen das Konzept des „Karma". Karma heißt eigentlich einfach „Handlung", es geht hier jedoch im besonderen um die „absichtsvolle Handlung". Karma ist eine Art „Konditionierung" auf einer unbewußten Ebene, wo vorherige Gedanken und emotionale Muster auf spätere wirken und die Grenzen zwischen dem einen individuellen Leben und dem nächsten durchlässig werden. Wir werden zum Schmied unseres eigenen Glücks oder Unglücks, erben aber auch die kulturelle Konditionierung unserer Ahnen (genetisch). Die Resonanz-Kette der Inkarnationen tönt weiter. Eine im 16. Jh. verbrannte Hexe ist nicht ausgelöscht, sondern klingt im Unbewußten fort, erscheint in Träumen, in Verhaltensmustern und unbewußten „Merksätzen".

Wir unterscheiden zwei Arten von Karma: regressives und progressives. *Regressives Karma* ist die uns umschlingende Kette unserer persönlichen archetypischen oder Inkarnations-Vergangenheit, ist die Konditionierung von Stereotypen, eine spezifische Konfiguration emotionaler und mentaler Verhaltensweisen, denen wir uns als Opfer unterwerfen oder als Täter zu befreien suchen.

Progressives Karma liegt vor uns, ist unsere Freiheit zur Wahl, unsere Verantwortlichkeit, unser Leben neu zu formen, die Entdeckung von Bedeutsamkeit und die Entwicklung von Qualitäten unserer essentiellen Möglichkeiten.

Der jüdische Autor *Chaim Potok* erzählt in seinem Buch *„Ich bin der Lehm"* die Geschichte eines alten Mannes, einer alten Frau und eines verletzten Jungen, die unter extremen Umständen als Flüchtlinge im Korea-Krieg von Tag zu Tag leben, täglich vom Tod bedroht sind und jeden Moment ihrem Überleben widmen müssen. In dieser tiefgehenden Überlebensgeschichte, in der der

Junge schließlich gesund wird und die alte Frau stirbt, entfaltet Potok die spirituelle Bedeutung einzelner Aspekte des Lebens. Obwohl alle drei Opfer eines grausamen Krieges sind, in den sie ohne eigene Wahl hineingeschwemmt wurden, haben sie dennoch die absolute Wahl, wie sie auf einer qualitativen Ebene auf die Kette der Ereignisse, durch die sie gehen, reagieren.

Ira Progoff beschreibt mit dem Begriff „Sprungbretter" die entscheidenden Phasen unseres Lebens, die Wendepunkte unseres Weges. Krise bedeutet eine Wegkreuzung, die Möglichkeit zur neuen Ausrichtung, oft verbunden mit Schmerzen, Verlustangst, Angst vor dem neuen und Widerstand gegen die Unsicherheit von Wachstum. In *Stanley Kelemans* Buch *„Lebe dein Sterben"* geht es genau um diese Wendepunkte und was es heißt, vom alten „Boden" über den mittleren zum neuen zu gelangen.

Progoff untersucht zwei Prozesse, denjenigen, das äußere Leben in eine bedeutsame Ordnung zu bringen und denjenigen, das innere Leben zu ordnen. Die inneren Sprungbretter oder Wegsteine auf dem Pfad des spirituellen Wachstums heißen bei ihm „Prozeß-Meditation".

Nach spirituellen Überlieferungen müssen wir unseren Weg und einen Führer auf diesem Weg finden. In den verschiedenen Kulturen wurden verschiedene Wege entwickelt, die uns helfen sollen, unsere essentielle Natur zu berühren. Natürlich gibt es Fallen auf diesen Pfaden, auf die ein guter Führer hinweist. *Johannes Climacus* (8. Jh.) beschrieb eine aufsteigende Leiter mit Wachstumsstufen. Dieses Konzept der Wachstumsstufen wurde im Sufismus zur zentralen Lehre. Der berühmte Sufi-Meister Ibn Arabi (geb. 1165) drückte den Unterschied zwischen einer Wachstumsstufe und einem Bewußtseinszustand so aus: „Die ‚Stufe' ist jedes Attribut, das sich tief in dir verwurzelt und nicht zurückgelassen werden kann. Der ‚Zustand' ist jedes Attribut, das du zu einer bestimmten Zeit hast, zu einer anderen aber nicht". „Zustände" sind Wahrnehmungs- oder Ausdrucksmomente, die kommen und gehen wie Launen. Wir sind für sie nicht verantwortlich. Es sind Reflexionen in uns auf äußere Umstände und Ereignisse. Wenn der Tag gut verläuft, sind wir glücklich. Wenn etwas Schlimmes passiert, geht es uns schlecht. „Zustände" werden in gewissem Sinne unbewußt erzeugt, sie gehören uns nicht. Schlechte Zustände sind Teil unserer negativen Konditionierung, gute Zustände Teil unserer positiven Erfahrung.

„Stufen" sind Aspekte von uns, die sich verwurzelt haben. Es sind Qualitäten, die wir ins Leben gebracht, die wir nicht aufgegeben haben. Sie sind Teil der essentiellen Früchte unseres Lebens, die Reife unserer Absicht. Wie Bankei betont hat, kann der Tod sie nicht zerstören.

Therapie hat zwei Ebenen:

1. Wir wollen dem Menschen helfen, sich der durch sein regressives Karma erzeugten Konditionierung bewußt zu werden und
2. ein progressives Karma aufzubauen.

Bei der regressiven Arbeit geht es um die Heilung von Erinnerungen, der Reorganisierung unserer Reaktionen auf die Vergangenheit, „reculer pour mieux sauter" (dt. etwa: „zurückschreiten, um besser springen zu können"). Bei der progressiven Arbeit sollen die inneren Kraftquellen der Gesundheit, Einsicht, der Wahrnehmung und des Kontaktes geweckt und ins tägliche Leben gebracht werden, bis sie ein verläßlicher Kompaß, ein beständiger innerer Führer geworden sind, der die äußere Führung durch einen Lehrer, Therapeuten oder spirituellen Berater ersetzt.

Wir können mit der Zukunft nicht umgehen, bis wir die Störungen aus der Vergangenheit erkannt und uns von den alten Mustern der Konditionierung befreit haben. Wir können nicht mit der Vergangenheit umgehen, bis wir die latent in uns vorhandenen Kraftquellen aktualisiert und begonnen haben, heute Schritte zu tun, die morgen neue Wege innerer Entwicklung bahnen.

Wo wir herkommen, gehen wir hin, aber nicht im Sinne eines geschlossenen Kreises, sondern einer offenen Spirale. *„Wer seine Vergangenheit nicht kennt", schrieb George Santillana, „ist verdammt, sie zu wiederholen"*. Regressives Karma wiederholt Teufelskreise, auf denen unser Charakter die Konditionierungen unserer Kultur wiederholt. Progressives Karma öffnet den Kreis in eine Wachstumsspirale, die Bedeutung aus Bedeutungslosigkeit erzeugt, uns erlaubt, eine wirkliche Verbindung mit unserem Lebenspfad herzustellen und eine sichere Grundlage auf einem unzerstörbaren inneren Grund zu bauen.

Dazu ein Fallbeispiel: Eine von ihrem Großvater in der Kindheit mißbrauchte Frau arbeitet in einer Gruppe an ihrem Ärger.

Stehend bewegte sie aggressiv ihre Arme, erschlaffte jedoch bald, und Furcht kam. Auch als ich sie ermutigte, ihre Wut mit der Stimme auszudrücken, blieb dies schwierig. Sie fühlte sich gehemmt, Worte oder Töne zu benutzen, um dem Aggressor ihre Grenzen zu zeigen. Die genaue Beobachtung ihrer Körpersignale ergab, daß der organische Impuls sich nicht nach vorne richtete, sondern nach unten. Sie folge dem nun und erkannte, daß sie irgendetwas mit aller Kraft am Boden halten wollte. In ihr entstand das Bild vom Grabstein des Großvaters (er war tatsächlich schon tot), der sich auf keinen Fall öffnen durfte. In diesem Moment kamen einige Dinge zusammen: Energetisch fühlte sie eine starke Wiederverbindung zum Kreuzbein, einer körperlichen Quelle von Kraft, Wille und Autonomie. Zweitens entdeckte sie ihre Stimme wieder und drückte damit klar ihre Gefühle aus. Ihr erstes Wort war: „Ich", dem Wort für unabhängige Selbstbestimmtheit. Drittens entstand das Bild eines Kreuzes. Dieses kann vieles symbolisieren: einerseits die Kreuzigung durch die Traumata der Kindheit, andererseits aber auch Heilung, neues Leben und Überwindung dieser Traumata, oder auch die Verschmelzung des horizontalen Energiestromes durch die Arme mit dem vertikalen Energiestrom durch die Wirbelsäule und dem Zentrum des Kreuzes, dem Herzen. Und es erinnert an das Wort „Kreuz-bein". Auf diese Weise konnte die Frau auf effektivste Weise eine klare räumliche („Bleib weg von meinem Körper") und zeitliche Grenze (die Vergangenheit ist vorbei) gegen ihren Großvater setzen.

Sie stand nun aufrechter, erlebte größere Freude an ihrem Leben, verlor jegliche Identifikation mit der Opferrolle und konnte sich von der Verwirrung zwischen hilfloser Ängstlichkeit und ineffektiver Wut, von der sie immer geplagt worden war, befreien. In dieser Arbeit mit ihr wandte ich viele der weiter oben beschriebenen Prinzipien an: die Bewegung aus der Vertikalen (stehend) in die Horizontale (kniend das Grab schließen); von der äußeren Bewegung (den Eindringling vergebens abwehrend) zu den inneren Kraftquellen (dem eigenen Prozeß, der Autonomie folgend); der Fähigkeit, die Empfindsamkeit und Offenheit des Herzens mit der Stärke des Willens zu verbinden; der Fähigkeit, in die Zeit des Traumas zurückzugehen, eine neue Lösung zu finden und dann wieder vorwärts zu gehen, das Trauma zu überwinden und neues Vertrauen ins Hier-und-Jetzt und in die Zukunft zu gewinnen.

Heinrich Nikodemus Panförder

Erfahrbar atmen: Ein Weg zu spiritueller Erfahrung Nach Ilse Middendorf

Atem als Ausdruck, Motor und Garant menschlichen Lebens ist ein geheimnisvolles, die menschlichen Seinsbereiche durchziehendes Geschehen. Eng verknüpft mit sämtlichen Lebensprozessen und seismographisch auf innere wie äußere Veränderungen jeglicher Art im gesamtmenschlichen System reagierend, verläuft der Atem unabhängig vom menschlichen Bewußtsein, also ‚unbewußt'. Und es gibt auch die Auffassung, daß es so bleiben möge, weil ein so leicht zu beeinflussender Prozeß nur gestört und durcheinander gebracht werden könne, wenn sich das menschliche Ich-Bewußtsein damit befasse. Dem steht die Auffassung und Erfahrung gegenüber, daß dem Menschen enorme Möglichkeiten mit der gezielten Beeinflussung zur Lenkung dieses zentralen Energie-Steuerungs-Prozesses offenstehen. Erinnert sei an Yoga-Methoden des Ostens, aber auch westlich geprägte Atem-Methoden und Techniken.

Gibt also die erstgenannte Auffassung eindeutig die Präferenz den für das menschliche Bewußtsein weitgehend unbewußt ablaufenden Ordnungen des Atems, so versucht die zweite, die dem Wissen zugängigen Kräfte unter die Leitung menschlichen Denkens und Wollens, also unter die eigene Herrschaft zu bringen. Wird einmal die unbewußt arbeitende Atem-Funktion mit ihrem Wirken von innen nach außen zum Ideal erhoben, so im anderen Fall die bewußte Steuerung mit ihrer Primärwirkung von außen nach innen.

Hier taucht nun eine dritte Möglichkeit der Betrachtung und des Umgehens mit dem Phänomen Atem auf: Indem sie dem Atemfluß seine dem atmenden Menschen zunächst nicht bewußte Eigendynamik und Gesetzlichkeit beläßt, sich ihr anheimgibt, vertrauend und hingebungsvoll, aber doch achtsam mitschwingt, greift sie nicht bewußt aktiv steuernd und manipulierend ein, sondern überläßt den im Atem wirkenden Kräften den Weg, das Ziel und die Frucht ihrer Entfaltung. Gleichwohl hat die begleitende, lauschende, den Prozeß und die Veränderungen empfindend wahrnehmende Aufmerksamkeitshaltung hier ihren genuinen Platz. Sie führt zu dem Ergebnis, daß als ‚erfahrbar' umschrieben wird: der mir eigene, unbewußt laufende Atem wird in seinem Bewegungsreflex bewußt wahrgenommen, empfunden, gespürt. Aus erfahrbarer Atembewegung wird erfahrene, wenigstens anfänglich in gewissen Bereichen, zu gewissen Zeiten, unter gewissen Umständen. Damit ist ein Prozeß eingeleitet, der in eine fortschreitend sich erweiternde und ausdifferenzierende Wahrnehmung der eigenen Verfassung, ihres Geworden- und Verwobenseins sowie ihrer künftigen Möglichkeiten von Wachstum und Entfaltung führt: der Weg des erfahrbaren Atems.

Mit der Bezeichnung ‚Der erfahrbare Atem' ist ursprünglich der Name von Frau Professor Ilse Middendorf verbunden. Bereits als zwölfjähriges Mädchen wurde sie intuitiv von dem Imperativ ergriffen: „Atme!" Und in willig wachem Vollzug gestaltete sich – auch unter Mühsal und Einschränkungen widriger Umstände und Zeitläufe – in ihr und durch sie eine Dynamik, die sich während der Jahrzehnte ihres wirkenden Daseins – im September 95 werden es 60 Jahre – immer deutlicher ausdifferenzierte und bis auf den heutigen Tag vertieft. Sie selbst sieht ihren Atemweg verwoben mit Erfahrungen und Einsichten von C. G. Jung, Cornelius Veening, Margarethe Mhe und Karlfried Graf Dürckheim.

So ist das, was unter dem Titel „Der Erfahrbare Atem – eine Atemlehre" im Buchhandel erhältlich ist, die geronnene Form einer er- und durchlebten Atembewegung, die aus der Tiefe der Person und durch sie hindurch in die äußere Erscheinung drängte und von Ilse Middendorf formend gestaltet wurde, ihr Weg. Von ihm ließen und lassen sich viele inspirieren und auf ihnen gemäße Weise führen. Zwei Institute – in Berlin und Beerfelden im Odenwald – tragen ihren Namen und werden von ihrem Sohn Helge Langguth organisatorisch geleitet.

Der Weg des erfahrbaren Atmens beginnt in der inneren und äußeren Situation und Verfassung, in der sich ein Mensch, der sich vom Atem und seinem Mysterium auf die eine oder andere Weise angerührt erlebt, hier und jetzt befindet.
Es ist ein Weg
a) der Selbstzuwendung und Selbstwahrnehmung,
b) der übenden Erweiterung und vertiefenden Erkenntnis,

c) der Wandlung, Reifung, Entfaltung und schrittweisen Selbstverwirklichung und eben darin ein spiritueller Weg.

Zu a) Die meisten Menschen, die sich diesem Weg zuwenden, machen ihre ersten praktischen Erfahrungen in Kursen für „Atem und Bewegung", wie sie von den entsprechenden Instituten oder frei praktizierenden Atempädagogen als Wochenend- oder Fünftage-Kurse, eventuell auch als wöchentlicher Abendkurs in eigener Praxis sowie an Volkshochschulen, inzwischen auch von Krankenkassen und ähnlichen Institutionen, angeboten werden.

All diesen Unternehmungen ist gemeinsam, daß die Teilnehmer, in der Regel nicht mehr als 15 Personen, sich zu einer Runde zusammenfinden, die auf Hockern mit fester, gerader Sitzfläche Platz nimmt.

Unter diesen äußeren Gegebenheiten beginnen die ersten Schritte der Entdeckung, daß Atem und Bewegung ganz eng miteinander verknüpft, ja zwei Seiten der gleichen Medaille sind; und zwar nicht nur bei großen, schwungvollen und raumgreifenden Bewegungen, sondern auch bei kleinen und spürsam ausgeführten Dehnungen. Das Weit- und Schmal-werden einer sich dehnend öffnenden und schließenden Hand vermittelt in der Regel einen ersten intensiven Eindruck des Zusammenhangs von Atem, Bewegung und Bewegtwerden, das nicht begrenzt ist auf die direkt bewegte Hand, resp. Leibregion. Dieses innere Bewegtsein – physisch wie psychisch – darf nachklingen und zur Ruhe kommen, bevor die Teilnehmer ermuntert werden, ihre mitteilbaren Impressionen einander kundzutun.

Der Austausch von Empfindungswahrnehmungen, Gefühlen und Gedanken im Kontext einer von allen vollzogenen identischen ‚Übung' weckt die Einsicht in die individuelle Art des Erlebens; gleichzeitig ist damit eine Anregung für die übrigen Teilnehmer gegeben, sich zum Geäußerten im eigenen Empfinden rückzukoppeln, sich davon befragen, eventuell anregen zu lassen. In der Regel werden zu Beginn, d. h. am ersten Abend, auch die Sitzhöcker erkundet und der optimale ‚Atemsitz' sowie die günstigen Ausruhhaltungen – Kutscher- und Schaukelsitz – erarbeitet, wobei der Kundgabe individueller Befindlichkeiten und ihrer Resonanzen viel Raum gegeben wird. Damit ist ein Grundstein für die weitere Arbeit gelegt; über spürsam dehnende Bewegungen erschließen sich immer mehr Gliedmaßen und Leibregionen dem innewerdenden Befinden. Nicht wenige Menschen werden dabei tief in ihrer Gestimmtheit getroffen ob der bisherigen Vernachlässigung ihres Leibes – vielleicht sogar einer Mißhandlung. Für viele tun sich gerade in den ersten Stunden solch eines Kurses ganz neue Erfahrungs-, Empfindungs-, und Einstellungsmöglichkeiten auf. Insbesondere die je neue, je einmalige Empfindungsbotschaft bei Übungen, die wiederholt werden, führt vielfach zu einer fast andächtig bewegten Haltung, zumal die Wirkungen, der Nachklang in die Welt des Alltags häufig nicht erwartet wird. Sehr schnell vermittelt sich die Erfahrung: „Atem hat eine lebenstragende Funktion. Atmend können wir unseren Leib kennenlernen. Atem kann erfahren und erlebt werden. Er teilt sich über das Wort nur beschränkt mit" (Middendorf).

So reihen sich Stunden aneinander, in denen Übungen unterschiedlichster Art vorgestellt und nachvollzogen werden – z. T. auch als Partnerarbeit – ohne auf formale Assimilationstreue zu insistieren. Jeder Teilnehmer vollzieht eine vorgestellte Arbeit gemäß seiner ihm eigenen Möglichkeit und erfährt darin sich in seiner jeweiligen Verfassung, eventuell auch in seinem Verstelltsein. Immer wieder wird der Hinweis gegeben, daß es um das eigene Maß, die eigene Wirklichkeit auch in der Erfahrung von Grenze und Unvermögen geht. Diese wandeln sich je bereits sehr häufig durch die bewußte Akzeptanz, die sie als augenblicklichen Ist-Zustand anerkennt, ihn jedoch gleichzeitig freiläßt, anheimgibt.

Zunächst sind es überwiegend Übungsweisen, die über gezielte Dehnungen den Atemfluß anregen und das Empfindungsvermögen intensivieren und damit das Raumerleben der Leiblichkeit verstärkt ermöglichen. Hinzu kommt die Druckpunktarbeit für Finger und Füße, mit der der Atemfluß und sein Empfinden in jeweils bestimmten Leibregionen angeregt werden kann – eine in vielen bedrängenden Lebenssituationen hilfreiche Kompensations- und Kräftigungsmöglichkeit. Gelegentlich wird auch die Vokalraumarbeit bereits mit einbezogen, die – wenn der Atem bereits frei zugelassen werden kann – bestimmte Räume des Leibes – je nach Vokal – mit einer je eigenen Atemreaktion erfüllt und sie dadurch vertieft, belebt und in die Wahrnehmung bringt. Alle diese unterschiedlichen Atemweisen dienen einer verstärkten Entfaltung und empfindenden Wahrnehmung der verschiedenen Leibräume und ihrer Beschaffenheit. So erschließen sich nach und nach immer deutlicher die variierenden Qualitäten des unteren, des mittleren und des oberen Raumes; es treten ins Gewahrsein die Körperwände als Membranen zwischen Innen- und Außenraum, wobei gerade hierbei sehr deutlich werden kann, daß der empfundene Leib in seiner Qualität nicht deckungsgleich zu sein braucht, ja kaum einmal ist, mit der grobstofflichen Konturiertheit.

Eine Fülle von Entdeckungen und Erfahrungen erschließen sich dem sich erweiternden Gewahrsein durch die hingebende und doch achtsame Begleitung des Atemgeschehens über die angewandte Trias von Atmen, Sammeln und Empfinden, gelegentlich als Middendorfsche Dreieinigkeit bezeichnet. Sie erschließt immer tiefere und vernetztere Erfahrungen unserer geistig-seelisch-leibhaften Wirklichkeit.

Das Standbein, das Hauptgewicht, kann mal auf dem einen, mal auf dem anderen Element ruhen; immer sind die beiden anderen mit wirksam. Immer handelt es sich um drei Facetten eines einheitlichen Vorgangs, der den Menschen als ganzen berührt. Wohin ich mich sammle, da empfinde ich mich; wo ich mich gesammelt empfinde, da setzt vermehrt Atembewegung ein. Andererseits gehe ich in das Empfinden (etwa von Schmerz in einer bestimmten Leibregion), so wird diese verstärkt von Atem durchweht, und ich erlebe mich in diese Region gesammelt, in ihr anwesend. Bliebe die dritte Variante: Der intensive Atemfluß nach anregender Bewegung lädt ein zum Sammeln, zur Anwesenheit, die völlig neue, erweiternde Empfindungen, Wahrnehmungen ermöglicht. Eindrückliche Zusammenhänge, wenn sie bewußt ins Innesein treten.

Aus diesen Einsichten resultiert die so einfach klingende Ausgangs- und Ziel-Regel: „Wir lassen den Atem kommen, wir lassen ihn gehen und warten, bis er von selbst wiederkommt."

Damit haben wir ganz Wesentliches aller lebendigen Prozesse berührt: die Rhythmik, in der sich das Leben in eben dieser Gestaltung zum Ausdruck bringt. Der Einatem weitet den Leib, öffnet uns zur Welt in ihren unterschiedlichen Gestaltungen und Erscheinungen, bringt uns neue Kräfte und Anregungen zu, die wir mit ihm in uns aufnehmen.

Im Ausatem schwingen wir aus dem Weit der Dehnung wieder in das Schmal der Ausgangslage. Dabei können wir alles für unseren Gesamtorganismus Schädliche und Unbrauchbare wieder abgeben, ‚gehen-lassen', wenn wir uns los-lassen und vertrauend in das Getragensein der Atemruhe einlassen können. Im Ausatem kommt aber auch die Kraft zum Tragen, die sich aus uns heraus zum Ausdruck gestalten will. Transformatoren gleich nehmen wir einatmend die unterschiedlichsten Kräfte in uns auf, lassen uns von ihnen füllen, uns durchdringen, um sie im Ausatem in gewandelter Form als Gedanke, Wort oder Tat zu entäußern, von innen nach außen zu geben. Wohl dem, der sich dieses Vorganges und seiner Begleiterscheinungen bewußt zu bleiben vermag.

In der Atem-Pause, der Atem-Ruhe, kann ich mich dann zu mir selbst, zum eigenen tanszendenten Grund, sammeln, mich von allem lösen, bevor ich mich dann wieder hingebend vom neuen Einatem-Impuls neuen Ufern entgegentragen lasse.

Den Atemrhythmus so zu zeichnen, heißt auch gleichzeitig, die möglichen Ungleichgewichte und Störungen dieses Ur-Rhythmus und die daraus resultierenden Fehlformen für die Atmung, die Gesundheit und das Verhältnis zur umgebenden und einschließenden Welt implizit mitanzutönen.

Zu b) Jeder hat wohl schon die Erfahrung gemacht, daß sich nach längerer Ruhestellung des Leibes ein Bedürfnis nach Bewegung und Raumerleben bemerkbar machte. Diesen Wunsch können wir uns gegebenenfalls durch ein ausgiebiges Dehnen erfüllen, wonach wir uns meistens frischer und lebendiger fühlen. In der Regel hat sich unser Körperinnenempfinden dadurch auch wesentlich verändert. Es ist in seiner Raumhaftigkeit deutlich empfindbarer geworden. Wie ist dies zustandegekommen?

Durch die Dehnung haben wir uns in den Einatem hineingeschwungen, ihn intensiviert und in Räume und Gegenden gelockt, die zuvor nur mangelhaft von den zirkulierenden Lebenskräften erreicht wurden. Das Ergebnis: oftmals ein lösendes Seufzen und Gähnen. Mitunter rufen immer mehr Körpergegenden nach diesem befreienden Durchströmtwerden. Innerlich und äußerlich melden sich die Anzeichen prickelnder Lebendigkeit, bis sich schließlich der ganze Leib – mehr oder weniger – an den neu entstandenen Fluß der Lebenskräfte angeschlossen hat. Hier läßt sich empfindend wahrnehmen, wie verflochten die Atmung mit den verschiedenen Körperprozessen ist: Mechanisch besteht eine Wechselwirkung zwischen Atembewegung und zahlreichen Körperorganen; kreislaufdynamisch hängt sie eng mit der Herzarbeit und dem Körper- und Lungenkreislauf zusammen; chemisch besteht eine Beeinflussung des Sauerstoffversorgungssystems, des

Kohlendioxydspiegels, der Ionenkonzentration und damit der gesamten Stoffwechsellage; nervös-reflektorisch wirkt sich der Atemvorgang auf die nachbarlichen Organvorgänge durch entsprechende nervliche Verflechtungen aus; zentral-nervös besteht ein tiefgreifender Einfluß der Organmotorik, vor allem der Atemmotorik, auf die Großhirn- und Bewußtseinsvorgänge des Menschen.

Für jede Übungsstunde am erfahrbaren Atem bildet ein ausgiebiges Dehnen den Auftakt. Mit ihm rufen und sammeln wir uns ganz in die uns hier und jetzt mögliche Gegenwärtigkeit unserer Leiblichkeit. Bereits nach diesem anfänglichen und einleitenden Tun kann ein spürsames Nachschwingenlassen, ein Lauschen auf die sich anbahnenden Veränderungen sehr fruchtbringend sein. Je mehr der Leib sich in seinen Erfahrungsmöglichkeiten übend dem wachen Bewußtsein erschließt, umso deutlicher werden auch die unterschiedlichen Empfindungsqualitäten der verschiedenen Räume und der in ihnen beheimateten Kräfte wahrnehmbar. Später kann es sogar zu einer unterscheidenden Wahrnehmung verschiedener Organe und ihrer Tätigkeiten kommen: alles dank eines sich immer weiter ausdifferenzierenden Spürbewußtseins für die eigene Leiblichkeit und ihre vielfältigen Ausdrucksformen.

Der wahrnehmenden Betrachtung im Erfahrbaren Atem erschließen sich fünf Räume. Der untere Raum umschließt das Becken, die Beine und Füße; er kann sich empfindungsmäßig noch weiter in die Tiefe ausdehnen. In diesem Raum ruht unsere Vitalität, die Erd- und Wurzelkraft; vergleichbar den Wurzeln eines Baumes erfahren wir in ihrer oft dunkel empfundenen, drängenden, aber auch tragenden Kraft die Verbundenheit mit dem Mütterlichen unseres Seins. Ist der Anschluß oder die Verbindung zu diesem Bereich gestört, so fehlt es an Erdverbundenheit und der Möglichkeit, sich auf der Erde zuhause zu fühlen, sich auf ihr niederlassen zu können. Im unteren Raum ist der aufsteigende, der nährende, tragende, treibende Atem zuhause, der den gesamten Leib durchfluten und aufrichten kann.

Dem mittleren Raum eignet die Region zwischen dem Nabel und dem Brustbein, der Region um die achte Rippe. In ihm ruht, besser schwingt das Zwerchfell, das im günstigen Fall frei schwingende Trenn- und Verbindungssegel zwischen unten und oben. Eine Kostprobe seiner Möglichkeit, alle Lebensprozesse anzuregen, finden wir im Vollzug des Hechelns, das die Atembewegung durch den gesamten Rumpf und alle Extremitäten erfahrbar machen kann. Der mittlere Raum ist der Sitz der Personmitte. Wenn ich mich wirklich zu mir, meiner Mitte sammeln kann, dann ist sie auch der Ort entstehender Atem-Substanz, die nach und nach alle anderen Räume zu erfüllen und belebend zu durchdringen vermag. Binden wir den horizontalen Atem an die Mitte an, so finden wir jenen Gradmesser, der uns davor bewahrt, uns entweder abzukapseln oder im Außen zu verlieren. Für das Üben am Atem ist es stets von Vorteil, mit der anwesenden Mittenkraft Kontakt aufzunehmen und sich von ihr inspirieren und leiten zu lassen.

Im oberen Raum, in dem die Möglichkeiten der Entfaltung und Gestaltung angelegt sind, tritt der Mensch in besonderer Weise in Erscheinung – in seinen ihm zur Verfügung stehenden Kräften wie auch in seinen Einschränkungen. Vielfältig sind die Freiheitsgrade, die um den Kopf-, Hals- und Schulterbereich erblühen, aber auch durch vielerlei Faktoren beeinträchtigt werden können. Hier genügt eine summarische Erwähnung und der Hinweis auf die Anschauungsangebote, die uns die Mitwelt täglich unterbreitet. Auch das Hineinspüren in die eigene Verfassung kann sehr aufschlußreich sein. Ist doch kaum jemand frei von Beeinträchtigungen gerade in diesem Bereich.

Hilfreich und befreiend in vielerlei Hinsicht vermag sich da die sanfte Wirkung des absteigenden Atems bemerkbar zu machen. Er ist der Sensibilität und leichten Ansprechbarkeit der im Kopf- und Halsbereich wirksamen Nerven angepaßt. Obwohl ganz zart und weich in der Empfindung, so birgt er doch eine sehr intensive Kraft, verbindet er uns doch auf eine besondere Art mit den kosmischen Bereichen. Für ihre lösende und befreiende Kraft sind auch der mittlere und untere Raum häufig sehr dankbar.

In diesem Zusammenhang verdient er besonders betont zu werden: der meditative Charakter des erfahrbaren Atems. Ein etwas längeres Zitat von Ilse Middendorf mag deren Schau veranschaulichen.

„Im Sammeln zum Innesein, in der Hingabe an dessen stufenweise Vertiefung im Punkt der höchsten Wachheit sind wir im Zustand der Meditation. Meditativ können wir auch eine Handlung nennen, die in das Wesen ihres Ablaufs zielt.

Wenden wir uns dem Atem zu, wird uns klar, daß der erfahrbare Atem ohne meditative Haltung gar nicht möglich ist. Entsteht doch erst in der meditativen Zuwendung zum Atem das gegenseitige Durchdringen vom Atemansatz in äußeren Schichten und vom Atemansatz in inneren Schichten – das Durchdringen, dem allein Atemqualität entwächst. In Hingabe und Achtsamkeit sind wir atmend gesammelt und empfindend; ‚lauschend' nehmen wir wahr, daß wir atmen und wie wir atmen; und der Rhythmus des Atems läßt uns erfahren, wie wir zur Zeit und zur Ewigkeit stehen. Das Meditative im Atmen bringt uns auf den Weg zum Wesentlichen. Aus dem Wesentlichen entstehend, ist die Atem-Meditation die Schwester der Bewußtwerdung, ob im Feld des Denkens, des Fühlens, der Intuition oder des Empfindens. In der Atem-Meditation schaffen wir die Voraussetzung zur leiblichen Bewußtwerdung, zur denkerischen Erkenntnis und zum zündenden Einfall. Und die daraus entstehenden Bewußtseinsqualitäten äußern sich im Wachsen der Begabungen und Fähigkeiten. Je nach dem Entwicklungsstand des Übenden ist jede Atemweise im Meditativen eingebettet und bereitet uns so den Anschluß an den lebendigen Grund. Jedes Üben am Atem ist also meditativ getragen" (Ilse Middendorf: Der Erfahrbare Atem, S. 115).

Neben den drei Atemräumen erschließt uns die spürsame Hinwendung zu unserem Atemgeschehen eine differenziertere empfindbare Wahrnehmung des Außen und Innen, die einerseits klar voneinander unterscheidbar sind, doch andererseits hochgradig von der jeweilig eigenen Verfassung abhängig sind, da sie nicht ohne weiteres übereinstimmen mit den Innen- und Außengrenzen unserer grobstofflichen Erscheinung. Hier ergibt sich für den Übenden respektive mit dem Atem Arbeitenden ein fast unerschöpfliches Feld, sich in immer neuen Ausformungen und Begrenzungen zu erfahren. Die gesamte Thematik von Ich und Nicht-Ich, Ich und Welt, Ich und Du – ‚Ich' immer an der Leine der Tiefe des eigenen Innen – vermag atmend erfahren und durcharbeitet zu werden.

Eine Entdeckung eigener Art kann es sein, wenn in der Ansprache einer Leibhöhle im Weit und Schmal diese sich mehr und mehr weitet, rundet, ihre Höhligkeit mit der innewohnenden Substanz erspüren läßt, dann aber auf einmal ein Wandel eintritt: Aus der zunächst noch warmen, fließenden Kraft entsteht etwas Drängendes, Impulsives, ja Richtungsweisendes mit zielgerichteter Dynamik. Gerne wird dieser Wechsel als Umschaltprozeß vom Weiblichen zum Männlichen bezeichnet. Dieses Atemgesetz, demzufolge aus einem Atemraum Atemkraft wird, die sich selbst Richtung schafft, vermag tiefgreifende Wandlungsprozesse zu bewirken, wenn es denn soweit ist.

Entfalten die drei Hauptatemräume immer mehr Durchlässigkeit, ist weiterhin die Spürfähigkeit in ausreichender Weise entwickelt, so entsteht eine weitere Frucht dieser Arbeit: die Bewegung aus dem Atem. Nach anfänglich tastenden Versuchen entsteht mehr und mehr die Fähigkeit, ja das Bedürfnis, sich von der Kraft des Atems bewegen zu lassen. Dabei kann die Empfindung immer mehr wachsender Einheitlichkeit aufkommen. Mag es anfänglich nur ein gelegentlicher Glücksmoment sein, in dem der im Innersten gespeiste Impuls sich ohne Ecken und Kanten, Verbiegungen und Verzerrungen durch mentale oder vitale Hemm- und Hindernisse in sinnlich gewachsene Bewegung umsetzt, so kann sich daraus eine Fähigkeit entwickeln, die uns auch in unserem äußeren In-der-Welt-Sein mit unseren inneren Quellen verbindet. Eine permanente Aufforderung, die Herrschaftstendenzen des Ego mit seinem ‚Gewolle' außer acht zu lassen. Unerschöpflich die Möglichkeit alltäglicher Verwandlungsarbeit.

Eine Atemweise, die nicht auf Anhieb die Zugangstore öffnet, sondern schon einiges Üben verlangt, ist der sogenannte Vokal-Raum-Atem. Hinter dieser Bezeichnung steht die Erfahrung, daß – wenn der Atem frei schwingen kann – Vokale wie Konsonanten in ganz bestimmten Räumen eine nur ihnen eigene Atembewegung auslösen, ein ihnen eigenes Klangbild ausprägen und eine nur ihnen eigene Wirkung auf die Leiblichkeit ausüben. Damit eröffnen sie die Möglichkeit, sich mit ihrer Hilfe den Leib in weiteren Räumen und in umfänglicherer Weise empfindend vertraut zu machen, ihm gegebenenfalls und unter bestimmten Umständen Stärkung, Lösung, Erleichterung, Anregung, Weitung und Zentrierung zu verschaffen. Auch hier öffnet sich ein weites Feld der helfenden und heilenden Beeinflussung auf allen Seinsebenen, wenn eine gewisse Durchlässigkeit und Spürfähigkeit erst einmal gewonnen ist und wir uns wirklich dem von selbst kommenden Atem öffnen und ihn auch seinem eigenen Rhythmus entsprechend gehen lassen.

Verwandt damit ist das schweigende Tönen. Dem Geübten ist es möglich, mit einem kontemplierten Ton schweigend durch den ganzen Körper zu wandern, ja sogar über die obere und untere Begrenzung hinaus.

Zu c) Damit sind wir bereits tief in den Bereich der Wandlung, Reifung und Entfaltung vorgedrungen, den wir bereits mit der Selbstzuwendung und Selbstwahrnehmung beschritten haben. Schrittweise führt die Hinwendung zum eigenen Atem, das freie Zulassen seiner ur-sprünglichen Bewegung, Dynamik und Rhythmik zu einer vertieften Erkenntnis und Bezeugung unseres tieferen, eigentlichen So-Seins. Langsam aber sicher werden Ungleichgewichte auf den verschiedenen Ebenen in Richtung auf mehr Harmonie verschoben; es entsteht körperlich, seelisch und geistig ein größeres Gleichgewicht, eine eutonische Grundverfassung, die nach und nach Disharmonien der verschiedenen Seinsbereiche an ihre gemeinsame ‚Mitte' anbindet. Diesen Prozeß fördernd zu begleiten, setzt allerdings Geduld und Demut voraus. Auch auf diesem leibhaftigen Wandlungsweg begegnen uns jene Kräfte mit ihren Auswirkungen, die C. G. Jung so treffend als Schatten bezeichnet. Ohne Schatten-Berührung, ohne Schatten-Anerkennung gibt es auch auf diesem Wege keine dauerhafte und wahrhaftige Wandlung. Wer sich darauf einläßt, den Atem wirklich frei zuzulassen und sich damit seiner innersten Dynamik anheimzugeben, der wird auch mit seinen Dunkelheiten, Abgründigkeiten und ihren Auswirkungen Bekanntschaft machen. Doch in der hingebenden und achtsamen Begleitung findet er in seinem Atem ein Leitseil, das nicht im Schatten wurzelt, gründet, wohl aber durch diese Bereiche führen kann.

Der reflektierenden Wahrnehmung eröffnen sich einige Ähnlichkeiten und Gemeinsamkeiten zwischen dem Jungschen Individuationsweg und dem Weg des erfahrbaren Atems. Beide Erfahrungs- und Betrachtungsweisen anerkennen den Menschen als eine Gestalt, die sich ihrer selbst nur zum Teil bewußt ist, aber auf einen Weg gestellt und gerufen, der in größere Vollständigkeit, die bewußte Integration von Teilaspekten führt.

Um einen energetischen Kern, ein Zentrum (Jung: „Selbst", Ilse Middendorf: „Mitte") strukturieren sich innerlich wie äußerlich in lebendiger Beziehung und Durchdringung die Fülle der individuellen bewußten wie unbewußten Einzelfaktoren mit ihren entsprechenden Funktionen des sich schrittweise entfaltenden Einzelwesens – gemäß der ihm innewohnenden Dynamik und persönlichen Akzeptanz und Realisierung. Sie führt zur Auszeugung, Inkarnation energetisch präformierter Zielgestalt. Dabei transzendieren beide Wege innere wie äußere Figurationen auf die in ihnen aufleuchtende (resp. verdunkelte) intentionale bzw. entelechiale Wirkkraft und ihre Ausformung in neuer Gestalt auf anderen Ebenen: der Mensch als multidimensionales Wesen.

Der Ansatz im erfahrbaren Atem ist die körperlich-leibhaft empfindbare und empfundene Atembewegung gemäß dem individuellen Rhythmus, die zwar angeregt und gelockt, dann aber in achtsamer Hingabe und hingebender Achtsamkeit freigelassen wird. Über die zugelassene und realisierte Dreieinigkeitserfahrung von Atmen, Sammeln und Empfinden treten nach und nach immer weitere Leibwirklichkeiten in einen spürbar lebendigen Kontakt und Austausch, was zu einer zentrierteren und erweiterten Gestaltbildung führt, die von einer Tendenz der Eingänzung, Zentrierung und Erweiterung gespeist wird.

In der zugelassenen und wahrgenommenen Atembewegung spiegelt sich körperliche, psychisch-seelische und geistige Wirklichkeit in ihrer Verwobenheit (vergl. „Komplexe") in der individuellen, zunächst unbewußten Gestaltstruktur gegenwärtigen So-Seins als dynamischer Prozeß. Indem ich mich dieser Prozeßhaftigkeit hingebend achtsam überlasse, wandeln sich die Komponenten zu neuen Gestaltungsmöglichkeiten aus der Kraft innerer Impulshaftigkeit und erweitern so bewußte Erlebens- und Handlungsmöglichkeiten auf den unterschiedlichen Ebenen empfindbarer Existenz. In der Einwendung zum frei zugelassenen Atemgeschehen komme ich stets mit meiner Vielschichtigkeit in erfahrbaren Kontakt. Die unterschiedlichen variablen und variierenden Gegebenheiten und Existenzebenen werden allesamt – wenn ich es denn zulasse und mitschwinge – gemäß der Grundstruktur meines Wesens vom Atem angerührt, bewegt, durchpulst, geheilt und geeint – selbstverständlich Schritt für Schritt im Maße der Integrationsfähigkeit und Bereitschaft im Wachen, Traum und Tiefschlaf.

Für C. G. Jung ist die Psyche ein sich selbst regulierendes System; daß diese Aussage auch für den Atem möglich ist, läßt sich erfahren.

Ein wesentliches Element der Arbeit mit dem erfahrbaren Atem bedarf noch der Erwähnung: die Atem-Behandlung. Sie dauert in der Regel 60 Minuten, wovon ca. 45 Minuten überwiegend der Behandlung gewidmet sind. Die restliche Zeit bietet Gelegenheit zur verbalen Kommunikation. Normalerweise liegt der Klient bekleidet auf einer Liege. Der Behandler wendet sich auf die verschiedensten Weisen – es gibt eine Fülle erlernter und erlernbarer Griffe – an das diesem Liegenden konstituierende Sein in seinen ihm bewußten wie unbewußten Facetten, wie sie sich hier und jetzt im Atemgeschehen manifestieren. Auf der Basis seines spürend wahrnehmenden Wissens spricht er mit seinen Händen das Personsein des Behandelten an, um mit ihm über den Atem in seiner leiblichen Erscheinung in einen Austausch zu treten. Damit dies möglich wird, sammelt sich der Liegende unter die Hände des Behandlers und antwortet so mit der ihm in dieser Situation gemäßen Atembewegung. Dabei wird deutlich – sofern es dem geübten Auge nicht schon zuvor aufgegangen ist –, in welchem Maße und in welchen Bereichen der frei schwingende Atemfluß durch Überspannung, Unterspannung, Stau oder willentlich gesteuerte Achtsamkeit gehemmt ist und einer lockernden, lösenden oder anregenden Beeinflussung bedarf.

Neben diesen Informationsquellen läßt sich der Behandler von dem hier und jetzt in Erscheinung tretenden Atemrhythmus und den in ihm enthaltenen Botschaften leiten. Zeigt sich der volle, unbeeinträchtigte Rhythmus im impulshaften Einatmen, der nach seinem Gipfel ungebrochen in den Ausatem überschwingt und dann in die Atemruhe übergeht, ehe er sich wieder zu neuem Einatem aufschwingt, so ist in der Praxis und Wirklichkeit des konkret gelebten Lebens dieser volle Rhythmus in seinen etwa gleichlangen Intervallen – allemal bei Menschen, die zu einer Atembehandlung kommen – auf die unterschiedlichste Weise verändert. Bietet sich doch eine Fülle von Variationsmöglichkeiten an.

Da alle drei Phasen für sich in zeitlicher Ausdehnung, Tiefe, Intensität und plastischem Volumen variabel sind, außerdem aber auch noch einmal in ihrem Verhältnis zueinander wechseln, kann man mit voller Berechtigung sagen, daß kein Atem-Zyklus dem anderen gleiche. Dennoch lassen sich gewisse Typika unterscheiden, die dem Kundigen signalisieren, in welcher Weise der harmonische Gleichklang in diesem Leben zugunsten welcher Einseitigkeit aufgehoben ist. Ist die Einatem- oder Ausatemphase betont? Gibt es eine genügende Ruhe? Durch welche Qualitäten zeichnen sie sich aus? Die Fülle der Variationsmöglichkeiten spiegelt die Vielfalt der Befindlichkeiten im Raume des Physischen, Vitalen wie Mentalen sowie ihre Beeinträchtigungen.

Im Maße sich der Atem-Rhythmus verändert, frei wird von den

Vordergrundprägungen und Verstellungen und sich so dem ursprünglichen, dem sogenannten Ur-Rhythmus annähert, in eben dem Maße kommen auch bis dahin verdeckte und gebundene Möglichkeiten des Erlebens und Gestaltens zum Vorschein; wiederum auf den unterschiedlichen inneren wie äußeren Ebenen.

Auch wenn ein Klient wegen ausdrücklicher körperlicher Beschwerden zur Behandlung kommt, so ist und bleibt der Bezugsrahmen – wenngleich durch die Symptome hindurch – doch das im Atemgeschehen sich ausdrückende Wesen, auch wenn sich dieses zur Zeit nur eingeschränkt oder behindert artikulieren kann. Zu ihm nimmt der Behandler über seine eigen Atemfunktion Kontakt auf. Dies hat zur Voraussetzung, daß er in der Lage ist, sich zuvor leer zu machen, um ein freier Kanal für die Botschaften des Gegenübers zu sein und adäquat und ohne Vermischung darauf reagieren zu können. So bleibt der Selbstand und die Freiheit beider gewahrt. Es kommt zu einem Atem-Gespräch.

Durch die Sammlung unter die Hände des Behandlers und die hingebende Achtsamkeit an den eigenen Atemrhythmus in den angesprochenen Leibbereichen lernt sich der Klient so mehr und mehr auf eine Weise kennen, die ihm bisher verstellt und unzugänglich war. Damit eröffnet sich ihm auch ein neuer, intensiverer und fruchtbarerer Zugang zum eigenen Arbeiten an und mit dem Atem. Es kommt dadurch zur lebendigen Erfahrung seiner Vielschichtigkeit, die sich in seiner leiblichen Erscheinung einen und ausdrücken möchte – und dies im gelebten Alltag.

Soweit einige wesentliche Facetten aus der Arbeit mit dem Erfahrbaren Atem.

Nun einige explicite Anmerkungen zur Thematik spiritueller Erfahrungen in Verbindung mit der Zuwendung zum Atem. Jeder, der sich auf den Atem und seine Dynamik einläßt, wird die Erfahrung machen, daß er es mit einer Kraft zu tun hat, die ihn, den Atem-Erfahrenden übersteigt. Atem äußert sich zwar im Menschen auf die vielfältigste Weise; gleichzeitig übersteigt er ihn aber, trägt ihn über sich selbst hinaus in neue, erweiternde Formen, Gestaltungen und Ebenen, wenn der Mensch sich nicht verschließt, ihn abweist, oder sich mit seinen eigenen, persönlichen Bedürftigkeiten, Wünschen, Vorstellungen und Zielen zum Maßstab, Herrn und Lenker aufschwingen will. Es handelt sich also in der jeweiligen Atem-Erfahrung nie um ‚meinen' Atem, sondern immer um Atem, der in mich über unterschiedliche Pforten in unterschiedlicher Qualität eintritt und unterschiedliche Wirkungen hervorruft, mich mit mir und anderen verbindet. Wie sagte einst ein Klient nach einer Atem-Behandlung sein Erleben verbalisierend: „Atem schafft Gestalt: Atem schafft mich"; und nach einer kleinen Pause: „wenn ich mich denn schaffen lasse."

Wenn wir genau hinschauen, sehen wir, daß wir ohnehin nicht den Atem selbst erfahren, sondern stets nur seine Bewegung, seine Auswirkungen. Die Wirkursache liegt immer hinter der Wirkung. Wer sich darauf einläßt, sich mit allen Fasern seines Seins als bedingt, verursacht anzuerkennen, der hat ein für allemal das feste Fundament sogenannter faktischer Stabilität und Fixierung verlassen und sich geöffnet für die Dynamik eines stets fortfließenden Stromes der Wandlung und Erneuerung, der zwar stets neue Formen gebiert, sich jedoch von keiner fixieren läßt, sondern nur in ihnen aufscheint: eine Erfahrung, die Formen-Fetischisten schon zu erschüttern vermag, wenn sie sie denn zulassen.

Die Hinwendung zum Atemgeschehen in mir und durch mich selbst führt so über kurz oder lang zum Antauen aller Fixationen; es entsteht eine Bewegung auf den unterschiedlichen Ebenen meines Gewordenseins, die – wenn ich mich von ihr ergreifen lasse und mitschwinge – zur Erfahrung lebendiger Prozeßhaftigkeit führt. Dieser Prozeß selbst – absolut individuell und der Eigenstruktur angepaßt – wird getragen von einer hinter- und untergründigen Kraftzentrale, die sich in mir und durch mich zum Ausdruck und zur Entfaltung bringen will, wenn ich mich ihr in der Fülle von Komplexität meiner Daseinsgegebenheiten und funktionalen Verflochtenheiten öffne, hingebe; Sehnen schafft Atem und verbindet:

Ich öffne mich der Quelle des Atems unter mir und ihren Gestaltungen;
ich öffne mich der Quelle des Atems über mir und ihren Wesen;
ich öffne mich der Quelle des Atems in mir und ihren Impulsen;
ich öffne mich dem Weg des Atems.

Literatur-Hinweis

Ilse Middendorf: Der erfahrbare Atem – eine Atemlehre, Junfermann-Verlag 1990[6]

[6] *Informations- und Veranstaltungspsrospekte: Ilse Middendorf-Institut für den Erfahrbaren Atem 64743 Beerfelden-Falken-Gesäß*

Gerda Boyesen

Psychotherapie und Spiritualität

Diesen Artikel habe ich in liebevoller Erinnerung an Rolf Zundel verfaßt. Ich hatte das Privileg, ihm zu begegnen und auch das Privileg, ihn näher kennenzulernen. Ich vermisse ihn in dieser Welt, aber ich weiß, er lebt in einer anderen Welt – auf der anderen Seite, wo wir alle einmal hingehen werden. Ich bin froh über diese Möglichkeit, ihm zu danken und dankbar für die Gelegenheit, ihm und seinem Andenken diesen Artikel zu widmen: dem, was er war und was er geschaffen hat, solange er unter uns war.

Mit Liebe, heiterer Gelassenheit
und Dank an Dich, Rolf
Gerda Boyesen

Zu Beginn dieses Artikels möchte ich feststellen, daß Psychotherapie ohne Liebe für mich keine wahre Psychotherapie ist. Der Psychotherapeut muß – unabhängig davon, welche Methoden sie oder er anwendet – etwas haben, was ich die „Qualitäten der Ewigkeit" oder die „himmlischen Qualitäten" nenne. Die Qualitäten der Ewigkeit sind zuallererst *menschliche und universale Liebe.* Liebe hat heutzutage so viele verschiedene Bedeutungen: Hier ist die Liebe zu den Menschen mit offenem und selbstlosem Herzen gemeint.

Das Nächste ist: *Verstehen.* Zu meinem großen Bedauern höre ich häufig Leute, die sich in Therapie befinden, sagen: Mein Therapeut versteht mich nicht. Ich denke oft, daß ein Mensch nicht mehr allein auf der Welt ist, wenn er wenigstens *eine einzige* Person hat, die ihn oder sie versteht. Diese Person, diese einzige Person, muß letztendlich der Therapeut sein – oder, um es in andere Worte zu fassen: Die heilende Kraft einer Psychotherapie liegt gerade darin, daß sich der Patient von seinem Therapeuten verstanden fühlt.

Es gibt noch weitere wichtige „Qualitäten der Ewigkeit", das auszuführen würde aber den Rahmen dieses Artikels sprengen.

Das Allerwichtigste bei einer Psychotherapie ist, daß es von seiten des Therapeuten zu keinem Urteil und keiner Kritik kommt. Ich werde nie vergessen, wie ich zu meinem reichianischen Therapeuten *Ola Raknes* kam. Ich konnte nicht glauben, daß es dort tatsächlich einen Menschen auf der Welt gab, der mich voll verstand und in dem akzeptierte, wie und wer ich war; wo ich meine schlimmsten Seiten zeigen und über sie sprechen konnte und trotzdem noch immer angenommen, verstanden und geliebt wurde.

Wenn wir also über die Qualitäten der Ewigkeit sprechen, können wir sagen, daß Therapie ohne Liebe keine wirkliche Therapie ist – keine wahre Psychotherapie. Das bedeutet nicht, daß der Therapeut über Liebe und Gott und Spiritualität sprechen sollte. Ein Psychotherapeut ist weder ein Priester noch ein Prediger. Viele Menschen müssen zunächst durch eine atheistische Phase gehen, um den ganzen „alten Müll" loszuwerden, die Indoktrination des Über-Ichs, die Religion ihnen häufig vermittelt hat. Sie müssen ihre eigene Spiritualität und ihre eigene Erfahrung mit Gott finden. Der Gott des Therapeuten und wie er ihn sieht, muß nicht die Spiritualität des Patienten und dessen Ansicht von Gott sein. Deshalb muß der Therapeut frei von Intoleranz, Unbeweglichkeit und Moralismus sein. Toleranz und Flexibilität sind von größter Bedeutung. Besonders auch deshalb, weil es keine Abkürzungen gibt. Der Patient muß sich in seinem eigenen Raum entwickeln – und in seinem eigenen Tempo. Denn ich habe in meiner Arbeit als Körperpsychotherapeutin erfahren, daß hinter all der negativen Repression die Grundlagen für die menschlichen Qualitäten der Ewigkeit verborgen sind. Und daß Psychotherapie ein klärender und reinigender Prozeß ist, bei dem das Niedere Selbst mehr und mehr mit dem eigenen Höheren Selbst Kontakt aufnimmt; wo unsere Spiritualität entsteht und wo unser Höheres Selbst in Berührung mit – wie ich es nenne – „something more" kommt.

Eine sehr alte Frau, die frühere Frau eines bekannten Psychotherapeuten und eine frühere Patientin von mir, sagte zu mir, als sie im Sterben lag: „Danke, daß Sie mir geholfen haben, mit dem Unsichtbaren in Berührung und in Kontakt zu kommen." Dies geschah bei ihr hauptsächlich durch die Arbeit mit biodynamischer Massage.

Hier kommen wir meines Erachtens zu dem Allerwesentlichsten. Der Körper selbst ist spirituell und möchte unter allen Umständen zu seiner Spiritualität zurückgelangen; zu dem was er ist und zu dem, wofür dieser Mensch bestimmt ist. Und häufig haben wir Krankheiten und unterschiedliche Symptome, weil die spirituellen Energien in uns blockiert sind und nach einem Weg zur Erfüllung und Selbstbestimmung suchen, was letztendlich auch spirituell ist.

Ein neurotischer Mensch – den ich als Sekundärpersönlichkeit bezeichne – kann in neurotischen Mustern (Charakterneurose) gefangen und deshalb unfähig sein, sich zu einer natürlichen Spiritualität zu entwickeln. Bei der Charakterneurose sind die Energien statisch und nicht dynamisch, so daß es keine wirklichen psychosomatischen oder psychologischen Symptome gibt, weil der Abwehrmechanismus die Repression im Gleichgewicht in einer „neurotischen oder sekundären Balance" hält. Aber wenn der Widerstand „geht" – wie Sigmund Freud sagt – wird die Person neurotisch oder psychotisch, und das kann sogar der Beginn einer spirituellen Entwicklung sein.

Ganz am Anfang meiner Arbeit beschäftigte ich mich nur mit dem, was ich Freudianische Repression nenne – Verdrängungen auf der Ebene des niederen Selbst, wie ich jetzt lieber formulieren will. Verdrängungen auf der Ebene des Höheren Selbst gab es weder in meinem Vokabular noch in meinen Überlegungen. Aber nachdem die Verdrängungen auf der Ebene des niederen Selbst aufgelöst und gereinigt waren, zeigte es sich, daß die Arbeit mit den Verdrängungen auf der Ebene des Höheren Selbst mehr und mehr transzendentale und spirituelle Erfahrungen mit sich brachten. Dadurch entwickelte ich mich zu meiner eigenen Überraschung von einer freudianischen und reichianischen Psychotherapeutin zu einer jungianischen, ohne es zu merken.

Es ereignete sich einfach durch die Arbeit mit einer Kombination aus freudianischen, reichianischen, neo-reichianischen und biodynamischen Methoden. Das Ergebnis ist aber immer abhängig von der Art und Weise, wie man mit diesen Methoden arbeitet.

Das wichtigste Prinzip in meiner Arbeit ist, die „Impulse von innen" zu unterstützen, und das ist zugleich auch die wesentlichste Methode in der Biodynamischen Psychologie. Das bedeutet, man überläßt es dem Körper, dem Organismus und dem

Menschen selbst, zu entscheiden; man gibt ihm die Gelegenheit, das auszudrücken, was herauskommen will und hilft ihm dabei, unabhängig davon, ob es sich um einen verbalen, emotionalen oder körperlichen Ausdruck handelt.

Es ist völlig falsch, wenn der Therapeut Druck ausübt oder auf einer bestimmten Ebene besteht, wie z. B. dem Freudschen Unbewußten, wenn die Energien und Impulse des Patienten sich mehr auf der Ebene des Höheren Selbst oder der spirituellen oder jungianischen Ebene befinden.

Zu viel Druck auf das Niedere Selbst kann durchaus eine neue oder stärkere Barriere in bezug auf die höhere oder spirituelle Ebene hervorrufen.

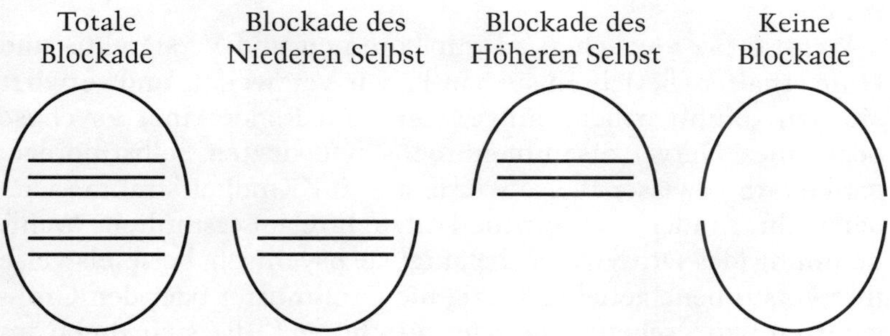

Je mehr die Blockaden des Niederen Selbst aus dem Körper herausgearbeitet werden und das Gewebe Durchlässigkeit für den wachsenden Fluß der Lebensenergie bekommt, desto mehr werden die Blockaden des Höheren Selbst schmelzen und sich für eine reale und wahrhafte Spiritualität öffnen.

Wenn aber die Energien des Niederen Selbst unter Druck gesetzt werden und keine Zeit oder Möglichkeit erhalten, organisch ausgearbeitet zu werden, dann werden sie stattdessen stärkere Barrieren in Richtung des Höheren Selbst und der Spiritualität bewirken.

An diesem Punkt können die eigenen Ambitionen, Theorien und Einstellungen des Psychotherapeuten einer wirklichen spirituellen Entwicklung im Wege stehen. Auf der anderen Seite kann ein Therapeut für die spirituelle Entwicklung ungeheuer hilfreich sein – sogar, wenn sie oder er diese Ebene in sich selbst noch nicht erreicht hat: allein dadurch, daß sie oder er den Klienten mit Offenheit und Bescheidenheit in neue Bereiche psychischer Entwicklung und Erfahrungen von Intuition, Inkarnation und sogar Hellsichtigkeit begleitet.

Ich habe in den letzten Jahren das entwickelt, was ich esoterische biodynamische Psychotherapie nenne. Es bedeutet, Menschen in ihrer transzendentalen Öffnung zu verstehen und ihnen zu helfen; ihnen Verständnis und Hilfe für das Selbstverständnis dieser häufig verwirrenden und ängstlich erwachenden Teile ihres Selbst zu geben. Viele Patienten kommen verzweifelt, deprimiert, verwirrt und von Angst getrieben zu mir, weil ihr Therapeut nicht an derlei Erfahrungen glaubt und deshalb versucht, sie nach Freudianischer Art zu analysieren oder aber die Existenz solcher Erfahrungen ablehnt bzw. ihnen keine Bedeutung beimißt.

Wenn diese Menschen zu mir kommen und Verständnis und Hilfe erhalten, berichten sie häufig, wie verzweifelt und verwirrt sie sich gefühlt haben; einige waren am Rande einer Psychose oder eines Nervenzusammenbruchs und hegten Selbstmordgedanken. In gewisser Weise wurde hier ihr Kindheitstrauma wiederbelebt. Kinder sind spirituell offen. Ihre außersinnliche Wahrnehmung (das Dritte Auge) befähigt sie psychisch, beispielsweise ihre verstorbene geliebte Tante, die Großmutter oder den Großvater etc. zu „sehen" und/oder zu „hören", die sich ihnen im Geist zeigen und ihnen sagen, daß sie noch immer leben – in einer Anderen Welt. Wenn diese Kinder dann ihren Eltern oder anderen Menschen diese Erfahrungen mitteilten, wurden sie ausgeschimpft oder man drohte ihnen, sie würden in eine Anstalt kommen. Man sagte ihnen, sie seien verrückt oder dumm und verbot ihnen, darüber zu sprechen; man gab ihnen das Gefühl, schlecht zu sein, so daß sich die Kinder total verwirrt fühlten und das Vertrauen zu sich verloren. So wurde schließlich schwarz zu weiß und weiß zu schwarz. Sie konnten ihren eigenen Wahrnehmungen und Erfahrungen nicht mehr vertrauen. Sie schlossen automatisch und unbewußt ihr Drittes Auge und verschlossen damit auch ihre Spiritualität und das Gefühl, in Berührung mit „something more" zu sein. Das Verschließen des Dritten Auges rief hervor, was ich eine *spirituelle Depression* nenne, weil sie diesen Kontakt mit „something more" verloren hatten. Das Kind erkennt schnell, daß es wie die anderen – die Erwachsenen – sein soll und vergißt seine spirituelle Erfahrung, um sich von den anderen nicht so sehr zu unterscheiden und vor allem nicht so allein und so seltsam zu sein. Nach und nach unterdrückt es seine spezielle Fähigkeit, seine Offenheit für die spirituellen und esoterischen Dimensionen des Lebens. Ebenso wie eine emotionale Verdrängung entsteht so allmählich eine „spirituelle Verdrängung", die unseren Kontakt mit den göttlichen Qualitäten unseres Höheren Selbst blockiert.

Während einer Psychotherapie, wenn sich der Körper und die Körperenergien öffnen, öffnen sich auch die spirituellen Energien. Ebenso die Chakras und besonders das Dritte Auge, einer unserer Zugänge zu innerer Wahrheit und Spiritualität. Findet der Klient beim Psychotherapeuten kein Verständnis, kommen die alten Gefühle von Verwirrung, Depression, Fremdheit und Einsamkeit zurück. Häufig geht der Klient dann in eine erneute und meist sehr schwere spirituelle Depression und Verwirrung – nur jetzt als Erwachsener. Deshalb ist das Sich-leiten-lassen in Hinsicht auf den transzendentalen Aspekt in der Psychotherapie und in der esoterischen biodynamischen Psychotherapie – wie ich es nennen möchte – so wichtig, weil das all die alte spirituelle Verwirrung und Depression auflösen kann. Aber hier entsteht eine neue Gefahr: wenn der Therapeut, vielleicht selbst ein Opfer von Indoktrination und Über-Ich, nicht zuläßt, daß der Patient sich auf seine eigene Art entwickelt, mit seinen eigenen Impulsen. Dann wird der Patient schnell ein Opfer der Gedanken und der Indoktrination des Therapeuten, zumal, wenn dieser Anhänger anderer religiöser Regeln und „Über-Ichs" ist. Der Therapeut muß reif genug sein, den Klienten sein zu lassen, und ihn nicht in die Richtung einer speziellen religiösen Richtung oder eines Gurus oder einer transzendentalen Richtung zu drängen oder zu beeinflussen. *Wahre Spiritualität arbeitet mit dem Gesetz des freien Willens, der Okkultismus dagegen mit Macht.* Es gäbe viel über esoterische Übergriffe und esoterischen Schutz zu sagen. Aber das würde den Rahmen dieses Artikels sprengen.

Es gibt für mich zwei sehr wichtige Konzepte in bezug auf Psychotherapie und Spiritualität. Ich nenne sie „Spiritual Magnet" (Spiritueller Magnet) oder „Divine Magnet" (Göttlicher Magnet) im Gegensatz zum „Neurotic Magnet" (Neurotischen Magnet).

Um es zu verdeutlichen, muß ich ein Diagramm aufzeichnen:

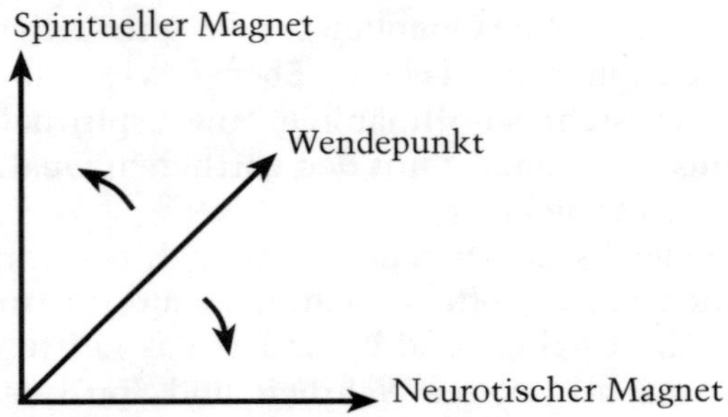

Dieses Diagramm soll veranschaulichen, daß sich die therapeutische Entwicklung eines Menschen (abhängig vom Therapeuten oder der Methode) wünschenswerterweise von einer sekundären, gepanzerten, neurotischen Persönlichkeit zu einer primären, nicht-gepanzerten, unneurotischen Persönlichkeit entwickelt. Das bedeutet: Wenn jemand beginnt, sich für das Höhere Selbst zu öffnen, befindet sie/er sich entweder an der Kreuzung zwischen den zwei Achsen oder pendelt zwischen den beiden Magneten hin und her. Abhängig davon, an welchem Punkt sie/er zwischen den beiden Achsen steht, wird der seinem Entwicklungsstand am nächsten liegende Magnet die stärkere Anziehungskraft haben, und sie/er wird sich psychisch zu diesem Pol hingezogen fühlen. Anscheinend gibt es jedoch in uns selbst eine Art „Sog" – einen biodynamischen Auftrieb –, der uns sogar mit Macht in die Richtung unserer eigenen Spiritualität zieht. Man kann allerdings auch auf dem Weg dorthin in seinem eigenen Körperpanzer oder seinem eigenen Abwehrmechanismus steckenbleiben und braucht deshalb psychotherapeutische Hilfe. Ich halte es für wahrscheinlich, daß die Lebensenergie eines Menschen (die man auch als kosmische Willenskraft oder die Kraft des Höheren Selbst und damit als spirituelle Energie bezeichnen kann) immer nach einer spirituellen Entwicklung streben wird, sofern sie nicht blockiert wird. Wenn man dieses Streben in Körper und Geist unterstützt, ohne es zu stören, wird es seinen Weg finden – auch wenn es viele Sackgassen gibt. Ein solches Störphänomen findet sich beispielsweise beim Konzept des „Inflated Ego" (Inflationiertem Ich) oder bei Wilhelm Reichs „Aborted christ" (abgetriebener Christus): Es führt dazu, daß man seine Bescheidenheit verliert und beginnt, seine Macht zu mißbrauchen. Dann wird die Macht das Ziel und ist nicht länger ein Werkzeug der Höheren Göttlichen Kräfte.

Es gibt noch ein anderes Konzept, das ich hier einführen möchte: das Konzept der „Divine Congruence" (Göttlichen Übereinstimmung): Es bezeichnet den Punkt der spirituellen Entwicklung und Evolution, an dem der eigene Wille eines Menschen und sein Wunsch nach natürlicher Erfüllung und Selbstbestimmung mit dem Göttlichen oder dem, was Gott von ihm wünscht, identisch wird.

Man kann es folgendermaßen verdeutlichen:

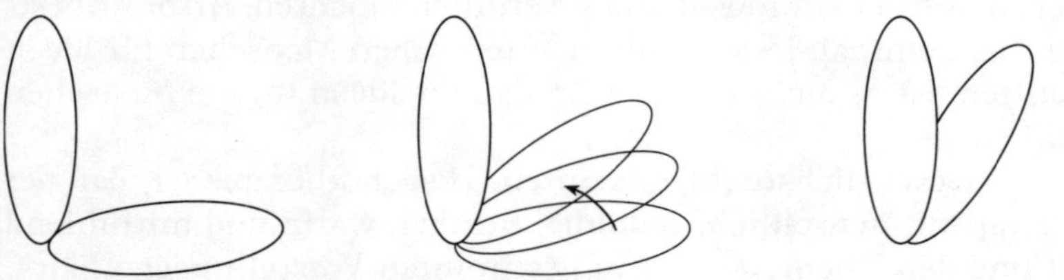

Das ist natürlich ein langer Weg und ein langer Reinigungs- und Klärungsprozeß, der nicht nur ein Leben, sondern viele, viele Lebenszyklen in Anspruch nimmt und auch davon abhängig ist, an welcher Stelle ihrer karmischen Entwicklung diese besondere Seele vor ihrer Geburt war. Ich vermute, daß es einen vorgegebenen Weg für eine eigene organische Spiritualität gibt, der darüber entscheidet, in welche Richtung die Energie geht. Wir leben heutzutage in einer besonderen Zeit, in der körperorientierte Psychotherapien den Menschen Möglichkeiten erschließen, sich selbst von den Belastungen ihrer Kindheit zu befreien. Sie können so mit ihrem wahren Selbst und mit ihrer einzigartigen Persönlichkeit in Berührung kommen und erhalten damit alle Möglichkeiten, ihr menschliches Potential zu entwickeln.

Ein Therapeut, der absolutes Vertrauen zu dem hat, was das Spirituelle in uns möchte, kann Menschen bei dieser Selbstfindung unterstützen. Er kann ihnen beim Aussortieren und Klären ihrer emotionalen Repression, Furcht, Wut und psycho-sexuellen Repression helfen, die sich seit der frühen Kindheit aufgebaut und die eigene Entwicklung auf allen Ebenen behindert hat. Wenn die zurückgehaltenen und aufgestauten Energien des Niederen Selbst befreit werden, verbinden sie sich mit den Energien des Höheren Selbst; damit wird die Verstärkung des Über-Ich-Blocks vermieden, der rein mental und anti-spirituell ist, auch wenn er spirituell erscheinen mag. Das sogenannte „spirituelle" Über-Ich ist ohne Liebe und ohne Gnade, und es erweckt oft den Eindruck, der einzige Weg zu Gott führe über verschiedene spirituelle und dogmatische Systeme, die von Menschen geschaffen wurden, die voller Urteile und Kritik sind. Dies ist eine wirkliche Bedrohung für die wahre organische Spiritualität, die wir alle in Form von göttlichen Qualitäten als Geburtsgeschenk erhalten haben und der wir folgen und sie erfüllen möchten. Arthur Koestler sagte einmal: „Seit Jahrhunderten haben Menschen für Ideen gelitten. Ist es nicht an der Zeit, daß die Ideen für die Menschen leiden?"

Der wesentlichste Aspekt für eine Psychotherapie ist, daß der Therapeut menschlich, geduldig, flexibel, warm und mitfühlend ist und den Klienten nicht in bestimmten Vorstellungen „hält", unter denen der Klient leidet. Die Aufgabe des Therapeuten ist, zu unterstützen und nicht zu dominieren. Die Unterstützung bei der Befreiung aus seinem neurotischen Gefängnis bringt den Klienten in Kontakt mit seinem eigenen unabhängigen Wohlbefinden und macht ihn frei. Das schafft auf völlig unneurotische Weise eine *natürliche* Dankbarkeit zu seinem Therapeuten, der ihm geholfen hat, ihn aber auch befähigt hat, immer unabhängiger von ihm zu werden. Denn der Klient hat auf diese Weise den Weg in seinen „Himmel" und zu seiner natürlichen inneren Sicherheit mit ihrer angeborenen spirituellen Führung zurückgefunden, den ihm die Neurose verbaut hatte. Hinter allem Haß, aller Enttäuschung, Furcht und anderen negativen Gefühlen ist das unabhängige Wohlbefinden; diese göttliche Qualität wird zurückkehren, wenn die unterdrückten Gefühle hochkommen und das System verlassen konnten. Denn hinter Haß ist Liebe und hinter Mißtrauen ist Vertrauen. Trotzdem ist es wichtig, auf dem Weg zu einer wahren Spiritualität auch Diskriminierung zu erfahren. Bei der Transformierung der niederen negativen Vibrationen in höhere positive Vibrationen wird dies den Weg zum Spirituellen Magnet und Höheren Selbst – das die Verbindung zwischen dem Menschen und dem Göttlichen ist – unterstützen.

In unserem heutigen Wassermannzeitalter gibt es viele gute Methoden, die den Menschen auf ihrem Weg behilflich sein können. Wachsam sollte man allerdings bei konfliktreichen Methoden sein, bei denen ein Patient leicht ein Opfer von Über-Ich-Methoden, rigider Psychotherapie ohne Liebe oder zwanghafter spiritueller Systeme werden kann. Es scheint mir, daß die Menschen in den verschiedenen Stadien ihrer therapeutischen und spirituellen Entwicklung auch verschiedene Formen von Therapie brauchen. Deshalb muß der Therapeut flexibel sein und seine Vorgehensweise den Fortschritten der spirituellen Entwicklung des Klienten anpassen. Anscheinend leben wir in der interessantesten und wichtigsten Zeit therapeutischer Entwicklungen, die es je gab; so viele gute und wichtige therapeutische Methoden sind erarbeitet worden. Trotzdem hat die Persönlichkeit des Therapeuten und seine Menschlichkeit bei allen Methoden die größte Bedeutung. Denn alle Methoden sind als Methoden allein nicht genug. Wenn sie unflexibel und ohne Diskriminierung im richtigen Maß benutzt werden, können sie schnell wertlos werden und sogar die emotionale und spirituelle Entwicklung des Klienten schädigen. Ich finde, es gibt in allen Menschen Menschlichkeit und spirituelle Schönheit, wie versteckt sie auch sein mag, und diese Schönheit findet ihren Ausdruck in einer höchst erstaunlichen natürlichen Poesie und Einfachheit. Jeder Mensch für sich ist eine Kostbarkeit und ein Wunder; es ist ein besonderes Privileg, eine Arbeit zu haben, bei der man diesem Wunder zu seinem vollen Ausdruck verhelfen kann.

Mona Lisa Boyesen

Erogenetik: neue Aspekte in der Biodynamischen Psychologie

Einführung

Biodynamische Psychologie ist eine biologische Theorie von Psychologie, die sich für die organischen Verbindungen von Körper und Seele interessiert. Sie behauptet, daß psychologische Prinzipien nicht nur Theorien und Konzepte, sondern tatsächliche energetische Kräfte sind und organische und neurologische Wirklichkeit sein können. Der Begriff „biodynamisch" erinnert an das Konzept, daß Lebensenergie in natürlichem und spontanem Fluß ist (*bios* heißt Leben, *dynamisch* heißt Kraft). Lebensenergie ist die Kraft, die uns bewegt und uns auf allen Ebenen zum Leben bringt: körperlich, intellektuell, gefühlsmäßig und geistig.

Lebensenergie ist in verschiedenen Glaubenssystemen unter verschiedenen Namen bekannt, z. B. *Ki* in der chinesischen Medizin, *prana* in der indischen Philosophie und *Bioplasma Energie* in der modernen Forschung. Sigmund Freud deutete in seinen frühen Libido-Theorien an, daß das Phänomen der *psychischen* Energie die dynamische Kraft der sexuellen Instinkte sei. Wilhelm Reich führte diese Idee weiter, indem er annahm, daß diese Energie kosmischen Ursprungs sei. Er nannte sie *Orgonenergie,* die sich als Energiestrom im Körper bemerkbar macht und direkten Einfluß auf das autonome Nervensystem und seine vegetative Funktion hat. Dies wurde zum Ursprung der körperorientierten Psychotherapie von heute.

In ihrer beruflichen Erfahrung als Klinische Psychologin und Physiotherapeutin kam Gerda Boyesen zu ähnlichen Schlüssen und basierte ihre psychotherapeutische Arbeit auf den Prinzipien der Lebens- oder Bio-Energie, die durch uns in angenehmen Wellen hindurchströmt und damit unser Wohlsein unterstreicht.

Es war für sie deutlich, daß diese Strömungen die spürbare Essenz der Libido waren, und sie nannte es: die Libidozirkulation.

So wurde ihre Biodynamische Psychologie eine Fortsetzung der Arbeit von Sigmund Freuds Libidotheorie und eine Weiterentwicklung von Wilhelm Reichs Orgonomie und Vegetotherapie, die auf die fundamentalen Zusammenhänge zwischen Körper und Psyche hinwies und jede Pathologie als eine Störung der Bio-Energie ansah, die sich in Charakter- und Muskelpanzer sowie psychosomatischen Erkrankungen ausdrückt.

Ihr größter Beitrag im Bereich der modernen Medizin und Psychologie ist die Entdeckung der Schlüsselfunktion des Verdauungssystems, der Peristaltik, zur Verarbeitung von emotionalem Streß – von ihr daher Psychoperistaltik genannt.

Die Töne der Darmperistaltik sind durch ein Stethoskop hörbare Geräusche – wie eine Rückmeldung der Verspannungen unseres Körpers. Die Arbeit mit der Peristaltik ermöglicht daher eine gezielte Behandlung und ein Schmelzen des Körper- und Charakterpanzers.

Die biodynamische Psychotherapie mit Körperarbeit und Stethoskopmethode bietet die Möglichkeit, die Art der organischen Reinigung wieder zu erlernen und bereitet damit den Weg zur instinktiven Selbstheilung.

Spürbare Zeichen dieser Selbstheilung sind Gefühle von Entspannung, Wärme und Wohlbefinden, denn die Bioenergie hat jetzt mehr Zugang zum Körpergewebe, das dadurch für die kosmische Kraft empfänglicher wird.

Diese Strömungen, die wir als etwas Fließendes, Schmelzendes empfinden, erhöhen die Wahrnehmungsfähigkeit unserer Sinne und bringen uns in Kontakt mit der Essenz unseres Selbst.

Die Erogenetik, von mir und Ebba Boyesen entwickelt, ist das Fühlen und Bewußtwerden dieser ursprünglichen Sinnlichkeit und symbolisiert die tiefe Lebensenergie, die in unseren Genen lebt, sich immer wieder erneuert und gleichzeitig auf unseren Körper und unsere Seele wirkt.

Diese Weiterentwicklung der Biodynamischen Psychologie – die Erogenetik – beinhaltet eine Vertiefung der Orgonomie nach Wilhelm Reich und der Libidotheorie und biodynamischen Analyse von Gerda Boyesen. Der Schwerpunkt liegt auf der Heilungskraft unserer Libidozirkulation (Eros) und auf der Auflösung der ödipalen Bindung hin zur eigenen erwachsenen Sinnlichkeit, Sexualität und Identität.

Mit dem neuen Konzept der Erogenetik haben wir diesem

mehrdimensionalen Zustand und seinen unterschiedlichen Phasen Rechnung getragen.

Die Erogenetik

Erogenetik ist ein neues Wort für einen uralten Begriff: *Eros*.

Eros ist der spürbare Energiefluß der kosmischen Lebenskraft, der in uns strömt und den wir als Wohlgefühl und Sinnlichkeit empfinden. Diese Energie hat viele Namen; einer davon ist Wilhelm Reichs Begriff des „Orgon", den er auf der Basis seiner Forschungen in Astrophysik geprägt und dann auch als Bezeichnung der Lebensenergie in seiner psychotherapeutischen Arbeit verwendet hat.

Wenn wir vom „Orgon" als „Eros" sprechen und die „orgonen Strömungen" als „erogene Strömungen" bezeichnen würden, wäre das ein Begriff, mit dem die meisten Menschen etwas anfangen könnten. Man kann darüber diskutieren, ob Orgonenergie existiert oder nicht, oder wenn ja, wie sie wirkt und wie sie sich anfühlt. Aber der Begriff des Orgons als ein Konzept ist für viele ziemlich abstrakt. Sogar für diejenigen, die mit dem Prinzip der Orgonenergie und der Orgonomie arbeiten, bleibt es von der Wortwahl her ein philosophisches oder wissenschaftliches Konzept. Es kann beschrieben werden und macht auch Sinn, aber es ist bei weitem nicht so nachvollziehbar wie der Begriff „Eros". Eros gibt einen klaren Bezugspunkt. Eros bezieht sich auf Gefühle – nicht auf Ideen. Eros bezieht sich auf etwas wirklich Existierendes, Aufregendes und findet bei den Menschen eine innere Resonanz.

Orgon als wissenschaftliche Bezeichnung für kosmische Energie zu verwenden, ist sicher zutreffend. Aber in der praktischen Anwendung, als etwas, das man in sich selbst fühlen kann, hat dieser Begriff keine Verbindung zu unseren Wahrnehmungen, ebensowenig wie der Begriff „Eros" eine Bedeutung in der atmosphärischen Forschung hat.

Unglücklicherweise hat Wilhelm Reich, der all seine Theorien auf organischen Gefühlen aufgebaut hat, damit einen Begriff verwendet, der von Gefühlen und Empfindungen abstrahiert, mit der Folge, daß er für die Richtigkeit der Existenz eines Phänomens kämpfen mußte, das doch eigentlich jeder kennt!

Vielleicht hat er diesen Begriff gewählt, weil die Entdeckung des Orgons auf seinen atmosphärischen Forschungen beruhte und erst später von ihm auf die Menschen übertragen wurde. Festzuhalten bleibt auf jeden Fall, daß er „Orgon" als Begriff für die Lebensenergie von den Worten Orgasmus bzw. Organ abgeleitet hat und sich damit immer auf den lebenden Organismus bezogen hat. Er war der erste Psychoanalytiker, dessen Theorie auf organischen Gesichtspunkten beruhte.

Ich bin überzeugt, daß die Neunziger Jahre das Jahrzehnt der erogenetischen Bewußtseinsebene sind: Die ganze Körpertherapie nimmt jetzt eine Entwicklung, wo organische, persönliche Gefühle der Menschen in einer transpersonalen Klarheit erlebt werden, als ob ein spiritueller Prozeß vom Körperbewußtsein her stattfände.

So wird es auch in unserer Arbeit deutlich: Obwohl die Erogenetik immer in der Biodynamischen Therapie enthalten war, lag der Schwerpunkt bisher mehr auf der Auflösung der neurotischen und muskulären Blockaden und der Freisetzung der Bioenergie.

Die erogenetische Therapie befaßt sich direkt mit der Kanalisierung dieser befreiten Lebensenergie und der Identifizierung und Aktualisierung dieser verschiedenen Qualitäten. Früher war die Frage: Wie kann ich mich von meinen Neurosen befreien? – Jetzt heißt es: Was tue ich mit meiner freigesetzten Lebensenergie? Was tue ich mit meiner „neuen" Vitalität, Kreativität, Sinnlichkeit und Bewußtseinsebene?

Wie lebt man mit „erlösten Neurosen", wie lebt man in Kontakt mit der Lebensenergie?

Und je mehr man in Kontakt mit der Lebensenergie kommt, desto mehr Fragen werden gestellt – denn jeder Schritt in dieser Entwicklung ist eine Revolution in bezug auf die Bewußtheit.

Wozu sind diese Strömungen da, außer uns ein schönes Wohlbefinden zu geben? Was wollen sie eigentlich? Wo ist der Ursprung? Was ist die Absicht? Was sind die Gesetze der Lebensenergie? Gibt es ein übersinnliches Bewußtsein?

Darum betrifft die erogenetische Ebene jeden, der sich in einem Selbstentwicklungsprozeß befindet und diese Dimension wahrnimmt. Obwohl man keine endgültigen Antworten finden kann, gibt es für viele Menschen keine Zweifel daran, daß wir von einer kosmischen Kraft, die zwischen Himmel und Erde pulsiert, berührt werden.

Ob man es Bio-Energie, Orgone, Libido oder Eros bezeichnet – es handelt sich um dasselbe Energie-Phänomen: den Fluß der Lebensenergie. Gerade durch die spürbare Sinnlichkeit wird diese Kraft wahrgenommen – egal, woran wir sonst auch glauben.

Es ist nicht zufällig, daß in unserer Sprache das Wort „Sinnlichkeit" mit „Sinn" verbunden ist, ebenso wie das Wort „Über-Sinnlichkeit". Es ist aus der allgemeinen Körpersprache entstanden, denn tief in uns sind wir mit unserer Seele verbunden. So verkörpert unsere Seele in der Sinnlichkeit eine übersinnliche Bewußtheit, die uns körperliche Signale darüber gibt, was für uns richtig oder falsch ist.

Psychosomatische Symptome und Krankheiten, die sich bei vielen Menschen manifestieren, sind deutliche Signale der Seelenkraft, daß mit unserem Leben etwas nicht stimmt.

Deshalb ist die Kanalisierung und Identifizierung dieser Bewußtheit und Energie-Quelle eine wichtige Phase im Entwicklungsprozeß.

Dieses muß ein essentielles Thema in der Psychotherapie und insbesondere in der Körpertherapie sein.

Mit dem Begriff der Erogenetik haben wir diese Dimension, auch von der Körpersprache her, benennen können: Eros – Erogene – Genese – Genetik = der Ursprung des Eros.

Dieser Artikel befaßt sich mit Fragen, mit denen sich viele Menschen beschäftigen, aber keiner die gültige Antwort weiß. *Gibt es eine Bewußtheit im Universum? Gibt es eine übersinnliche Sinnlichkeit? Ist Eros göttlich?*

Man kann behaupten, phantasieren und theoretisieren, die Antworten gefunden zu haben. Wer diese Dimension erlebt hat, kann daran glauben, aber wissen kann es niemand.

Ich möchte hier davon ausgehen, daß diese mehrdimensionale oder übersinnliche Ebene existiert, daß sie für jeden Menschen zu spüren ist, und zwar ganz spontan, durch ein inneres Gefühl, durch Glauben oder während des Betens.

Ich behaupte, daß die kosmische Kraft, die zwischen Himmel und Erde pulsiert, auf die gleiche Weise auch in uns strömt. Wenn keine Barrieren in unserem Körper und in unserer Psyche diese Ströme verhindern, sind wir in direktem Kontakt mit unserem seelischen Ursprung.

Der tiefste Schmerz im Leben ist, diese Verbindung verloren zu haben; unsere tiefste Sehnsucht ist, sie wieder zu spüren.

Aus meinem eigenen Erleben kommt meine Überzeugung, daß die menschliche Sehnsucht, die im Kern unseres Wesens vibriert, von der „übersinnlichen" Welt in gleicher Weise erwidert wird.

Wie im Himmel, so auf Erden.

Die transzendentale Anziehungskraft

Mein erster Kontakt mit der erogenetischen Dimension war die Entdeckung dieser Energie bei meinem Sohn, einige Tage nach seiner Geburt. Ich bemerkte, daß sich dieses neugeborene Kind, während es gestillt wurde (aus klinischen Gründen konnte ich ihn nur mit der Flasche nähren), in einer Art von Trancezustand befand, wo es psychisch zwischen einer irdischen und einer himmlischen Polarität hin- und herpendelte. Ich konnte ihm buchstäblich durch die Phase von Aktivität und Trinken und durch eine Phase des Verblassens folgen, wo es wie ein zerbrechliches ätherisches Wesen, durchsichtig, unbeweglich und leicht wie eine Feder in meinen Armen lag.

Wenn ich mein Kind entschwinden sah, wenn es bleich wurde und der Körper in sich zusammensank, der Kopf hilflos in meinen Armen, so fühlte ich instinktiv, daß es dem Abgrund des Todes nahe kam. Es war so, als ob jede Sekunde sein Atem aufhören könnte. Dann, als er vollständig ins Jenseits zu entschwinden schien, kam er wieder – mit einem Ruck oder einem Schrei –, als ob er selbst erschrocken wäre, so weit weg gewesen zu sein. Selbst wenn sich die Wiederkehr hinauszögerte, wußte ich, daß keine reale Gefahr bestand, denn ich beschützte ihn. Er nahm mich mit, soweit ich gehen konnte, und ich wußte auch instinktiv, er würde nicht in der Nacht in diesen Trancezustand eintreten, wenn er ihn jetzt erfahren würde, im Schutz meiner Arme. Ich saß dort mit dem kleinsten aller menschlichen Wesen und sah es eine Grenze der Existenz überschreiten – so weit, wie man sich zwischen Himmel und Erde bewegen kann, ohne zu sterben.

Ich nannte es die „transzendentale Anziehungskraft" (the transcendental pull), die anscheinend eine wichtige Phase im Leben eines Neugeborenen darstellt. Ich habe in meinem Artikel über „Alpha-Nursing“[7] beschrieben, daß dies eine der vielen Ursachen für den Plötzlichen Kindstod sein könnte, nämlich dann, wenn die transzendentale Anziehungskraft stärker ist als die irdische. Seitdem hat mich das Phänomen des Plötzlichen Kindstods beschäftigt. Dieser mysteriöse Tod, der viele Ursachen haben kann oder auch keine, außer der schnellen Entscheidung einer Seele, die Erde nach einem kurzen Besuch so abrupt wieder zu verlassen, daß noch nicht einmal die Zeit bleibt, sich zu verabschieden. Plötzlicher Kindstod! Der unausgesprochene Alptraum so vieler frischgebackener Eltern! Meiner auch. Das Unglück, das nicht geschehen darf; eine vage Erinnerung an ein so junges Wesen, das die Eltern mit einer tiefen Lücke zurückläßt; der lebendigen Vorstellung von einem Kind, das niemals aufwuchs. Dessen Eintritt in diese Welt eigentlich ein Weggang war; wo sich die wenigen Monate des Glücks für die Eltern in Jahre des Kummers verwandeln.

Und doch! Es war nicht der Schatten des Todes, den ich in den Momenten der Transzendenz bei meinem Kind wahrnahm, sondern eine Offenbarung spiritueller Essenz, mit der das Neugeborene mit tiefster innerer Freude verschmolz.

Es war fesselnd und erschreckend zugleich, als Augenzeuge mitzuerleben, wie mein Sohn in Trance geriet, wohin ich ihm nicht folgen konnte. Er wurde so ätherisch, daß ich ihn kaum zu berühren wagte. Sein Gesicht erschien konturlos in seinem bleichen Glanz. Mehrere Male hielt ich mich in meinen Bewegungen zurück und unterdrückte meinen Impuls, ihn aufzuwecken. Ich verfolgte jeden Atemzug an der kaum spürbaren Bewegung seines Brustkorbs, die einem schwachen Pulsieren glich. Das Ausatmen nahm kein Ende, so als wollte er niemals mehr Atem holen, sondern in der Apnoea sterben. Er überschritt die normale Atempause. Die Zeit stand still, bis ich ihn schließlich schlukken hörte. Ein scharfer, leiser Ton aus der Kehle: ein Keuchen oder Seufzen, das ihm ein kleines Stückchen Anwesenheit zurückgab. Mehrmals glitt er hinüber, kam ein wenig zurück, um dann wieder wegzugehen, wobei sein Atem sich jeweils vollkommen anpaßte. Und plötzlich erschien ein Lächeln auf seinem Gesicht, ein so überaus schönes Lächeln von höchstem

[7] In: Körpererfahrung – Der Säugling im Alpha-Rhythmus, Hrsg.: Rudi Scholz/Peter Schubert, Rowohlt Verlag.

Wohlbefinden. Es breitete sich über sein Gesicht, so wie das Licht der Sonne ein Tal durchflutet. Ich lächelte ebenfalls. Er kicherte und lachte. Er floß über von einer allumfassenden, inneren Freude. Sogar als sein Gesicht wieder bewegungslos war, war es noch immer erhellt von diesem glückseligen Zustand. Es geschah nicht nur einmal, sondern zwei-, dreimal. Es schien ihn in die Zeit und in meine Arme zurückzubringen.

Ich war verwirrt, erstaunt. Diesen Ausbruch gehaltener Ekstase; wenn das Innere in seinem Reichtum überfließt und eine totale Harmonie zwischen Körper und Seele schafft. Kann irgendein Lächeln inniger, triumphaler und überschäumender vor Glück sein! Ein Genuß, inkarniert, geboren zu sein, im Hier und Jetzt zu leben – und es im vollen Umfang zu genießen.

Es schien, als sei er von allen Dualitäten in sich selbst betört – als ob er jeden dieser Teile durch das „Trinken der Liebe" herausfordere und dabei mit der Grenze des Todes spiele. Ich wußte, daß mein Kind von seinem Geist berührt worden war und daß es für einen Moment bei seiner kosmischen Essenz verweilt hatte.

Die Erotik des Babys ist faszinierend; wenn man erlebt, wie das Kind gestillt wird und sich dabei verhält, als ob es himmlische Nahrung trinkt, kann man nur zu dem Schluß kommen, daß es genau das auch sein muß. Jeder, der ein hungriges Baby beim Trinken beobachtet, sei es an der Brust oder aus der Flasche, kann verblüfft sein über die mehr oder weniger „erotische" Gier des Kindes nach dem ersten Schluck, über das wachsende Entzücken, die Zufriedenheit, die ekstatischen Töne und den Gesichtsausdruck des Babys, wenn er sich langsam in ein glückliches Lächeln verwandelt, bevor das Kind in einen tiefen, seligen Schlaf versinkt.

Meine Beobachtung von Neugeborenen hat mir gezeigt, daß kosmische Energie eine göttliche Substanz ist. Sie ist hocherotisch und manchmal sogar ekstatisch. Denn es ist mehr als Milch, was das Baby beim Stillen trinkt: es ist Lebenselixier, und das Baby trinkt es mit allen Poren und Sinnen, als ob das sein hauptsächlicher Grund für seine Existenz auf Erden sei.

Das war meine Erkenntnis – und ich denke, es war die tiefste Einsicht meines ganzen Lebens – als ich meinen neugeborenen Sohn beobachtete: wie er in der Zeit, in der ich ihn stillte, einen ganzen Lebenszyklus von inneren wundervollen Ereignissen durchlebte. Zu sehen, daß er nicht nur ein süßes kleines, hungriges Baby war; zu erkennen, daß er ein eigenes einzigartiges kosmisches Wesen in sich selbst war, mit seiner ganz eigenen Weise, Kontakt mit seinem spirituellen Ursprung aufzunehmen und sich dadurch zu nähren. Ich wußte, daß die Symbiose meines Kindes mit sich selbst wichtiger war als seine Symbiose mit mir. Es waren durchlaufende Prozesse, die aber körperlich voneinander unabhängiger waren, als ich dachte. Es besaß das ganze Potential in sich selbst. Es wußte, wie es das anwenden und verwirklichen konnte, um jegliche Dualität in sich zu vereinigen – den Wachzustand und den Traumzustand, den bleichen Glanz des Weitwegseins und den rosigen Glanz des Hier und Jetzt. Das Atmen und das Nichtatmen, alles zwischen Körperlichkeit und Transzendenz schien auf harmonische Weise während des endlosen Verbleibens in meinen Armen geschehen zu sein.

In meinen Studien über das Leben von Neugeborenen und aus meiner eigenen Erfahrung und Beobachtung dieses Phänomens kam ich zu folgenden Ergebnissen:

Das Neugeborene ist zwar bereit für das physische Leben, aber immer noch ein kosmisches Wesen. Es verweilt noch lange in der Erinnerung seines Ursprungs und bezieht von dort seine Lebenskraft. Sein physischer Körper ist noch unvollständig, aber in der Phase, wo es erstarkt und sich zunehmend für das irdische Leben entscheidet, erhält es grundlegende kosmische Unterstützung über seine rezeptiven Nervenzentren und seine Sinnesorgane, und zwar mit einer Intensität, über die nur ein Neugeborenes verfügt.

Aus diesem Grund schläft das Kind die meiste Zeit in den ersten Wochen nach seiner Geburt. Dieser Schlaf ist durch verschiedene Traum- und Trancezustände gekennzeichnet, die alle in der Phase des Rapid-Eye-Movement-Sleep (REM-Schlaf) erfolgen. (Der REM-Zustand tritt bei Erwachsenen nur in einer kurzen Periode ihres Schlafes auf. Säuglinge aber bewegen sich kontinuierlich während des Tages und der Nacht zwischen Phasen vom REM-Schlaf und halbwachen Alpha-Zuständen.)

Manchmal ist das Kind hellwach, lächelt oder lacht, starrt oder blinzelt mit den Augen, bewegt sich, schneidet Grimassen – und dann fällt es wieder in einen tiefen tranceähnlichen Schlaf, der Ähnlichkeit mit einem leichten Koma oder einer tiefen Meditation hat. (Die neuere EEG-Forschung hat festgestellt, daß kindliche Gehirnströme manchmal Frequenzen erzeugen, die mit den Gehirnströmen eines Yogi während der Meditation vergleichbar sind.)

Ich glaube, daß das Kind in diesen Phasen – während der Übergangsperiode in den ersten Monaten nach seiner Geburt – seine Lebenskraft und sein Immunsystem stärkt, um der Herausforderung des physischen Lebens optimal begegnen zu können.

Das Stillen scheint der wesentliche Schlüssel dafür zu sein, um diese kosmische Unterstützung zu erlangen und zu regulieren, während das kindliche Bewußtsein sich zwischen der transzendentalen Anziehungskraft und der liebevollen Umarmung der Mutter hin- und herbewegt.

Ich hatte gesehen, wie ein Baby mit der Grenze zwischen Leben und Tod flirtete und wie es mit ernstem Entzücken an seiner Quelle verweilte.

Das erweckte in mir den Eindruck, daß das Neugeborene erst eine „Romanze" mit jemand anderem hat, bevor es sich an die Mutter bindet und sich in sie „verliebt". Es sehnt sich nach dieser „Erfüllung", die es im Trancezustand erreicht, als eine Art von „innerer Romanze".

Ich bin davon überzeugt, daß die transzendentale Anziehungskraft sich nicht nur in unserer Sehnsucht ausdrückt, einen höheren Bewußtseinszustand zu erlangen, sondern daß auch „von oben" von uns verlangt wird, auf diese Ebene zu gelangen.

So, als ob es eine kosmische, spirituelle Essenz gäbe, die mit uns über die Ströme der Liebe, der Sehnsucht und der göttlichen Empfindung in Verbindung tritt.

Vater – Mutter – Gott

In der alten esoterischen Philosophie wird vom Schöpfer als dem Vater-Mutter-Gott gesprochen. Gemeint ist das dualistische Prinzip der *Einheit,* in dem alle sich ergänzenden Qualitäten vereint sind: das Männliche – Symbol für Handlungskraft, Stärke und Klarheit; das Weibliche – Symbol für Intuition, Flexibilität und Kreativität. Diese Definition beinhaltet eine Familienstruktur, in der die Eltern – der Vater-Mutter-Gott – das Fundament einer spirituellen Hochzeit darstellen und in der die Sohn-Tochter-Seelenwesen den gleichen dualistischen Kern besitzen.

Nach dieser Vorstellung sind wir als *Söhne* und *Töchter* der *göttlichen Familie* geboren. Ebenso wie die Zwillingsseelen (die Sohn-Tochter-Seelenwesen) sind wir mit männlichen und weiblichen Qualitäten ausgestattet, die das volle Potential eines Menschen ausmachen.

Das erogenetische Prinzip ist hier in der gegenseitigen Resonanz und Wechselwirkung zwischen dem weiblichen und dem männlichen Anteil in uns gegenwärtig. Mit der „geerbten spirituellen Hochzeit" in unserem Kern haben wir in unserer Natur eine Art „ewiger innerer Romanze" verliehen bekommen.

Das erogenetische Element in uns wird noch durch eine andere Gegebenheit in der esoterischen Philosophie betont: Die Seelen – im Sohn-Tochter-Kern vereint – haben die Aufgabe, ihr Geschlecht für ihre Inkarnation auf der Erde zu wählen. Sie müssen sich deshalb auf der Basis der Zellteilung in zwei gleichartige Wesen teilen, zwar verbunden in ihren ursprünglichen Genen, aber getrennt in der strukturierten Existenz. Dies ist der Preis für die Menschwerdung: die „Trennung" vom anderen Teil der Zwillingsseele als Bedingung für die Inkarnation.

Die allgemeine Unruhe und die kontinuierliche Suche nach Erfüllung, die viele von uns so gut kennen, könnte die Ursache für das Fehlen unserer Zwillingsseele sein. Deshalb sehnt sich der Mann nach dem weiblichen Teil und die Frau nach dem männlichen Teil in sich selbst. Die Suche nach der „anderen Hälfte" wird die Basis, sowohl für die romantische als auch für die spirituelle Sehnsucht; die erstere bezieht sich auf die Suche nach dem Liebespartner in der Äußeren Welt – die letztere bezieht sich auf die Suche in der Inneren Welt.

Wir kennen sie so gut, die Suche nach dem geliebten Menschen; nach dem perfekten Partner, der unsere Ergänzung darstellt und unsere romantischen Hoffnungen erfüllt. Das Bild von „ihm" oder „ihr" kann sogar so lebendig sein, daß wir uns von jemandem magisch angezogen fühlen, der uns wie eine Spiegelung unserer selbst vorkommt – wenn wir das andere Geschlecht wären. Das ist das angeborene Bild der Anima und des Animus; es repräsentiert das Weibliche im Mann und das Männliche in der Frau. Die tiefste Sehnsucht jedes Menschen ist – bewußt oder unbewußt – den komplementären Partner hier auf der Erde zu finden und mit ihr oder ihm in der Realität zu leben.

Das ist die tief verwurzelte romantische Idee mit der Vision von Geliebter oder Geliebtem – Kinder – Familienleben – Heim. Aber das ist nicht das einzig Wesentliche an unserer romantischen Vorstellung: Weil wir nur als die „Hälfte eines Ganzen“ inkarniert sind, wird es immer auch eine spirituelle Anziehungskraft in Richtung auf unsere Zwillingsseele geben. Umgekehrt wird es immer eine Anziehungskraft von seiten der Zwillingsseele geben, die mit der inkarnierten Seele wieder in Verbindung kommen will.

Sogar wenn wir unsere Dualseele, unseren Liebespartner hier auf der Erde fänden, wird die intensive Verbindung zu unserer Zwillingsseele niemals abbrechen. Sie ist unsere ewige und zeitlose Romanze: eine Liebesaffäre vor unserer Geburt und nach unserem Tod. Im Geist nie getrennt, bleiben wir – voneinander inspiriert – in Kontakt mit dem Lebensstrom, dem Eros, unserer Essenz. Auf diese Weise verlieren wir nie die Verbindung mit unserem erogenetischen Ursprung, der uns in Liebe, Bewußtheit und romantischer Sehnsucht bindet. Unser innerer Dualismus und die Beziehung zu unserer Zwillingsseele sind unsere tiefste Romanze.

Verkörperte Dualität

Wenn wir nach dem göttlichen Bild des Vater-Mutter-Gottes geschaffen und als Sohn-Tochter-Seelenwesen belebt sind, dann spiegelt sich unser astraler Ursprung auch in unserer physischen Gestalt.

Im Laufe meiner jahrelangen Arbeit nahm ich mehr und mehr diese Dualität wahr, die in unserem Körper manifestiert ist. Bereits die Teilung in die rechte und linke Körperseite ergibt eine bestimmte „Trennung“, sowohl in der Anatomie und in der Struktur als auch in der Qualität. Die Form unseres Körpers mit den zu beiden Seiten der Wirbelsäule eingebetteten dualen Organen zeigt eine außergewöhnliche Symmetrie. Es ist, als ob der Schöpfer uns in seinen beiden Händen gestaltet und dann zu einer Skulptur mit perfekter Balance zusammengefügt hätte. Man muß kein Künstler sein, um zu sehen, mit wieviel Anmut und Charisma wir in unserer dualen Form in *einer* Gestalt geschaffen wurden. Jedes kleine Teilchen unseres Wesens ist mit feinen Linien bedeckt, um unsere Struktur zu schaffen. Durch die Linien unseres Gewebes fließen die Lebensströme – der Eros – direkt aus dem kosmischen Ursprung, um unsere feinen Sinne zu nähren und zu inspirieren.

Wenn wir also von seiner Kraft genährt und von seinem Lebensatem berührt werden, sind wir Teil seiner göttlichen Substanz. Sollten wir nicht glauben, daß Gott sich an uns erfreut? Wir sind seine größte Inspiration hier auf der Erde; alles, was er möchte ist, daß wir uns dessen bewußt sind. Jeder Teil von uns, bis zur kleinsten Zelle, ist bis ins äußerste Detail durchdacht, so daß wir zu jeder Zeit und auf jede Weise auf die Kraft seiner Liebe antworten können. Das ist der Grund, warum er uns mit dem dualen Kern, mit seinen männlichen und weiblichen Anteilen, ausgestattet hat: damit wir uns immer in Liebe – verliebt – fühlen können.

Die Zwillingsseele ist in allem, was wir sind, tief eingeprägt; sie ist die Basis unserer Gene. Man muß nur auf unser Herz sehen, das organische Zentrum unseres Seins. Es zeigt das duale Prinzip, sowohl in seiner Gestalt als auch in seiner Funktion. Das Herz besteht aus zwei Teilen, mit einer starken Naht in seiner Mitte. Der eine Teil sorgt für den venösen Blutstrom, der andere für den arteriellen. Die Struktur unseres Gehirns mit seiner rechten und linken Seite und ihren sich ergänzenden Fähigkeiten ist ebenfalls dem dualen Prinzip unterworfen. Es ist interessant, daß die weiblichen Charakteristika von der linken Seite des Körpers repräsentiert werden, obwohl sie von der rechten Seite des Gehirns kontrolliert werden. Ebenso reguliert die linke Seite des Gehirns die männlichen Eigenschaften. Wir können darin ein weiteres Beispiel des erogenetischen Zusammenwirkens in unserer Natur erkennen: die weiblichen Eigenschaften in Beziehung zum männlichen Verstand und die männlichen Eigenschaften in Beziehung zum weiblichen Verstand. Das männlich-weibliche Zusammenspiel ist der wichtigste Faktor in unserem Zentralnervensystem. Es wirkt in all unsere Denkprozesse hinein und zeugt von einem „romantischen" Schöpfer, der sich offensichtlich an der Dynamik menschlicher Emotionen erfreut, mit all den Kämpfen, Streitigkeiten, Versöhnungen und Zärtlichkeiten, die eine Liebesbeziehung ausmachen. Deshalb hat er uns mit dem dualen Prinzip im Kern unseres Seins „verkuppelt": um in der spirituellen Hochzeit Körper und Geist in uns zu vereinen.

Nun begann ich danach zu suchen, wie sich diese Seelenteilung in der einen oder anderen Weise im Körper spiegelt; ob irgendwo besondere Anzeichen die esoterische Weissagung bezeugen könnten.

Beim Studium menschlicher Gesichter fällt zum Beispiel auf, wie viele in der Mitte „geteilt" aussehen; eine Linie verläuft von der Stirn bis zum Kinn, als ob zwei Teile mit einer feinen Naht verbunden wären. Manche Menschen weisen eine so auffällige Halbierung auf, daß man – vor allem, wenn man sie bei gedämpftem Licht betrachtet – den Eindruck erhält, ihr Gesicht sei in der Mitte mit einem kosmischen Strahl gespalten und dann mit perfekter Symmetrie wieder zusammengefügt worden. Übrig bleibt eine feine Naht, an der die beiden Hälften verbunden wurden. Diese Naht wird gewöhnlich durch eine tiefe Furche zwischen den Augenbrauen – einer Falte an der Nase entlang – und einer Spalte im Kinn betont, lauter Merkmale der dualen Teilung in der Schädelstruktur selbst.

Bei genauer Beobachtung des Körpers vertieft sich der Eindruck, man betrachte einen „Zwillingsorganismus", der in der Mitte verschmolzen ist. Die Trennung oder die Verbindung (wie immer wir es nennen) ist mehr oder weniger an der feinen Linie zu erkennen, die in der Körpermitte vom Brustbein den Rumpf hinunter verläuft. Bei aufmerksamer Betrachtung kann man einer Linie folgen, die ein wenig dunkler als die übrige Haut ist und vom Nabel abwärts zum Schambein reicht. Sie trägt den Namen *Linea alba* und wird besonders in der Schwangerschaft zunehmend deutlich und dunkel, als ob sie ein elastisches Band wäre. Ich habe den Eindruck, daß der Schöpfer an diesen Stellen die beiden Seiten unseres Körpers mit seinem glühenden Atem verschmolzen hat!

Linea alba bedeutet: helle, weiße oder klare Schnur, Faden oder Grenzlinie. Alba (lat. adj. albus) kann mit „alt und grau" ebenso wie mit „günstig" oder „glückhaft" übersetzt werden. Eine substantielle Übersetzung wäre: „glückhafte und klare Grenzlinie, die so alt wie die Zeit zu sein scheint". Die sichtbare Linie von Gottes Handfertigkeit, eine winzige Spur versiegelten Fleisches, an der wir durch das Schicksal mit unserem Dualwesen verbunden sind. Diese Naht findet sich ebenso am Rücken; sie verläuft durch das sakrale Areal, teilt das Gesäß und vereint sich an der pyrinealen Brücke mit der Vorderlinie der *Linea alba.*

Unsere rechte und unsere linke Seite sind also entlang des ganzen Körpers „vernäht", wie ein Umhang, der vom Kopf bis zur Zehenspitze über uns gebreitet und am Kreuz verschlossen wurde.

Die Existenz der dualen Verbindung wird auch anhand der Beschaffenheit der genitalen Strukturen besonders deutlich. Bei der Frau hat der Schöpfer die Naht anscheinend offengelassen, während sie beim Mann geschlossen ist, damit beide sich vereinigen können. Die dünne Linie auf der Rückseite des männlichen Gliedes sieht aus wie eine ehemalige Teilung, die von Gottes Hand mit feinen Stichen zusammengefügt wurde, um sein menschliches Meisterwerk zu vollenden.

Ich betrachte den Körper zunehmend als eine große Zelleinheit, die innen aus zwei identischen Teilen besteht und in der Mitte verschmolzen ist. Der Körper ist mit einer feinen Schicht Haut umhüllt, dem Epithelium – die ihm äußere Ganzheit verleiht.

Diese vereinfachte und biologische Betrachtungsweise des menschlichen Organismus ist nicht wirklich neu für mich: Sie bildet die Grundlage der Biodynamischen Psychologie. Meine Mutter, Gerda Boyesen, schrieb bereits 1960 in ihren Aufsätzen, daß der menschliche Körper in gewisser Weise als einfaches multizelluläres Wesen – vergleichbar mit einem Wurm – angesehen werden kann. Sie schilderte, daß er in seiner Grundstruktur aus einem Verdauungskanal – dem Endoderm – und einer äußeren Membran – der Haut – besteht, wobei beide Teile durch das primitive periphere und vegetative Nervensystem in direkter Verbindung miteinander stehen. Ihre Annahme ist, daß der Verdauungskanal nicht nur dem Zweck der Nahrungsverdauung dient, sondern auch ein großes „Gefühlsorgan" ist, das instinktiv auf die bioenergetische Ladung im Protoplasma reagiert. Ströme von Lebensenergie, die im Verdauungskanal hinauf- und hinunterverlaufen, verursachen die tonischen und klonischen wellenartigen Reize, die für die intestinale Aktivität (Darmtätigkeit, Peristaltik) so kennzeichnend sind. Daher ist der gesamte Verdauungskanal ein primitiver Organismus, der sowohl auf sensorische als auch auf emotionale Stimuli reagiert und sich durch ein filigranes Netzwerk von Nervenfasern bis in jede Pore unserer Haut verzweigt. Aus diesem Grund ist es möglich, die Eingeweide und die instinktive Peristaltik (Psychoperistaltik) durch spezielle biodynamische Massagetherapie zu beeinflussen und dadurch die

Lösung von nervösen und psychosomatischen Spannungen zu bewirken.

Gleichzeitig ist das der Grund, weshalb tröstende Berührung einen so tiefen, beruhigenden Effekt hat und warum es für Kinder so besonders heilend ist, von den Eltern gestreichelt zu werden.

Ich hatte einen verblüffenden Einfall: der Verdauungskanal, der durch den gesamten Torso verläuft, könnte unsere konkrete *Halbierungslinie* sein, die den Körper in rechts und links unterteilt – beide Seiten entwickelten sich im Innern aus der Naht der Darmwand.

Das ist natürlich eine sehr ungewöhnliche Betrachtungsweise, die bisher aus anatomischer Sicht noch nicht in Erwägung gezogen wurde, aber unter dem Aspekt einer möglichen Teilung (bzw. Verschmelzung) eine faszinierende Perspektive eröffnet. Setzt man voraus, daß wir ursprünglich aus zwei identischen, miteinander verschmolzenen Zellkörpern bestehen, werden wir auch durchgehende Membrane haben, die sich in der Mitte treffen und so eine Röhre formen.

Es ist sehr spannend, den Ernährungskanal als unsere wahre Halbierungslinie anzunehmen und den anatomischen Möglichkeiten dieser Hypothese zu folgen. Für mich ist besonders erstaunlich und bestätigt mich in dieser Annahme, daß der Kanal, der den Körper vom Mund bis zum Rektum durchzieht, mit der gleichen epithelialen Schicht bedeckt ist wie die Haut. Es gibt keinerlei physischen Bruch zwischen dem äußeren und inneren Gewebe, sondern *eine* kontinuierliche Umhüllung, die innen das Endoderm und außen das Ektoderm überzieht. Aus anatomischer Sicht können wir die Oberfläche des Ernährungskanals als Fortsetzung unserer Haut betrachten – oder die Haut als Fortsetzung des Ernährungskanals. Es liegt eine weitere Logik in der Annahme, daß der Ernährungskanal durch die Verbindung der beiden Membranen entstanden ist: Er verschließt unseren „Dualkörper" am unteren Ende durch den Anal-Sphingster und am oberen Ende mit dem Lippenmuskel. Von daher könnten wir den Ernährungskanal als die innere Membran unserer Haut und die Haut als die äußere Membran des Ernährungskanals betrachten. Beide haben die gleiche Struktur und die gleiche Oberfläche; sie stellen ein- und dasgleiche primitive Gefühlsorgan dar. Durch diese Struktur fließt die Lebensenergie in rhythmischen Wellen durch die epitheliale Schicht unseres Seins: Über sie werden die Pulsation und die peristaltischen Wellen innerhalb unserer inneren Organe übermittelt, die wir dann in unserem Bewußtsein als erogene Ströme wahrnehmen. Die äußere und innere Haut ist dadurch *eine große erogene Zone,* durch die die Lebensenergie fließt und uns mit einem ständigen sinnlichen Wohlbefinden versorgt – sofern es für den kosmischen Strom in uns keine Barrieren gibt.

Cosmic Superimposition (Kosmische Überlagerung)

Wenn man sich mit dem biophysischen Aspekt des Lebens befaßt, stößt man unweigerlich auf die Frage, was das Nicht-Lebende vom Lebenden unterscheidet und wie das Lebewesen zu seiner Existenz kommt.

Es befriedigt dabei nicht zu wissen, daß das Leben mit der Empfängnis beginnt; es bleibt dann noch immer offen, wie das, was empfängt, zu seiner Existenz kam.

Wilhelm Reich untersuchte nicht nur den Verlauf des Lebens, sondern auch, wie Leben beginnt. Bei seiner astrophysischen Forschung nahm er an, daß das Leben energetisch mit dem Überlappen zweier gezwirbelter kosmischer Ströme (orgone Ströme, Kreiswellen) beginnt, die sich gegenseitig in hoher Frequenz überlagern. Die Überlagerung bewirkt eine Verdichtung der beiden Ströme an ihren Treffpunkten, die durch die intensive Rotation mehr Festigkeit erhalten, um sich dann weiter zu verdichten und so die lebende Materie zu formen. Die Energiekurven umkreisen einander und werden die Membran der lebenden Zelle; die konzentrierte energetische Ladung innerhalb der Zelle bewirkt die *Pulsation* der Zelle. Der *Kern* der Zelle – das Herz – wird zum Zentrum unseres Seins und spiegelt den kosmischen Pulsschlag des Lebens wieder. Vom Anbeginn des Lebens wird alles durch die kosmische Überlagerung bewerkstelligt, die die erogenetische Absicht zweier universaler und sich gegenseitig anziehender Ströme ausführt; durch ihre „Umarmung" wird neues Leben geboren.

Libido ist der verbundene erogenetische Fluß dieser beiden „Liebesströme", in deren „Umarmung" wir empfangen werden! Sie ziehen einander mit der polaren Anziehungskraft (der Ozeanischen Welle) mit der vollen Absicht an, unser Sein zu erschaffen und uns irdisches Leben zu verleihen. Sie sind wie unsere „*Seeleneltern*"; die kosmische Überlagerung liefert die Saat, die sich im sexuellen Akt unserer Eltern materialisiert. Deshalb gibt es tatsächlich *zwei Arten der Empfängnis;* die ätherische Empfängnis der beiden „Liebesströme" und die physische Empfängnis bei der Befruchtung. Und so vereinen wir in uns sowohl die von unseren Eltern vererbten Eigenschaften (Chromosomen) als auch die spirituellen Eigenschaften unseres kosmischen Ursprungs.

In diesem Zusammenhang ist es sehr interessant, daß die medizinische Genforschung kürzlich eine revolutionäre Entdekkung gemacht hat: Bisher hatte man angenommen, daß wir nur die Chromosomen der elterlichen Gene in uns tragen, die uns durch ihre verschiedenen Kombinationen sowohl in unserer physischen Gestalt als auch in unserer Persönlichkeit unsere speziellen Charakteristika verleihen. Jetzt hat man herausgefunden, daß wir – zusätzlich zu diesen Genen – ein *Extra-Gen* besitzen, dessen Existenz nicht auf genetische Vererbung zurückgeführt werden kann.

Meiner Ansicht nach stammt es aus der astralen Sphäre. Von unserem „Ursprung", von unserem Seelenwesen, das die Entscheidung getroffen hat, sich zu inkarnieren.

Die beiden kosmischen Strömungen, die uns empfangen haben, tragen das genetische Bild unserer Essenz mit der Vorstellung des Vater-Mutter-Gottes in sich und inkarnieren sich in uns als Ausdruck des Sohn-Tochter-Seelenwesens, von dem wir abstammen. Es ist die *Identität* unseres freien Geistes und geht weit über Zeit und Raum und Familienstrukturen hinaus. Es ist unser *erogenetischer Code,* der uns dazu inspiriert, inkarniert zu sein.

Das erogene Kind

... und das Bild ward Fleisch! Das Kind ist geboren. Da liegt das kleine Wunder, mit all seinem gewaltigen Wissen und der Erinnerung an seinen erogenetischen Ursprung. Wie von einem unsichtbaren Band gezogen pendelt seine Psyche zwischen dem himmlischen und irdischen Pol hin und her. Das Kind sichert damit den Übergang seiner Entwicklung vom Geist zur lebenden Materie und sein Überleben in den evolutionären Stadien vom

Beginn des fötalen Stadiums bis hin zu seiner vollendeten menschlichen Existenz.

Sobald die Nabelschnur durchtrennt ist, verbindet sich das Kind mit einer anderen „Schnur", der Mutterbrust bzw. dem ernährenden Sauggenuß. In den Armen der Mutter erfährt es ein neues „Bonding" (Zusammengehören) und wird so vertraut mit seiner neuen Umgebung und fit für sein irdisches Leben. Von nun an bewegt sich das Kind durch eine Reihe libidinöser Stadien erogener Liebe mit dem Ziel, die Kraft der Libido zu kanalisieren und die Dualität in sich zu vereinen.

Das erste Gefühl der Dualität ist die Symbiose des Kindes mit der Mutter. Durch die zärtliche und nährende Fürsorge der Mutter erlebt das Kind ein Gefühl des Wohlbefindens und der emotionalen Sicherheit. Das Genährtwerden in den Armen der Mutter wird zur wesentlichen Erinnerung von optimaler Zufriedenheit und Freude. Es vermittelt dem Kind den lebendigen und organischen Eindruck von totaler Erfüllung.

Von da an sehnen wir uns immer nach diesem Gefühl von Geborgenheit, wo wir gleichzeitig Aufregung und inneren Frieden in uns fühlen können: ein Gefühl von Liebe und Verbundenheit mit allen Elementen.

Auf eine sehr grundlegende Art wird das Bedürfnis des Kindes nach Symbiose mit der Mutter später im Leben zur Suche nach dem/der Geliebten.

Das ist der primale Antrieb: mit dem geliebten Wesen zu verschmelzen und die Einheit des Zusammenseins zu erfahren. Zu Beginn ist das *Liebesobjekt* das Ziel: die Mutter – das Stillen, das geliebte Wesen – die Vereinigung. Das Liebesobjekt erweckt die erogenen Ströme, welche die Sehnsucht und die Liebesgefühle hervorrufen.

Das gefühlsmäßige Wohlbefinden während der Kindheit beruht großenteils – ebenso wie das Erleben von sexuellen und erotischen Kontakten im späteren Leben – auf der symbiotischen Erfahrung, die das Kind in seinen ersten Lebensmonaten mit dem nährenden Elternteil in der Psychodynamik der oralen Phase gemacht hat.

Das Kind befindet sich mit der zärtlichen Umarmung der geliebten Mutter in einem Zustand der Liebe. Es liebt das Erlebnis, gestillt zu werden, den Geschmack der Milch und die ekstatischen Gefühle dieses lebensspendenden Ereignisses. Wenn es satt und befriedigt ist, liebt es sich selbst, es liebt das Gefühl des Zufriedenseins. Betört durch die Erfüllung und mit Wohlsein durchströmt, verbleibt das Kind in einem Zustand der Liebe und eines „unabhängigen Wohlbefindens". In diesem Zustand benötigt es kein Liebesobjekt mehr. Es ruht in sich: *Es ist* das Liebesobjekt – oder besser das Liebessubjekt. Es *liebt:* hingegeben an eine Romanze mit sich selbst.

Deshalb wird das Kind die Erfüllung des Genährtwerdens suchen und fordern (falls sie nach seinem „eigenen Gesetz" erfolgt). Und genauso wird es instinktiv (falls es darin nicht ernsthaft unterdrückt wird) damit fortfahren, diesen erogenen Genuß in allen folgenden Stadien seiner emotionalen, libidinösen und psychosexuellen Entwicklung zu suchen. Immer dem Impuls folgend, mit dem Liebesobjekt zu verschmelzen, geht das heranwachsende Kind durch libidinöse Phasen charismatischer und erogener Liebe zu seinen Eltern.

Es handelt sich dabei zum größten Teil um unbewußte Prozesse in der kindlichen Psyche, die mit romantischen und erotischen Gefühlen verbunden sind. Niemand regt das Kind an, es ist durch die Lebensenergie selbst angeregt, die durch die verschiedenen erogenen und sexuellen Zonen zirkuliert, angeregt durch die Liebe des Kindes zum Liebesobjekt (Libidozirkulation).

Das Kind empfindet Freude an den sinnlichen Gefühlen der Anregung und erlebt ein endogenes Gefühl des Lebens, das für ein unneurotisches Kind der normale Zustand des Wohlbefindens ist.

So kann die gesamte Kindheit als eine Serie innerer Schwärmereien angesehen werden, die von den geliebten Eltern und anderen Familienmitgliedern, einschließlich „reizender Tanten" und „netter Onkel" angeregt und auch auf einen Schnuller, eine Schmusedecke oder ein Kuscheltier übertragen werden können.

Ein frei entfaltetes (primäres) Kind ist ständig verliebt; es hat immer eine Art charismatischen und erogenen Befindens. Das ist die Ursache dafür, daß die meisten kleinen Kinder einen permanenten Zustand gefühlsmäßigen Wohlbefindens erleben, der ihnen emotionale Posivität und Optimismus ermöglicht. Sie fühlen sich wohl in ihrer Haut. Sie haben Freude am Leben – am Spielen – an der Bewegung. Das ist der Jungbrunnen in unserer Natur: Wir sind als erogene Wesen geboren, mit der Fähigkeit, uns als Teil des Lebensstromes zu erleben und daran zu erfreuen.

Die kindliche Entwicklung ist auf allen Stufen der menschlichen Evolution zeitweise von einem Liebesobjekt abhängig, das seine innere Romanze anregt. Nur wenn es erlebt, daß seine Bedürfnisse nicht erfüllt werden, fixiert sich das Kind auf das Liebesobjekt: Derjenige, der seine Liebesgefühle stimuliert, wird zum „Bild" oder zur Ideation (verinnerlichten Vorstellung) der Anregung. Das Kind kann dann nicht mehr zwischen der Vorstellung und den Gefühlen unterscheiden. Während vorher die Vorstellung lediglich mit dem Liebesobjekt *assoziiert* wurde, wird sie nun damit *identifiziert*. Von dem Moment an, in dem eine Fixierung stattgefunden hat, wird man immer ein „Objekt" für die eigene Anregung und das eigene Wohlbefinden benötigen. Man möchte durch jemand oder etwas befriedigt werden, anstatt die Erfüllung in sich selbst suchen. Hier haben wir den Ausgangspunkt für den „oralen Charakter", der bereits im Säuglingsalter eine Fixierung auf die Ideation erfahren hat und später immer seine Befriedigung im Außen sucht.

Die meisten Menschen sind in der pränatalen Periode, bei ihrer Geburt oder in den ersten Lebensmonaten in ihrer Entwicklung mehr oder weniger gestört worden oder unbefriedigt geblieben. Dies hat einen tiefen Einfluß auf ihre Entwicklungsprozesse, denn diese primalen Phasen legen das Fundament für ihre emotionale Gesundheit und ihre charakterlichen Eigenschaften. Die Ursachen für solche drastischen Konsequenzen sind die intensiven neurophysiologischen und erogenetischen Aktivitäten, die im Kind während der ersten Lebensmonate ablaufen und in denen das Kind die tiefsten Wandlungen seines Lebens durchläuft. *Gleichzeitig beinhaltet die Säuglingszeit das größte Potential an Auflösung (Entladung) von Streß, – welcher Art auch immer –, der sich in der fötalen, pränatalen und postnatalen Phase angesammelt haben mag:* Die außergewöhnliche Wirkung der REM-Schlaf-Episoden während und nach dem Stillen gibt dem Kind die *biologische Fähigkeit,* außerordentliche Phasen der Meditation, Trance und *Selbstheilung* zu erleben, in denen es seinen ursprünglichen vitalen und emotionalen Überfluß erzeugen kann. Eine Hemmung dieses essentiellen Heilungsprozesses des Kindes zementiert die vorangegangenen Störungen und führt zu einer weiteren Deprivation in der entscheidendsten Periode seines Lebens.

Viele Menschen in Psychotherapie oder unter Hypnose oder

Drogeneinfluß haben Erinnerungen an die frühen Phasen ihres Lebens und vermitteln uns ein lebendiges Bild dieser psychologischen Prozesse. Es sind detaillierte „Geburtserfahrungen" beschrieben worden, die nach Befragung tatsächlich so stattgefunden haben, ebenso wie Gefühle und Beobachtungen aus der frühen Kindheit. Menschen, die zu uns in eine biodynamische Körperpsychotherapie kommen, werden streßerzeugende Ereignisse ihrer Kindheit nicht nur beschreiben, sondern sogar neu erleben und sich dadurch langsam stabilisieren und von den Deprivationen heilen. Pränatale, Geburts- und Stilltraumata können auf diese Weise herausgearbeitet werden. Die Heilung erfolgt *nicht* durch das Wiedererleben des damaligen emotionalen Schocks bzw. der Frustration, sondern vor allem durch das Wiederaufleben der erogenetischen Dimension in der oralen Phase mit der ihr innewohnenden Qualität des Wohlbefindens und der inneren Ekstase und Bewußtseinsebene. Wenn die tief verborgenen Kräfte zum Leben erwachen, die unter der traumatischen Erfahrung begraben sind, kann eine wahrhafte innere Transformation stattfinden.

Himmlisches Wohlbefinden

Was immer in uns *genetisch* nicht von unseren Eltern stammt, ist *erogenetisch;* wir haben es von unserem Seelenwesen „geerbt" und in unseren Zellen als göttliche Qualität und Erinnerung an unseren Ursprung eingelagert und codiert. Der erogenetische Code ist der Code *unseres Selbst* in seiner reinsten Form. Er bedeutet unsere Seelenidentität mit dem Wesen, das wir in der karmischen Entwicklung unseres Seins darstellen.

Genau das ist die libidinöse Absicht: Durch die Bewegung der Ozeanischen Welle werden wir bei der Realisierung des erogenetischen Codes in unserer gegenwärtigen Inkarnation gefördert – damit wir während unserer irdischen Lebensspanne unser Seelenwesen verkörpern und unseren göttlichen Zweck in unserer Persönlichkeit und Lebensqualität, unserem Potential und auch in unseren Taten leben können.

Die libidinöse Entwicklung durchläuft während der Kindheit verschiedene psychosexuelle Stadien erogener und erotischer Reize. Ihr Ziel ist die allmähliche Verkörperung der mächtigen kosmischen Kraft und Bewußtheit, die für Inspiration, Führung und Erleuchtung durch die Göttlichkeit unserer Seele sorgt. Wir besitzen also offensichtlich ein *erogenetisches Bedürfnis,* das in unseren Zellen verankert ist und unsere spirituelle Essenz mit unserem inkarnierten Selbst vereint. Dieses erogenetische Bedürfnis symbolisiert die *spirituelle Hochzeit zwischen Himmel und Erde* und hat sich zu allen Zeiten in traditionellen spirituellen Systemen manifestiert (z. B. in den alten östlichen Ritualen oder im alten Ägypten).

Sei es nun durch Bewegungen in ekstatischer Trance, durch alte Rituale oder durch mentales Verharren in Meditation, das Ziel durch alle Zeiten spiritueller Praxis war immer die Anhebung unserer empfindungsmäßigen Empfänglichkeit für die kosmische Energie und die Fähigkeit, sie für universale Heilung einzusetzen.

Genau das tut meiner Ansicht nach das Kind mit der transzendentalen Anziehungskraft: Es bezieht die kosmische Energie durch seine rezeptiven Sinne, um sie für seine eigene Heilung in dieser empfindlichen Übergangszeit zu verwenden. Durch die intensive erogene Freude während des Stillvorganges erreicht das Kind eine hohe psychoenergetische Ebene mit Momenten voller ekstatischer Trance und Seligkeit, die im Saugreflex des Kindes verankert ist.

Deshalb ist die Freude am Nuckeln *nicht* das Ziel, es ist das *Mittel,* das Mittel für die Ekstase!

Es ist das *Mantra* des Kindes, um in seine meditative Trance zu gelangen. Nachdem es seinen physischen Hunger gestillt hat, nährt es seine Psyche.

Die Vibrationen der Zunge erhalten ihre Ladung tief aus dem Laryngischen Trakt und übertragen Wellen von Reizen – wie eine schnelle Spirale – durch das gesamte sensorische Spektrum erogener und erotischer Gefühle. Die Milch ist wie ein Zaubertrunk der Auslöser für den transzendentalen „Rausch“, der sich wie eine aufladende Batterie seinen Weg sucht, wenn er einmal „angekurbelt“ wurde.

Wir besitzen nämlich körpereigene Drogen, die als „Glücks-Hormone“ in die Blutbahn fließen, wenn wir eine tiefe Erregung erreichen (z. B. bei intensiver erotischer oder sexueller Erregung, im Zustand der Meditation, in Trance, beim Tanzen usw.).

Während der „inneren Ekstase“ des Kindes erzeugt der Körper hohe Dosen LSD-ähnlicher Hormone und Botenstoffe, wie Noradrenalin und auch die „sauberen Drogen" Endorphin und Dophamin.

(Diese Hypothese ist die logische Schlußfolgerung aus meiner Beobachtung und Theorie der Säuglings-REM-Trance, kombiniert mit den aktuellen Fakten der exogenen und endogenen Drogenforschung bei Erwachsenen.)

Da ein Säugling seine Erfahrung nicht selbst beschreiben kann, möchte ich hier meine eigenen Überlegungen über dieses Erlebnis schildern:

In der Erregung dieses „Rauschzustandes" werden die Rezeptoren der Sinnesorgane stimuliert und die psychische Wahrnehmungsfähigkeit erhöht. Ich möchte sogar behaupten, daß dabei der „erogenetische Code" mit der Bewußtheit der Seelen-Identität aktiviert wird, wobei sich das mystische Entzücken (beim Kind ebenso wie auch bei Erwachsenen im ekstatischen „Rausch" oder im Zustand der Erleuchtung) manifestiert.

Der Säugling erlebt jetzt eine Art von „psychedelischer Wunderreise", wobei er in ein „Vor-Lebens-Bewußtsein" eintritt.

Ich glaube, daß das Neugeborene, noch immer mit seinem kosmischen Ursprung verbunden, in den ersten Tagen und Wochen nach seiner Geburt in einer intensiven Kommunikation mit seiner spirituellen Essenz steht und daß das Kind in dieser Trance von seinem Zwillingsteil und seiner Seelenfamilie in der Astralsphäre umarmt wird. Ähnliches mögen Menschen erleben, die in der Stunde ihres Todes das Gefühl haben, von denen, die sie geliebt haben und die vor ihnen gegangen sind, willkommen geheißen und zur Anderen Seite geleitet zu werden.

Von dem Augenblick an, in dem der erste Hunger gestillt ist, beginnt der erogenetische Prozeß mit der Realisierung seiner göttlichen Absicht: die zwei Existenzen des Seins zu verbinden und die spirituelle Hochzeit zu erlangen.

In erogener und orgastischer Freude und im Schutz der mütterlichen Arme beginnt die Psyche des Kindes ihre Wanderung entlang der Grenze zur Seelenessenz seines Ursprungs. Das Kind geht dabei tief in die Grauzone zwischen Leben und Tod. Bei seiner Wanderung zwischen seinem menschlichen und seinem spirituellen Sein ist es mit dieser erogenetischen Resonanz verbunden.

Es braucht tiefe Konzentration, diese innere Hochzeit, diese „cosmic superimposition" der beiden Existenzen zu erlangen. Ich habe es selbst erlebt, wie sehr sich das Kind während des Stillens konzentriert, um diesen Zustand – der für die Trance nötig ist – aufrechtzuerhalten:

Nach einer Zeit hörten die zufriedenen Seufzer auf, und ich bemerkte, daß seine Lider zuckten. Er befand sich nun im REM-Schlaf. Abgesehen von wenigen Zuckungen war sein Gesicht ruhig und friedlich. Dann und wann verzog es sich zu einem schnellen Lächeln, das ganz im Widerspruch zu dem sonst bewegungslosen Gesichtsausdruck zu stehen schien.

An diesem Punkt bemerkte ich ein beinahe unsichtbares Vibrieren seiner Lippen, so als würde es immer noch saugen. Die Bewegungen waren so geringfügig, daß ich sie gut hätte übersehen können. Aber nun hatten sie meine Aufmerksamkeit erregt. Bei entspanntem Mund lag der Schnuller auf der Unterlippe, und durch die kleine Öffnung des Mundes hindurch konnte ich seine Zunge rhythmisch zittern sehen. Er schlief überhaupt nicht! Er befand sich in einem Raum, der innere Konzentration verlangte. Das intensive Geschehen in ihm und die unsichtbaren Saugbewegungen bedingten sich wechselseitig.

Nun verzog sich sein Mund wieder zu einem schnellen, nur einen Augenblick währenden Lächeln. Ich sah die Zungenspitze hinter dem Schnuller immer noch vibrieren. Die Bewegungen waren so schnell und fein wie elektrische Funken. Er kicherte in seinem inneren Raum. (Wußte er, daß ich ihn betrachtete?) Dann tauchte das Lächeln wieder auf. Ein Reflex? Eine Bestätigung? Drei- oder viermal machte er es. Dann öffnete er plötzlich die Augen. Erst schaute er zur einen, dann zur anderen Seite. Dann glitt sein Auge mehrmals von einer Ecke in die andere in einer ganz direkten, seltsamen Art. Es war eine so eindeutige Bewegung. Er schloß die Augen einige Minuten lang. Seine Lippen und seine Zunge zitterten immer noch. Dann machte er wieder seine „Augenübung" und schaute mich mit einem seltsamen intensiven Blick an. Es war nicht der bekannte, staunende Kinderblick. Ich glaube nicht, daß er mich sah oder durch mich hindurchsah! Ich war zufällig in seinem Blickwinkel. Seine blauen Augen sahen sehr dunkel aus und zitterten etwas, es sah fast dämonisch aus. Er schloß die Augen wieder, und mit einem kleinen Ruck, der ihn ein wenig zu wecken schien, fing er wieder an, den Rest der Milch gierig in sich hineinzusaugen.

Während ich diese fremdartigen Momente des Kontaktes mit

ihm fühlte, standen nicht nur sein Atem und Körper und meine eigenen Gedanken still, auch alles um uns herum im Raum und in der Luft, sogar das Zeitempfinden, schien zu erstarren.

Das schnelle andauernde Zittern der Lippen und der Zunge ließ auf hohe Erregung des Gewebes schließen. Es trat immer in der Mitte des Nahrungszyklus auf, hörte auf, fing wieder an, wie eine Fortsetzung des verebbten Saugens, aber erstaunlicherweise immer vor dem Eintreten in die Trance.

Wenn die Augenmuskelaktivität begann, wurden die Vibrationen schneller, bis zu einem vibrierenden Zustand der Stille, wo alles andere unbeweglich erschien. Die Lippen hörten auf zu zukken, alle Energie sammelte sich in der Zunge. Man könnte sich fast vorstellen, diese schnellen und regelmäßigen Vibrationen seien sichtbarer Ausdruck der Hirnwellen selber.

Ich weiß, daß diese Vibrationen tief im verlängerten Rückenmark übertragen oder sogar produziert werden und von Überträgersubstanzen im Erregungszustand gehalten werden. Ihre Bedeutung mag durch folgende Informationen über Apnoe-Symptome verdeutlicht werden:

„John Olsson fand kürzlich, daß der Hirnstammbereich, der die Zungenmuskeln kontrolliert, einen signifikanten Mangel an Nervenzellen bei Kindern aufweist, die am Plötzlichen Kindstod starben. Bei Erwachsenen gibt es ein Apnoe-Syndrom, in welchem die Zunge zurückfällt und die oberen Luftwege im Schlaf verschließt. Es bleibt nachzuweisen, ob die Zunge bei einigen Kindern, die zu Apnoe neigen, an der Verlegung der Atemwege, die sich am Ende von gelegentlichen Apnoe-Episoden (Atemstillstand) entwickelte, beteiligt ist" (Scientific American, 4, 1980).

Beim Lesen dieses Abschnittes kam mir eine überwältigende Einsicht: hatte er mit diesen Vibrationen seine Zunge gestärkt und seinen physischen Prozeß aufgeladen, um genug Stärke zu haben, die Schwäche des Atemsystems und die Neigung zu Apnoe zu umgehen, wenn er in die Trance eintrat? Wie sinnreich von der Natur! Eine Stunde, während jeder Fütterung, zusammen also fünf bis sechs Stunden am Tag, kann das Neugeborene diesen Bereich im Hirnstamm stimulierend üben. Diese neurologische Funktion der Zungenvibration wie auch das gesamte Phänomen des Saugens zu erforschen, würde tiefere medizinische Erkenntnis, ein Verstehen und letztlich auch die Unterstützung für die Gesundheit, für die Lebens- und Geisteskraft des Säuglings nach sich ziehen. Vielleicht wird zukünftige Hirnwellenforschung zu dem „Schnellen-Augenbewegungs-Zyklus" (REM) bei Neugeborenen einen anderen, wesentlichen Aspekt hinzufügen, den „Zyklus der schnellen Zungenbewegung" – den RTM-Zyklus.

Die Herzen

Wenn wir uns doch von hier fortbewegen könnten oder was noch besser wäre, uns überhaupt nicht bewegen müßten, sondern im Zustand der kindlichen Seligkeit und dem Gefühl des Einsseins mit unserer Seele bleiben könnten! Dann würde es keine Trennung in uns geben – keine Neurose – keine Anzeichen von Schizoidität. Es gäbe keine Deprivation, keine schmerzhafte Vergangenheit, keinen einsamen Weg, den wir gehen müßten.

Die Entscheidung zur Inkarnation war die Trennung, die Geburt hätte die Wiedervereinigung sein sollen. Von da an suchen wir unsere Erfüllung. Wir suchen den Kontakt – die Resonanz – mit unserem Zwillingswesen, dem Dualwesen unseres Seins, und es sucht uns. *Voller Sehnsucht. Voller Hoffnung. Voller Leidenschaft und Weisheit.*

Auf diese Reise begeben wir uns während der ganzen Kindheit, durch viele Phasen des libidinösen Prozesses.

Jede dieser vitalen Phasen hat ihr „sehnsüchtiges Herz": die Suche nach der Vervollständigung eines Kreises, um dann die nächste Stufe der menschlichen Entwicklung zu erreichen. Es existieren so viele „Herzen" wie libidinöse Phasen: das ursprüngliche, primale Herz beinhaltet die Liebe des Kindes zur versorgende Mutter. Dann das emotionale Herz für jedes Elternteil und das ödipale Herz mit seiner Sehnsucht nach dem einzelnen Elternteil. Schließlich das romantische Herz der pubertären Liebe, das übergeht in das leidenschaftliche Herz für den Liebespartner. Und zuguterletzt das mitfühlende Herz als das Fundament unserer erogenetischen Quelle: die Sehnsucht nach der eigenen Verwirklichung, der Vervollkommnung, das Gefühl der Ganzheit, die ewige innere Romanze unserer „spirituellen Hochzeit".

Die ödipale Liebe ist die erste nicht-symbiotische Romanze. Das Kind erfährt, daß seine Liebe auf einer *Beziehung* mit den Eltern und nicht auf einer *Verschmelzung* beruht. Psychologen nennen für dieses Stadium das Alter von drei bis sechs Jahren, aber tatsächlich kann es – wie alle Liebesbeziehungen – in unterschiedlicher Intensität länger andauern.[8]

Während der ödipalen Phase erlebt das Kind starke erotische Gefühle für den Elternteil, der das andere Geschlecht innehat. Sie ist durch charismatische und zärtliche Gefühle zwischen den Beiden gekennzeichnet, aber die Erotik und das psycho-sexuelle Erwachen sind ein rein innerer emotionaler und libidinöser Prozeß. Sogar ohne den Ausdruck von Zärtlichkeit – in den Fällen, in denen die Eltern nur wenig oder gar keinen physischen Kontakt mit dem Kind eingehen – bahnt sich die innere Romanze der ödipalen Sehnsucht als Ausdruck eines vitalen Entwicklungsstadiums seinen Weg. So wie das Baby eine instinktive Begierde nach der erogenetischen Erfüllung hat, hat das heranwachsende Kind die gleiche instinktive Kraft, seine ödipalen Wünsche als eine psychische und erogene Sehnsucht zu erfüllen. Alles, was das Kind braucht, ist die Akzeptanz seiner Liebe durch die Eltern und daß es die Liebe eines Elternteils nicht verliert, wenn es sich gerade mehr zum anderen Elternteil hingezogen fühlt. Durch die ödipale Erfüllung kann das Kind harmonisch die pubertäre Phase erreichen, in der sich die instinktive Libido in erotische und sexuelle Gefühle verwandelt.

Die kurzen Schwärmereien, der Blickkontakt und die romantischen Phantasien in der Pubertät und frühen Teenagerzeit bilden den wesentlichen Übergang von der Kindheit zum Erwachsenwerden. Es ist das schrittweise Erwachen des romantischen Herzens, wenn Eros beginnt, mit der Psyche zu flirten.

Das romantische Herz ist oft das gebrochene Herz. Es beinhaltet die Erinnerung der mißglückten Romanze und auch der Romanze, die nie zustande kam. Das romantische Herz ist das umfangreichste, weil es all unsere Sehnsüchte enthält und auch all unseren Kummer. Jeder hat schon den Schmerz des gebrochenen Herzens erfahren. So viele Liebeslieder erzählen uns von seiner Wahrheit, kaum etwas erinnert uns so machtvoll an Liebe und verlorene Liebe wie diese Lieder. Musik wirkt in der Tiefe unse-

---

[8] Es schließt nämlich auch Phasen mit ein, in denen der Sohn in den Vater und die Tochter in die Mutter verliebt ist, durch den inneren erogenen Prozeß der Individuation und genetischen Identifikation hindurch.

rer romantischen Seele, die irgendwie immer unglückliche Liebe fühlt, weil sie die duale Verschmelzung vermißt.

Romantische Lieder beinhalten immer sehnsuchtsvolle Gefühle, aber nie deren Erfüllung. Nichts berührt das gebrochene Herz so stark wie Musik, die die Liebenden miteinander gehört haben. Sie wühlt ihre Gefühle auf, denn in ihr lebt die starke und lebendige Erinnerung an das, was war. Der Schmerz der Vergangenheit wird für einen Augenblick so gegenwärtig, daß man manchmal glaubt, die Zeit sei stehengeblieben. Der Text und der Rhythmus durchdringen das Herz in Wellen der Erinnerung, und es beginnt zu bluten. Aber *nur ein blutendes Herz kann heilen.*

Die Welt ist voller gebrochener Herzen – es gibt sie überall, als unvermeidlichen Bestandteil des menschlichen Daseins. Sie leben in unseren Eltern und Großeltern, in uns, in unseren Kindern und später in deren Kindern. Man könnte fast glauben, daß sich das Herz nach Schmerz sehnt, damit es seinen Kummer herausschreien kann. Es ist eine kollektive Sehnsucht – oder eine kollektive Tatsache. Liebe bedeutet Leidenschaft, und sie scheint nicht zu wachsen, ohne daß man durch Zeiten der Qual geht. Dadurch wird die Sehnsucht nach Heilung und Zweisamkeit noch größer.

Erogenetische Resonanz

Weil der Seelenteil des inkarnierten Wesens in der Astralsphäre zurückbleibt, wird es immer eine tiefe Sehnsucht geben, sich wieder mit Ihm/Ihr zu verbinden, und damit auch Gefühle von Leere, Einsamkeit, Unzufriedenheit und Unvollständigkeit.

Deshalb ist in der menschlichen Natur die Sehnsucht verankert, sich durch eine dauernde Weiterentwicklung von Geist, Körper, Gefühl, Kreativität und Intelligenz zu vervollkommnen. Durch die dualen Qualitäten in uns besitzen wir alle Fähigkeiten, unser Ziel oder unsere Mission während unseres irdischen Lebens zu erfüllen; wir haben die Empfänglichkeit dafür verliehen bekommen, mit unserer göttlichen Seele im Einklang zu sein.

Da sich die Seele nach Materialisierung auf der Erde sehnt, gibt es im astralen elektromagnetischen Feld zwischen Himmel und Erde eine wechselseitige Sehnsucht nach dem anderen Teil unseres Dualwesens.

Die weiblich inkarnierte Seele fühlt eine dynamische Anziehung mit der männlichen spirituellen Seele und der wechselseitigen emotionalen Sehnsucht. Der männliche Anteil ihres Seelenwesens, der auf der astralen Ebene bleibt, bewirkt eine ständige dynamische Anziehungskraft, indem er männliche Signale aussendet, die inspirierend und bestätigend auf ihre Weiblichkeit wirken.

Die gegenseitige Sehnsucht, Anziehungskraft und der wechselseitige Einfluß aufeinander verbinden sie in ihren Sphären mit der erogenetischen Resonanz ihrer Romanze.

Ein Mensch, der mit diesem Echo in Einklang und Verbindung bleibt, wird in seinem Leben öfter eine göttliche Führung spüren, so als ob seine eigene Seele um ihn wirbt.

Das mag eine weithergeholte Idee sein, aber eine faszinierende! Faszinierend, wie sie eine völlig andere Dimension in die „innere Romanze" einbringt:

Es ist ein wundervolles Gefühl, umworben zu werden. Die Luft vibriert, man fühlt sich „umschwärmt", überall ist Liebe. In der „guten alten Zeit" wurden Frauen häufig von mehreren Verehrern umworben, die ihr ihre Gunst bewiesen, um ihr „Herz zu gewinnen". Ihr Liebeswerben dauerte manchmal lange, Wochen und Monate, während derer sich die Frau an der Bewunderung erfreuen konnte. Hatte sie die Entscheidung für einen ihrer Verehrer getroffen, zögerte sie manchmal das letzte Jawort noch etwas hinaus, vielleicht, um noch einige Zeit das Gefühl des Umworbenwerdens zu genießen. Der Verlobte seinerseits konnte in romantischen Phantasien schwelgen, die durch ihre Gegenwart Nahrung erhielten, und sich dem Zustand der leichten Verwirrung über Andeutungen seiner Angebeteten hingeben. Illusionen wurden durch ihre liebevollen Worte am Leben erhalten, die mit verschämtem Kichern zu seinem Herz sprachen.

Obwohl die Zeit, einer Frau „den Hof zu machen", der Vergangenheit angehört, ist das aufwühlende Gefühl einer beginnenden Romanze in jedem gegenwärtig, der sich verliebt. Der Flirt und die Schwärmerei zu Beginn einer Liebesbeziehung sind die Zeit des Werbens in dieser Romanze. Hin- und hergerissen zwischen dem Glücksgefühl, wenn man zusammen ist, und der Qual, wenn man getrennt ist, ist dies eine Zeit voller Hoffnungen, Illusionen, Träume und Glücksmomente. Psyche kann sich entfalten, von Eros bezaubert.

Wissen wir nicht alle, daß die Liebe durch das Zusammensein wächst, die Romanze aber durch das Getrenntsein? Während die

Liebesbeziehung durch die Realität genährt wird, wächst die Romanze durch Träume. So scheint es auch auf der spirituellen Ebene zu sein. Dort nährt die „ewige Minne“ von seiten unserer Zwillingsseele oder unseres Höheren Selbst unsere „innere Romanze“ mit seiner liebevollen Führung und Schwärmerei.

Ich weiß, daß ich mich hiermit auf unsicherem Boden bewege, aber ich theoretisiere nicht von ungefähr. Ich habe die erogenetische Wechselwirkung mehrere Male erlebt, und sie hatte einen tiefen Einfluß auf mein Leben, sowohl auf mein Privatleben als auch auf meine Arbeit.

Das Phänomen existiert, ob wir nun daran glauben oder nicht. Es ist eine unerklärbare Wahrheit, die viele Menschen erfahren haben, obwohl es unterschiedlich benannt wird.

Wir finden es in der orientalischen und mystischen Philosophie, in esoterischen Theorien und in Glaubenssystemen. Viele Mystiker, Propheten, Yogis oder spirituelle Meister haben über die Existenz einer übersinnlichen Dimension gesprochen, in die sie transzendieren und damit höhere Ebenen von Bewußtsein und Wohlbefinden erreichen konnten. Viele Asketen, Priester, Mönche und Nonnen haben durch Fasten, Meditation und Gebet in der einen oder anderen Weise eine „spirituelle Präsenz“ in ihrer Nähe gespürt.

Man kann sich fragen, was daran ist Fakt und was Fiktion? Was ist emotionale Phantasie und was sensationelle Realität? Wer diese Dimension physisch oder mental erlebt hat, für den bleibt sie eine unerklärbare Wahrheit. Aus Furcht, lächerlich gemacht zu werden oder für verrückt erklärt zu werden, trauen sich viele, die so etwas erlebt haben, nicht, über diese ungewöhnlichen Erfahrungen zu sprechen. In der „alten Zeit“, als Aberglaube eher normal war, konnten die Menschen ihre übersinnlichen Erlebnisse miteinander teilen und beispielsweise ernsthaft über ihren Kontakt mit einem „führenden Engel“, über kleine Offenbarungen, mystische Entrückung und andere außersinnliche Phänomene sprechen. Natürlich gibt es auch heute viel Aberglauben bei den Menschen, und es gibt diverse neurotische und psychotische Menschen, die schnell dazu neigen, ihre übersinnlichen Erlebnisse zu übertrieben und falsch zu interpretieren. Wegen seiner außergewöhnlichen Dimensionen ist es offensichtlich, daß solche Erlebnisse an einer delikaten Schwelle zwischen seelischer Gesundheit und Krankheit stehen. (Aber würden heutzutage nicht auch die meisten Propheten und Heiligen aus der biblischen Zeit und dem Mittelalter für verrückt erklärt werden?)

Ich halte die erogenetische Dimension für eine „unsichtbare Realität" mit vielen Namen und für eine bekannte Tatsache vom Anbeginn der Welt. Sie macht Sinn für die, die sie erleben können und Un-Sinn für die, die sie nicht wahrnehmen und letztendlich *Wahn-Sinn* für die, die davon überschwemmt werden.

Ich bin in den letzten 10 Jahren von dieser Dimension sehr inspiriert worden, und ich bin begierig, sie zu verstehen. Obwohl mich der spirituelle Aspekt meines Lebens immer neugierig gemacht hat, habe ich ihn nie bewußt gesucht. Die erogenetische Dimension trat „von selbst" in mein Leben, zu einem Zeitpunkt, wo ich absolut nicht darüber nachdachte oder, alleingelassen, danach fragte. Aber *sie* fragte nach *mir.* Sie brachte sich buchstäblich in mein Wesen ein. Das macht mich noch neugieriger in Hinsicht auf die wahre Natur von Spiritualität: denn es scheint nicht nur *unsere* tiefe Sehnsucht nach dieser Spiritualität zu geben, sondern ebenso ein Verlangen dieser Dimension *nach uns.*

Manchmal denke ich, daß das vielleicht nicht nur das Vorhandensein einer *spirituellen Ebene,* sondern sogar einer *spirituellen Welt* bedeuten könnte: einer Bildwelt voller Bewegung, Farben und Formen, voller Emotionen und Bewußtsein, als organische Erinnerung unseres seelischen Ursprungs.

Es scheint die Wahrnehmung einer übersinnlichen Wirklichkeit zu sein, die von unserem erogenetischen Code stammt, die in unseren Zellen pulsiert und die lebendig wird, wenn wir uns von den neurotischen Bedingungen und Begrenzungen unserer Persönlichkeit gelöst haben.

Es ist eine natürliche Folge der erogenetischen Entwicklung, daß wir darüber mit unserem Höheren Selbst in Kontakt kommen, das uns das ganze Leben hindurch beeinflußt, den Weg der Selbstrealisation einzuschlagen.

Diese Transformation bewirkt: Je mehr wir uns unserer seelischen Identität nähern, desto mehr bewegt sich die „innere Romanze" hin zur „spirituellen Hochzeit", um die innere Heilung und Ganzheit zu erlangen. Dieser Heilungsprozeß hat tiefe Wirkung auf unser reales Leben und auf unser aktuelles Verhalten in bezug auf die Liebe: Die Intensivierung der „inneren Romanze" spiegelt die menschliche Sehnsucht nach der „äußeren Romanze" wider, wenn diese noch nicht erreicht ist. Nicht mehr begrenzt und bedingt durch das „alte" oder „soziale" Idealbild des Liebespartners, sind wir dann frei für das lebendige Bild der Dualseele. Die Wahl des Liebespartners folgt dann dem Echo der seelischen Resonanz. Dieses Echo empfangen wir voneinander als eine besondere Art telepathischer Signale und erogener Strömungen. Wenn es dabei gleichzeitig auch um ein *karmisches Verlangen* geht, geschieht die Begegnung über eine gegenseitige Resonanz, die fast wie „vorgeschrieben" aussehen kann.

Wie kann man dieses unbeschreibliche Ereignis erklären? Bei dem Versuch, dieses Mysterium der Liebe zu deuten, geraten wir an die Grenze unserer verstandesmäßigen Möglichkeiten: Der erogenetische Code verkörpert die ewige Minne unseres dualistischen Seins, die sich in der spirituellen Hochzeit unseres Kerns verinnerlicht. Die astrale Realität will sich im Leben materialisieren, um die göttliche Weissagung zu vollenden und die *spirituelle Hochzeit* in eine *irdische Vereinigung* zu transformieren. So wird die göttliche Absicht der Inkarnation im Leben reflektiert. Wir erhalten eine besondere Führung durch die astrale Welt: ein unglaubliches „Team-work" unsichtbarer Kräfte, Gedanken, Gefühle, Leidenschaften, seelischer Absichten und kosmischer Gesetze, die wir mit unserem Verstand nicht erfassen, aber mit der Resonanz der Liebe deutlich spüren können. Diese übersinnliche Führung befindet sich in voller Übereinstimmung mit uns selbst, mit dem Teil unserer Psyche, der auf der universalen Bewußtseinsebene synchron mit unseren Gefühlen, alltäglichen Handlungen und Interessen kommuniziert. Bei der Erfüllung der irdischen Vereinigung geht es also nicht „nur" um eine Liebesgeschichte, sondern um ein „In-Liebe-leben", äußerlich und innerlich, um eine gegenseitige Unterstützung auf dem karmischen Weg.

Die erogenetische Resonanz – in einer Sphäre des Bewußtseins, wie von mir bis hierher besprochen, kann wie folgt betrachtet werden:

Wenn z. B. der männliche Teil hier auf der Erde inkarniert ist, besteht auf ihn ein starker erogenetischer Einfluß von der weiblichen Seite seines Seelenwesens auf der astralen Ebene. Mit ihren „femininen Signalen" wird „sie" in ihm „ihren" romantischen Einfluß erwecken, so daß „er" sich verliebt fühlt. Von ihrer weiblichen Essenz animiert, kommt er in Berührung mit „ihrem" Bild (seiner anima) und beginnt nach ihr und nach seinem irdischen

Pedant zu suchen. Seine Sinne werden wach, und er beginnt, maskuline Signale auszusenden. Die Frauen in seiner Umgebung empfangen diese Signale und antworten darauf in unterschiedlicher Weise. Er wird „attraktiv" – sie nehmen die erogenetische Präsenz wahr, die er in diesem Moment ausstrahlt. Diese Signale fühlt man auch weit entfernt; sowohl Leute, die er kennt als auch Leute, die ihm unbekannt sind, aber mit deren Seelenverbindungen er in Kontakt kommt, können diese Signale wahrnehmen. Am stärksten aber fühlt *sie* es. Nicht seine „astrale anima" (die ja der erogenetische Stimulus für seinen romantischen Zustand ist), sondern die Frau, die er sucht, um hier auf der Erde mit ihr zu leben – seine Partnerin in diesem Leben. Die Faszination nimmt kein Ende! Denn sie, seine Liebespartnerin, hat auch ihren dualen Teil in der Astralsphäre (ihren animus), der mit ihr in erogenetischer Resonanz steht und der sie für eine irdische Romanze empfänglich macht.

Hier beginnt ein neues Kapitel der Schöpfungsgeschichte, das in jedem Moment der Begegnung neu geschrieben wird. ... *Und sie erkannten sich ...*

John C. Pierrakos

Die Grundlagen der Core Energetik

Die therapeutische Methode, die ich hier entwickle und Core Energetik nenne, umfaßt drei Hauptthesen. 1. Der Mensch bildet eine in sich geschlossene psychosomatische Einheit. 2. Die Quelle allen Heilens liegt im Selbst, nicht in den Händen eines äußeren Vermittlers, ganz gleich, ob es sich dabei um einen Arzt, um Gott persönlich oder um die Kräfte des Kosmos handelt. 3. Die gesamte Existenz bildet eine Einheit, die sich auf die kreative Evolution hinbewegt. Dies bezieht sich sowohl auf das Ganze wie auch auf die zahllosen Einzelphänomene. Im Grunde gebe ich damit *einer* Sache drei verschiedene Namen. Aber ich will diese Aspekte dennoch jeweils getrennt behandeln, um so zu einer umfassenden Darstellung der Core Energetik zu kommen. Ich glaube, daß die Menschheit an der Schwelle eines neuen Zeitalters steht und sich auf eine Epoche hinbewegt, in der wir uns aus eigener Kraft über die tragische Energieverschwendung destruktiver Konflikte erheben können, sogar über die konstruktiven Bemühungen zur Beseitigung von Schäden, und in der wir unser Leben der Entfaltung unserer Kreativität widmen können.

Diese Schwelle haben wir nach Millionen von Jahren erreicht, in denen wir lernten, wer und was wir sind, wo im Königreich des Seins sich unser Platz befindet und wie wir unsere schicksalhafte Aufgabe erfüllen können, das Wesen unseres Potentials zu erkennen. An verschiedenen Punkten in dieser langen Geschichte haben uns Experimente und Beobachtungen bewußt gemacht, daß wir die Zerrissenheit unserer Existenz teilweise beseitigen können. Auf diese Weise wurden die Therapien geboren und zu Systemen ausgestaltet. Die Fürsorge für den Körper, für den physisch sichtbaren Teil der Persönlichkeit, entwickelte sich zur Medizin. Was die Medizin nicht herauszufinden vermochte – die Ursachen für Krankheiten und Tod –, verband sich mit anderen geheimnisvollen Phänomenen zum eigenständigen Bereich der Religion, jener Therapie des menschlichen Geistes. Beide Bereiche erkannten geistige Störungen als klare Anzeichen für Krankheit, und beide versuchten sich auch darin, diese zu behandeln. Jedoch vermochten sie letztlich nur wenig zur tatsächlichen Heilung beizutragen. Erst durch Sigmund Freuds monumentale Entdeckung des Unbewußten gelang es, die Heilkunst auf den mental-emotionalen Bereich der menschlichen Persönlichkeit auszudehnen.

Und doch erkannten schon frühe Kollegen Freuds, daß das Unbewußte trotz seiner umfassenden Information über das Leben und den jeweiligen Zustand der Persönlichkeit nicht der einzige Schlüssel zur psychischen Krankheit ist. Freuds Bemühungen konzentrierten sich auf den ideellen Inhalt der geistigen Substanz des Individuums. Carl Gustav Jung bezog außerdem auch noch die Seele in die psychologische Behandlung mit ein. Er erkannte, daß das „Gottesbild in der menschlichen Psyche" eine machtvolle und – in sich selbst – heilsame Komponente des kollektiven menschlichen Unbewußten ist. Wilhelm Reich verband die Physiologie mit der Psychologie, da er die psychosomatische Einheit der Persönlichkeit erkannte und bemühte sich um eine umfassende wissenschaftliche Synthese auf der Grundlage seiner Theorien der Orgonomie. Die Bioenergetische Analyse, die von Alexander Lowen und mir begründet wurde, befaßte sich mit dem Element des Willens bei psychischen Erkrankungen und mit der Notwendigkeit, den Willen der erkrankten Person zusammen mit dem Körper, den Gefühlen und dem analytischen Geist in die Behandlung mit einzubeziehen.

Jede dieser Erweiterungen der theoretischen Grundlagen der Heilung näherte sich mehr und mehr der Erkenntnis, daß eine Einbeziehung der ganzen Person der Ansatz für jegliche Therapie sein müsse, im Gegensatz zur Behandlung nur jeweils eines dieser Bereiche. Dennoch blieben die meisten therapeutischen Schulen auf die Verletzungen der Patienten konzentriert, wodurch sie praktisch das essentielle Wesen des Leidenden ausschlossen – die Lebenskraft, die durch ebendiese Verletzungen beeinträchtigt wird. Für diese heute noch herrschende Überzeugung, daß jegliche Heilkunst sich auf ihren eigenen Erfahrungsbereich beschränken sollte, gibt es gute, aber auch weniger gute Gründe. Die guten Gründe hierfür stehen im Zusammenhang mit der Erkenntnis verantwortungsbewußter Therapeuten, daß jeder festumrissenen Berufsrolle nur ein gewisser Teil menschlichen Wissens zugänglich ist. Die weniger einsichtigen Begründungen, die Analogien zu gesellschaftlichen Unausgewogenheiten aufweisen, mit denen ich mich später noch auseinandersetzen werde, drücken eine Haltung der Überlegenheit aus, die sich auf die speziellen Kenntnisse und Begabungen des Heilkundigen gründet.

Während der ersten zwanzig Jahre meiner psychiatrischen Arbeit, in denen ich an der Entwicklung des bioenergetischen Ansatzes mitarbeitete, beschäftigte ich mich immer mehr mit der Natur und der natürlichen Funktion der Lebenskraft selbst. Ich fragte mich: Was mag das nur für eine Energie sein? Ist sie sowohl Substanz wie auch Attribut, so wie die Theorien des Yoga und der alten Griechen es sahen? Ist sie ein universeller Geist, der sich auf irgendeine Weise in der Materie individualisiert hat, so wie es Paracelsus, der berühmte Arzt des sechzehnten Jahrhunderts und im neunzehnten Jahrhundert der Dichter Walt Whitman gesehen haben? Handelt es sich um essentielles Material, entweder um ein in sich geschlossenes elektrodynamisches System, wie der Yale-Biologe Harold Burr und seine Kollegen es in den dreißiger Jahren unseres Jahrhunderts definierten, oder ist es eine Variation dessen, was Reich das „allgemeine Funktionsprinzip" nannte? Ist es wesensmäßig spirituell, so wie es die religiösen Denker, angefangen bei Buddha über Jesus bis hin zu Teilhard de Chardin und viele andere verstanden haben?

Diese Frage beschäftigte mich wegen ihre äußersten Relevanz für die psychiatrische Praxis ziemlich stark. Zwei Aspekte der menschlichen Lebenskraft schienen besonders wichtig zu sein, und beide veranschaulichen die Kreativität dieser Kraft.

Zunächst zeigte die Arbeit mit den Patienten, daß jeder Teil der menschlichen Persönlichkeit, angefangen bei der Körperstruktur bis hin zur Klarheit der Wahrnehmung, von der inneren Energie gestaltet wird. Genetisches Erbe, familiärer Hintergrund, gesellschaftliche Lebensbedignungen und viele andere Faktoren beeinflussen uns. Aber wir selbst kreieren unser Leben durch die Art, wie wir mit unserer Energie umgehen. Das Ergebnis hängt voll und ganz davon ab, was wir mit der Energie zu tun beschließen und wohin wir uns von ihr leiten lassen. Ein Mensch ist nur so lange von den äußeren Umständen abhängig, wie es um das bloße Überleben geht, beispielsweise während seiner Kindheit. Wenn wir heranwachsen, haben wir die Wahl, ob wir unsere

Energie vereinigen oder ob wir sie blockieren wollen und ob wir uns in die äußere Welt hineinbewegen wollen oder ob wir es vorziehen, uns aus ihr zurückzuziehen.

Zweitens entdeckte ich, daß fast alle Patienten in wachsendem Maße einen Mangel an tiefem Erfülltsein empfanden, wenn sie sich auf die Befreiung ihrer Lebensfunktionen und auf die Verbesserung ihrer Lebensumstände hinbewegten. Sie drückten dies stets als Sehnsucht nach einer stärkeren Verbindung zur äußeren Realität aus. Der französische Philosoph Henri Bergson beschrieb dies als den vitalen Schwung oder Impuls. L'élan vital, den die kreative Energie bewirkt, die énergie créatrice (dies ist der Titel eines Buches von ihm aus dem Jahre 1906). Die Menschen gehen derartigen Impulsen auf viele Arten nach: Sie engagieren sich in philanthropischen Aktivitäten, in Heilberufen, in der Praxis religiöser Ethik oder in sozialen, politischen oder ökonomischen Reformen. Sie geben dem Ursprung derartiger Bestrebungen viele verschiedene Namen: Seele oder Geist, kreatives Ich, soziales Gewissen oder höheres Selbst.

Ich konnte derartigen verbindenden und umfassenden Perspektiven nur zustimmen, da sie sich nicht nur in denen spontan entwickelten, um deren Wohl ich mich beruflich kümmerte, sondern auch in den größeren sozialen Zusammenhängen. Anderen Therapeuten sowie auch denen, die ihre Hilfe suchten, wurde bewußt, daß das Ausheilen von Verletzungen nicht ausreicht, wenn man Erfüllung erlangen will. Darüber hinaus stellten auch viele Menschen außerhalb der Gemeinschaft der Heilenden und der Heilungssuchenden die Aufspaltung ihrer Persönlichkeit in viele verschiedene Funktionsbereiche in Frage. Sie spürten die Isolierung des menschlichen Lebens von seiner ökologischen Heimat. Sie kämpften gegen die Trennung zwischen privatem und beruflichem Leben. Sie hatten die negativen Auswirkungen kalter und heißer Kriege erkannt, ebenso wie die Folgen des „Krieges zwischen den Geschlechtern", der überspezialisierten Arbeit, der Privilegierung bestimmter Bevölkerungsgruppen, der Generationskonflikte und noch einer großen Zahl anderer Faktoren, die ihre Lebensqualität minderten. Und was das Wichtigste ist, sie erforschten positive, expansive Alternativen zu jenen Mustern, die ihre kreativen Fähigkeiten begrenzten.

Während der fünfziger und der frühen sechziger Jahre gewann die Suche nach einem tieferen Lebenssinn an Bedeutung, was schließlich in den letzten 20 Jahren in eine riesige Welle einmündete, die als *human potential movement* bezeichnet wird. Viele Ströme vereinigen sich zu diesem Hauptstrom, und ihrer aller Antrieb bringt uns jenem Neuen Zeitalter näher, in das die Menschheit – so hoffe ich – in naher Zukunft eintreten wird. Im wesentlichen basieren all diese Strömungen auf einer einzigen Grundvoraussetzung: daß der Mensch in sich selbst und in seiner Interaktion eine Einheit mit seiner Umgebung bildet oder, anders ausgedrückt, daß Einheit und Interaktion alles, was existiert, miteinander verbinden, die Gesamtheit der Existenz. Denn während die Individualität jedes Lebewesens ziemlich unabänderlich ist, findet ein beständiger und umfassender Austausch von Energien zwischen all diesen verschiedenen Wesen statt. Ich will mich noch näher mit dieser Aussage auseinandersetzen, weil sie mein Verständnis von der Natur der menschlichen Persönlichkeit und damit auch den Sinn der Core Energetik zusammenfaßt.

Energie und Bewußtsein

Zentrifugale (nach außen gerichtete) und zentripetale (nach innen gerichtete) Bewegung ist im gesamten physikalischen Universum zu beobachten. Die bekannteste Erklärung der Astronomie für die Entstehung des Universums, die Urknall-Theorie, besagt, daß eine riesige Explosion eines zentralen Kerns Materie in den Raum geschleudert habe. Die umherwirbelnden Massen dieser Substanz hätten sich dann wieder gesammelt und die Himmelskörper gebildet, aus denen die Galaxien bestehen. Diese sind durch die Schwerkraft miteinander verbunden, obwohl sie sich gleichzeitig immer noch mit ungeheurer Geschwindigkeit vom ursprünglichen Zentrum der Explosion wegbewegen. Eine solche zweifache Bewegung, sowohl auf das ursprüngliche Zentrum hin wie auch von diesem weg, ist in jedem Phänomen zu beobachten, mit dem die Menschheit sich jemals beschäftigt hat. In der menschlichen Anatomie beispielsweise dehnen sich die Zellen aus und ziehen sich wieder zusammen. Ebenso verhalten sich die einzelnen Organe wie etwa das Herz und ganze Systeme wie die Eingeweide und die Lungen, und natürlich tut dies auch der menschliche Organismus als Ganzes. Die Grundsubstanz der Persönlichkeit ist Energie. Die Bewegung dieser Energie ist Leben. Je freier die Bewegung der Energie in jeder einzelnen Komponente beim Aufrechterhalten ihrer eigenen Ganzheit und ihres eigenen Zusammenhalts ist – und derjenigen des gesamten Organismus –, um so intensiver ist das Leben.

Man stelle sich den Menschen als einen Mikrokosmos vor. In unseren Augen sind die Gewebe und Organe „fest" und bilden „feste" Systeme, die ihrerseits wieder unseren „festen" Körper bilden. Aber wie die Milliarden von Himmelskörpern im Makrokosmos, so bilden auch die Milliarden von Zellen im gesamten Organismus Gruppierungen von unterschiedlicher räumlicher Dichte. Unter einer 500000fachen Vergrößerung würde das Hautgewebe aussehen wie weit voneinander entfernte Sterne, und Knochen würden einer stark bevölkerten Galaxie ähneln. Das Herz würde an einen Himmelskörper erinnern, und der Körper als Ganzes könnte den gesamten Makrokosmos darstellen. Und ebenso wie im gesamten Universum bewegt sich die Energie jedes einzelnen Körperteils sowohl innerlich wie auch äußerlich, zieht sich zusammen und dehnt sich aus, pulsiert nach innen zum Kern des Teils und nach außen zu den anderen Teilen hin und in das Ganze hinein. Ich werde gleich auf diesen pulsatorischen Prozeß zurückkommen.

So fließt die Energie im Kosmos der gesamten Existenz und im Kosmos des menschlichen Organismus wie die Wildwasser von einer Wasserscheide. Die Wildwasser werden zu Bächen und Flüssen, die Flüsse bilden Ströme, und die Ströme münden ins Meer. Jeder Wassertropfen verbindet sich mit anderen Tropfen zu immer größeren Wasserläufen, die sich schließlich im Ozean vereinigen. Auf die gleiche Weise verschmilzt jeder „Tropfen" der menschlichen Energie mit andern „Tropfen", bis sie sich schließlich alle im Organismus vereinigen. Ich habe hier Anführungszeichen verwendet, weil die Energie natürlich in Wirklichkeit ungeteilt fließt.

Diese lebendige Energie ist nicht einfach eine Quantität oder Masse. Ihr qualitativer Aspekt, ihre Fähigkeit, sich auf etwas zu richten, drückt Bewußtsein aus oder, um genauer zu sein, ist selbst Bewußtsein. Die Intelligenz und Harmonie der Schöpfung deuten auf ein Bewußtsein hin, das sowohl allumfassend wie auch äußerst detailliert ist. Die Organisation der gesamten Existenz manifestiert sich in der energetischen Funktionstüchtigkeit jeder Wesenheit, einschließlich der Homöostase des menschlichen Individuums wie auch derjenigen der menschlichen Gesellschaft, wenn ihr kollektives Ich nicht ihre Bewegungen aus dem Gleichgewicht bringt. Das scheinbare Chaos gewisser natürlicher Phänomene widerspricht nicht dem vereinigten und vereinigenden Bewußtsein. Immer wieder hat die Menschheit in den Naturgesetzen sinnvollste Gestaltungen entdeckt, die noch die vorangehende Generation als zufällig oder als Laune der Natur abgetan hatte.

Die Annahme, daß Energie Bewußtsein ist, unterstreicht die klassische Unterscheidung zwischen Substanz und Form und widerspricht ihr gleichzeitig auch. Jede Wesenheit hat eine Form, aber darüber hinaus ist auch jede dieser Wesenheiten eine eigene Form. Die Tatsache des „Form-Annehmens", ein identifizierbares Individuum zu sein, erfordert, das zu sein, was man ist, seine Attribute zu leben. Form, Masse, Dichte und all die anderen Charakteristika sind Definitionen, die sich letztlich aus der Bewegung der Wesenheit in Zeit und Raum ergeben. Energie ist Bewegung. Ihr Zusammenhalt in ihrem Raum-Kontinuum ist ihr Bewußtsein.

Alles ist daher Bewußtsein. Nach herkömmlicher Anschauung unterscheidet man zwischen anorganischen und organischen Stufen des Seins, außerdem zwischen nichtfühlenden und fühlenden Wesen und schließlich zwischen nichtbewußten und bewußten. Diese Klassifikationen spiegeln die Hierarchie der wachsenden Komplexität wider, wie sie sich im Universum findet. Aber Bewußtsein ist in jeder einzelnen Einheit, vom kleinsten subatomaren Partikel, das noch seiner Entdeckung harrt, bis hin zur Totalität des Seins, dem Makrokosmos. Jede Einheit hat ihre besondere Funktion (einen Plan zur Erfüllung ihres Potentials), die schon in der Tatsache ihrer bloßen Existenz enthalten ist.

Da jedes einzelne Partikel des Lebens genau weiß, was es tut, ist es nicht abwegig, zu sagen, daß es einen Geist hat: einen Verstand, der seinen inneren Plan versteht, und einen Willen, der seine Handlungen gemäß diesem Plan steuert. Wenn wir beispielsweise einen kleinen Apfelkern säen, so wächst er in ein paar Jahren zu einem wundervollen Baum heran, der in Erfüllung seines inneren Plans erblüht und Früchte trägt. So wie Energie ungeteilt fließt, so fließt auch dieses innere Bewußtsein ungeteilt. Der Unterschied zwischen dem Apfelbaum und dem Menschen ist – sehr vereinfacht ausgedrückt –, daß ein menschliches

Wesen weiß, daß es weiß. Sein äußerer Geist, das Wachbewußtsein und der Wille, verbunden mit den unbewußten geistigen Prozessen, kann sowohl den Organismus als auch seine Umgebung steuern, was der Apfelbaum nicht kann. Wegen dieser Hierarchie des Bewußtseins in der Natur schloß der französische Phänomenologe Teilhard de Chardin, daß „... die universelle Energie denkende Energie sein muß".

Der Energiekörper

Der äußere Geist des Menschen ist, so könnte man sagen, eine Kristallisation des inneren Geistes, den jedes lebende Wesen besitzt, ebenso wie der physische Körper, den wir sehen und berühren, eine Kristallisation unseres quantitativen energetischen Wesens ist. Die materiellen und die nichtmateriellen Funktionen unterscheiden sich hinsichtlich ihrer Vibrationsfrequenz, nicht aber hinsichtlich ihrer Substanz. Deshalb ist das ganze Leben eines Menschen, sogar die Länge seiner Knochen und der Grad seiner feinmotorischen Koordination, buchstäblich durch seine innere Energie gestaltet. Der Gestalter ist das Bewußtsein der Energie: das integrale Bewußtsein vom Gen bis zum Geist. Dies ist auch der Grund, weshalb der Zustand unseres Lebens davon abhängt, wie wir äußeren Ereignissen *begegnen*, obgleich die äußere Realität selbst auch einen Einfluß auf die Gestaltung unserer Wahrnehmungen und Handlungen hat.

Die qualitative Differenzierung der inneren Energiebewegungen beeinflußt das gesamte Bewußtsein, sowohl unser inneres wie auch unser äußeres Gewahrsein. Wir denken von uns selbst, daß wir verschiedene, voneinander unabhängige Kräfte besitzen. Unsere Wahrnehmungen werden definiert als sensorisch, emotional, rational oder intuitiv; und unsere Handlungen als instinktiv oder zielgerichtet, reaktiv oder integrativ. Dies sind bei der Vielfalt der Wahrnehmungen und Handlungen, die auch nur eine einzige Erfahrung erzeugt, sehr nützliche Unterscheidungen. Aber ich sehe die verschiedenartigen Kräfte als Aktivitäten des Bewußtseins an, die je nach Gebiet und Ziel der inneren Energiebewegung auftreten. Gefühl ist eine Pulsation des gesamten Organismus. Das Gefühl des Wohlbefindens beispielsweise ist die Erkenntnis des Geistes, daß die Energie frei strömt.

Der Geist einer gesunden Persönlichkeit kann dem Energiefluß „folgen", sich ihm anpassen, sich nach ihm ausrichten oder sich von diesem zurückziehen. Wir wissen, daß die Yogis einige Funktionen ihres autonomen Nervensystems steuern können und daß Heiler (ich selbst habe einige von ihnen bei ihrer Arbeit beobachten können) ihre bewußte Lebenskraft in einen Kranken hineinzulenken vermögen. Solche Menschen besitzen ein außergewöhnlich integriertes Bewußtsein, doch die Fähigkeit zur ganzheitlichen Selbstbewußtheit und Selbststeuerung ist jedem Menschen angeboren.

Wenn man von der Integration des Bewußtseins spricht, so beinhaltet dies, daß eine energetische Wesenheit auch desintegrieren kann, während sie weiterlebt. Das heißt nicht etwa, daß die Lebenskraft dieses Lebewesens in Teile zerfällt, sondern daß die Bewegung der Vibrationsfrequenzen durch Krankheit gestört wird. Die verschiedenen Frequenzen, die auch Vibrationsebenen oder Energiekörper genannt werden, bilden unterscheidbare, eigenständige Formen mit unterschiedlichen Kräften. Die Energie der materiellen Form, unseres physischen Körpers, bewegt sich am langsamsten. Die Formen werden manchmal je nach Art ihrer Wirkung eingeteilt, angefangen bei der physischen oder sensorischen bis hin zur spirituellen oder intuitiven Form, und manchmal auch danach, ob sie mit irdischem Leben identisch sind oder ob sie jenseits von diesem existieren. Solche Fragen, die von den Metaphysikern und Erforschern okkulter Phänomene schon lange untersucht werden, finden heute allmählich ihren Weg zurück in die etablierte wissenschaftliche Forschung. Ich will sie für unseren augenblicklichen Bedarf als funktionelle Aspekte eines einheitlichen Energiekörpers bezeichnen.

Die Ebenen der Energie können verglichen werden mit einem Eisblock, der in einer Schale im Wasser liegt. Das Eis repräsentiert den physischen Organismus. Die kristallisierte Form ist natürlich aus Wasser gemacht, und sowohl die feste wie auch die flüssige Form des Wassers geben Wasserdampf ab, den wir gewöhnlich nicht sehen oder fühlen können, der sich aber mit der ihm umgebenden Atmosphäre vermischt. Der Energiekörper gleicht all diesen Formen zusammen. Der einzige Unterschied zwischen den verschiedenen Ebenen liegt darin, daß die höheren Vibrationsfrequenzen die niedrigeren vollständig durchdringen.

Unter gewöhnlichen Umständen können wir mit unseren Sinnen nur die Energieebene des physischen Körpers wahrnehmen. Jedoch können einige Auswirkungen der höheren Frequenzen experimentell mit technischen Hilfsmitteln registriert werden, beispielsweise mit Hilfe des Elektroenzephalographen und der erst kürzlich weiterentwickelten Kirlianfotografie. Diese energetischen Vorgänge werden allgemein als elektrisch oder elektromagnetisch bezeichnet. Aber der Energiekörper besteht nicht nur aus derartigen bekannten Arten von Ladung. Vielmehr ist seine Substanz eine lebendige Energie, die jene als Komponenten enthält.

Die Lebenskraft strömt jenseits der Hauptgrenzen in die Atmosphäre und erzeugt dort ein Energiefeld oder eine Aura, die einen großen Teil der Information über die Art und Funktionsweise menschlicher Wesen enthält. Zum Beispiel zeigt sich das sogenannte ätherische Doppel, die nach dem physischen Körper nächsthöhere Vibrationsform, in der Aura als exaktes Duplikat unserer Physiologie. Es besitzt ein Herz, eine Schilddrüse, Mandeln, Füße, Hände und einen Rumpf. Darüber hinaus bleibt dieses Energiedoppel, wenn einem Menschen ein Organ oder ein Körperglied chirurgisch entfernt wird, noch eine Zeitlang erhalten. Deshalb sollte jeglicher medizinische Eingriff, ganz gleich wie scheinbar geringfügig er sein mag, nur vorgenommen werden, wenn es unbedingt notwendig ist. Ein solcher Eingriff ruft ein Trauma des gesamten Energiesystems hervor, denn er wirkt sich nicht nur auf den behandelten physischen Teil aus, sondern ebenso auf die integrale Energiewesenheit. Die Durchdringungsfähigkeit der höheren Vibrationsfrequenzen erklärt, weshalb nichtmaterielle Ereignisse – die Erfahrungen der Gefühle des Geistes und der Seele – sogar unsere Physiologie beeinflussen können. Die Qualität der vom jeweiligen Ereignis ausgelösten Energiebewegung hinterläßt auf dem Energiekörper eine Spur. Wenn das Erleben intensiviert oder wiederholt wird, wird die Prägung sowohl im physischen Körper wie auch in der Aura sichtbar.

Es steckt mehr als Spekulation und Analogie hinter diesen Energiephänomenen. Obgleich es erst in unserem Jahrhundert gelang, sie wissenschaftlich zu erforschen, waren sie während der ganzen überlieferten Geschichte Gegenstand konzentrierter geistiger Auseinandersetzung. Ich selbst kam mit diesen Phänomenen zu Beginn meiner professionellen Arbeit in Berührung, als ich mit Wilhelm Reich zusammenarbeitete. Ich werde ihm stets in Dankbarkeit dafür verbunden bleiben, daß er mein Interesse für dieses Thema geweckt hat. Ich benutzte dazu einige Jahre lang Geräte, die er erfand, und auch Abwandlungen der Geräte Walter J. Kilners, die ich selbst entwickelte, bevor ich schließlich entdeckte, daß meine Augen ohne jegliche visuellen Hilfen die Aura wahrnehmen konnten. Diese Fähigkeit bedarf des Trainings, damit sie sich entwickelt, ebenso wie etwa die musikalische Fähigkeit der Unterscheidung von Vierteltönen. Aber ich bin davon überzeugt, daß viele Menschen die Anlage dazu als Bestandteil ihres normalen Wahrnehmungssystems besitzen. Aufgrund der Charakteristika der Energiebewegungen in der Aura bin ich zu der Überzeugung gelangt, die ich am Ende des vorangegangenen Abschnitts schon zum Teil erläutert habe: daß Einheit und Interaktion alle existierenden Dinge miteinander verbinden. Die vereinigende Kraft ist der pulsatorische Prozeß der in unendlicher Variation das Grundmuster der Bewegung in allen energetischen Wesenheiten darstellt.

Der pulsatorische Prozeß im universellen Lebensprinzip

Die vibratorische Bewegung, die jede bekannte Energieform durchdringt, drückt sich in einem pulsatorischen Rhythmus aus, der Emanationen seiner Substanz mit andern Wesenheiten austauscht und dennoch seine eigene Integrität während seines ganzen Lebens aufrechterhält. Das Netzwerk des Austauschs deutet nicht nur auf peripheren Kontakt oder auf einen Dominoeffekt hin, sondern, wie technische Untersuchungen belegt haben, auch auf eine tatsächliche substantielle Einheit. Die Physik unterstützt dieses Konzept: Wenn die Energie im Kosmos niemals vernichtet wird, sondern nur ihren qualitativen Aspekt verändert, wenn die Quelle der Umwandlung das Bewußtsein der Energiewesenheit selbst ist und wenn das neue, erkennbar unabhängige Bewußtsein an der Gesamtbewegung teilnimmt, die das Ganze des Universums ausmacht – was es ja tatsächlich tut –, so deutet dies alles darauf hin, daß eine essentielle Einheit des Ganzen mit seinen Myriaden von Teilen bestehen muß. Während sich also die Lebenskraft in Milliarden verschiedenen Erscheinungsformen individualisiert, hat jedes dieser Milliarden von Individuen jeder Art nicht nur an der Gesamtheit von Energiebewußtsein teil, sondern ist wesensmäßig mit diesen identisch. Diese Totalität nenne ich das universelle Lebensprinzip oder die universelle Lebenskraft.

Der pulsatorische Rhythmus im menschlichen Wesen hat ebenso wie in allen anderen individualisierten Verkörperungen des universellen Lebensprinzips drei Schwerpunkte: die assertive behauptende Phase, die rezeptive Phase und die Ruhephase. Die Pulsation tritt in jeder dieser Komponenten und auch im Organismus als Gesamtheit auf. Im Vorangegangenen habe ich das Beispiel des Herzens angeführt, das sich zusammenzieht, um das Blut durch den Körper zu pumpen, und sich dann entspannt, um Blut in seine Kammern zurückströmen zu lassen. Die Hand kann sich ausstrecken, um zu nehmen, oder weit öffnen, um zu empfangen. Die sexuelle Bewegung kann vorwärts stoßen und sich dann wieder zurückziehen, während sich das Becken mit Energie füllt. Die Totalität der Pulsationen bei einem relativ gesunden Menschen wäre in perfekter Harmonie, weil das Bewußtsein die energetischen Bewegungen vereinigt. Das Bewußtsein ist deshalb nicht nur der Prozeß der integralen Kraft des Wissens, die sich überall findet, von den Zellen bis hin zum „äußeren" Geist. Es umfaßt vielmehr auch die im Inneren entstandene (endogene) Bewegung des Organismus in die äußere Realität hinein.

Sowohl bei der willkürlichen wie auch bei der unwillkürlichen Bewegung bedeutet Assertivität (Behauptung), daß wir handeln: Wir setzen in Bewegung, wir bewegen uns auf etwas hin, wir lenken die uns zur Verfügung stehenden Kräfte und nutzen sie zielbewußt. Zu empfangen bedeutet, daß von innen oder von außen etwas mit uns geschieht: Wir akzeptieren Bewegung, warten auf sie, gestatten ihr, uns zu erfassen, und verbinden die Kräfte, die in unserem Innern oder in uns hineinpulsieren.

Jede dieser Phasen kann konstruktiv intensiviert werden, und jede kann auch pathologisch übertrieben werden. So wie die Hand schlagen oder schlaff daliegen kann, so kann die sexuelle Bewegung aggressiv vorstoßen oder sich kalt zurückziehen. Hier möchte ich noch einmal wiederholen, daß im gesunden Organismus die assertive und rezeptive Phase einander in wunderbarer Wechselbeziehung ergänzen. Dieses Konzept enthält eine gewisse Analogie zur traditionellen chinesischen Vorstellung des Yin und Yang, die den Gedanken des männlichen und weiblichen

Schöpfungsprinzips verkörpern. Jedoch gibt es dabei einen fundamentalen Unterschied. Die Unterscheidung zwischen Yin und Yang und zwischen männlichem und weiblichem Prinzip setzt zwei nicht weiter reduzierbare Kräfte voraus, die einander entgegengesetzt sind, obgleich sie einander auch ergänzen. Das Prinzip der Wechselbeziehung setzt voraus, daß die gleiche Lebenskraft in beiden Phasen in ausgeglichener Bewegung wirksam ist. Deshalb besteht keine fundamentale Notwendigkeit für einen Konflikt zwischen Mann und Frau, zwischen Individuum und Gruppe, zwischen Gruppe und Gesellschaft oder zwischen der menschlichen Gesellschaft und ihrer Umgebung auf der Erde und auch innerhalb des Kosmos.

Und dennoch bestehen Konflikte innerhalb der einzelnen Energiewesenheiten und zwischen ihnen. Es gibt Krankheit und Krieg, und es gibt Isolation und Ächtung, um nur einige der Kategorien zu nennen, die die kreative Integration des menschlichen Wesens erschweren. Es ist meine feste Überzeugung und die Grundlage der Core Energetik, daß wir selbst diese vielen leidvollen Gegensätze schaffen, indem wir den Fluß der sich ergänzenden Energien durch unser eigenes universelles Lebenszentrum aus dem Gleichgewicht bringen. Dieses Zentrum ist das *Core* des Menschen.

Auszug aus J. C. Pierrakos:
Core Energetik. Mit freundlicher Genehmigung des Synthesis Verlages. Siegmar Gerken.

Pieter Loomans

Heilende oder fressende Schlange? Kundaliniphänomene bei krisenhaften spirituellen Entwicklungen Möglichkeiten der Initiatischen Leibtherapie

A. Betreuung

Unser Zentrum, das Rütte-Forum in Todtmoos, wird in letzer Zeit immer häufiger kontaktiert von Menschen, die in einer spirituellen Krise sind oder waren oder die Befürchtung aussprechen, daß sie bald von einer Psychose heimgesucht werden. Obwohl der Hauptakzent unserer Arbeit Selbsterfahrung und Weiterbildung in der Initiatischen Therapie und Transpersonalen Psychologie ausmacht, sehen wir uns vermehrt vor die Aufgabe gestellt, auch Krisenbegleitung im Rahmen unserer Möglichkeiten anzubieten.

Vielfach berichten diese Menschen von energetischen Begleiterscheinungen: plötzlichen Zuckungen, Zittern, Beben, Wärme- und Kälteempfindungen, Schmerzen, Druck im Kopf, dem Gefühl, sich nicht schützen zu können vor „Schwingungen", Kundalinierfahrungen, Kryas usw. Die Fragen, die gestellt werden, lauten dann zum Beispiel: „Ist es richtig, diese Energien zuzulassen und zu transformieren?" „Können sie überhaupt integriert werden?" oder „Ist es gefährlich, diesen zum Teil sehr heftigen Kräften freie Bahn zu lassen?" „Kann dies zu einer Psychose führen, oder würde gerade die Unterdrückung dieser Kräfte, die zur Entfaltung drängen, psychotische Schübe heraufbeschwören?"

Solche Fragen lassen sich nicht leicht beantworten. Es ist aber so, daß wenn Menschen in akuter psychischer Not einen mit solchen Fragen kontaktieren, häufig nicht viel Zeit zu verlieren ist.

Um sich einen vorläufigen Eindruck des Zustandes des Menschen in der Krise zu bilden (zum Beispiel am Telefon), ist es notwendig, zu beachten, wie klar und zusammenhängend gesprochen wird, ob offensichtliche Wahnvorstellungen, Denkstörungen oder Gedächtnisstörungen usw. vorherrschen. Wichtig ist es auch, sich zu informieren, wieviel die Person in den letzten

Nächten geschlafen hat und ob gefastet worden ist. Obwohl einige Tage Fasten und wenig oder kein Schlaf sehr förderlich sein können für die spirituelle Entwicklung bei ausreichender Stabilität, kann andererseits, wenn die Entwicklung eine Eigendynamik gewinnt, der Prozeß entgleiten.

Es gilt auch zu überprüfen, inwieweit tatsächlich spirituelle Fragen im Vordergrund stehen, die die Bezeichnung „spirituelle Krise" rechtfertigen. Natürlich flechten sich meistens auch aktuelle Probleme und biographische Traumata mit ein. Nicht selten wird allerdings eine hauptsächlich anders geartete Krise zu Unrecht „spirituelle Krise" genannt, weil diese Bezeichnung weniger stigmatisierend erscheint.

Wenn eine stationäre Behandlung in einer Klinik nach ärztlicher Prüfung nicht notwendig erscheint, und wenn die Krise trotzdem akut ist, versuchen wir, einen sofortigen Aufenthalt zu ermöglichen, weil jeder Tag zählt, um die Krise abzufangen und zu begleiten.

Wenn Angst vorherrscht, alleine zu reisen, ist es ratsam, daß ein Familienmitglied oder eine vertraute Person mitfährt. Wenn vor der Anreise noch eine Nacht liegt und die Person länger schlaflos war, ist es zweckmäßig, ein Schlafmittel verschreiben zu lassen.

Nach der Ankunft wird von einem Arzt überprüft, ob zusätzlich zu einer psychotherapeutischen Behandlung eine temporäre und so niedrig wie möglich dosierte medikamentöse Behandlung notwendig ist oder ob die Begleitung ohne Medikamente stattfinden kann.

Auf diese Weise haben wir schon etliche Menschen durch eine Krise begleiten können, ohne daß ein Klinikaufenthalt notwendig wurde. Seit sich das Rütte-Forum selbständig gemacht hat (1992), wurde erst bei einer Person eine Aufnahme in die Psychiatrie erforderlich. Die Frau war äußerst unruhig, verwirrt und weigerte sich, Medikamente zu sich zu nehmen. Es kam dann zu einer Klinikeinweisung. Als sie sich am nächsten Tag bereit erklärte, etwas an Medikamenten einzunehmen, haben wir sie allerdings im Einvernehmen mit dem zuständigen Klinikarzt abgeholt und weiter betreut.

Alle anderen Menschen konnten aufgefangen werden und, auch wenn es bei dem einen oder anderen einen Rückfall gab, hier am Ort weiterbegleitet werden.

Es gibt in der Nähe von Bern ein interessantes Projekt: „Soteria", wo Patienten ohne Medikamente, außer manchmal einem Schlafmittel, im Rahmen einer 24-Stunden-pro-Tag-Begleitung von ausreichend viel Personal in einem sogenannten „weichen Zimmer" durch eine Psychose hindurch begleitet werden. Wenn nach vier bis sechs Wochen die Psychose nicht abgeklungen ist, wird über die Medikamentenfrage neu entschieden. Das erfolgreiche Projekt wird wissenschaftlich begleitet durch die Uni Bern. Es werden nur Patienten im Programm zugelassen, die zum ersten Mal psychotisch geworden sind und nicht manisch depressiv sind.

Wir nehmen auch Menschen auf, die schon mehrfache Krisen hinter sich haben. Während der psychotherapeutischen Begleitung und ergänzenden Betreuung erfolgt, wenn Medikamente genommen wurden, eine ärztlich kontrollierte allmähliche Herabsetzung, wenn gewünscht und aus medizinischer Sicht vertretbar.

Wenn nach mehrfachen Psychosen die Medikamentendosis schleichend herabgesetzt wird, wird durch die intensive Betreuung schnell deutlich, ob die Geschwindigkeit der Reduzierung dem psychischen Zustand des Menschen angemessen ist. Bei einem Rückfall kann schnell korrigiert werden.

Ungefähr 50 Prozent der Psychiater vertreten heute die Meinung, daß nach einer ersten Psychose nicht mehr auf ein Medikament (zum Beispiel ein hochpotentes Neuroleptikum oder bei manisch-depressiven Psychosen eine Lithium-Prophylaxe) verzichtet werden soll, um einen Rückfall zu vermeiden. Allerdings ist es überhaupt nicht sicher, daß nach einer ersten Psychose eine nächste folgt, halten andere dagegen.

Vielen, zum Beispiel Edward Podvoll, scheint es eher wichtig, einen eventuell nächsten Psychoseschub rechtzeitig zu bemerken und dann abzufangen und das transformatorische Potential, das eine Krise in sich birgt, so gut wie möglich sich entfalten zu lassen durch niedrig dosierte Medikamente und Psychotherapie, anstatt der Person zuzumuten, das ganze Leben Medikamente einzunehmen mit allen damit zusammenhängenden Nebenwirkungen.

Das Rütte-Forum bietet eine betreute Wohnsituation an in einem Haus, in dem Menschen wohnen, die fast alle die Ausbildung in der Initiatischen Therapie und Transpersonalen Psychologie absolvieren. Die Betreuer begleiten den Menschen in der Krise, indem sie als Ansprechpartner zur Verfügung stehen und mit dem Patienten zusammen essen, spazierengehen, Gartenarbeit machen usw. Diese Tätigkeit ist ein Bestandteil der Ausbildung. Die Betreuung verläuft je nach dem Zustand des Menschen wie von selbst ohne viel explizite Organisation, weil das zwischenmenschliche Geschehen tragend genug ist. Wenn erforderlich, wird der Tagesablauf ausreichend durchstrukturiert, und eventuell wird sogar eine 24-Stundne-Begleitung ermöglicht. Eine flexible Anpassung ist das Ziel.

Dem Betreuungsteam zugeordnet sind ebenfalls ein oder mehrere Psychotherapeuten, die für die Psychotherapie und Supervision der Begleiter zuständig sind. Auch regelmäßige ärztliche Kontrolle ist, wenn erforderlich, gewährleistet.

Weil die Personen in der Ausbildung (die Betreuer) sich selbst auch in einer spirituellen Entwicklung befinden, ist viel Verständnis auf Anhieb da für solche Prozesse sowie eine selbstverständliche Hilfsbereitschaft und Lernwilligkeit.

Das Modell baut auf der Erfahrung auf, die in Rütte und im Johanneshof über Jahrzehnte gewonnen wurden in der Arbeit mit sogenannten „Betreuungsfällen". Es hat auch gewisse Elemente, die an Stanislav Grofs Traum von einem „Sanctuarium"[9] denken lassen und welche Ähnlichkeit haben mit dem „Windhorse-Projekt" von Edward Podvoll[10]. Einige Aspekte des Rütte-Forum-Projekts sind aber einzigartig.

B. Psychotherapie

In den meisten Fällen ist es durchaus möglich, in Ergänzung zu der Betreuung auch psychotherapeutisch zu arbeiten.

Das Maß an Integrationsfähigkeit von unbewußten Inhalten zeigt sich z. B. in Träumen. Ideal ist eine solche Dosierung des Medikamentes (wenn überhaupt notwendig), die eine Überschwemmung mit unbewußtem Material (sei es von biographischer oder archetypischer Natur) verhindert, eine produktive Be-

---

9 Christina und Stanislav Grof: Die stürmische Suche nach dem Selbst, Kösel-Verlag 1991, S. 347.
10 Edward Podvoll: Verlockung des Wahnsinns, Irisiana-Verlag 1994.

zugnahme zum Unbewußten aber nicht verstellt. Die Träume geben dann Indizien, ob in der psychotherapeutischen Begleitung vor allem zudeckend und in der Leibtherapie zentrierend behandelt werden muß, oder ob eine gewisse aufdeckende und (Individuations-)prozeßbezogene Arbeit zumutbar ist.

Ein interessantes Beispiel eines solchen Traums gibt Marie-Louise von Franz[11]. Ihre Patientin träumt, daß Wasser angegraben wird in der Wüste und der Stadt Rom zugeführt wird. Die Schlußfolgerung von Marie-Louise von Franz nach ausführlicher Deutung des Traums ist, daß Maßnahmen, die das Unbewußte verdrängen, bei dieser prepsychotischen Patientin wohl überflüssig sind und eine aufdeckende Arbeit möglich ist.

Vielfach sind nicht integrierbare Kundalini-Energien Ursache oder Begleiterscheinung bei einer Psychose. C. G. Jung definiert die Kundalini als „den energetischen Aspekt des Individuationsprozesses" (Individuationsprozeß heißt Selbstwerdung).

Walter Schwery[12] sieht den Individuationsprozeß als Entsprechung des „Erwachens der Kundalini". Aus diesen Definitionen geht das Gewicht dieser Erfahrungen in der analytischen Psychotherapie hervor.

Maria Hippius Gräfin Dürckheim, mit ihrem Mann Begründerin der Initiatischen Therapie, schätzt, daß 90 Prozent der Menschen, die psychiatrische Kliniken bevölkern, gekennzeichnet sind von nicht integrierten Kundalinienergien.[13]

Joachim Galuska, Chefarzt der „transpersonalen" Klinik Heiligenfeld in Bad Kissingen, teilt diese Meinung.[14]

Die brennenden Fragen sind: Wie kann die Kundalini-Kraft (die sogenannte Schlangenkraft) integriert werden, wie ist sie zu lenken, wodurch und wann gerät sie außer Kontrolle und führt unter Umständen zu fast unerträglichen Schmerzen?[15] Wie können diese Gefahren vermieden werden, wie sind sie in den Griff zu bekommen?

Wie kann die Schlangenkraft lege artis zur Entwicklung kom-

---

11 Edith Zundel und Bernd Fittkau (Hrsg.), Spirituelle Wege und transpersonale Psychologie, Junfermann-Verlag, Paderborn 1989, S. 270.

12 Walter Schwery: Im Strom des Erwachens, Ansata-Verlag 1988, S. 137.

13 Mündliche Mitteilung.

14 Mündliche Mitteilung.

15 Gobi Krishna: Kundalini, O. W. Barth-Verlag 1983.

men und letztendlich den Menschen als Heilkraft, wie im Aesku-lap-Symbol angedeutet, zur Verfügung stehen?

Wie kann die Kundalini auf eine Weise geweckt werden, daß sie durch die Sushumna – ein feinstofflicher Kanal analog der Wirbelsäule – und ihre beiden Seitenkanäle (Ida und Pingala) hochsteigt, die Chakren angemessen aktiviert und durch die Nadis – kleine feinstoffliche Kanäle – den ganzen Leib heilsam durchflutet?

Die Initiatische Leibtherapie

Die Initiatische Leibtherapie – ein transpersonaler körpertherapeutischer Ansatz von Karlfried Graf Dürckheim[16] – und ihre neuere Entwicklung kann meiner Meinung nach im oben genannten Bereich einen wichtigen Beitrag leisten.

Sogar in einer akuten Psychose kann die sogenannte erste Phase der Leibbehandlung, die Zentrierung und Erdung, bewirken, daß die vagabundierenden Energien mehr zur Ruhe kommen, der Mensch mehr zu sich findet, unangenehmer Druck im Kopf nachläßt, jedenfalls soweit der Gefährdete in der Lage ist, sich auf die Übungen und Berührungen einzulassen.

Auch wenn eine solche Behandlung nur fünf oder zehn Minuten dauert, kann sie, regelmäßig, zum Beispiel täglich angewendet, beruhigend und ausgleichend wirken.

Öfters hatte ich den Eindruck, daß, wenn Medikamente schon unumgänglich sind, doch durch die Leibbehandlung eine geringere Dosis ausreicht.

Es gibt auch spirituelle Krisen, die als virulenter Durchbruchsversuch zu einer neuen Bewußtseinsebene gewertet werden müssen. Wenn ausreichend Integrationskräfte und Ich-Stärke vorhanden sind, kann, obwohl der Prozeß krisenhaft verläuft, doch prozeßbezogen behandelt werden. Das heißt, die zweite Phase der Initiatischen Leibtherapie kann nach den vorbereitenden Berührungen ebenfalls zum Tragen kommen.

In der ersten Phase der Behandlung wird die Erdung herbeigeführt durch eine Berührungsabfolge, die bei den meisten Men-

[16] Karlfried Graf Dürckheim: Meditieren, wozu und wie?, Herder-Verlag 1976, S. 230–232.

schen ungefähr gleich aussieht. In der prozeßhaften Phase der Behandlung wird demgegenüber auf eine sehr individuelle Weise auf das energetische Gefälle und seine psychischen Determinanten eingegangen. Ob ausreichend Integrationskräfte vorhanden sind, um zu einer neuen Bewußtseinsstruktur zu gelangen, oder zudeckend, vorbereitend behandelt werden soll, ist anhand der energetischen Reaktionen bei den Berührungen festzustellen.[17] Wenn ausreichend Wahrnehmungsvermögen beim Behandler/in auch in den feinstofflichen Bereich hinein vorhanden ist, kann erkannt werden, ob in der zweiten Phase der Behandlung ausreichend Kanäle vorhanden sind, um die gezielt angesprochenen Energien in Bahnen zu führen, oder ob sie eine Eigendynamik gewinnen und relativ unkontrolliert den Menschen mit unangenehmen Empfindungen irritieren oder weiter gefährden. Relativ bald kann gesehen werden, ob die Energien, die in der Behandlung evoziert werden können, ungebändigt und entfesselt eine Person plagen werden. Wenn das der Fall ist, sollte sofort nach der Erdungsarbeit zurückgeschaltet werden.

Jung[18] konstatiert interessanterweise beim modernen westlichen Menschen eine Belebung der äußeren Aspekte der höheren Chakren (Sthula-Aspekt). Es ist dem modernen Menschen aufgegeben, sich der Instinktwelt, dem Triebhaft-Animalischen wieder anzunähern, gewissermaßen auch als ein Gang in die Unterwelt (Katabasis), damit die unteren zwei bis drei Chakren aktiviert werden. Erst dann können durch die wieder aufsteigende Kundalini (Anabasis) die feinstofflichen (Sukshma)-Aspekte der höheren Chakren belebt werden.

Diese Tendenz entspricht auch meinen Erfahrungen aus Leibbehandlungen. Außer bei meiner Arbeit mit Psychologiestudenten in Süd-Bolivien (Tarija) ist mir immer wieder aufgefallen, auch bei meiner Arbeit in Rußland, daß der Kontakt zu den unteren Chakren und die Erdung beim modernen europäischen Menschen mangelhaft ist. Dies entspricht natürlich einer Entfremdung von der eigenen Triebnatur und der Natur überhaupt, mit allen bekannten schädlichen Folgen für die innere und äußere Ökologie.

---

17 C. G. Jung: Psychol. Kommentar über Kundalini-Yoga, S. 23–27.

18 Edith Zundel und Pieter Loomans (Hrsg.), Psychotherapie und religiöse Erfahrung, Herder-Verlag 1994, S. 137–158.

Interessanterweise stimmte die Erdung bei den Studenten in Bolivien noch, ferne Erben der Inka-Kultur, sowie teilweise auch heute noch in Indien. Die ursprüngliche Auffassung, daß die Kundalini vom Wurzelchakra ausgehend hochsteigt, ist also für viele Kulturen nicht mehr adäquat. Zuerst ist eine Art rückläufige Bewegung notwendig. Das In-Verantwortung-Nehmen von triebhaften, auch sexuellen Energien ist Voraussetzung dafür, daß die Kundalini auch die höheren Chakren angemessen öffnet.

Ich habe bewußt von Tendenz gesprochen, weil es natürlich nicht nur kulturelle, sondern auch große individuelle Unterschiede gibt, wie und wo diese Energien beim Menschen anzusprechen sind. Gerade die Leibtherapie und vor allem ihre zweite Phase ermöglicht ein sehr differenziertes Umgehen mit und „Lenken" dieser Kraft. Muktananda[19] sagt, daß, wenn die Kundalini einmal angeregt ist, sie wie von selbst als „intelligente Kraft" ihren Weg findet. Es scheint tatsächlich so zu sein, daß sie wie von selbst ihren Weg weiter sucht, wenn sie durch Übungen oder in der ersten Phase der Behandlung angesprochen ist. In der zweiten Phase der Behandlung werden dann jene Stellen berührt, wo die Kraft nicht ausreichend durchfließen kann. Häufig tauchen Bilder oder Erinnerungen auf, die jenen Blockaden zugehörig sind („Leibgedächtnis"). Leibtherapeuten gehen davon aus, daß alle Erinnerungen sich irgendwo im Leib niedergeschlagen haben und über gezielte Berührungen abrufbar sind. Seelische Haltungen und unverarbeitete traumatische Erfahrungen, die den Fluß der Energie beeinträchtigen, werden bewußt gemacht durch die Qualität und Gezieltheit der Berührungen. Und obwohl die Energieentfaltung wie von selber vor sich geht und einer Gesetzmäßigkeit unterliegt, ist gekonnte Unterstützung, Evozierung oder Provozierung dieses Prozesses, ohne ihn zu stören, wichtig. Sowohl die Person selbst wie auch der/die Begleiter/in sollte in der Lage sein, diesen Entfaltungsvorgang zuzulassen und zu unterstützen, ohne durch eine zu intentionale Einstellung ihn forcieren zu wollen.

In der dritten Phase einer Leibbehandlung wird ein innerer Friede und Glückseligkeit erreicht. In dem Moment ist die Kundalini-Energie optimal integriert. Aufgabe der Begleiter ist dann,

---

[19] Muktananda: Kundalini, Aurum-Verlag 1982, S. 37 und 60.

dem Menschen zu ermöglichen, möglichst lange in diesem „Seins-Zustand" zu verweilen. In diesem Zustand bleibt der Atem „innen" (Kumbhaka).[20]

Traumdeutung

Es gibt Träume, die sich vor allem auf die Entfesselung der Kundalini-Energie beziehen. Es ist wohl nicht überraschend, daß gerade Schlangenträume in dieser Hinsicht sehr aussagekräftig sind. Allerdings tauchen, wie Jung richtig bemerkt, nicht nur Schlangen, sondern auch andere Tiere, z. B. Löwen, Tiger, Hunde, Stiere usw. als Symbolisierungen bestimmter Aspekte der Kundalini auf. Je vertrauensvoller und freundlicher der Kontakt zwischen dem Traum-Ich und dem Tier sich gestaltet, desto größer ist die Integrationsmöglichkeit jener animalischen Kräfte, und umso mehr ist die Kundalini-Entfaltung fortgeschritten.

Je mehr Angst und Fluchttendenzen vor der Schlange beim Traum-Ich zu erkennen sind, desto behutsamer ist mit jenen Energien in der Begleitung umzugehen. Wenn allerdings das Traum-Ich den Gefahren tapfer begegnet und dann – wie so oft, wenn Mut gezeigt wird – sich eine positive Wendung im Traumgeschehen vollzieht, ist Zuversicht gerechtfertigt.

Es dürfte klar sein, daß kein einzelner Traum, sondern nur eine Traumserie unter Einbezug der Kenntnisse der Lebensumstände und Biographie des Betreffenden eine einigermaßen sichere Prognose erlauben.

Ein Beispiel

Eine Frau, ungefähr 50 Jahre alt, träumte: Sie stand an einem Tümpel. Eine große Schlange wollte sie hineinreißen. Sie stand wie festgenagelt. Ein sechs- bis siebenjähriger Junge sprang unwissend ins Wasser, um zu baden. Die Schlange fraß ihn. Die Träumerin schrie, der Ton jedoch verhallte, ohne daß jemand ihn hörte.

Auffällig ist, daß die Träumerin nicht in der Lage war, mehr zu tun, als jenen Schrei von sich zu geben, als es wohl schon zu spät war. Beunruhigend ist, daß weder Hilfe kam noch von ihr geholt

---

20 Ebenda, S. 47.

wurde. Der Umstand, daß der Junge und nicht das Traum-Ich gefressen wurde, ist eher günstig, stellt der Bub doch nur einen Teilaspekt des inner-psychischen Kräftespiels dar.

Obwohl ich diese Frau nicht selber therapeutisch betreue, hatte ich, als ich sie kurz sah, den Eindruck gehabt, daß sie in einem labilen Zustand war. Drei Wochen später, als sie diese Krise überstanden hatte, träumte sie: Eine Schlange sprang aus dem Ausschnitt ihres Kleides in ein Waschbecken; indem sie sich durch den Abfluß zwängte, enthäutete sie sich. Dann schwebte sie an der Wand entlang eine Treppe hoch und verwandelte sich in einen schwarzhäutigen, ungefähr sieben Jahre alten Jungen, der dann mit anderen Kindern spielte.

Obwohl ich sogleich verstand, daß dieser Traum eine Heilung aus der Krise illustrierte, begriff ich nicht, warum ein Bub und nicht ein Mädchen in jenem Alter im Traum auftauchte. Sie erklärte mir das, indem sie sagte, daß ihr Vater immer gewünscht habe, daß sie ein Junge gewesen wäre. In diesen Wochen der Krise verarbeitete sie inzestuöse Erfahrungen aus der Kindheit zwischen ihr und ihrem Vater.

Diese Frau hatte schon mehrere psychotische Episoden hinter sich. Diese Träume zeigen die Gefährdung und Heilungsmöglichkeiten. Wenn sie selbst im Traum von der Schlange gefressen worden wäre, hätte man sicherlich nicht aufdeckend, sondern zentrierend, vorbereitend gearbeitet.

Die Tatsache, daß die Schlange sich im zweiten Traum in einen Menschen verwandelt und dazu noch schwebt, ist sehr positiv zu deuten. Fast immer, wenn Tiere sich im Traum in Menschen verwandeln, deutet das auf eine noch höhere Integrationsstufe hin, als wenn nur eine Anfreundung mit dem Tier stattfindet. Dagegen ist die Verwandlung eines Menschen in ein Tier häufig als eine Regression zu werten.

Wenn im Individuationsprozeß die Thematik mit den unteren Chakren zusammenhängt, können öfters, je nachdem wie groß das Energiepotential oder der Rückstau ist, Zuckungen oder Zittern oder wilde Bewegungen (Kryas) auftreten. Ich bin nicht der Meinung, daß diese unerwarteten Bewegungen immer nur, wie häufig behauptet, den *Anfang* des Kundalini-Prozesses charakterisieren und die Energien später sehr viel feiner und subtiler strömen. Das mag richtig sein für die (frühere) indische Kultur und auch für Bolivien, wo die Menschen der Natur noch verbunden sind. Für den modernen westlichen Menschen geschieht die Aktivierung der unteren Chakren häufig zu einem späteren Zeitpunkt des Individuationsprozesses.

Eine Klientin, Gast sagen wir in Rütte, erzählte mir folgenden Traum: Sie machte mit einem kleinen Mädchen einen Spaziergang. Plötzlich wurden sie von zwei Tigern verfolgt. Sie versuchten zu flüchten und versteckten sich in einem Glashaus! Der eine Tiger sprang durch das Dach und verwandelte sich indessen in einen freundlichen Mann. Sie setzten den Spaziergang zu dritt fort. Angekommen bei einer Burg, forderte der Mann sie auf, von einer Schloßmauer zu springen und machte es ihr vor, wobei er sich zeitweilig in den Tiger zurückverwandelte. Sie sprang ebenso und schwebte gewissermaßen nach unten und kam unversehrt an. Dann neigte sich die Mauer nach vorne, und das Kind konnte ohne größeren Sprung die Wiese erreichen.

Diagnostisch ist dieser Traum höchst interessant: Obwohl die ungefähr 35jährige Frau heftige energetische Schübe hatte, war der Traum eine Ermunterung, sie zuzulassen. Es ist übrigens ein weiteres Kriterium für die Möglichkeit der Integration solcher Kräfte, wenn diese Zuckungen usw. jeden Moment, wenn die Person es möchte, zurückgehalten werden können. Die Person läßt dieses Zittern zu, ist aber diesen Bewegungen nicht ausgeliefert.

Übrigens verletzt ein Mensch sich nicht durch auch noch so unerwartete Kryas, wenn es an der Zeit ist, sie zuzulassen. Wenn allerdings jemand sich zu sehr hineinsteigert oder jene Erfahrungen zu frühzeitig herbeiführt und manipuliert, sind negative Folgen nicht unwahrscheinlich. Die Schlangenkraft sollte eben nicht irritiert werden. Wenn jemand im Zuge der Zulassung der Kundalini zum Beispiel den Kopf am Boden anschlägt und Verletzungsgefahr besteht, ist das ein Zeichen, daß der Prozeß gebremst werden sollte.

Einmal behandelte ich in Petersburg eine junge Frau auf einem Marmorboden. Sie schlug beängstigend wild ihren Kopf ständig völlig unvorhergesehen in sehr schneller Abfolge nach hinten. Kein einziges Mal hat sie sich auf dem Boden angeschlagen. Da verstand ich Muktanandas Äußerung, die Kundalini sei eine „intelligente Kraft".

Jetzt zurück zum Traum: Wenn diese Verwandlung vom Tiger in einen Menschen nicht stattgefunden hätte und sie oder das

Mädchen von ihm verletzt oder gar (an)gefressen worden wären, wäre große Vorsicht in der Begleitung geboten. Hier aber ist die Transformationsmöglichkeit vorgegeben, verstärkt noch durch den Umstand, daß auch keiner der drei sich beim Sprung von der Mauer verletzt hat. Wenn die Frau sich eine Wunde zugezogen hätte oder beim Absprung im Traum gar gestorben wäre, wäre auch wieder eine zudeckende, beruhigend Behandlung angezeigt gewesen. Wenn sie im Traum gestorben wäre, hätte man eventuell eine Suizid-Tendenz in Betracht ziehen müssen. Aber mit diesem Ausgang kann der Traum nur zuversichtlich stimmen.

Ihr Prozeß ist tatsächlich gut weitergelaufen, wie ein weiterer Traum von ihr illustriert:

Der Traum von den Tieren und den zwei Gerechtigkeiten.
Ich bin mit einem Mann auf einem Baum. Wir lieben uns und kommen in inniger Vereinigung den Baumstamm herunter. Zwischen unseren Körpern windet sich eine Schlange empor und teilt sich in Schulterhöhe in zwei Köpfe. Den einen Kopf legt sie über die Schulter des Mannes und den anderen Kopf über meine Schulter. Als wir unten am Baum ankommen, sehe ich eine große Anzahl von Tieren. Löwen, Tiger sowie auch viele Kleintiere sind versammelt. Sie alle schauen mich sehr liebevoll an, und der Löwe verdreht sogar seine Augen. Ich stelle mich zwischen den Löwen und den Tiger. Plötzlich sah ich auf der anderen Seite eine große Menschenmenge auf uns zukommen, die Menschen sind ärgerlich und böse. Sie wurden immer lauter, und etwas Bedrohliches liegt in er Luft. Einige Meter vor uns stehen sie still und schauen mich und die Tiere vorwurfsvoll und böse an. Der Löwe will zum Sprung ansetzen, um mich zu verteidigen, ich jedoch streichelte ihm seine Löwenmähne, und er legt seinen Kopf an meine Beine. Hinter mir sehe ich einen großen Adler. Er fliegt direkt auf uns zu, und ein paar Meter über meinem Kopf steht er in der Luft still, auf seinem Kopf steht eine weiße Taube, die sich nun auf meinen Kopf setzt. Der Adler spricht mit lauter Stimme zu der Menschenmenge: „Nach eurem Gesetz ist sie schuldig, nach unserem Gesetz ist sie nicht schuldig." Nach diesen Worten fliegt der Adler weg, und die Menschen senkten ihren Kopf und gingen ihren Weg. Der Löwe und der Tiger legen ihren Kopf an meine Beine und schauen mich liebevoll an. Die weiße Taube blieb auf meinem Kopf sitzen.

Hier zeigt sich die Angst vor dem Kollektiv und vor den Erwartungen, Meinungen, Vorurteilen usw. der anderen Menschen. Diese repräsentieren gewissermaßen ihr Über-Ich, – internalisierte Normen – usw. Es entwickelt sich bei ihr eine „neue Ethik" (Neumann,[21]), die Stimme des Selbst (Neumann) wird interessanterweise von Tieren artikuliert, die hier nicht nur ihre Triebseite repräsentieren, sondern eher die gelungene Integration von Geist- und Triebnatur symbolisieren. Tiere tauchen öfter als Geistsymbol auf, z. B. bei den Evangelisten (Stier, Löwe, Adler). Die Schlange taucht im besprochenen Traum als Vereinigungssymbol zwischen Mann und Frau, weiblich und männlich, auf. Das kollektive Trauma der Vertreibung aus dem Paradies findet hier einen beeindruckenden Lösungsansatz.

Dieser Traum gibt eine sehr günstige Prognose für den Prozeß der Frau, wobei er einen Entwurf darstellt zu einer Ebene, zu der sie ab und zu Zugang hat, zum Beispiel in der dritten Phase einer Leibbehandlung: die „Phase der Transzendenz". Ein solcher Traum gibt ihr Orientierung und setzt Maßstäbe.

Wenn der Tiger im Traum auftaucht, bin ich also nicht, wie viele Analytiker, z. B. Ernst Aeppli[22], der Ansicht, daß das immer ein Zeichen der Gefährdung darstellt und eine Psychose lauert. Im Gegenteil bin ich der Meinung, zum Beispiel mit Arnold Mindell[23], daß die Tigerkraft integriert werden kann. – Wie solche Inhalte im Traum letztendlich zu deuten sind, hängt, wie erwähnt, von den aktuellen Umständen, der Biographie und weiteren Träumen des Betreffenden ab. Der Tiger im Traum wird gefährlich, wenn man die Triebnatur zu sehr abspaltet oder ihr ausgeliefert ist.

Hinweise für Krisenbegleitung

Häufig macht ein plötzlicher Durchbruch von Kundalini-Energien dem Begleiter Angst, oder er wird nicht registriert oder falsch interpretiert. Öfters habe ich gehört und erlebt, daß Menschen, die in einer Gruppe Grenzerfahrungen machen, unnötig in

---

21 Erich Neumann: Tiefenpsychologie und Neue Ethik, Kindler-Verlag 1973.
22 Ernst Aeppli: Der Traum und seine Deutung, Rentsch-Verlag 1977, S. 372.
23 Mündliche Mitteilung auf der Tagung „Körpertherapie und Spiritualität", Todtmoos 1994.

eine spirituelle oder anders geartete Krise gekommen sind, weil ihr Zustand zu spät erkannt worden ist. Vor allem in kathartischer Gruppenarbeit, zum Beispiel Feuerlauf, Schwitzhüttenarbeit usw. kann es vorkommen, daß ein manisches Verhalten fälschlicherweise als Lebendigkeit, Heiterkeit mißverstanden und ermutigt wird, wodurch die Spaltungsgefahr sich vergrößert. Die Person sollte rechtzeitig aus der Gruppe genommen werden, um sie vor zu vielen Reizen zu schützen. Wenn die Krise manifest geworden ist, ist es wichtig, schnellstens eine Auffangmöglichkeit zu schaffen. Es ist dann häufig eine Überforderung, jemand einfach ohne weitere Betreuung an Partner oder weitere Bekannte zu übergeben.

Neulich hörte ich von einer Frau, die in einem Ashram in Indien psychotisch geworden war und der offenbar ohne ausreichend Geld für den Rückflug nach Deutschland der weitere Zugang zum Ashram verweigert wurde. Wenn aus Zeitgründen oder mangelnder Erfahrung eine Betreuung vom Gruppenleiter nicht übernommen werden kann und unverantwortlich wäre, ist es doch wichtig, daß von ihm ein guter Übergang (mit-)geschaffen wird in ein Setting, wo der sich in einer Krise Befindende sich möglichst gut aufgehoben fühlen kann.

Nichtärztliche Psychotherapeuten sollten schon vorher Möglichkeiten zur Zusammenarbeit mit ärztlichen Kollegen anstreben für den Fall, daß medikamentöse Versorgung notwendig wird.

Gerade bei einer Krisenbegleitung ist es wichtig, daß das womöglich schon vorher vorhandene potentielle Netz schnell ausgebreitet wird und möglichst tragfähig ist. Wenn Begleiter in solchen Situationen unnötig Angst bekommen, kann das die Krise ungünstig beeinflussen.

Vor allem bei längeren Begleitungen ist es wichtig, am Anfang der therapeutischen Beziehung die mögliche „Krisenhaftigkeit" der Entwicklung abzuschätzen sowie die eigene Bereitschaft, Erfahrung und Zeit, um eventuelle Krisen mitzutragen. Wenn dies nicht möglich ist, sollte keine Psychotherapie übernommen werden; denn wenn ein Patient in der Krise alleine gelassen wird, kann das in eine alte Kerbe treffen, zum Beispiel die Erfahrung, allein gelassen zu werden, wenn ein Vertrauter am meisten gebraucht würde. Das kann die weitere Therapie unnötig erschweren. Auch eine latente Suizidalität kann, wenn der Begleiter plötzlich Angst bekommt und die therapeutische Verantwortung abgeben möchte, eventuell zu einer Kurzschlußreaktion führen. Wenn der/die Therapeut/in nach sorgfältiger Abwägung sich trotzdem überfordert fühlt und dies dem Menschen auf eine annehmbare Art zu vermitteln weiß und auch die Verantwortung übernimmt für die Herstellung eines neuen, tragfähigen Netzes, wenn nötig eine gute Klinik, wird der Schaden begrenzt bleiben.

Wenn von Anfang an nicht ein, sondern mehrere Therapeuten den Menschen in der Krise begleiten, wird es etwas weniger problematisch, aber immer noch ein Schock sein, wenn ein Wechsel im Betreuungsteam notwendig wird.

Vielfach wird in Selbsterfahrungsgruppen nicht vorher vom Gruppenleiter informiert, ob es psychotische Episoden gegeben hat bei einzelnen Teilnehmern. Wenn dies aber auf eine diskrete Weise geschieht, können viele Gruppenleiter, die noch nicht so erfahren sind, um erste Anzeichen von Krisen zu erkennen, aufmerksamer sein bei den Erfahrungen jener Menschen. Sie können dann wenn notwendig auf relativ unauffällige Art, ohne daß diese Teilnehmer sich zu sehr exponiert fühlen, schützend oder lenkend intervenieren.

Resümierend möchte ich betonen, daß, wenn Kundalini-Energien zu früh entfesselt werden, unangenehme, bisweilen gefährliche Erfahrungen gemacht werden können. Wenn aber die Zeit zur Entfaltung reif ist, geschieht die Entwicklung häufig allmählich und relativ vorhersehbar. Wird aber der fällige Prozeß unterdrückt und zugedeckt, kann sie gefährlich werden und in Ausnahmefällen zu einer spirituellen Krise führen, die allerdings, richtig gelenkt und aufgefangen, auch eine transformierende Wirkung haben wird mit dem Ziel eines dauerhafteren Bezugs zur Transzendenz.

Mantak und Maneewan Chia

Das heilende Tao

Wenn Sie versuchen, das Tao zu definieren, geraten Sie unmittelbar in Schwierigkeiten. Der große taoistische Philosoph und Autor des Tao Te Ching, Lao Tzu, beginnt sein erstes Kapitel mit den Worten: „Das Tao, das beschrieben werden kann, ist nicht das ewige Tao. Der Name, der genannt werden kann, ist nicht der ewige Name." Doch nicht nur wir hier im Westen haben Schwierigkeiten, das Tao zu definieren. Die Chinesen versuchen schon seit Tausenden von Jahren, sich einig zu werden, was Taoismus ist. Manchmal wird der Taoismus als eine rituelle Religion bezeichnet, als eine Philosophie, als chinesische Folklore Religion, als Alchimie, als ein System magischer Sagen und Überlieferungen oder als eine Serie von Gesundheitsübungen, die dem indischen Yoga ähnlich sind.

Das chinesische Wort Tao bedeutet der Weg. Herkömmlich bedeutet es das Ausführen einer Sache oder der Weg des Schicksals. In seiner höheren Bedeutung weist das Tao auf den Weg des Universums hin und darauf, wie die Dinge sich in diesem verhalten. Als ein spirituelles System bedeutet Tao der Weg zum wahren Verständnis der Natur, des Verstandes und der Realität; der Weg zu einem Leben in Harmonie mit der Natur und ihren Veränderungen. Deshalb ist das Tao das Ziel, der Weg und die Reise zusammen. Ein Taoist ist demnach einer, der dem Weg folgt.

Die frühsten Taoisten tauchten vor mindestens viertausend Jahren auf; in einer Zeit, in der die Menschen eng mit den Elementen der Natur verbunden lebten und beeindruckt von ihren Kräften und Mysterien waren.

Die Taoisten glauben, daß jeder Mensch einen Mikrokosmos des Universums darstellt und daß die Muster der menschlichen Gesellschaft eine mikroskopische Reflexion des kosmischen Musters sind. Die frühen Taoisten betrachteten die Natur und ihre ständige Veränderung und entdeckten, daß diese Veränderungen einem erkennbaren und regelmäßigen Muster folgten.

Durch das Verständnis dieser Muster kamen sie zu der Schlußfolgerung, daß sie die Prinzipien der Natur auf ihr eigenes Leben anwenden und so mit dem Fluß des Universums, mit dem Tao, in Harmonie leben können. Die Person, die die höchste Verbindung mit dem Tao erreicht, wird als „unsterblich" bezeichnet, als jemand, der „zurück zum Ursprung" gelangt ist, zum wahren Sein, zum Wu Chi (das chinesische Wort für das Absolute Nichts). Über die Jahrhunderte wuchsen viele Äste der Taoistischen Lehren, die alle darauf zielen, die verschiedenen Aktivitäten des täglichen Lebens in das Tao zu integrieren. Diese Lehren beinhalten so verschiedene Disziplinen wie Mediation, Ernährungslehre, chinesische Medizin, Qi Gong, Kampfkünste, sexuelle Praktiken, Astrologie, innere und äußere Alchimie, Wahrsagung, Magie und Rituale, Feng Shui (Geomantie) und die Künste.

Obwohl so viele verschiedene Künste aus der Quelle des Tao entsprungen sind, teilen sie alle die gleichen Prinzipien, die ihr Fundament in den Gesetzen der Natur finden. Diese Prinzipien bilden den Kern aller taoistischer Systeme und Theorien und haben zum Ziel, die Adepten zur Unsterblichkeit zu führen.

Vor fast fünfzehn Jahren kam ein junger Chinese namens Mantak Chia in den Westen und begann, die Lehre des heilenden Tao zu vermitteln. Ihm war dieses Wissen von dem Eremit „Weiße Wolke" mündlich überliefert worden. Dieser lebte in den Bergen Chinas und hatte den Zustand eines „Luftessers" erreicht, was bedeutet, daß er sich nur noch von Luft und dem Tau der Pinienbäume ernährte.

Mantak Chia besaß die Fähigkeit, diesem alten Wissen eine Form zu geben und es in ein System zu fassen, das auch von modernen westlichen Menschen verstanden und praktiziert werden kann. Mittlerweile hat er zehn Bücher verfaßt und über zweihundert Lehrer des heilenden Taos weltweit ausgebildet. 1994 wurde im Norden Thailands, in Chiang Mai, der „Tao Garten" eröffnet, wo Meister Chia mit seiner Familie lebt. Dieses Retreat-Zentrum wird nach den neuesten ökologischen und energiekonservierenden Methoden im Sinne des Tao aufgebaut. Man kann sich dort auch über einen längeren Zeitraum aufhalten, um seine taoistischen Praktiken zu vertiefen.

Die folgende Einführung in das System des heilenden Tao ist

ein Auszug aus dem neuesten Buch von Meister Chia: „Erwecke das Heilende Licht des Tao". (Es wird 1996 im Eigenverlag ‚Healing Tao Books' erscheinen.)

Was ist das Tao? Die Ziele des heilenden Tao

Tao bedeutet ‚der Weg': der Weg der Natur und des Universums oder auch der Weg der natürlichen Wirklichkeit. Gleichzeitig ist damit auch der Weg gemeint, den wir gehen müssen, um unseren Geist für das zu öffnen, was es über die Welt, unseren spirituellen Weg und uns selbst zu lernen gibt.

Der Taoismus ist nicht nur eine Philosophie, sondern ein sehr praxisorientiertes System für die Entwicklung von Körper, Geist und Seele. Die Weisheit des Tao hilft, im alltäglichen Leben die richtigen Entscheidungen zu treffen.

Zum Taoismus gehören viele praktischen Methoden, um Jugend, Energie und Tugenden zurückzugewinnen und vor allem auch, um unser tiefstes spirituelles Potential freizusetzen. Mit Hilfe dieser Methoden gewinnen Taoisten Zugang zu den Wahrheiten des Universums, vorausgesetzt, sie sind geistig offen dafür.

Die alten Tao-Meister erkannten, daß man sich durch das Tao selbst nach dem Tode bewußt für die Freiheit entscheiden kann. Bestimmte Übungen ermöglichen es, das Bewußtsein vor dem tatsächlichen physischen Tod über den Körper hinaus auszudehnen und so die leidvolle Sterbeerfahrung zu umgehen. So kann man sein nächstes Leben bereits bestimmen, bevor dieses Leben abgeschlossen ist.

Universelle spirituelle Unabhängigkeit

Alle spirituellen Wege führen letztendlich zur Wahrheit. Das Tao ist sowohl eine Philosophie als auch eine Technik, mit deren Hilfe wir die tiefsten Wahrheiten des Universums, der Natur und des Menschen ergründen können. Dabei geht es nicht um einen einzelnen Weg oder eine bestimmte Sicht der Dinge. Das Tao ist keine Religion, braucht weder Zeremonien noch Einweihungsrituale; es ist vielmehr das Ziel, das jede Religion erreichen will; am Punkte der Wahrheit läßt es von jedem Dogma ab. Es geht über religiösen Glauben hinaus, läßt diesen hinter sich wie die abgelegten Kleider der letzten Saison. Das Tao ist das Ziel der Wissenschaft und ist gleichzeitig über alle wissenschaftlichen Theorien erhaben, die die ganze, vollkommene Wahrheit immer nur teilweise und aus weltlicher Sicht darstellen. Der Taoismus umfaßt alle Belange von Wissenschaft und Religion und ist doch viel umfassender, als Intellekt und religiöses Bemühen dies je zu sein vermögen.

Taoistische Lehren sind sozusagen der Generalschlüssel, der alle Türen öffnet. Sie bieten Hilfe im Alltag, wie alle religiösen Lehren, transzendieren dabei die Religion und bleiben doch in ihrer Essenz spirituell. Sie liefern für die Wahrheiten des Universums direkte Erklärungen, anstatt Emotionen, Gedanken oder Überzeugungen dazwischenzuschalten. Deshalb sind Zweifel und endloses Suchen bei Schülern des Tao nur selten zu finden.

Philosophie, Wissenschaft und Religion beinhalten alle einige der Aspekte der Wahrheit, die das Tao reflektiert. Die taoistischen Lehren spiegeln das Zentrum der höchsten Wahrheit – unserer eigenen und der des Universums – wider und helfen, selbst zu dieser Mitte zu finden. Unabhängig davon, welcher Religion oder spirituellen Richtung wir angehören – jeder kann sich das Tao zunutze machen, denn das Tao ist nur ein Mittel, mit dessen Hilfe wir zu universaler spiritueller Unabhängigkeit gelangen können.

Der Taoismus kennt keine höchsten Meister und Gurus, denn durch den Weg des Tao entdecken wir seine wunderbaren Kräfte, finden wir, wer wir wirklich sind, werden unsere eigenen Meister und können unser Schicksal selbst in die Hand nehmen. Dabei stehen uns alle Götter, die Unsterblichen, die Weisen und Heiligen als Lehrer und Ratgeber zur Seite.

Körper, Geist und Seele entwickeln

Körper, Geist und Seele müssen mit Nahrung versorgt werden. Religionen bieten spirituelle Nahrung, wenn wir selbst nicht in der Lage sind, ein erfülltes Leben zu führen. Aber alles im Leben kann irgendeinem Aspekt unseres Wissens als Nahrung dienen – wenn wir nur wissen, wie. Mit Hilfe der taoistischen Methoden können wir uns auf natürliche Weise materielle, mentale und

spirituelle Nahrung erschließen. Außerdem lernen wir, uns wieder mit unserer Quelle, dem Wu Chi (‚*Kopf Gottes*'), zu verbinden. Das macht uns spirituell unabhängig und fähig, ein Leben im Einklang mit der Natur und dem Universum zu führen.
Die taoistischen Praktiken verfolgen drei Hauptziele:
– Indem wir Mitgefühl und ein ganzheitliches Wesen entwikkeln, lernen wir auch, uns selbst zu heilen und zu lieben.
– Durch die Kräfte der Natur, des Himmels und der Erde steht uns so viel Energie zur Verfügung, daß wir lernen können, auch andere Menschen zu heilen und zu lieben.
– Wir entdecken die Urquelle in uns und bringen sie zu Entfaltung.

Die drei Körper

Die alten Taoisten erkannten, wie wichtig es ist, auf allen drei Ebenen zu arbeiten: der physischen, der energetischen und der geistig-spirituellen Ebene. Mit diesen drei Aspekten unseres Körpers können wir wie auf einer Leiter bewußt die spirituellen Welten erklimmen und – was genauso wichtig ist – auch wieder in die physische Realität hinuntersteigen und unsere Kreativität entfalten. Mit Hilfe dieser ‚Leiter' kann der Taoist die inneren Welten erkunden und mit diesem Wissen und energetisch aufgetankt in die physische Welt zurückkehren. Durch einen ‚unsterblichen Körper', der mit der ‚inneren Alchimie' entwickelt werden kann, können wir eine dauerhafte Verbindung zwischen unserem jetzigen Leben und dem nach dem Tode beziehungsweise vor der Geburt schaffen. Die alten taoistischen Weisen glaubten, daß wir eigentlich zur Unsterblichkeit geboren sind und nur deshalb sterben, weil wir durch negative Emotionen, zu viel Sex und der Abhängigkeit von ausschließlich materiellen Energiequellen für die Lebenskraft unser Chi schwächen. Mit der inneren Alchimie können unterschiedliche Ebenen der Unsterblichkeit erreicht werden; dafür wurde eine Vielzahl von Praktiken entwickelt. Das höchste Ziel des Taoismus ist es, durch die Entwicklung des unsterblichen Geistkörpers unsere Körperlichkeit zu verwandeln und so den Tod zu transzendieren. Diese Ebene, die physische Unsterblichkeit, zu erreichen, braucht am meisten Zeit.

Das Heilen des physischen Körpers
Wieder zum Kind werden: die Rückkehr zur Urquelle

Grundlage der taoistischen Praktiken ist das Bewahren der physischen Energie im Körper, so daß nichts davon vergeudet wird. Um spirituell vollkommen unabhängig zu sein, müssen wir die Schwächung unseres Energievorrates über Sinneseindrücke (Augen, Ohren, Nase, Mund) oder zu viel Sex in jedem Fall verhindern. Deshalb stehen für jeden, der mit den taoistischen Praktiken beginnt, die Übungen im Vordergrund, die den Körper gesund erhalten und Streß vorbeugen. Ziel dabei ist es, wieder die Unschuld und Vitalität eines Kindes zu gewinnen und die Urkraft aufzubauen, die eigentlich unser Geburtsrecht ist. Dazu gehören unter anderem Selbstheilung, Selbstliebe und Nächstenliebe.

Die Grundübungen:
Das Bewahren der Energie und das Erwecken des heilenden Lichtes

Als erstes wird die Gesundheit des Körpers gestärkt, was einige Zeit in Anspruch nehmen kann. In dieser Zeit lernen wir, die Lebenskraft durch die Meditation des kleinen Energiekreislaufes und des inneren Lächelns sowie durch die Übungen der sechs heilenden Laute, des Eisenhemd Chi Kung und der heilenden Liebe, zu verdichten und zu bewahren. Die Energie wird in einem Chi-Ball gesammelt und verfeinert, so daß sie nicht verlorengeht, wenn wir diese Welt verlassen. Mit dem Alter nimmt die Lebenskraft ab, die Folge sind Krankheit und Leiden. Medikamente zur Krankheitsbekämpfung schwächen die Lebenskraft so sehr, daß wir dem *Urlicht (Klaren Licht),* welches uns im Moment des Todes den Weg zum Wu Chi (unserer Urquelle – Gott) zeigt, nicht mehr folgen können. Mit Hilfe der Grundübungen des Heilenden Tao können wir die Energie, die wir für diese Reise benötigen, bewahren.

Der Energiekreislauf ist die wichtigste Energiebahn des Körpers. Auf diesem Kanal finden sich neun Öffnungen. Können wir diese bei Nichtbenutzung versiegeln, haben wir sofort mehr Energie zur Verfügung. Detailliert wird dieser Kreislauf in meinem ersten Buch, Tao Yoga: Erwecken der Heilenden Urkraft Chi (Ansata Verlag, 1985), beschrieben.

Die Meditation des kleinen Energiekreislaufes ist der erste Schritt auf dem Weg zum Ziel; der Geist lernt, das Chi (der chinesische Begriff für Energie bzw. Lebenskraft) zu steuern, konservieren, recyceln, transformieren und durch die wichtigsten Akupunkturkanäle zu leiten. Wer sein Chi kontrollieren kann, hat auch sein Leben besser im Griff. Wir erkennen, daß das Chi bereits im Überfluß vorhanden ist.

Mit den fortgeschrittenen Praktiken des kleinen Energiekreislaufes wird die Verbindung mit der unendlichen Universalen Liebe hergestellt, dem kosmischen Orgasmus aus der Vereinigung der drei wichtigsten Chi-Quellen, die dem Menschen zugänglich sind: der Kraft des Universums, der Erdkraft und der Kraft des höheren Selbst (kosmische Kraft). Dieser Prozeß lädt mit Energie auf und wirkt sich gleichzeitig harmonisierend aus; so vorbereitet, können wir auf den höheren Stufen der Meditation mit viel Chi arbeiten und insbesondere den Energiekörper entwickeln.

Transformieren von negativen Energien in die Energie der Tugenden: das Öffnen des Herzens. Das Innere Lächeln und die sechs heilenden Laute sind einfache und doch sehr wirkungsvolle Praktiken zur Entspannung und Heilung der Organe; auch negative Emotionen können damit in sprudelnde Energiequellen transformiert werden. Diese Übungen helfen, das Herzzentrum zu öffnen und machen die Verbindung zur unerschöpflichen universalen Liebe möglich, so daß wir auch im Alltag besser miteinander umgehen und die positiven Energien der Tugenden aus den Organen nutzen können. Für die Taoisten ist das Herz die Wohnstatt der Liebe, der Freude und des Glücks und das Zentrum, über das wir mit der universalen Liebe Verbindung aufnehmen können. Es ist auch der ‚Tiegel', in dem die positiven Energien der Tugenden miteinander verschmelzen können und so an Stärke gewinnen. Das innere Lächeln läßt uns diese positiven Energien in den einzelnen Organen spüren; sie werden im Herzen gesammelt, dort verfeinert und miteinander vermischt, so daß Mitgefühl entstehen kann, die höchste aller Tugenden. Damit können wir die besten Seiten in uns höchst wirkungsvoll unterstützen.

Bewahren, Recyceln und Transformieren der Sexualenergie. In meinen beiden Büchern Das Tao Yoga der Liebe (für Männer) und Das Tao Yoga der heilenden Liebe (für Frauen) beschreibe ich die

Methoden zur Stärkung der Energie durch Bewahren und Recyceln der Sexualkraft. So wird die Sexualenergie (Ching Chi) zu einer unglaublichen Kraftquelle, sowohl für den einzelnen als auch gemeinsam mit dem Sexualpartner (Austausch der Energie über den Kleinen Kreislauf beim Geschlechtsverkehr) und führt außerdem zu sexuellem Lustgewinn. Die gesammelte und transformierte Sexualenergie ist ein wichtiger Katalysator in der Alchimie der höheren Meditationsformen. Mit einem großen Vorrat an Sexualenergie können wir mit dem unerschöpflichen Kosmischen Orgasmus in Verbindung kommen, den unser höheres Selbst permanent erlebt; er stellt die Grundenergie in jeder Zelle des Körpers dar.

Mit der Lebenskraft gut umgehen. Die Praktiken des Eisenhemd Chi Kung und des Tai Chi Chi Kung lehren uns, das Skelett mit der Schwerkraft auszurichten und so einen gleichmäßigen und starken Energiefluß zu ermöglichen. Starke Muskeln und Sehnen, ein starkes Knochenmark und eine gute mechanische Struktur sind wichtig für den effektiven Umgang mit der Lebenskraft. Daneben gewinnt der Körper ein Gespür für seine Verwurzelung mit der Erde und kann auch diese Heilkraft für sich nutzen.

Chi Nei Tsang. Das Chi Nei Tsang, die taoistische Bauchmassage, ist die beste Methode, sich selbst und andere ohne Energieverlust zu heilen. Durch das Chi Nei Tsang werden Blockaden des Energieflusses in den verschiedenen Körpersystemen aufgelöst, zum Beispiel im Lymphsystem, in den Organen, Meridianen, im Blutkreislauf und Nervensystem.

Die Ernährung nach den Fünf Elementen. Die taoistische Ernährungslehre beruht auf den fünf Elementen, die die fünf Hauptorgane des Körpers unterstützen. Ein Taoist findet zunächst heraus, was der Körper benötigt und erfüllt dann dessen Bedürfnisse. Mit dieser Ernährung werden Schwächen erkannt und durch eine ausgewogene Ernährung eventuelle Mängel der einzelnen Organe beseitigt. Dabei wird kein Nahrungsmittel als schlecht angesehen, nicht einmal Süßigkeiten, sondern vielmehr eine Art Programm aufgestellt, so daß jeder mit seiner Ernährung die innere Balance des Körpers unterstützt, anstatt ihn aus dem Gleichgewicht zu bringen. Auch das Verlangen bzw. die Sucht nach bestimmten Nahrungsmitteln kann so durchbrochen werden.

Den Energiekörper entwickeln
Der Energiekörper: Unser Gefährt für das Reisen im inneren Raum

Die nächste Stufe des Heilenden Tao ist die Fusion (Verschmelzung) der Fünf Elemente, I, II und III. Für das Erlernen dieser Praktiken wird einige Zeit benötigt, unter Umständen ein oder zwei Jahre. Mit Hilfe der überschüssigen Energie aus den Grundübungen, unter anderem die recycelten negativen Emotionen, wird ein starker Energiekörper aufgebaut, der sich nicht verflüchtigt. Dadurch wird ein Teil in uns lebendig, der nicht an die Konditionierung durch Umwelt, Erziehung und Karma gebunden ist. Ein starker Energiekörper dient der ungeübten Seele und dem Geist als Gefährt (wie ein Raumschiff) für die lange Reise zurück nach Hause, ins Wu Chi.

Auf dieser Entwicklungsstufe ist der Energiekörper nur das Gefährt, denn er ist spirituell noch nicht zum Leben wiedergeboren worden; dennoch kann er, wenn er trainiert ist, in den himmlischen Bereichen seine Aufgabe erfüllen.

Wenn wir im Leben nicht zur Erleuchtung finden bzw. die Seele und den unsterblichen Geist zum Leben erwecken, finden wir erst im Moment des Todes durch das Urlicht zur Erkenntnis. Aber leider haben wir dann vielleicht nicht gelernt, diesem Licht zu folgen. Das Trainieren des Energiekörpers für diese Reise ist sehr wichtig, denn dann kann er der ungeübten Seele und dem Geist als Gefährt dienen, so daß sie das Licht erkennen und ihm zurück zur Urquelle folgen können.

Auch die Entwicklung des ‚inneren Kompaß' zu Lebzeiten ist ganz wichtig; er steht in Verbindung zur Zirbeldrüse und bewirkt, daß wir uns auf das Licht konzentrieren können, wenn der Zeitpunkt da ist.

Wenn wir bereit sind, unsere wahre Seele zu erwecken, dient der Energiekörper sozusagen als ‚Trägerrakete', so daß die Seele ihre höhere Dimension des unsterblichen Geistes erreichen kann. Auf der höchsten Ebene vereinigen sich diese drei Körper (Physischer Körper, Energiekörper, Geistkörper/Spiritueller Körper) zu einem einzigen.

Jede Entwicklungsstufe birgt für uns die Chance, auf unserer Reise zurück zum Ursprung des Wu Chi voranzukommen. Mit den taoistischen Methoden der Aufnahme von stellaren Energien können wir den physischen Körper verjüngen und Seelen- und Geistkörper für ihre Reisen zwischen den Weiten die nötige Kraft verleihen.

Das Recyceln von negativen Emotionen

Die Wechselfälle des emotionalen Lebens kosten uns viel Energie. Durch die Fusion der Fünf Elemente können wir die kranken Energien negativer Emotionen, die in den Organen festsitzen, in für uns nutzbare Energie umwandeln. Für die Taoisten sind Ethik und gute Taten der direkteste Weg zur Selbstheilung und innerer Ausgeglichenheit. Wer gut zu anderen ist, tut auch sich selbst etwas Gutes. Die so geschaffenen guten Energien werden sozusagen als Guthaben im Energiekörper ‚angespart'. Liebe, Freundlichkeit und Güte zu unseren Mitmenschen kommen als zusätzliche positive Energie zu uns zurück. Wer sein Herz aufmacht, ist voller Liebe, Freude und Glück. Die Essenz des physischen, materiellen Herzens kann ins Immaterielle transformiert werden, so daß diese positive Energie im Himmel und auf der Erde genutzt werden kann.

Die Entstehung des Geistkörpers. Die Saat zur Unsterblichkeit legen

Die inneralchemistische Meditation der kleinen Erleuchtung von Kan und Li (Wasser und Feuer, Sex und Liebe) vereinigt das Männliche und Weibliche in uns. Dazu gehört auch die Übung des inneren Geschlechtsverkehrs. Durch die innere Vereinigung der sexuellen Energien wird der Seelenkörper geboren. Dieser ist sozusagen der ‚Babysitter' für den Geistkörper. Die Seele ist der Samen, kann aber auch zum unsterblichen Körper heranreifen, wenn der wahre Geistkörper im Leben nicht entwickelt werden kann. Die Taoisten sind der Überzeugung, daß durch die Praxis der inneren Alchimie der Geistkörper geboren und der unsterbliche Körper in diesem Leben entwickelt werden kann und dadurch der Reinkarnationszyklus durchbrochen wird.

Wenn der Seelenkörper bzw. ‚Babysitter' gebildet wird, befindet er sich in der Yin-Phase bzw. in seiner ‚Kindheit' (Seelenembryo). Die junge Seele muß genährt, erzogen und trainiert werden, so daß sie erwachsen werden kann.

Wenn der Seelenkörper entsprechend entwickelt ist, kann auch der Geistkörper geboren werden. Zur Entwicklung des jungen Geistkörpers von der ‚Kindheit' zur vollen Reife braucht man unter Umständen 14 bis 18 Jahre. Für diese Aufgabe setzen wir die Energien der Natur ein (Bäume, Sonne, Mond und Sterne), und auch alle positiven Sinneserfahrungen nähren das Wachstum der Seele im physischen Körper.

Viele der Meister, die diese Ebene des Unsterblichen Körpers erreichten, konnten das Materielle in das Immaterielle transformieren und in den Geistkörper übertragen. Im Augenblick des Todes nahmen sie ihr Bewußtsein, ihre Energie und die physischen Elemente ihres Körpers in den Geistkörper mit. Doch auch diese hochentwickelte Ebene ist noch nicht die Ebene des wahren unsterblichen Körpers. Bei diesem Prozeß nahmen ihre physischen Körper sogar an Gewicht ab und wogen zum Zeitpunkt des Todes nur noch etwa zwei Drittel des ursprünglichen Gewichtes, was bedeutet, daß sie bei vollem Bewußtsein tatsächlich einen Großteil ihres materiellen Wesens in einen immateriellen Zustand transformieren konnten.

Die Yang-Phase des unsterblichen Körpers: Vermählung mit dem Licht

Einen Hund kann man nicht mit einer Schlange kreuzen; um mit dem Licht des Tao zu verschmelzen, müssen wir uns bewußt werden, daß wir wahre Kinder des Lichts sind. Sobald der Geistkörper wirklich entwickelt ist, schwingt er auf der gleichen Frequenz wie das Licht des Tao und kann mit ihm eins werden. In anderen Traditionen ist dieses Licht als der ‚Heilige Geist' oder der ‚Große Geist' bekannt; im Taoismus trägt es auch den Namen ‚Äußeres Licht'. In der Meditation des Großen Kan und Li lernen wir, das innere Licht des eigenen Geistes zu erkennen und uns mit dem äußeren Licht zu verbinden bzw. zu ‚vermählen'. Nach dieser ‚Hochzeit' mit dem Äußeren Licht ist die zweite Stufe des wahren unsterblichen Geistes erreicht, im Taoismus als der Yang-Körper bezeichnet. Dabei dient die Energie des physischen Körpers weiterhin als Nahrung für den unsterblichen Geist.

Auf dieser Entwicklungsstufe können wir immer höhere Energien ‚verdauen' und verarbeiten: die höheren Stufen des höheren Selbst und der Universalkraft von Sonne, Mond, Planeten, Sternen, Galaxien und des Geistes des Tao. Im Laufe dieser Praxis erkennen wir immer mehr das, was ewig und beständig ist. Das Wissen um unsere wahre Geist-Natur versetzt uns in die Lage, den physischen Körper zu verlassen und mit dem unsterblichen Geistkörper auf Reisen zu gehen und die inneren Welten des Geistes zu erfahren. Mit dem Leben jenseits aller Körperlichkeit schwindet auch die Angst vor dem Sterben.

Die größte Erleuchtung von Kan und Li

Auf dieser Stufe wird alle physische Essenz in den Unsterblichen Körper übertragen. Wenn alle materiellen Elemente des Körpers in feinstoffliches Chi transformiert sind, bleibt nur noch der sogenannte ‚Regenbogenkörper' übrig. Ein Meister, der in diesem Stadium aus der Welt scheidet, hinterläßt von seinem physischen Körper nur noch Haar und Nägel. Um diesen Prozeß zu beschleunigen, ist der Tod nach wie vor nötig.

Versiegeln der Fünf Sinne, Vereinigung von Kun und Kan, die Wiedervereinigung von Himmel und Menschen

Auf dieser Stufe wird der Tod vollständig transzendiert. Ein Meister auf dieser Ebene kann den physischen Körper ganz einfach in den unsterblichen Körper transformieren und diese Welt nach Belieben verlassen oder zurückkehren. Er hat die Ebene der völligen physischen Unsterblichkeit erreicht. Das Erreichen dieser Stufe und die völlige Transformation der materiellen Elemente des Körpers nimmt zwischen achtzig und mehreren hundert Jahren an Übung in Anspruch. Das Ziel, der Aufstieg in den Himmel bei hellem Tageslicht, ist erreicht.

Die chinesische Geschichte nennt viele Tausende von taoistischen Unsterblichen, die die Stufe des Aufstiegs in den Himmel bei Tageslicht erreicht haben. In der Bibel haben Elias und Moses diese Stufe erreicht. Auf der höchsten Stufe dieser Praxis kann der Schüler den unsterblichen spirituellen Körper, den Energiekörper und den physischen Körper, nach Belieben vereinen oder auch trennen. Erst dann weiß der Mensch, was völlige Freiheit als Unsterblicher ist, eine Freiheit, in der keine Welt mehr Grenzen setzt.

Kontaktadressen:

Renu Li, Vivatsgasse 43, D-53913 Morenhoven, Tel./Fax: 02226-5875

Healing Tao Europa, Postfach 21, CH-9014 St. Gallen, Tel.: 041-71-278909

Tao Garden, 274 Moo 7, Tambon Laung Nua, Doi Saket, Thailand, Tel.: 001-66-53495596

Übersetzung aus dem Amerikanischen: Maria Müller

Hans-Willi Weis

Hatha-Yoga als Leib-Exerzitium und als Gebärdensprache

Ein alternatives Paradigma zum Leib-Seele-Dualismus

Hatha-Yoga ist die Bezeichnung für den körperlichen Yoga, wie er uns in den *Asanas,* den Yoga-Körperstellungen, plastisch vor Augen tritt, und woran als erstes zu denken die meisten gewohnt sind, sobald irgendwo von Yoga die Rede ist. Die Kennzeichnung des Hatha-Yoga als körperlicher Yoga impliziert, daß es daneben eine weitere und andere Art des Yoga gibt, die denn auch sinnentsprechend zumeist als der von jenem zu unterscheidende geistige Yoga bezeichnet wird (und von welchem sich in der Literatur wiederum verschiedene Formen aufgelistet finden).

Es drängt sich danach sogleich die Frage auf, ob der Hatha-Yoga demzufolge „nur körperlich" bzw. eine „rein körperliche Disziplin" sei? Oder ob er als körperlicher Yoga trotzdem einen geistigen Aspekt habe? Und wenn ja, worin dieser geistige Aspekt bestünde, so daß es dennoch einen Sinn mache, ihn vom geistigen Yoga zu unterscheiden? – Wahrscheinlich ist für uns alle die Richtung einer Beantwortung dieser Fragen ebenso naheliegend wie das Aufwerfen derselben. Aber dies ist gerade der Punkt, der nicht übergangen werden sollte: Die Unterscheidung zwischen körperlichem und geistigem Yoga führt uns unvermittelt in die Fallstricke einer jener für das abendländisch-westliche Denken und Weltverständnis so charakteristischen (obgleich ihm nicht ausschließlich vorbehaltenen) Antinomien, den Dualismus von Körper und Geist, auch den von Leib und Seele (neben dem von Ursache und Wirkung, von Mittel und Zweck, Weg und Ziel, sowie dem wohl fundamentalen von Subjekt und Objekt). Und natürlich sind wir so versiert in der Handhabung dieser Antinomien, daß es uns ein Leichtes wäre, das Verhältnis von körperlichem und geistigem Yoga, von Körper und Geist im Hatha-Yoga innerhalb dieses Fahrwassers anscheinend zufriedenstellend begrifflich zu fassen; zugleich jedoch sind wir in diesem Paradigma so sehr verstrickt, daß wir ihm auch dann noch verhaftet bleiben, wenn wir – uns der dualistischen Problematik bewußt – glauben, ihm mit kategorialen Abschwächungen und Umgehungen seiner Dualismen entkommen zu können (wie beispielsweise im Wechselwirkungs-Denken der Psychosomatik).

Daß uns die Erklärung des Begriffs Hatha-Yoga auf der Stelle mitten in einen grundlegenden und fragwürdigen Topos unseres rationalen Denkens hineinführt, in den Dualismus von Körper und Geist, sollte uns allererst veranlassen, der Tragweite und Folgenschwere des sich darin ausdrückenden Dilemmas eingedenk zu sein, anstatt sich mit begrifflichen und/oder terminologischen Kunstgriffen gerade darüber hinwegzutäuschen.

Für eben solches Eingedenken spricht sich auch Karlfried Graf Dürckheim nachdrücklich aus, wo er auf weitere Zusammenhänge und Folgen der Leib-Seele-Dualität, also auch der Zweiteilung des Menschen in Körper und Geist, hinweist, wie sie für unser gegenständliches, auch das menschliche Individuum objektivierendes Denken gang und gäbe ist. Da ich weiter unten noch auf die Frage nach der Zielrichtung der Yoga-Übung wie auf ihre Verwendung in der Begleitung von Menschen zu sprechen komme, seien hier die folgenden Worte von ihm so ausführlich wiedergegeben: „Wo immer wir den Menschen wie ein Ding nur gegenständlich wahrnehmen und sachlich bestimmen, verfehlen wir ihn als Subjekt. Solang wir ihn nicht als personales Subjekt wahrnehmen und ernst nehmen, können wir ihm auch nicht auf dem Wege des Selbstwerdens helfen. Wir kommen dann theoretisch nie aus den fatalen Folgen eines Dualismus heraus, der aus der gegenständlichen Unterscheidung zwischen physischen und psychischen Äußerungen des Menschen getrennte Wesenheiten macht, aus denen er sich angeblich objektiv zusammensetzt. Und in der praktischen Bewertung und Führung sind wir im nur sachlichen Aspekt verleitet, den anderen nur in seiner funktionellen Bedeutung für die Welt und nicht in seinem existentiellen Anliegen ernst zu nehmen. Das Umdenken, das hier nötig ist, ist viel schwerer, als man gemeinhin annimmt. Mit platonischen Ehrenerklärungen für die Leib-Seele-Einheit ist ebensowenig getan wie mit einer Koordination medizinischer und psychologischer Betrachtungs- und Behandlungsweisen. Die Addition von Erkenntnissen über den lebenden Leichnam und solchen über die leiblose Psyche ergibt noch keine gültige Erkenntnis des Menschen. Ja, der Begriff Leib-Seele-Einheit ist selbst ein Produkt des gegenständlichen Denkens. Er begreift etwas anderes als das lebendige Subjekt, dem wir als einem *Du* begegnen und als das wir uns selbst als ein *Ich* erleben. So stehen wir heute theoretisch wie praktisch erst in den embryonalen Anfängen einer Erkenntnis und Führung des Menschen, die ihm als Subjekt gerecht werden."[24]

Nun gibt es gerade innerhalb der Yoga-Tradition mit ihren reichen philosophisch-theoretischen Bezügen unter anderem eine Konzeptualisierung des menschlichen Wesens oder Individuums, die mir als Alternative zu unserem westlich-wissenschaftlichen, dualistischen Paradigma erwägenswert erscheint. Ich möchte sie nachstehend in der an dieser Stelle gebotenen Kürze umreißen, um dann bei meinen anschließenden Ausführungen über Hatha-Yoga als Leib-Exerzitium gelegentlich darauf Bezug zu nehmen.

Die Vedanta-Philosophie des Hinduismus betrachtet den Menschen als eine aus mehreren Hüllen, *Koshas* auf Sanskrit, beste-

---

[24] Karlfried Graf Dürckheim, Der Alltag als Übung, Bern/Stuttgart/Toronto 1966, S. 66f.

Übrigens begegnet einem in den diversen (Hatha)Yoga-Handbüchern, wie sie heute auf dem Buchmarkt erhältlich sind, in der Regel eher denn als Ausnahme bezüglich des Verhältnisses von Körper und Geist auch nichts anderes, als das so vertraute dualistische Konzept eines rein äußerlichen Aufeinander-bezogenseins zweier separater Wesenheiten dergestalt, daß ein souveräner Geist sich den Körper als gefügiges Instrument quasi abrichtet, durchaus nach Art einer Roß-und-Reiter-Mentalität; keine Frage, daß dann nur mehr „der Körper, den man hat", im Blickfeld ist und das Gespür für „den Leib, der man ist" (Graf Dürckheim), keinen Platz mehr hat.

Als Beispiel für den Tenor solcher Passagen seien hier nur die folgenden Stellen aus zwei jüngst aus dem Englischen übersetzten Yoga-Büchern wiedergegeben: „Hatha-Yoga mit seinen verschiedenen Aspekten ist ein Mittel ..., ein neues Verständnis für den Körper als ein Werkzeug zu entwickeln, dessen Funktionen ganz wesentlich über die Grenzen hinausgehen können, die ihm unsere Vorstellungen und unsere Einstellung im allgemeinen abstecken." – „Der Körper ist das Instrument, mit dem wir unsere Bedürfnisse erfüllen und unseren Willen ausüben. Die fünf Sinne, die Organe, mit denen wir unsere Umwelt wahrnehmen und erfahren, haben ihren Sitz im Körper. Das Gehirn ist das körperliche Organ, das der Geist benützt, um all diese Erfahrungen zu interpretieren. Das Training von Körper und Geist durch Hatha-Yoga hilft, körperliche Triebe, Emotionen und fehlgeleitete Willenskraft unter Kontrolle zu bringen. Hatha-Yoga in seinen verschiedenen Aspekten ist ein Mittel, mit dem man ein neues Verständnis des Körpers erreichen und lernen kann, ihn als das wunderbarste Werkzeug einzusetzen, das der Mensch besitzt." (aus: Swami Sivananda Radha, Geheimnis Hatha Yoga, 1991, Freiburg, S. 25; sowie dies., Kundalini-Praxis, 1992, Freiburg, S. 35f.).

hende Einheit oder Ganzheit. Diese Hüllen – Schichten, Ebenen, Lagen – sind der Beschaffenheit ihres „Geist-Stoffs" nach von unterschiedlicher Dichte, die Skala reicht von der dichtesten, gröbsten des sichtbaren und ertastbaren physischen Körpers bis zu sehr subtilen, „feinstofflichen" Formen. (Insofern der Schichtenaufbau des menschlichen Gesamtorganismus aus dem erwähnten „Geist-Stoff" unterschiedlicher Dichte besteht und dieser die Manifestation eines übergreifenden Geistigen, des Absoluten – in der hinduistischen Terminologie Brahman/Atman genannt – darstellt, kann dieses Hüllengebilde auch als „Spektrum des Bewußtseins", als Spektrum des einen und absoluten geistigen, bewußten Seins verstanden werden, wie es Ken Wilber tut.)[25]

Die Vedanta Lehre führt fünf solche Hüllen oder Koshas auf:

1. Annamaya-Kosha, die „Nahrungshülle", der grobstoffliche, physische Körper, dessen materielle Bausteine (Moleküle, Zellen, Gewebe, Organe etc.) aus der – festen, flüssigen und gasförmigen (= Atemluft) – Nahrung bezogen und ständig erneuert werden;

2. Pranamaya-Kosha, die „Atem- oder Vitalitätshülle", dasjenige, was dem physischen Körper unmittelbar Leben „einhaucht", ihn energetisiert (diese Schicht ist die äußerlichste und dichteste der feinstofflichen oder subtilen Hüllen, der „Ätherleib" als die unterste Ebene des Seelischen);

3. Manomaya-Kosha, die „Empfindungs- und Gefühlshülle", das Seelische, Psychische im engeren Sinne (der „Emotionalkörper" oder „Astralleib");

4. Vidschanamaya-Kosha, die „Denk- bzw. Intelligenzhülle" mit ihrem Zentrum des Ich-Bewußtseins (der „Mentalkörper" als die höhere Stufe des Seelischen);

5. Anandamaya-Kosha, die „Seligkeitshülle", auch „Kausalkörper" genannt; als ursächliche Ebene enthält diese Schicht die „Urformen des Seins" (Maria Hippius) sowie die schöpferi-

[25] Vgl. Ken Wilber, Das Spektrum des Bewußtseins, Bern/München/Wien 1987.

schen entelechialen Wirkquellen aller konkreten kreatürlichen Ausgestaltungen, – das Bewußtwerden dieser Schicht in einem personalen Ich erzeugt bei diesem ein Gefühl der vollkommenen Gelöstheit, der Wonne oder Glückseligkeit, einfach deshalb, weil der Mensch auf und in dieser Bewußtseinsebene sich jenseits allen Mangels realisiert in einer Sphäre der Ganzheit und des Ausgeglichenseins aller Polaritäten (die Jungschen Archetypen dürften wohl auf dieser Ebene, in dieser Tiefenschicht angesiedelt sein, ebenso wie mir diese innerste Hülle sich mit dem Kernbereich zu decken scheint, wie er von der *Initiatischen Therapie* angezielt wird).

Das *Geistige* bzw. Absolute (Brahman/Atman in der hinduistischen Terminologie) ist mit keiner dieser Hüllen identisch, und doch ist es sie alle. Insofern es der Ausdruck Hüllen nahelegt, daß da etwas umhüllt wird, könnte man sagen, daß der Mensch als dieses aus mehreren Hüllen gebildete Ganze, sobald er durch seine sämtlichen Hüllen hindurchblickt, entdeckt, daß er ein Absolutes unter der Form der Subjektivität (Dschivatman gleich der menschliche Atman) darstellt, daß sich in ihm das *Geistige* mit sich selbst in Gestalt jener Hüllen umhüllt (was wiederum nur eine Umschreibung für das ist, was immanente Transzendenz heißt).

Bildlich vorgestellt bzw. graphisch umgesetzt erweckt das Konzept der Koshas, der Hüllen, die Vorstellung einer Zwiebel, und spätestens in diesem Augenblick sollte man sich vergegenwärtigen, daß es sich auch hierbei (wie beim dualen/dualistischen Körper-Geist- oder Leib-Seele-Schema) um ein abstraktes Modell handelt, daß mithin der konkrete Mensch durchaus nicht einer Zwiebel gleicht, die sich aus übereinander liegenden diskreten Schichten oder Schalen zusammensetzt.

Nichtsdestoweniger erweist dieses theoretische Konstrukt seinen heuristischen Wert (und seine Vorzüge gegenüber dem uns vertrauten Paradigma) schon bei der nächsten Annahme, daß nämlich zwischen allen Schichten/Hüllen ein wechselseitiges Spiegelungs- bzw. Ausdrucksverhältnis existiert. Dies bedeutet: Jede Bewegung und Veränderung auf einer bestimmten Ebene bewirkt eine parallele, gleichsinnige Bewegung und Veränderung innerhalb aller übrigen Hüllen, es bewegt oder verändert sich also nie die einzelne Schicht alleine, es bewegt oder verändert sich immer nur das Ganze, der ganze Mensch.

Dieser Form-Parallelismus, wie er eigentlich bei konkreten organischen, lebendigen Ganzheiten stets anzutreffen ist, gewinnt praktische Relevanz, wo es um den bewußten Eingriff in eine solche Ganzheit geht, was schließlich bei jedem Übungsweg der Fall ist. Von der praktischen Seite her betrachtet läßt sich der beschriebene Zusammenhang dementsprechend folgendermaßen formulieren: Die auslösende oder Anfangsaktivierung kann auf jeder der in der Kosha-Lehre aufgeführten Ebene der menschlichen Persönlichkeit stattfinden, um auf allen anderen Ebenen analoge Folgewirkungen zu zeitigen; – bzw. Impulse können von uns in jeder beliebigen Schicht gesetzt werden, um sich gleichgerichtet durch die Gesamtheit der Hüllen fortzupflanzen.

Der Hatha-Yoga mit seinen Asanas setzt seine Impulse im ersten Kosha, in der grobstofflichen Hülle unseres materiellen, physischen Körpers; aufgrund des dargelegten einheitlichen Wirkungszusammenhangs beschränken sich jedoch die Effekte dieses Übungssystems nicht auf die von ihm unmittelbar angesprochene physische Ebene, sondern übertragen sich auf den Gesamtorganismus. Deshalb ist die Formulierung, daß ich den Hatha-Yoga als (nach Graf Dürckheim) *Personale Therapie,* „die über den Leib führt", begreife, genau zutreffend: Hatha-Yoga ist kein Üben oder physiotherapeutisches Bearbeiten des Körpers als eines isolierten Teils der menschlichen Persönlichkeit, sozusagen bloß ihrer leiblichen Hülle, sondern ein Weg, der über den Leib führt, hinein in die unteilbare Ganzheit, das Selbst oder die Person. (So meint ja auch der Begriff Leib im Dürckheimschen Sprachgebrauch im Gegensatz zum „Körper, den man hat" und welcher irgendwann als Leichnam gewissermaßen übrig bleibt, immer schon das Ganze des Menschen, gesehen aus dem Blickwinkel seiner so handgreiflichen physischen Manifestationsebene.)

Das gezielte Beginnen, das bewußte Setzen auf einer bestimmten Ebene, wie es die Praxis der verschiedenen Übungswege charakterisiert, kann letztlich aufgefaßt werden wie das Gehen durch ein jeweils spezielles Tor, wobei sämtliche Tore stets in denselben Raum, in dasselbe Innere führen, d. h. in den einen, unteilbaren menschlichen Organismus, in ein und dasselbe Individuum. Weil dem so ist, sind auch unterschiedliche Zugänge (je nach den einzelnen Schichten) möglich, legitim und miteinander vereinbar, z. B. Hatha-Yoga mit Zazen (der erste über die äußere, körperliche Hülle eintretend, letzteres – als nicht-gegenständliche Meditation – mit dem Fokus in einem kausalen Schichtbereich).[26]

Der Begriff Hatha-Yoga

Bevor ich auf das hauptsächliche Medium des Hatha-Yoga, die Asanas und ihren Gebärdencharakter, zu sprechen komme, muß das Prinzip seiner Art und Weise des Übens hervorgehoben werden, die *rechte Polung,* wie ich es nennen möchte, oder „biopositive Polarisierung", wie ein anderer Autor sich ausdrückt[27]. Auf eben dieses Prinzip weist denn auch die Bedeutung des Sanskrit-Wortes Hatha hin: *Ha* bedeutet Sonne und symbolisiert als solare Qualität den männlichen Pol der Aktivität, der nach außen gerichteten Tatkraft, *Tha* bedeutet Mond und repräsentiert als lunares Symbol den Gegenpol des Weiblichen, der Rezeptivität. Hatha bezeichnet demnach eine zweifache, polare Energie, wie sie dem menschlichen Körper, seinen Bestandteilen und Lebensvorgängen, als wesensmäßige Eigenschaft zukommt.[28] Wir be-

---

26 Die Vereinbarkeit verschiedener Zugänge gilt zunächst einmal prinzipiell; praktisch sind die einzelnen Übungswege, gerade die der großen spirituellen Haupttraditionen der Menschheit, so beschaffen und angelegt, daß sie alles „Notwendige" enthalten und von denen, die sich entschließen, einem von ihnen zu folgen, soviel konzentrierte Kraft und Hingabe erfordern, daß allenfalls eine „Kombination" von zweien unter bestimmten Umständen und aus nachvollziehbaren Gründen heraus erwogen werden mag (so wie ich es hinsichtlich meiner eigenen Verbindung von Zazen und Hatha-Yoga getan habe).

27 vgl. Sigmund Feuerabendt, Yoga-Therapie, München 1987; ders., Die Macht des Yoga, München 1990.

28 Isoliert auf die ätherisch-energetische Schicht bezogen lassen sich die Komponenten Ha und Tha auch als rechtsseitiger, wärmender Atemstrom (rechter Nasengang) und linksseitiger kühlender Atemstrom (linke Nasenöffnung) klassifizieren, wobei das Yogische, das Vereinigende, in der Schaffung bzw. Gewährleistung eines Fließgleichgewichts zwischen diesen polaren Strömungen des lebensspendenden Prana erblickt werden kann. (Vgl. dazu u. a. Swami Sivananda, Yoga-Praxis für den Westen, Bern-Frankfurt-Salzburg o. J., S. 9f; André van Lysebeth, Die große Kraft des Atems – Die Atemschule des Pranayama, Bern-München-Wien 1972, S. 236ff.)

Auf die „Physiologie" des ätherischen Systems des „Pranakörpers" in der Yoga-Philosophie – die Theorie der Nadis und Chakras – gehe ich in meinem Text absichtlich nicht ein, weil es in ein neues, den Hatha-Yoga erweiterndes Gebiet führt, das des Kundalini-Yoga. Nach meinem Dafürhalten kann der Hatha-Yoga in der hier vorgestellten Weise als Leib-Exerzitium für sich stehen und als eigenständiger spiritueller Übungsweg beschritten werden..

gegnen also im Hatha-Yoga der gleichen Auffassung von den beiden polaren Kräften oder Energieströmen, wie sie uns in der bekannteren Fassung als Lehre von Yin und Yang aus dem chinesischen Taoismus seit langem geläufig ist. (Und diese Annahme einer für alles Lebendige konstitutiven grundlegenden Polarität seitens der verschiedensten esoterischen Traditionen hat ihre Korrespondenzen in Entdeckungen der neuzeitlichen Wissenschaft auf dem Gebiet der Biologie und Physiologie – beispielsweise das polare Zusammenspiel zwischen sympathischen und parasympathischen Nervensystemen – sowie in Erkenntnissen jüngster Forschungen –, etwa über die bipolare Funktionsdifferenzierung unseres Gehirns in eine rechte und linke Hemisphäre.)

Da Yoga bekanntlich soviel wie Joch, will sagen Verbindung und Vereinigung bedeutet, ist nunmehr klar, worauf Hatha-Yoga abzielt: Zusammenfassung und Regulation unserer Lebensenergie; was wiederum nur heißen kann – da ja die Lebensprozesse immer schon innerhalb der Grenzen des Organismus „zusammengefaßt" sind und ihnen reguläre Verlaufsmuster inhärieren –, die polaren Komponenten der Lebenskraft und Lebenstätigkeit des menschlichen Individuums zu parallelisieren, zu strukturieren, aufeinander abzustimmen, zu harmonisieren, auszugleichen, und zwar dann und dort und insoweit, als sie von den ihnen inhärent vorgegebenen Strukturen und Verlaufsformen abweichen, abirren, kurz *aus der Ordnung geraten* sind (ein *Aus-der-Ordnung-Geraten,* wie es in dieser Weise nur dem Humanen zustoßen kann und mit Notwendigkeit zum Schicksal des Menschen gehört, weil er nicht anders als über den Einbruch in seinen rein natürlichen Lebensbedingungen – den biologisch-organischen wie den sozialen – an den Punkt des möglichen *Durchbruchs zur Transzendenz,* der Verwirklichung seiner „übernatürlichen", geistig-spirituellen Bestimmung gelangt). Und diese Harmonisierung, dieser Ausgleich der zusammengehörigen Energien, wie ihn der Hatha-Yoga anstrebt, erfolgt zunächst wieder auf der physischen, (grob)stofflichen Ebene, als Tonusharmonisierung, Normalisierung von Organfunktionen etc., um von hier, der leiblich-körperlichen Hülle (Annamaya-Kosha) und der unmittelbar an sie anschließenden, sie belebenden, im engeren Sinne energetischen Schicht (Pranamaya-Kosha) auszustrahlen in die weiteren, subtileren Aspekte bzw. Ebenen der Persönlichkeit, was dann etwa heißt Ausbalancierung des affektiven Ausdrucks, Ausgeglichenheit in unseren Gefühlslagen (durch Auflösung neurotischer Komplexe und Blockierungen), Harmonie und Ausgewogenheit im Denken, in der geistigen Orientierung, weiterhin ein harmonischer und fruchtbarer, auch bewahrender und regenerierender Wechsel in den praktischen Tätigkeiten und Lebensäußerungen (selbstredend nicht infolge eines Automatismus der Veränderung, sondern aufgrund bewußten Mitvollzugs im Verlauf einer die ganze Person, das umfassendere Selbst ergreifenden und verändernden Übungspraxis).

Leben überhaupt, wie das menschliche Dasein im besonderen, scheint ab ovo polar bestimmt. Mit solcher Polarität ist jedoch für den Menschen als selbstbewußtes, verstandesbegabtes und damit dem Phänomen (Willens)Freiheit ausgesetztes Wesen offenkundig die Möglichkeit und tatsächliche Versuchung gegeben, das Polare, das an sich aufeinander Bezogene, auf wechselseitige Balance hin Angelegte in einen Dualismus, einen feindlichen Gegensatz, in sich gegeneinander verselbständigende Einseitigkeiten, in einander ausschließende Extreme (das eine statt das andere) umzudeuten und auch praktisch umzubiegen, zu verkehren, was logischerweise Verbiegung und Verkehrung der Lebensprozesse wie des menschlichen Erscheinungsbildes, sprich Störung, Krankheit, Unheilsein zur Folge hat. Erst dieser Umstand läßt das Bedürfnis und die Idee eines restitutiven, die natürliche Ordnung (in diesem Falle die Polarität und ihrer Gesetzlichkeit) wiederherstellenden und zugleich in einem erweiterten, das bloß Natürliche transzendierenden Sinne *heilenden* Übungswegs aufkommen; erst der Hintergrund der Disharmonie der polaren Energien und infolgedessen das Unheil der ganzen Menschen macht die Notwendigkeit und das Prinzip einer Disziplin wie den Hatha-Yoga verständlich, Harmonisierung der Polaritäten, bewußt beginnend auf der körperlichen Ebene und ansetzend bei den vital-energetischen Prozessen, mit dem Ziel der Heilung des gesamten Selbst über einen ganzheitlichen Wirkungstransfer.

Was Karlfried Graf Dürckheim bei seinen Erläuterungen des *Hara* oder seiner Darlegung des Aspekts der leiblichen Haltung beim meditativen Sitzen als „Wiedergewinnung der rechten Form durch Verwurzelung in der Mitte" zu beschreiben pflegt, wobei er betont, daß die leiblich im Bauch-Becken-Raum lokalisierte „rechte Mitte" gleichzeitig „die der ganzen Person" ist, entspricht im wesentlichen dem, was ich soeben als das Prinzip des Hatha-Yoga erläutert habe und was, auf die kürzeste Formel gebracht, als rechte Polung bezeichnet werden kann. Rechte Polung heißt, daß die polaren Energieströme und Funktionskreise so gerichtet werden, daß jeweils beide Pole zu ihrem Recht kommen; und insofern sich dabei im Endergebnis der Ausgleich der Energien und Funktionen herstellt, also ein Gleichgewichtszustand entsteht, bedeutet rechte Polung im Grunde nichts anderes als die Gewinnung der rechten Mitte. Wie umgekehrt die rechte Mitte, von welcher Graf Dürckheim spricht, insoweit sie von ihrer körperlichen Lokalisation als leiblicher Mittelpunkt aus sich auf alle Dimensionen der Persönlichkeit überträgt (indem überall der ver-mittelnde Effekt als Ausgleich des Polaren stattfindet) und also tatsächlich zur *Mitte der ganzen Person* wird, wieder nur eine andere Bezeichnung für das ist, wofür in unserem Zusammenhang rechte Polung steht. Der Unterschied liegt vielmehr darin, daß die Hara-Übung von einem einzigen Punkt aus (der Sammlung und Aufrichtung aus dem Bauchzentrum heraus) ihre ganzheitlich transformierende Wirkung zu entfalten versucht, während der Hatha-Yoga zu diesem Zweck ein komplettes System an speziellen Übungen und Praktiken bereitstellt.

Die voranstehenden Überlegungen abschließend, möchte ich noch einen Gesichtspunkt erwähnen, der damit eng zusammenhängt: den Aspekt der Durchlässigkeit, der *Transparenz* zur Transzendenz, wie sich Graf Dürckheim ausdrückt. Die polaren Energien auszugleichen und harmonisch ins Fließen zu bringen impliziert in der Überwindung von dissoziierenden Ungleichgewichten, Blockaden und Fixierungen ein Sich-öffnen und Durchlässigwerden, einerseits der äußerlich sichtbaren Leibgestalt, andererseits – von diesem Ausgangspunkt reflektorisch sich fortsetzend – sämtlicher Schichten oder Ebenen des Individuums –, eine Öffnung und Durchlässigkeit für das übernatürliche, das *überweltliche Wesen* (Dürckheim), welches selber nicht noch einmal als besondere Schicht bzw. Hülle in Erscheinung tritt, sondern sie allesamt als das *Eine Geistige*, das Absolute durchdringt und transzendiert (der Dschivatman, der mit keiner seiner Umhüllungen verwechselt werden will, und dessen Emanation und Manifestation doch einzig alle Hüllen und Gestaltungen sind). Es geht also im Hatha-Yoga vom Prinzip her ebenso gut um

Durchlässigkeit, Transparenz, wie um rechte Polung, um Durchlässigmachen des Leibes und in dessen Gefolge des humanen Selbst insgesamt für die ihm immanente Transzendenz.[29]

Asanas als Gebärdensprache

Das augenfälligste Medium des Hatha-Yoga ist zugleich sein primäres Mittel oder Instrument, um das oben erläuterte Prinzip, den Ausgleich der Energien, die rechte Polung, zu realisieren: die Asana, die Yoga-Körperhaltung – oder genauer, eine Serie solcher Yogastellungen, eine funktionell begründete und in sich stimmige Reihenfolge von Asanas. (Zu diesem Hauptmedium, quasi als dessen Effektivierung, tritt dann als zweites Instrument des Hatha-Yoga die bewußte Atmung hinzu, welche sich schließlich im *Pranayama,* einem System spezifischer Atemtechniken, zu einer relativ eigenständigen Unterdisziplin dieses Yogazweiges fortsetzt und vom Übenden als Voraussetzung ausreichende Vertrautheit mit der Praxis der Asanas, das heißt bereits ein größeres Maß an Durchlässigkeit auf der körperlichen Ebene, verlangt.)

Ihrer Etymologie nach weist die Sanskritvokabel Asana genau genommen auf eine *Sitz*haltung und mehr noch auf eine Haltung, in die man sich voll und ganz hineinbegibt, in der man sich förmlich niederläßt, in der man sozusagen zuhause ist, so daß das Sitzende sich nicht eigentlich auf das Sitzen im Unterschied zum Stehen oder Liegen bezieht, sondern eher im übertragenen Sinne eines völligen Vertrautseins und vollständiger Gelöstheit in der jeweiligen Haltung zu verstehen ist. Damit ist klargestellt, daß eine Körperhaltung, mag sie äußerlich noch so sehr einer Yogastellung gleichen, dennoch solange streng genommen keine

---

29 In der vedischen Überlieferung der Hindu-Philosophie taucht häufiger die Lehre von den Gunas, den unterschiedlichen „Aggregatzuständen" aller stofflichen Naturerscheinungen, aller Materie, auf. Es ist von drei solcher Gunas die Rede, von Tamas, der Trägheit, von Radschas, der (leidenschaftlichen) Bewegtheit sowie Sattwa, der durchlichteten Gelassenheit. Trotz des Metaphorischen und Schillernden dieser Begriffe ist doch erkennbar, daß wohl Sattwa mit derjenigen leiblichen Verfassung des Menschen korrespondiert, die wir mit Durchlässigkeit, mit Transparenz, bezeichnen. So ist die Feststellung richtig, daß es dem Hatha-Yogi darum geht, einen satthaften Körper oder Leib zu erlangen. (Siehe dazu z. B. B. K. S. Iyengar, Licht auf Yoga, Bern-München-Wien 1969, S. 43f.)

Asana ist, als wir noch nicht wirklich in ihr angekommen sind und (geistig) gelöst in ihr anwesend sein und verweilen können.

Danach müßte die allgemeinste Definition von Asana lauten: Jede Körperhaltung, die wir bewußt einnehmen, und in der wir für kurze oder auch etwas längere Zeit mit ungeteilter Aufmerksamkeit, innerlich gesammelt, regungslos (d. h. ohne uns noch weiter zu bewegen) verharren, innehalten. Asana somit als *Innehaltung* in/bei einer äußeren (Körper)Haltung. (Wobei gleichfalls deutlich wird, daß beim Hatha-Yoga, verkörpert durch die Asanas, der Schwerpunkt auf dem Statischen, der Unbewegtheit, dem Ruhenden und Stillestehen liegt, während sich die Bewegung, das Moment des Dynamischen, auf das Hineingehen in die Position und das wieder aus ihr Herauskommen beschränkt, – von einigen dynamischen Übungsabläufen, wie z. B. *Surya Namaskar,* dem Gruß an die Sonne, einmal abgesehen, bei welchen die aufeinander folgenden Asanas dynamisiert, in einen Bewegungsfluß gebracht erscheinen.)

Man braucht sich nun die Asanas, auf Abbildungen oder direkt, nur anzuschauen, um bei den meisten sogleich zu entdecken, daß es sich hier nicht um eine beinahe mechanische, rein körperlich-physiologisch agierende (dem herkömmlichen Verständnis nach gymnastische) Bewegung hinein in eine ebenso leere, ausdruckslose Ruhestellung und wieder aus derselben heraus handelt, sondern daß wir es mit *Gebärden* zu tun haben. Unter Gebärde ist eine beseelte, von (Selbst)Bewußtsein begleitete und Ausdruck gebende, bedeutungsgeladene Bewegung sowohl als Haltung zu verstehen; daher ist die Gebärde nie bloß auf den Bereich der sie direkt ausführenden Glieder oder Partien des Leibes begrenzt und lediglich diese Art Teilpersönlichkeit repräsentierend (wie eine gymnastische Übung sich auf die zwar gesteuerte, aber ansonsten inhalts- und bedeutungsleere Betätigung unsers physiologischen Apparats beschränken kann), die echte Gebärde ist vielmehr sinntragende sowie sich mitteilende (kommunikative) Äußerung der ganzen Person. In der Gebärde spricht sich stets unser Selbst aus, und sei es – wie zunächst gar nicht anders zu erwarten – in der lebensgeschichtlich gewordenen Deformiertheit seiner Essenz, der Verstelltheit des *Wesens* durch das partikulare Ich, das *Welt-Ich* (Dürckheim).

Für unsere Zwecke erscheint es an dieser Stelle sinnvoll, dreierlei Kategorie von Gebärden zu unterschieden:

a) die unmittelbar eine bestimmte typisch menschliche Befindlichkeitsqualität ausdrückende Gebärde (als im wörtlichen Sinne plastisches Beispiel kommt mir dazu sofort Rodins *Denker* in den Sinn);

b) bezüglich der Asanas relevant die Gebärde, welche pantomimisch eine menschliche Tätigkeit oder Beschäftigung nachahmt bzw. nachstellt, wobei es nicht auf den sachlich-naturalistischen Aspekt der getreuen Wiedergabe ankommt, sondern die Versinnbildlichung gewisser darin Gestalt annehmender Charaktere und Eigenschaften der springende Punkt ist (die Asana *der Bogenschütze* will nicht so sehr als realistische oder naturalistische Nachbildung dieses Handwerks aufgefaßt werden, als vielmehr die charakterlichen und seelisch-geistigen Qualitäten wie Sammlung, Zielstrebigkeit, Mut zur Konfrontation, Tatkraft und andere mehr zum Ausdruck bringen);

c) bei einer großen Zahl von Asanas handelt es sich schließlich um Gebärden, die nichtmenschliche Erscheinungen oder Zustandsformen aus der belebten und unbelebten Umwelt des Menschen (vor allem Tiere und Pflanzen, ferner Werkzeuge und dergleichen) *sinnbildlich* darstellen. (Zu dieser dritten Kategorie tritt hinzu jene kleinere Gruppe von Stellungen, deren Namen sich von geometrischen Formen und Figuren herleiten – am bekanntesten *Trikonasana* und ihre Varianten – und welche uns ein Bild von der Einfachheit, Klarheit und Schönheit einer reinen Formgestalt vermitteln.)

Aufgrund ihres Alters, ihrer Urtümlichkeit, was ihnen zugleich den Charakter der Zeitlosigkeit alles Ursprünglichen verleiht, sowie aufgrund des Urbildhaft-Kreatürlichen ihrer Form eignet den Asana-Gebärden in gewisser Weise der Status von *Urgebärden.* So kann man sie gemäß ihrer ontologischen Wertigkeit in der Nähe dessen ansiedeln, was in der Linie einer bestimmten philosophisch-psychologischen Denktradition als *Urelemente* bzw. *Urformen des Seins* gekennzeichnet wird[30]. (Zweifelsohne ist C. G. Jungs Konzept der *Archetypen* dieser Sichtweise und Deutung aufs engste verwandt.)

Mit der Einstufung der Asanas entsprechend ihrer Urgebärden-Eigentümlichkeit als urphänomenale, archetypische Gegebenhei-

---

30 Ich denke hier an das Werk von Ludwig Klages. – Außerdem spielt der Topos „Urelement" in der Alchimie eine große Rolle.

ten ist nun bereits implizit eine Feststellung über die funktionelle Seite, ihre Wirkmächtigkeit, wie man sagen könnte, getroffen; denn jedesmal, wenn in der Tiefe der menschlichen Psyche (im Bereich der innersten, kausalen Hülle) Urelemente oder Urformen des Seins besonders stimuliert und aktiviert werden, besteht die Wahrscheinlichkeit, daß eine tiefgreifendere und umfänglichere Veränderung innerhalb unseres Selbst, eine Umstrukturierung und Neukonstellierung der ganzen Person eingeleitet wird.

Bei der Wirkungsweise des Hatha-Yoga und seiner Asanas angelangt, zeigt sich eine frappierende Übereinstimmung mit dem Wirkungsmodus, wie ihn Maria Hippius im Hinblick auf das von ihr entwickelte *Geführte Zeichnen* skizziert. So schreibt Sigmund Feuerabendt, der in seinen Veröffentlichungen den Hatha-Yoga als „urphänomenale Erfahrungs- und Erkenntnisweise" darlegt, beim Üben der Asanas als Urgebärden werde praktisch eine „Neuschaffung (Restrukturierung) energiegeladener, tiefenseelischer Bild-Wertkonstellationen" bewirkt; mit anderen Worten, die Asanas regen letztendlich die schöpferische, ausgleichende und damit heilsame Tätigkeit der urbildlichen, archetypischen Tiefenkräfte an. Es geschieht mithin das gleiche, was Maria Hippius (hinsichtliche des Geführten Zeichnens) beschreibt: Durch das Üben von „Urformen des Seins" (bei ihr im Zeichnen solcher Formen mit Papier und Kreide) werden im Leib „Schwingungsformeln" in Bewegung gesetzt, die „autonome Virulenz" erhalten. „Bei solcher Bewegung und Bewegtheit in der sprachlosen Sprache von Urgebärden kann es zu kreativen Selbstentfaltungsprozessen kommen."[31] Und an anderer Stelle sagt sie, auf die Mehrschichtigkeit der Persönlichkeit, die Bipolarität der Kräfte und endlich deren harmonische Vereinigung Bezug nehmend (das heißt die auch von uns angeführten drei für das rechte Verständnis des Hatha-Yoga wesentlichen Momente): „Das *Geführte Zeichnen* als metalogische Funktion findet Ausdruck im Medium eines Kräftespiels bipolarer Funktionen. Es hat sich erwiesen, daß das menschliche Ausdrucksvermögen unter einem vielschichtigen Spannungsbogen steht. Die Bipolarität – zwischen weiblichem und männlichem Prinzip aktiviert, in Feldspannung gebracht – zielt auf eine neue Einheit, die Dualunion, hin."[32]

---

[31] Maria Hippius, „Aus der Werkstatt", Rütte-Nachdruck o. J., S. 4.

[32] Dies., Grenzüberschreitende Ganzheitserfahrungen im Kontext der existen-

Man könnte das Gemeinsame und das Unterschiedliche des Hatha-Yoga und des Geführten Zeichnens demnach so formulieren: Im Geführten Zeichnen äußert und innert sich jemand als Schrift-Zeichen-Setzender, die Gebärde des Zeichnens sich leiblich manifestierend vor allen Dingen in der Bewegung seiner Hände; – beim Üben der Yoga-Asanas äußert und innert sich ein Mensch demgegenüber als ein stets mit der Gesamtheit des Leibes *leiblich* Sich-Gebärender, d. h. nur körperliche Zeichen gebend, sich auf „Körpersprache" beschränkend. (Das *Innern* besagt, daß in beiden Fällen die sich aus dem Inbildlichen herleitende Äußerung die Wirkung bzw. Rückwirkung nach innen auf die seelischen Tiefenkräfte, die archetypischen Energien und Konstellationen einschließt.)

Wir dürfen also resümieren: Die tiefere, ganzheitliche Wirkung der Asanas beruht auf „der heilenden Kraft der reinen Gebärde", wie diese von Graf Dürckheim umschrieben wird; je mehr sich eine Asana in ihrer Ausführung dem Idealtyp der reinen Gebärde (frei von alltäglicher Zweckbestimmtheit und ichhaften Willenspartikeln, z. B. dem Wunsch, eine akrobatische Leistung zu vollführen oder durch Gekonntheit und körperliche Ästhetik zu beeindrucken) annähert, umso mehr entfaltet sich ihre (Seelen)Heilwirkung. „In seinen Gebärden bekundet und verwirklicht sich der Mensch als personales Subjekt. Die Gebärde eines Menschen ist um so reiner, als sie ohne gewohnheitsmäßige oder situationsbedingte Hemmung unmittelbar und frei aus dem Wesen kommt. Je befreiter von den Schranken des Welt-Ich, desto reiner die Gebärde. Und je reiner die Gebärde, um so heiler wird in ihr und durch sie der Mensch. So kann man von der heilenden Kraft der reinen Gebärde sprechen."[33]

Möglichkeiten der therapeutischen Verwendung von Asanas

Wir haben nunmehr gesehen, daß es zum einen die unmittelbare, mehr oberflächliche Wirkung der Asanas gibt, ansetzend in den beiden „äußeren" Schichten des Stofflich-Physischen und des Vi-

tialen Natur- und Geisteswissenschaft, in: Thomas Arzt u. a. (Hrsg.), „Unus Mundus – Kosmos und Sympathie", Frankfurt am Main 1992, S. 250.

[33] Karlfried Graf Dürckheim, Alltag als Übung, a a. O., S. 51 f.

tal-Energetischen und eben dort auch als erstes sich in der Harmonisierung der Polarität bestätigend, zum andern die eigentlich erst auf ihren Gebärdencharakter zurückgehende Tiefenwirkung, die Stimulierung von allen wirklich transformatorischen Entwicklungen des Selbst induzierenden und autonom regulierenden „Urelementen", von das innerliche Prozeßgeschehen der Person entelechial steuernden „Urformen des Seins". Dementsprechend ist es möglich, im Umgang mit den Asanas, also während des Übens, die eine oder die andere Seite ihrer Wirkungsweise stärker zu betonen.

Wie dies konkret zu geschehen hat und was daraus an (leib)therapeutischen Interventionsmöglichkeiten (für den Begleiter eines Übenden) sich auftut, kann ich im vorliegenden Rahmen nur skizzenhaft andeuten. Grundsätzlich bleibt festzuhalten, daß wir beim Hatha-Yoga als einer Personalen Therapie, die „über den Leib" führt, immer von der leiblichen (physischen) Ebene als unserem primären (Arbeits)Kontext ausgehen und auch stets zu diesem zurückkehren. Bezogen auf und integriert in diesen gleichbleibenden primären Kontext kann daraufhin eine Bearbeitung von zu verschiedenen sekundären Kontexten gehörendem Material beginnen.

1. Primärer und sekundärer Kontext fallen zusammen, wenn beim Ausführen der Asanas die Beachtung und Betrachtung ganz oder in erster Linie den rein körperlichen Eindrücken und Wahrnehmungen gilt; das im sekundären Kontext beobachtete und gegebenenfalls bearbeitete Material besteht dann ausschließlich aus Elementen des primären Kontextes: den körperlichen Sinneseindrücken und Empfindungen wie Dehnungsschmerzen, angenehmes Prickeln und Wärmeströme, Pulsschlag und Atempulsation, Hautsensationen im Bereich der Berührungsstellen des Körpers mit dem Boden bzw. der Unterlage usw. Dies ist das für den Hatha-Yoga in der Tat so naheliegende und wichtige Feld des Spürens, des körperlichen Gespürs oder der leiblichen Sensitivität. Tonusregulierungen (in *eutonischer* Perspektive eines Abbaus von Über- und Verspannungen, bei gleich-zeitiger Revitalisierung von erschlafften und nicht mehr recht eingelebten Regionen oder Leibsegmenten) und Haltungskorrekturen hängen nicht zuletzt von derartigen Fokussierungen auf die sensorischen Phänomene ab.

Durch Anleitung und Hinweise kann der Begleiter eines Übenden von außen dessen Aufmerksamkeit zu den jeweiligen kritischen Punkten und Stellen hinlenken (wozu auch die für die betreffende Asana relevanten Wirkungspunkte und Körpergeschehnisse – etwa Dehnung hier, Pressung dort, Sedierung an der einen, Tonisierung an der anderen Stelle usf. – gehören); ebenso kann er durch sanfte Berührung der nämlichen Bereiche den Spürsinn des Übenden fördern. Zuletzt besteht auch die Möglichkeit, per „Handauflegen" oder durch leichtes massieren „be-handelnd" zu intervenieren, um auf diesem Wege die Auflösung von Tonusfixierungen und Energieblockaden zu unterstützen. – Der Übende seinerseits wird sein Gespür in dem Maße entwickeln, wie es ihm gelingt, wirklich in ein *exerzitienmäßiges* Üben hineinzufinden, denn nur durch ein beständiges und innerlich gesammeltes Tun (die tägliche Ausführung einer bestimmten Asanareihe) vermag sich unsere körperliche Sensibilität, unser „Körperbewußtsein", so zu schärfen, daß dadurch wiederum die leibliche Durchlässigkeit (Transparenz) gesteigert wird (von der wohltuenden Belebung und der größeren Widerstandskraft des Leibes noch abgesehen).

2. Sobald nicht nur Asanas ausgeführt werden, sondern darüber hinaus ein stärkerer Akzent auf die bewußte Atmung gelegt wird, erst recht beim Ausüben von *Pranayama,* den besonderen Atemtechniken des Hatha-Yoga, begeben wir uns in einen veränderten sekundären Kontext, den des „Ätherleibs" (wenn wir bei dieser Gelegenheit einmal die hier sonst als einheitliches Geschehen, das des belebten Körpers, genommene erste und zweite Schicht, stoffliche und ätherische – vital-energetische – Hülle, doch voneinander differenzieren). Nun wird „atemtherapeutisch" gearbeitet, nicht mehr an den rein physischen Elementen und Vorgängen (der Körperdynamik und -statik während des Asana-Übens), sondern direkt mit den „feinstofflichen" Funktionen des Atems (z. B. energetische Aufladung sowie Rhythmisierung und Lenkung der *Prana*ströme im Körper, wie es in der Yoga-Terminologie mit Blick auf das der Sauerstoffzufuhr so geheimnisvoll eignende „Lebenselixier" heißt).

3. Ein dritter Sekundärkontext ergibt sich aus dem „astralen" Kosha, dem „Emotionalkörper" zugehörigem Material, wie es bei der „Körperarbeit" der Asana-Übung anfallen kann; wobei anzumerken ist, daß die Yoga-Asanas *nicht* wie bioenergetische Übungen und Körperhaltungen geradezu darauf angelegt sind,

Gefühle und Affekte zutage zu fördern. Dennoch kommt es vor, daß die intensive Betätigung des Körpers im Verein mit der ungeteilten geistigen Hinwendung zum Leiblichen auch bei den Yoga-Stellungen hin und wieder gewissermaßen in körperlichen Segmenten, Geweben und Organen aufbewahrtes und verkapseltes affektives Erinnerungsmaterial in die Wahrnehmung und ins Bewußtsein bringt. Bei schmerzlichen Erinnerungen kann das Zulassen der Gefühle einen kathartischen Effekt haben, und die bewußtseinsmäßige Integration mag durch die Halt gebende strenge Form (der Asana) auf der körperlichen Ebene (der Rückgebundenheit an den primären Kontext) sogar befördert und erleichtert werden.

In der Situation der begleiteten Arbeit liegt es sicher im Ermessen des Begleiters, wie sehr und wie weitgehend er emotionale Ereignisse und Äußerungen des Übenden aufgreift und mit diesem hernach (nach Beendigung der Asana bzw. der Übungsreihe) verbal, im Gespräch, bearbeitet. Vor dem Hintergrund meiner eigenen Erfahrungen bei der Anleitung und Begleitung von Yoga-Übenden scheint mir, daß im Rahmen des Hatha-Yoga – selbst wenn man es in unserem Sinne als Personale Leibtherapie versteht – der Raum für analytisches Durcharbeiten von Gefühlen oder gar neurotischen Komplexen eher eng bemessen ist. Es ist zu bedenken, daß der „strategische Ansatz" dieser Disziplin ein anderer, nämlich vom *Exerzitium* her geprägter ist: Man vertraut mehr auf ein allmähliches „Über-wachsen" der emotionalen Kränkungen und Vernarbungen im Zuge eines heilsamen ganzheitlichen Wirkungszusammenhangs, wie er vom disziplinierten Üben in Gang gesetzt wird (und innerhalb dessen Gesamtrahmen dann auch für eine dialogisch-reflektierende Bearbeitung virulent werdender psychischer Prozesse durchaus Platz ist). – Es ist in der Tat die Erfahrung aller stetig Übenden – und gerade auch derjenigen, die sich wie die Hatha-Yoga Praktizierenden einer leiblich rückgebundenen spirituellen Disziplin widmen –, daß mit der Zeit der Neurotizismus der Person abnimmt und gleichzeitig in der emotionalen Sphäre das freudige Erleben die Oberhand gewinnt und sich in diesem Sinne ein verändertes Bewußtsein als Frucht der Übung einstellt.

4. Als nächstes gelangen wir zu jenem Stoff (und damit einer vierten Kategorie der begleitenden Begutachtung und dialogischen Bearbeitung zugänglichen Materials), den uns allzeit und

überall – und also auch während der Einnahme der Asanas – unser anscheinend nimmermüder Kopf mit seiner Verstandestätigkeit beschert, den Gedanken und Vorstellungen, wie sie all deren ureigenste Schöpfungen innerhalb der mentalen Hülle beständig emporsprießen und wieder verlöschen; und wie sie zum Leidwesen des Übenden ihn immer wieder abzulenken drohen von seiner völligen Hinwendung zur Übung, ihn wegführen von der wirklichen Hingabe an den Augenblick des Übungsgeschehens, im Falle der auf die körperlichen Vorgänge und Zustände orientierenden Asana-Praxis ihn davon abhalten können, ganz in seinem Leib anwesend zu sein, dessen Glieder, deren Bewegungen und deren Haltung sinnlich empfindend wahrzunehmen, zu *spüren.* – Andererseits kann es natürlich sein, daß wenigstens ein Teil der beim Üben unwillkürlich sich einstellenden Gedanken und Phantasien (häufig mit gefühlsmäßig gefärbten Erinnerungen vermischt) in ihrem Gehalt durch dieses aktuelle Tun selbst induziert sind und insofern durchaus in einem inneren oder Sinnzusammenhang mit der gerade ausgeführten Übung stehen. Der Übende wird dann für sich selbst oder gemeinsam mit seinem Begleiter prüfen und entscheiden müssen, ob das Gedachte und Vorgestellte einen Erfahrungs- oder Erkenntniswert besitzt, der es sinnvoll erscheinen läßt, nach Beendigung der Übung(en) weiter darüber zu reflektieren beziehungsweise ihn ins Gespräch zu nehmen. Nichtsdestotrotz sollte – der stetig fließenden Gedanken und Vorstellungsgebilde unseres Geistes als einer „Störquelle" bei dessen eigener Sammlung, der Konzentration auf den unmittelbaren Übungsablauf eingedenk – als generelle Maxime gelten, daß der Übende wie auch sein Begleiter nicht stets und zu sehr auf die „frei Haus gelieferten Produkte" der mentalen Ebene einsteigen; denn als *Leib*-Exerzitium soll uns ja der Hatha-Yoga nicht noch mehr ins Reflektieren bringen (als es für die meisten von uns heute ohnehin schon zu einer zwanghaften Gewohnheit geworden ist), sondern unter anderem dabei behilflich sein, gerade von unserer Kopflastigkeit Abschied zu nehmen, – herauszutreten aus dem gewohnten gegenständlichen Bewußtsein, um einzutreten in ein *inständliches* Bewußtsein (Graf Dürckheim).

Es bleibt freilich an dieser Stelle ein mentales Vermögen, exakter gesprochen eine mentale Technik, zu erwähnen, die auf der mentalen Ebene doch noch einen – wiederum bezogen auf den für den Hatha-Yoga primären Kontext des Körperlichen, Physischen

– ausgesprochen kreativen und effektiven Arbeitskontext eröffnet: gemeint ist die Technik der *aktiven Imagination* bzw. des *Visualisierens.* Hierbei sind es vor allem die elementaren Strukturen von (Innen)Raum und Licht, Form und Farbe, deren sich die Einbildungskraft bedienen sollte, und deren innere Bilder, gezielt in die einzelnen Regionen oder Organe des Leibes gelenkt oder projiziert, an den betreffenden Stellen Heilungskräfte mobilisieren, eine Wiederbelebung oder Verlebendigung von innen her über subtile „Kanäle" in Gang bringen, also insgesamt zur leiblichen Durchlässigkeit, zur „Vergeistigung" des Körpers, seiner Transparentwerdung, beitragen.

5. Schlußendlich können wir uns auch mit einem auf der kausalen Ebene anzusiedelnden sekundären Kontext leibtherapeutisch auf den primären der physischen Schicht beziehen; allerdings hat hier alles „Technische", das absichtliche Tun überhaupt, sein Ende gefunden, d. h. bei dieser Art von Kontext darf auch nicht länger von einem „Arbeiten" oder „Bearbeiten" seitens des Übenden bzw. seines Begleiters gesprochen werden, – diese letzte Bezugnahme muß sich von selbst einstellen, sie kann sich bloß „ereignen". (Folglich kann es ebensowenig darum gehen, etwa über die erwähnten „Urformen des Seins" – als mit dem Feld des Ursächlichen identifizierten Gedankenformen oder Verstandesabstraktionen – zu „meditieren", also letztlich nachzusinnen, zu philosophieren, was nur wieder das Verbleiben auf der mentalen Stufe anzeigen würde, lediglich ein intellektuelles Bezugnehmen auf den kausalen Bereich wäre.)

Wo es so weder um ein aktives Bewirkenwollen, ein tätiges Zweckverfolgen, noch um gedankliche Beschäftigung, ein gegenständliches Erkennenwollen zu tun ist, kann schließlich nur eine Zustandsqualität, eine *Seins*weise gefragt sein, die eben jenseits der Zweck-Mittel-, Weg-Ziel- und Subjekt-Objekt-Dichotomien liegt. Diese Zustandsqualität ist keine andere als die der Meditation. Und da der Hatha-Yoga mit dem Medium der Asanas vornehmlich auf körperliches Sein, auf das Sein im und als Leib, abhebt, ist seine Verwirklichung in der ganz und gar gelungenen Asana dasselbe wie *Leibmeditation* (wie umgekehrt die Qualität der Meditativen – siehe oben – das eigentlich unterscheidende, definitorische Merkmal einer Asana abgibt).

Es versteht sich von selbst, daß der Begriff Leib in dieser begrifflichen Zusammensetzung – Leibmeditation – nicht zu verstehen ist im Sinne einer Meditation, das hieße einer Betrachtung über den Leib, seine Attribute und Symbolismen, sondern zum Ausdruck bringt, daß das Leibliche bei dieser Meditation in ganz besonderer Weise exponiert und betont erscheint (anders als während des Meditierens in der üblichen, sitzenden Haltung). Das Meditative der Asanas als Körperstellungen in meditativer Verfassung weist demnach in Richtung der nicht-gegenständlichen Form der Meditation, wie sie uns wohl am ausgeprägtesten im Zazen begegnet (wobei sicherlich zu berücksichtigen ist, daß aufgrund des Umstands, daß viele Asanas nur für kurze Zeitdauer eingenommen werden können, die Leibmeditation beim Hatha-Yoga – selbst für den Geübten – gewöhnlich nicht die Tiefe der zeitlich viel ausgedehnteren Sitzmeditation erreichen wird).

Zusammenfassend läßt sich sonach der fünfte Aspekt eines möglichen leibtherapeutischen Verständnisses des Hatha-Yoga und seiner Asanas unter das Vorzeichen der Meditation und ihrer Heil- und Heilswirkung stellen. Es ist naheliegend anzunehmen, daß, wo eine Asana in vollem Umfange gelingt – ein völliges Sich-Niederlassen in der Haltung bei vollkommener Präsenz in ihrem Hier und Jetzt –, wo sie zur Meditation wird, sie gleichermaßen ihre stärkste Verwandlungskraft zeitigt. Erst durch solches unmittelbare Angeschlossensein, durch die innerlich geöffnete Verbindung zur ursächlichen Schicht unseres Daseins, kommt das archetypische Potential der Asanas, wie es im Urgebärdenhaften beschlossen liegt, voll und ganz zum Tragen; – die Urformen des Seins entfalten als autonom anordnende Strukturen des Selbst aus seiner kausalen Schicht heraus offenbar gerade in den Augenblicken in besonderem Maße ihre Wirkung (in der Anbahnung und Ausdifferenzierung von personalen Entwicklungsprozessen, die Einleitung von grundlegenden Transformationen des Selbst), wo wir uns nicht gedanklich-intentional mit ihnen beschäftigen, sondern – sie vermöge von ihre Inbilder nachvollziehenden Daseinsgestalten, zum Beispiel der Asana-Urgebärden, praktisch und faktisch evozierend – jenseits des denkend objektivierenden und gegenständlich ergreifenden Ich-Bewußtseins in die Stille, das All-Eins-Sein und die Rezeptivität eines transpersonalen Bewußtseins überwechseln (welches, um einem Mißverständnis vorzubeugen, selbst als Bewußtseinszustand tiefer Meditation keineswegs bedeutet, nichts mehr wahrzunehmen und zu spüren, ebensowenig wie wir in der Leibmeditation einer Asana nicht nichts empfinden, sondern uns im Gegenteil in einem sensibilisierten Zustand großer Wachheit und Aufmerksamkeit befinden, jedoch bei gleichzeitig vollständiger (Ich)Gelassenheit, – einem inständlichen Mit-sich-als Leib-Identisch-sein).

Der Geist des Exerzitiums

Einleitend dazu nochmals eine etwas längere Passage aus einem der Bücher von Karlfried Graf Dürckheim, an deren Ende er das zuvor von mir Ausgeführte noch einmal in seinen eigenen Worten prägnant zusammenfaßt, nachdem er vorangehend die Problematik der Disziplin des Übens umrissen hat, womit wir uns in der dann folgenden Erörterung befassen wollen.

„Nur wenn ein Gesundheitswille da ist und der Patient den Weisungen des Arztes folgt, kann er auf Heilung hoffen. Die Mitarbeit ist am einfachsten dort, wo die Weisung sich auf das pünktliche Einnehmen von Medikamenten beschränkt. Sie wird dann schwieriger, wenn der Patient seine Lebensführung ändern, zum Beispiel weniger arbeiten oder eine ungewohnte Diät einhalten soll. Es wird meist zu einem ungewohnten Problem, wo der Arzt den Patienten anweist, sich mit großer Regelmäßigkeit bestimmten Übungen zu unterziehen, zum Beispiel zur Entspannung oder zur Wiederherstellung der Funktionstüchtigkeit eines Gliedes. Die Übungen selbst sind oft sehr einfach, aber immer ist es schwer, ein Übender zu werden, das heißt regelmäßig, treu und präzise die vorgeschriebene Übung hundertfach zu wiederholen. Wenn eine Übung technisch gekonnt ist, dann enthält sie kein technisches Problem mehr.

Das Geheimnis der heilsamen Tiefenwirkung einer Übung beruht aber auf der fortgesetzten Wiederholung einer technisch gemeisterten Bewegungsfolge; denn erst dort, wo das *Ich* nichts mehr selbst zu ‚machen' braucht und keine Sorge vor dem Mißlingen den Bewegungsablauf stört, können in der Übung die Heilkräfte der Tiefe hochkommen. Das sind Kräfte, deren Wirkung über die Wiederherstellung der psycho-physischen Funktionstüchtigkeit hinausgeht. Sie können dem Heilwerden und der Entfaltung der Gesamtpersönlichkeit dienen. Diese Tiefenwirkung kann auch von Übungen ausgehen, die zunächst einen rein physischen Charakter zu haben scheinen, so beispielsweise von einfachen Bewegungs-, Atem- oder Entspannungsübungen, oder von der Übung des Stillsitzens oder des richtigen Gehens. Es kommt ganz auf die Einstellung des Übenden an. Hatha-Yoga zum Beispiel verfehlt seinen eigentlichen Sinn, wo er vom Übenden nur als eine Körperübung aufgefaßt wird."[34]

Daß der Hatha-Yoga dies nicht ist, keine schlichte Körperübung oder Gymnastik, sondern lediglich „seinen Weg über den Körper, den Leib, nimmt", um dann in der konkreten Ganzheit der menschlichen Person „anzulangen" und auf allen ihren Ebenen (welche wir begrifflich-theoretisch von ihr abstrahiert haben) wirksam zu werden, haben wir anhand seiner Wirkungsweise eingehend dargelegt. Die Beschreibung der Wirkungsweise beantwortet indessen noch nicht – zumindest nicht explizit – die Frage nach den optimalen Wirkungsbedingungen, wovon es abhängt, ob die tatsächliche Wirkung, hier auch immer die Kraft der Verwandlung, intensiver oder schwächer, nur vordergründig-oberflächlich oder tiefgründig-wesensverwandelnd ist. Die Antwort darauf erhalten wir erst, wenn wir uns dem Thema *Exerzitium* zuwenden, uns der Problematik der *Disziplin des Übens* widmen, – und die Angelegenheit dreht sich – soweit die innere wie äußere Bereitschaft des heutigen Menschen gefordert ist – fürwahr um etwas Problematisches, alles andere als Selbstverständliches (Graf Dürckheim veranschaulicht es im obigen Zitat anhand jenes uns zur Genüge vertrauten problematischen Beziehungsaspekts im Verhältnis zwischen Arzt und Patient, der alle wirklich einschneidenden Verordnungen von Seiten des Arztes – gleich wie gerechtfertigt und unerläßlich sie zum Wohle und zur Gesundung des Patienten sein mögen – an den Konditionen und Konditionierungen des sozialen und individuellen Alltagslebens seines Patienten scheitern läßt).

Der „Durchschnittsmensch" von heute – so der unumgängliche Ausgangspunkt unserer Überlegungen zu diesem Thema – übt nicht gern, und selbst wo er diesbezüglich die besten Absichten hegt, sind seine Lebensverhältnisse ganz und gar nicht dazu angetan, sie auch in die Tat umzusetzen; wir leben in einer Gesellschaft, die den Kult und den Ritus im überlieferten Sinne fast gänzlich abgeschafft hat, so daß auch von dieser Seite kulturell-

---

34 Karlfried Graf Dürckheim, Übung des Leibes, München 1981, S. 16f.

spiritueller Übungspraktiken kaum noch Brücken oder Anknüpfungspunkte für das echte Exerzitium bestehen. Dieses aber ist die conditio sine qua non der Wirkungsentfaltung und Intensivierung eines jeden systematischen, ganzheitlichen, in der Wesenstiefe gründenden *Übungs*-Weges, also unabdingbare Voraussetzung auch dafür, daß der Hatha-Yoga als ein derartiger Übungsweg mehr als nur beiläufige Effekte, gelegentliche Erleichterung von Beschwerden oder einfach angenehme und interessante Körpererfahrungen bewirkt (wogegen im übrigen nichts einzuwenden ist), sondern stattdessen zu einem *Weg der Verwandlung* der ganzen Persönlichkeit wird. – Wie gesagt, mit diesem Einerseits-andererseits, der Notwendigkeit und Anforderung des disziplinierten Exerzitiums hier, der menschlichen Widrigkeiten und Widerstände dort, ist das nicht wegzuleugnende Dilemma des sich heutzutage einem spirituellen Übungsweg zuwendenden Menschen umschrieben.

Ehe ich auf die aus dem geschilderten Dilemma zu ziehenden Schlußfolgerungen zurückkomme, seien die wenigen, einfachen Grundsätze wiederholt, die das Exerzitium als eine besondere, geistlich bzw. spirituell ausgerichtete Form der Übung auszeichnen, und wie sie gewiß den vorangegangenen Ausführungen bereits zu entnehmen gewesen sind: Erstens ist das Exerzitium eine regelmäßig und fortgesetzt (das heißt täglich und im Prinzip auf unbegrenzte Zeit) auszuführende Übung; zweitens setzt sich diese Übung ihrem Inhalt oder Gegenstand nach aus einer begrenzten und überschaubaren (also vom Umfang her bescheidenen Anzahl von Elementen (Fertigkeiten wie Handlungen) zusammen; drittens werden diese Fertigkeiten und Handlungen nach einer Phase der Einführung (der Initiation) vom Übenden so weitgehend beherrscht, daß er (nachdem sie ihm „in Fleisch und Blut übergegangen" sind) keine besondere Anstrengung noch Aufmerksamkeit mehr auf das Wie ihres Ablaufs, auf ihre technische Bewältigung zu verwenden braucht; viertens bleibt sich die exerzitienmäßige Übung in ihrer Form – die ja dann auch ihren eigentlichen Inhalt ausmacht – stets gleich (was hinsichtlich der Asana-Übung im Hatha-Yoga die Beobachtung einer stets gleichen Tageszeit und Örtlichkeit der Ausführung einbegreift) und erhält dadurch den Charakter des Rituellen und des Kultischen; fünftens verlangt jedes echte Exerzitium die geistige Sammlung, die volle Konzentration auf sein unmittelbares Geschehen, die sich schließlich dem Zustand der Meditation annähert; sechstens folgt aus dem zuletzt genannten Kriterium, daß ein Exerzitium kein zweckbestimmtes Tun sein kann, daß es *zielfrei* ist (wie Graf Dürckheim es formuliert); siebtens und als letztes – und wiederum an dem vorherigen Punkt anknüpfend – muß jeder Übung, die als Exerzitium gelten will, eine ganzheitliche, integrale Bedeutung und Wirkung zukommen („Exercitium ad integrum"), ohne welche sie den Anspruch der geistlichen oder Heilsübung entbehren würde (dieses „Ziel" der Wandlung zur Ganzheit kann und sollte zwar gewußt werden, vermag aber nicht als ein solches angestrebt und verfolgt zu werden).

„Das Geheimnis der heilsamen Tiefenwirkung einer Übung beruht ... auf der fortgesetzten Wiederholung einer technisch gemeisterten Bewegungsfolge", konnten wir im oben wiedergegebenen Textabschnitt von Graf Dürckheim lesen; das heißt das Exerzitium ist das wahre Geheimnis der Wirkungsintensität und der integralen personalen (letzthin personal-transpersonalen) Verwandlungskraft des Hatha-Yoga und der Asanas. – Also keine Frage mehr: Beim Hatha-Yoga-Üben ist alle Akrobatik, jegliches Leistungsdenken, die Vielzahl oder Vielfalt der gekonnten Asanas nicht nur bedeutungslos und zwecklos, sondern sogar hinderlich, ausschlaggebend ist einzig und allein die innere Haltung, der Geist des Exerzitiums. Man übt treu, hingebungsvoll und mit der ganzen Energie der Person Tag für Tag, Woche für Woche, Monat für Monat, Jahr um Jahr, also ohne Unterlaß, im wesentlichen immer dieselben Asanas, ohne ständiges oder häufiges Variieren, und das ist alles. Doch welche Überforderung für die Menschen dieser Zeit, soviel Hingabe, soviel Demut, sie empfinden es als schier ungeheuerliche Zumutung!

So hat denn auch das, was heute im Freizeitbereich und auf dem kreativ-therapeutischen Sektor in Kursen und Workshops als Hatha-Yoga figuriert, nur wenig oder überhaupt nichts mit einem Exerzitium gemein (was erneut nicht heißen soll, daß man es besser gleich bleiben läßt), es hat – wie könnte es anders sein – eine Vereinnahmung und Anpassung an Moden, die Ideologien und Konditionierungen der gesellschaftlichen Gegenwart stattgefunden. Dies zeigt sich (wiederum im Falle des Hatha-Yoga) in der Isolierung und Verselbständigung von Wirkungsaspekten der ursprünglichen, ganzheitlich angelegten Disziplin: Sie werden gesondert vermarktet und verwertet unter Zielvorgaben wie Gesundheit und Fitneß, Schönheit und Jugendlichkeit; als Konsument bedient man sich der „Techniken" und „Strategien" aus dem Hatha-Yoga „zum Zwecke" des Streßabbaus, der Gewichtsreduktion, der Schwangerschaftsgymnastik etc.

Es sind seine Bedürfnisse und Interessen, die den Menschen motivieren, so würde die Populärpsychologie dieses Verhalten erklären. Drängt sich da die Frage auf, wie man heutige Menschen zu einem Exerzitium motivieren könnte? – Vielleicht. Und sie ist rasch beantwortet: Zu einem Exerzitium kann man grundsätzlich niemanden „motivieren", weil ein Bedürfnis oder ein Interesse, die beide als psychologische Faktoren ohne Ego-Attribut nicht vorzustellen sind, an einem Exerzitium per definitionem ausgeschlossen sind. (Ein Beispiel zur Illustration: Jemand verspürt ein Bedürfnis nach Ruhe und Sammlung und entschließt sich, in den folgenden Tagen jeweils zu einer bestimmten Zeit ein Exerzitium zu üben. Nach Ablauf einiger Tage mit ihren dem Üben gewidmeten Zeiten merkt er, daß sein Bedürfnis nach innerer Stille und Zentrierung befriedigt ist und sich bereits ein anderes Bedürfnis zu regen beginnt, etwa das nach mehr Abwechslung und Zerstreuung. Also „hängt er das Exerzitium an den Nagel", läßt das Üben bleiben und geht in seiner Freizeit beziehungsweise in der zuvor auf die Übung verwandten Zeit anderen Dingen nach, die entsprechend seinem neuen Bedürfnis für ihn von größerem Nutzen oder Reiz sind.)

Das Leibgewissen

Wir wissen indes, daß es außer Bedürfnissen und Interessen noch eine Instanz in unserem Inneren gibt, die uns veranlassen kann, Dinge zu tun oder zu lassen, nämlich unser Gewissen. Und da auch das Gewissen die verschiedenen Aspekte des Lebens widerspiegelt, läßt es sich nach Sparten oder Sonderfunktionen untergliedern. So hat Graf Dürckheim den Begriff des *Leibgewissens* eingeführt und ihn nach einer dreifachen Wertigkeit differenziert: „Es gibt dreierlei Leibgewissen", schreibt er, „das eine ist orientiert an der Gesundheit, das andere an der Schönheit, das dritte aber an der Transparenz."[35]

---

[35] Ders., ebenda, S. 33.

Diese Begrifflichkeit und Einteilung aufgreifend, möchte ich die beiden ersten Formen von Leibgewissen (die sich auf die Werte Gesundheit und Schönheit beziehen) noch einmal als *natürliches Leibgewissen* zusammenfassen, das der dritten, an Transparenz, das heißt an Wesensdurchlässigkeit orientierten Form des *Leibgewissens als Ausdruck eines Wesensgewissens* (ein weiterer von Graf Dürckheim geprägter Begriff) gegenüber steht. Das natürliche Leibgewissen unterliegt der historisch-gesellschaftlichen Formbestimmtheit und impliziert von daher vielfältige soziokulturelle Konditionierungen und Deformierungen des biologischen Organismus; es hat – erst recht in unserem materialistischen und instrumentellen Zeitalter – „den Körper, den man hat" zum Gegenstand. Und obgleich diese Art Leib- oder besser Körpergewissen etwas Natürliches zu sein scheint, muß man mit Erschrecken beobachten, bei wie vielen Menschen es augenscheinlich außer Kraft gesetzt ist (man denke nur an die zunehmende Zahl neurotischer Störungen des Eßverhaltens und an den wachsenden Drogenmißbrauch).

Demgegenüber ist das Leibgewissen als Ausdruck eines Wesens weder natürlich (naturwüchsig) noch sozial bedingt, es ist allein eine Funktion des ganzheitlichen Selbst, in ihm meldet „der Leib, der man ist", seinen Anspruch auf Selbst- und Wesensverwirklichung an. Und ist schon das natürliche Leibgewissen mit seiner pragmatischen Mentalität etwas ganz und gar nicht Selbstverständliches, um wieviel weniger dieses höhere („übernatürliche"), auf das *Initiatische* zielende Leibgewissen! Kurzum, das auf Wesensverwirklichung (das heißt auf die Durchlässigkeit der Person für das ihr je schon innewohnende Wesen) gerichtete Leibgewissen muß offenbar erst einmal entwickelt werden, von seinem Vorhandensein kann vernünftigerweise nicht ausgegangen werden. „Mittel" dazu ist das Exerzitium als initiatische Übung; jenes Exerzitium, das zugleich auch wieder „Zweck" und „Ziel" ist: man wird *ein Übender.* Und als Übender (die regulären Exerzitien der spirituellen Übungswege sprechen auch vom „Schüler") entdeckt man dann irgendwann, daß da etwas ist, das einen beim Exerzitium hält, das einen zur Treue und Stetigkeit im Üben anhält, zum andern konkrete Hinweise gibt, wo und wie bei der Übung Akzente zu setzen und zu verschieben sind nach Maßgabe des „Fortschreitens auf dem inneren Weg" (Graf Dürckheim), – dieses Etwas, dieser innere Helfer oder Mentor, ist – soweit wir hier das Leib-Exerzitium im Auge haben – das endlich erwachte beziehungsweise sich entwickelnde Leibgewissen, mithin ein Ergebnis, eine Frucht bereits stattgefundener Übung. Erst jetzt, wo es einer Motivierung nicht mehr bedarf, entsteht im Übenden eine innere Situation, auf welche vielleicht die psychologische Beschreibung zuträfe: ihm ist die Übung, das Exerzitium, zum Bedürfnis geworden.

Das Fazit unserer Untersuchung über die Bedingungen eines Gelingens oder Mißlingens des Eintritts in ein Exerzitium und der darauffolgenden Befragung des Begriffs von Leibgewissen lautet nun wie folgt: Weder kann man jemanden zu einem echten Exerzitium „motivieren", noch existiert ein anderweitiger „Königsweg" dorthin; das Leibgewissen vermag nur denjenigen zu mahnen und zu geleiten, der bereits zum Übenden geworden ist und sich ein solches Gewissen erarbeitet hat (ohne vorherigen Wissenserwerb kein Ge-wissen). Der Weg auf den *Weg* ist folglich beschwerlich und befremdlich (aus dem Blickwinkel des konventionell denkenden und lebenden Menschen eben „abwegig"), die Anforderungen und Verlaufsformen des Übens nach Maßstäben des Exerzitiums konterkarieren und frustrieren unsere gewohnten, gesellschaftlich andressierten Bedürfnis- und Reaktionsmuster. Diese Tatsache klar auszusprechen und sie im Bewußtsein zu halten, ist möglicherweise – bescheiden genug – die einzige Vorsichtsmaßregel, um nicht gleich bei der ersten Anfechtung zu straucheln.

Wie den Begriff des Leibgewissens, so ließen sich noch andere Stichworte daraufhin prüfen, ob sie nicht doch auf irgendwelche, seien es äußere oder innere Bedingungen, hinweisen, die einen Menschen – wenigstens mit einer gewissen Wahrscheinlichkeit – dazu bewegen könnten, ein Exerzitium aufzunehmen und schließlich ein Übender zu werden –, Stichworte wie Leidensdruck (insbesondere ein solcher, der sich aus der Verstellung des Wesens herleitet), die Begegnung mit dem Leitbild eines Übenden, eine beglückende Seinserfahrung und anderes mehr; doch obgleich Situationen dieser Art den „Sprung" auf einen initiatischen Übungsweg auf die Tagesordnung eines menschlichen Schicksals setzen mögen, eine Gewähr dafür oder auch bloß Wahrscheinlichkeit, daß der Betreffende den Sprung tatsächlich tut, bieten sie allemal nicht. So kann man am Ende nur die Worte von Graf Dürckheim wiederholen: *„Die Übungen selbst sind oft* *sehr einfach, aber immer ist es schwer, ein Übender zu werden, das heißt regelmäßig, treu und präzise die vorgeschriebene Übung hundertfach zu wiederholen."*

Hatha-Yoga und Individuation

Manch einer mag sich beim Anblick der Yoga-Stellungen mit ihren zahlreichen Tiergebärden schon gefragt haben, ob die darin anklingenden Reminiszenzen eines fast noch animalischen Archaismus und erdhaften, erdverhafteten Naturalismus all jenen Menschen, die bemüht sind, die spezifische Qualität des Humanen in sich zu entdecken und zu entwickeln, nicht doch recht unangemessen, um nicht zu sagen ihrer unwürdig sind. Und solcher Argwohn könnte sich bestätigt sehen, wäre das Moment des archaisch Erdgebundenen das einzige oder auch nur das hauptsächliche Merkmal der Asanas und würde ihre praktische Ausführung über einen längeren Zeitraum den Übenden tatsächlich in eine Art Atavismus zurückversetzen, die Preisgabe des Geistes zugunsten einer magischen Naturverfallenheit unausweichlich zur Folge haben. Es genügt, diesen Gedanken auszusprechen, um seiner Lächerlichkeit gewahr zu werden: Der Yoga insgesamt, und so auch die Disziplin des Hatha-Yoga, ist das Produkt einer – wenn auch frühen – Hochkultur und ihrer geistigen Blüte, es wäre ein komplettes Mißverständnis, darin einen die kulturellen Errungenschaften des heutigen Menschen bedrohenden Primitivismus zu wittern und zu fürchten.

Ansonsten habe ich deutlich zu machen versucht, daß es auch bei den tierische und sonstige Naturformen nachahmenden Asanas auf ihre Symbolfunktion für das Menschliche im Hinblick auf humane Seelenzustände und Geistqualitäten ankommt. Der rein kreatürlich-vitale Aspekt der Asanas ist dem aus ihrem Gebärdencharakter entspringenden Bedeutungsmoment und dessen Inhalten nachgeordnet, wenngleich nicht unerheblich; denn einmal abgesehen von seinem Hinwirken auf den Ausgleich der polaren Energien in der physisch-körperlichen und in der vital-energetischen Schicht unseres Leibes gewinnt gerade dieses „bloß Natürliche" für die Menschen von heute seinerseits einen symbolischen Gehalt: es mahnt und erinnert sie daran – und zwar ganz direkt, fühlbar, spürbar („Körpererfahrung" heißt das

Schlagwort) –, daß sie über ihren Körper, durch ihren Leib, selber immer noch ein „Stück Natur" sind, so sehr sie sich auch kulturell, zivilisatorisch, von allen Naturbanden glauben emanzipieren zu können bis hin zur existentiellen Bedrohung ihrer selbst und des Lebens auf diesem Planeten. In praktisch-pragmatischer Hinsicht bietet also der Hatha-Yoga uns, die wir im Begriffe sind, uns nicht nur von der äußeren, umgebenden Natur abzutrennen, sondern genauso von unserer eigenen Natur, unserem biologischen Wurzelstock im Körper abzuschneiden, die Chance einer Re-Inkarnation.

Was nun den Prozeß der *Individuation* angeht, wie er in der Jungschen Vorlage konzipiert ist, so eröffnet sich mit den Asanas, ihrem Symbolismus und Formenreichtum, ein Spektrum von Möglichkeiten der unterstützenden und katalytischen Prozeßbegleitung. Um dies nur an zwei Beispielen zu illustrieren: Mit den eindeutig weiblich gepolten Asanas (runde Formen sowie aufnehmende, empfangende und bergende Gebärden) einerseits, den das Männliche typisierenden Stellungen (geradlinige sowohl als eckige und gewinkelte Formen sowie tätig aus- und angreifende, auch demonstrative und herausfordernde Gebärden) andererseits, befindet man sich – sozusagen korporativ – bereits mitten in der Problematik von *Anima* und *Animus.* Zweites Beispiel: Eine Reihe von Asanas tragen die Bezeichnungen „Held" oder „Krieger"; es steht außer Zweifel, daß sie im Übenden den Ich-Archetyp, den des *Helden,* ansprechen und sich im Rahmen einer wegbegleiterisch betreuten Übung daher zur Arbeit an der Kristallisation und Stabilisierung des Ich bzw. auch seiner Relativierung und sozialen Einbindung anbieten. An diesen Beispielen ist abzulesen, daß ganz allgemein die Asana-Übung einen Beitrag leistet zur Inkorporation von zunächst vor allem psychisch und intellektuell vollzogenen Schritten auf dem Individuationsweg (wie sie zum andern auch wieder diese inneren Reifungsprozesse und deren unbewußtes strukturelles Angeordnetwerden in den Tiefen der Seele von der körperlichen Ebene aus mit vorbereitet und einleitet).[36]

---

[36] .Im Unterschied zur Inkarnation als etwas Ereignishaft-Einmaliges begreift Wolfgang Helke Inkorporation als fortdauerndes Geschehen im zeitlichen (lebensgeschichtlichen) Längsschnitt: Die „Fleischwerdung" oder „Verkörperung des Geistes ..., die Inkorporation, benötigt zu seiner Einverleibung die lange raumgreifende Strecke eines Individuationsweges." (Wolfgang Helke, Inkorpora-

Hatha-Yoga, als personale Leibtherapie gedeutet, darf der Leitidee der Individuation nicht nur nicht widersprechen, sondern muß ihr sogar verpflichtet sein. Die Durchlässigkeit, welche mittels der Asanas und der sich zu diesen noch hinzugesellenden subtileren Techniken dieses besonderen Übungsweges angestrebt wird, ist deshalb keine unspezifische, gleichförmige, für alle Menschen, für jeden Übenden, gleich-gültige; – positiv ausgedrückt: Das Wesen tönt in je *individueller* Weise durch die transparent gewordene Person hindurch. Damit ist gleichermaßen ausgeschlossen die Orientierung am abstrakten Ideal eines perfekten, letztlich individualitätslosen Körpers von makelloser Schönheit (eine Fiktion, wie sie uns in nicht wenigen zeitgenössischen Handbüchern des Hatha-Yoga mit ihren ästhetisierenden Hochglanzabbildungen suggeriert wird). Der durch die Disziplin des Übens verwandelte Mensch zeigt nach wie vor einen Schicksalsleib (Graf Dürckheim), inzwischen geläutert und durchlässig, aber nicht ohne die Spuren der durchlebten Geschichte und gerade auch ihrer Leiderfahrung; – nicht Makellosigkeit, sondern *Reife* heißt der Prüfstein der Vollendung im Menschlichen.

---

tion, in: P. Loomans (Hrsg.), Opus Magnum – Stufengang der Menschwerdung, Stuttgart 1991, S. 71 f.)

Christian Fuchs

Yoga in Deutschland – Beiträge aus Ost und West

Die neuzeitliche Begegnung zwischen Ost und West hat viele interessante Facetten. Einer der interessantesten Aspekte dieser kulturellen Begegnung ist sicher die Aufnahme und Umsetzung des indischen Yoga in Deutschland.[37] Wir beobachten in der Bundesrepublik[38] seit Ende der sechziger Jahre einen regelrechten Yoga-Boom, der bis heute ungebrochen anhält. Aus dieser Tatsache schließen viele Beobachter, daß die deutsche Yoga-Rezeption neueren Ursprungs sei. Dieser Eindruck täuscht freilich. Mein Beitrag möchte unter anderem zeigen, daß Yoga hierzulande schon seit mehr als einhundert Jahren systematisch praktiziert wird. Dabei gehe ich auch der Frage nach, ob – und gegebenenfalls wie – der indische Yoga bei seiner Rezeption im Westen in wesentlichen Punkten modifiziert wurde.

Ein weiteres Thema dieses Beitrages sind Anmerkungen zur Entwicklung des Yoga in der Bundesrepublik und erste Beobachtungen zu einigen greifbaren Aspekten der – uns teilweise noch gänzlich unbekannten – Entwicklung des Yoga in der ehemaligen DDR.

1 „Yoga" – Ein Begriff und seine Bedeutung

Am Anfang einer solchen Betrachtung muß natürlich die Frage stehen: Was bedeutet „Yoga" eigentlich im indischen Kontext?

„Yoga" ist ein Begriff aus der alten, indischen Sprache des Sans-

[37] Dieser Artikel fußt weitgehend auf den Forschungsergebnissen, die ich im Rahmen meiner Dissertation gewonnen habe. Vgl. dazu: Christian Fuchs, *Yoga in Deutschland. Rezeption, Organisation, Typologie,* Stuttgart (Kohlhammer Verlag) 1990.

[38] Wenn in diesem Artikel von der *Bundesrepublik* die Rede ist, meint dies die „Bundesrepublik Deutschland" in ihren Grenzen bis zum 2. Oktober 1990. Die „Bundesrepublik Deutschland" ab dem 3. Oktober 1990 wird hier als *Deutschland* bezeichnet.

krit. Im Sanskrit, das die Inder vor etwa dreitausend Jahren sprachen, meinte *Yoga* zunächst einen – in der damaligen Zeit – alltäglichen Vorgang: das *Anschirren* oder *Anjochen* von Zugtieren vor einen Wagen.[39] Dieser Vorgang beinhaltet(e) zwei unterschiedliche Aspekte: die *Vereinigung* der Zugtiere (bzw. ihrer Kräfte) und deren *Lenkung.* Als die Inder der Upaniṣaden-Zeit (ab etwa 900 v. Chr.) dann systematisch begannen, die menschliche Natur zu ergründen, erweiterte sich der Horizont dieses Begriffes. Die spirituellen Praktiker jener Tage machten die Erfahrung, daß die zerstreuten und unbeherrschten Gedanken, Sinne und Triebe des Menschen vereinigt (konzentriert) und gelenkt (beherrscht) werden müssen, um – durch meditative Versenkung – zum Wesensgrund des menschlichen Seins zu gelangen. Die alten Inder erkannten dabei die offensichtliche Analogie zwischen den „ungezähmten" Sinnen des Menschen und den wilden Tieren der Natur. Und wie es dem Fuhrmann oder Bauern möglich war, mittels *Yoga* seine Zugtiere unter Kontrolle zu bringen, so wurde es nun dem spirituellen Praktiker möglich, mittels *Yoga* seine Sinne, Triebe und Gedanken besser zu kontrollieren.

Auf diese Weise avancierte *Yoga* im Indien des ersten Jahrtausends vor Christus zu *dem* Oberbegriff für ein ganzes Spektrum von praxisorientierten Methoden, die alle die spirituelle Vervollkommnung des Menschen anstreben. Der bekannte Indologe Erich Frauwallner definiert den indischen Yoga daher folgendermaßen:[40]

Unter Yoga versteht der Inder das Streben, vermittels systematischer Schulung des Körpers und Geistes auf dem Wege innerer Sammlung durch unmittelbares Schauen und Erleben die erlösende Erkenntnis oder die Erlösung selbst zu erlangen. Er ist also keine Lehre, sondern eine Methode, und kann als solche mit den verschiedensten Lehren in Verbindung treten.

Es bleibt also mit Frauwallner festzuhalten: Yoga ist in erster Linie keine Lehre, sondern eine Methode. Und Yoga dient im traditionellen Indien vor allem einem Ziel: der spirituellen Selbstverwirklichung des Menschen.

---

39 Vgl. dazu u. a. deutsch *Joch,* lat. *iugum,* engl. *yoke,* franz. *joug* etc.

40 Erich Frauwallner, *Geschichte der Indischen Philosophie,* Band 1, Salzburg 1953, S. 133.

Svāmī Vivekānanda –
Motor für die Ausbreitung des Yoga im Westen

Wir machen einen großen Sprung in der indischen Yoga-Geschichte und gehen zum Ende des 19. Jahrhunderts. Genauer gesagt: Wir schreiben das Jahr 1893. In Chicago tagt das erste „Weltparlament der Religionen". Auf dieser Veranstaltung betritt ein junger Inder die Bühne, der als offizieller Vertreter des Hinduismus sprechen soll: *Svāmī Vivekānanda* (1863–1902), bis zu jenem Datum nur einer Handvoll von Westlern bekannt. Vivekānanda hält eine Rede, die – so berichten Augenzeugen – „in Amerika einschlägt wie eine Bombe". Er fordert in dieser Rede seine indischen Landsleute dazu auf, sich wieder stärker auf ihr eigenes kulturelles Erbe zu besinnen und sich nicht mehr hinter den Errungenschaften der westlichen Kultur zu verstecken. Und er spricht hier und in weiteren Vorträgen vor allem über Yoga. Vivekānanda spricht über die indische Yoga-Tradition und ihre vielfältigen Erfahrungen und Erkenntnisse. Dabei kommt Vivekānanda zugute, daß ihm sowohl die indische als auch die westliche Kultur vertraut sind. Ist er doch einerseits Schüler des berühmten indischen Heiligen Śrī Ramakrishna (1834–1886) und andererseits ein moderner, westlich gebildeter Inder. So wird Vivekānanda nicht nur zum neuen geistigen Botschafter seines Heimatlandes, sondern auch zu *dem* Wegbereiter für die Weitergabe des Yoga in den Westen.

3 „Von Yogis, Magiern und Fakiren"[41]

Bevor die indische „Frucht" Yoga aber überhaupt in westlichem Boden wurzeln und reifen konnte, mußte der „Acker" der europäischen Kultur vorbereitet sein. Dieser Prozeß geschah in mehreren Etappen im Laufe von über zwei Jahrhunderten.

Wie bekannt ist, begann mit Gründung der britischen Ostindiengesellschaft ab 1600 ein reger Reiseverkehr nach Indien. Kaufleute und Missionare verfaßten in der Folge ausführliche Be-

[41] Vgl. den lesenswerten Reisebericht des Amerikaners Brunton aus den dreißiger Jahren dieses Jahrhunderts: Paul Brunton, *Von Yogis, Magiern und Fakiren – Begegnungen in Indien,* München 1974.

richte über ihre Reisen. Ab der zweiten Hälfte des 17. Jahrhunderts finden sich in den literarischen Zeugnissen dieser Indienfahrer dann auch vermehrt Hinweise auf sogenannte „Fakirexperimente".

Fakirismus war das Schlagwort, unter das in jenen Reiseberichten unterschiedliche Phänomene der indischen Kultur subsumiert wurden. Indische Yogis und Entsager (śaṃnyāsins) fielen genauso unter diese Kategorie wie landestypische Bettler, Asketen, Zauberer oder Akrobaten. Was man für traditionelle indische Yoga-Techniken hielt, war häufig Ausdruck zeitgenössischer Askese-Praktiken. Beispiele für diesen Zeitgeist liefert Richard Schmidt in seinem Buch „Fakire und Fakirtum im alten und modernen Indien".[42] Schmidt zitiert mehrere Reiseberichte – etwa den Bericht des Franzosen J. B. *Tavenier* (Paris 1678) –, in denen indische „Büßer" (śramanas) und Asketen (tapavins) einfach für Yogins ausgegeben werden. Man war zu jener Zeit im Abendland in der Regel noch nicht an einer Differenzierung der in Indien (und in anderen „exotischen" Ländern) vorgefundenen Phänomene interessiert.

Zu diesem Bild paßt auch eine Aussage des Deutschen *Ehrmann,* die seinem 1806 in Weimar veröffentlichten Reisebericht entstammt. Ehrmann nimmt zwar bereits eine formale, begriffliche Unterscheidung von Yogins und Fakiren vor, bleibt aber den überkommenen Vorurteilen seiner Zeitgenossen verhaftet, wenn er behauptet, die „Joghi" und die „Fakire" hätten einander " ... in Ansehung der Sitten, der Verstellungskunst, und der unverschämtesten Dreistigkeit ... nichts vorzuwerfen."[43]

4 Die europäische Wissenschaft entdeckt den indischen Yoga

Während sich das undifferenzierte Bild über den indischen Yoga im Alltagsbewußtsein vieler Deutschen hielt, bemühte sich die akademische Forschung spätestens seit Mitte des 18. Jahrhunderts zunehmend um eine wissenschaftliche Aufbereitung des

42 Vgl.: Richard Schmidt, *Fakire und Fakirtum im alten und modernen Indien,* München 1974.
43 ebenda. S. 142.

Themas. Das bedeutete zu jener Zeit hauptsächlich philologische Arbeit.

Getragen vom Enthusiasmus des aufkommenden Orientalismus machten sich zunächst Pioniere wie Johann Gottfried *Herder* oder die Gebrüder *von Schlegel* an die Entschlüsselung indischer (Yoga-)Texte. So brachte Wilhelm von Schlegel, der 1818 auch den ersten deutschen Lehrstuhl für Indologie in Bonn besetzte, bereits 1823 die erste kritische Ausgabe der Bhagavadgītā mit einer lateinischen Übersetzung heraus.

Ein weiteres indologisches Grundlagenwerk aus deutscher Feder war die im Jahre 1896 publizierte Studie über *Sāṃkhya und Yoga* von Richard Garbe.[44] Drei Jahre zuvor hatte Hermann *Walter* in München seine Dissertation über den wichtigen Yoga-Text Haṭhayogapradīpikā vorgelegt.[45]

Im Deutschland des ausgehenden 19. Jahrhunderts finden sich in bezug auf den indische Yoga somit drei unterschiedliche Gruppen:

1. die relativ kleine Gruppe der (Fach-)Wissenschaftler, die mit einer zunehmenden Zahl qualifizierter Studien begonnen hatte, den indischen Yoga an Hand seiner Quellen zu erforschen;
2. die große Masse der Bevölkerung, die weitgehend am überkommenen Bild des Yoga festhielt. In den Köpfen vieler Deutscher saß – und sitzt teilweise noch immer – das Bild vom indischen Yogin als dem Typus des asketischen Büßers, artistischen Gauklers oder zaubermächtigen Fakirs;
3. die kleine Schar von Pionieren, die bereits in jenen Tagen mit einer ersten systematischen Rezeption des Yoga begann.

Dieser interessanten Gruppe wollen wir uns im folgenden zuwenden.

5 Die ersten Yoga-Praktiker auf deutschem Boden

Ende des letzten Jahrhunderts wird in Deutschland also erstmals eine organisierte und systematische Rezeption des Yoga nachweisbar. Diese Rezeption kristallisierte sich zunächst in der

[44] Vgl.: Richard Garbe, Sāṃkhya und Yoga, Straßburg 1896.
[45] Vgl.: Hermann Walter, Svâtmârânâ's Haṭhayogapradîpikâ, München 1893.

theosophischen Szene. Am 17.11.1875 war in New York von Henry Steel *Olcott*, Helena Petrowna *Blavatsky* und William Quan *Judge* die erste sogenannte „Theosophische Gesellschaft" gegründet worden. Frau Blavatsky (1831–1891), die schon damals als die Grand Old Lady der Theosophie galt, ging allerdings erst in ihrem Spätwerk *Die Geheimlehre* (ab 1888) näher auf den indischen Yoga ein. Die wenigen Aussagen, die sie dort zum Thema machte, genügten freilich, um der theosophischen Bewertung des Yoga für lange Zeit eine bestimmte Richtung zu geben.

Frau Blavatsky hielt die Zeit für gekommen, die geistigen Techniken des *Rāja-Yoga* für ihre Anhänger zu empfehlen. Den Terminus „Rāja-Yoga" hatte Svāmī Vivekānanda in Indien und im Westen mit neuer Bedeutung eingeführt. Mit diesem Begriff bezeichnete er die Traditionen und Techniken des sogenannten „klassischen Yoga", also desjenigen Yoga-Systems, das sich im wesentlichen auf die *Yogasūtras* („Yoga-Verse") des Patañjali bezieht. Die Yogasūtras des Patañjali, die in den Jahrhunderten um die Zeitenwende entstanden sind, gelten bis heute als *die* Grundschrift des Yoga. Der in den Yogasūtras gelehrte – und bis heute auch im Westen vielgeschätzte – „achtgliedrige Yoga" (aṣṭāṅga-yoga) propagiert keine dezidierten Körperübungen, sondern legt den Schwerpunkt seiner Praxis auf die geistigen Prozesse des Übenden.

Mit Svāmī Vivekānanda teilte Frau Blavatsky die Wertschätzung des Rāja-Yoga und seiner Konzentrations- und Meditations-Techniken. Und mit Vivekānanda teilte sie auch die Ablehnung des sogenannten Haṭha-Yoga, jener relativ späten Entwicklung des indischen Yoga, die vor allem am physischen Geschehen des Übenden ansetzt. Frau Blavatsky ging aber noch einen Schritt weiter. Der Haṭha-Yoga, der unter anderem die uns heute so geläufig erscheinenden Körperübungen (āsana) und Atemtechniken (prāṇpāyāma) entwickelt und ausgebaut hat, galt ihr als höchst gefährlich und moralisch äußerst verwerflich. Ja Frau Blavatsky ging schließlich sogar so weit, dem Haṭha-Yoga „dämonische" Kräfte zu unterstellen und warnte in diesem Sinne:[46]

Ich möchte jedem Schüler strengstens davon abraten, irgendwelche dieser Haṭha Yoga Übungen zu versuchen, denn er wird

[46] Vgl. dazu: Helene Petrowna Blavatsky, *Die Geheimlehre,* Band 3. Den Haag (Verlag J. J. Couvreur) o. J., S. 491.

sich entweder gänzlich ruinieren oder sich selbst soweit zurückwerfen, daß es nahezu unmöglich sein wird, den verlorenen Boden in dieser Inkarnation wiederzugewinnen ... Hütet euch sage ich!

In der Dämonisierung des Haṭha-Yoga setzt sich Frau Blavatksy nun also deutlich von dem Yoga-Ansatz Vivekānandas ab. Bei der Theosophin zeigen sich hier starke Einflüsse *christlichen* Gedankengutes. In ihrer „Geheimlehre" postuliert Frau Blavatsky beispielsweise die Dichotomie zwischen einer „göttlichen" und einer „satanischen" Sphäre des Kosmos. Eine solche Weltanschauung ist dem Groß der indischen Yoga-Schriften aber völlig fremd. Durch die Einführung einer abendländisch beeinflußten Ontologie wird der Yoga hier aus seinen angestammten Bezügen gelöst und in ein gänzlich anderes Bezugssystem gestellt. Damit erhalten wir erst Indizien für die zu beobachtende Transformation des indischen Yoga bei seiner Aufnahme im Westen.

Auf deutscher Seite war es vor allem der Theosoph Franz *Hartmann* (1838–1912), der viel für die Ausbreitung des Yoga-Gedankens tat. Mit zahlreichen Artikeln in seiner Zeitschrift *Lotusblüten* (ab 1908: *Neue Lotusblüten*) unterstützte er das von Frau Blavatsky gelehrte Yoga-Bild kräftig. Auch für Hartmann ist der Haṭha-Yogin einer, der „... sich nicht um die Wahrheit kümmert und der der Lüge dient"; wohingegen der Rāja-Yogin „... sich und seine unsterbliche Natur" erkennen könne.[47] In den späten Haṭha-Yoga-Schriften zu findende Hinweise auf Bemühungen einzelner Adepten des Haṭha-Yoga, ihre Yoga-Übungen auch zur Erlangung materieller Ziele einzusetzen, desavouieren für Hartmann das gesamte System des Haṭha-Yoga.

Bei Hartmann wird ferner die christliche Überformung des Yoga evident. Für ihn ist die „Yoga-Lehre ... die Grundlage und der Gipfelpunkt alles wahren Christentums".[48]

Fassen wir zusammen, welche wichtigen Elemente der prämodernen indischen Yoga-Tradition die frühe deutsche Theosophie weitgehend übernommen hat:

---

[47] Vgl.: Franz Hartmann, *Radscha Yoga – Hatha Yoga und Tantrika oder Weiße und schwarze Magie und Hexerei*, Calw (Schatzkammer Verlag) o. J., S. 122.
[48] Vgl.: Franz Hartmann, *Was ist Yoga?*, Calw (Schatzkammer Verlag) o. J., S. 12.

- Die Theosophen pflegen das traditionelle Lehrer-Schüler-Verhältnis mit einem deutlichen Hierarchie-Gefälle zwischen dem – idealiter – verehrten Lehrer (guru) und dem ergebenen Schüler (śiṣya, cela).
- Die Theosophen geben ihre Yoga-Lehren zunächst ebenfalls als Geheimwissen weiter und tradieren damit die esoterische Unterrichtspraxis Indiens.
- Die Theosophen übernehmen zentrale Konzepte der indischen (Yoga-)Philosophie; etwa das Konzept des „Kreislaufs der Wiedergeburten" (saṃsāra), das Prinzip der „Vergeltung der Tat" (karman) oder die Idee der „Befreiung" (mokṣa) – als Ziel und Zweck aller Yoga-Praxis.

Dagegen zeigen sich in den folgenden Bereichen mehr oder weniger signifikante Abweichungen theosophischer Konzepte von den inhaltlichen Vorgaben Indiens:

- Die (frühen) Theosophen lehnen die Praktiken des indischen Haṭha-Yoga gänzlich ab. Teilweise wird dieses Yoga-System sogar richtiggehend dämonisiert.
- In den literarischen Werken bekannter Theosophen zeigt sich eine deutliche Überformung des Yoga mit christlichen Elementen und Anschauungen.
- Namhafte Theosophen – wie Katherine *Tingley* (gest. 1929), die Präsidentin der „Theosophical Society" in Amerika – sind bemüht, eine Art „Gemeinnützigkeit" des theosophischen Yoga nachzuweisen. Dieser Versuch einer sozial-orientierten Legitimation des Yoga steht aber in deutlichem Kontrast zur individualistischen Ausrichtung vieler traditioneller indischer Yoga-Wege.

Großen Einfluß auf die hiesige Yoga-Rezeption hatte noch eine ganz andere Strömung. Nach der Jahrhundertwende erschienen in Deutschland zahlreiche Schriften, die neuen Yoga-Konzepten das Wort redeten. Es waren dies Lehrbücher, Traktate und Broschüren, die zumeist dem Thema *Okkultismus* verpflichtet waren. Wie allgemein bekannt, wurde Mitteleuropa in jener Zeit von einer Flut „esoterischer" Literatur überschwemmt. Zahlreiche Gruppen, Logen und Zirkel buhlten um die Gunst des Publikums und priesen ihre diversen „Geheimtechniken" an.

Ganz auf dieser Linie lagen etwa die Schriften der Berliner *Talisman Bibliothek,* die zunächst von H. W. *Bondegger* (das ist H. Rothweiler) herausgegeben wurde. Einzelne Titel dieser Reihe

– wie z. B. „In zwei Stunden nicht mehr nervös!" (Band 3) oder „Die Bemeisterung des Todes" (Band 8) – verraten schon von den Formulierungen her die Diktion ihres Inhalts. Hier wurde der Versuch unternommen, esoterische Praktiken und Überlieferungen der ganzen Erde für den „Hausgebrauch" des modernen Abendländers nutzbar zu machen.

So dienten denn auch Techniken des indischen Yoga als willkommene Bereicherung des esoterischen „Speisezettels". Daß dabei die diesen Techniken zugrundeliegenden Intentionen manchmal geradezu in ihr Gegenteil verkehrt wurden, können wir an einem Beispiel beobachten. 1905 erschien in Berlin – als Band 4 der „Talisman"-Reihe – die Schrift *Hindu-Hypnotismus,* herausgegeben und übersetzt von besagtem Bondegger. Nach einem Hinweis des Herausgebers basiert sein Text auf einem Original des indischen Yogin Svāmi Vairāgyānanda, über den wir keine näheren Einzelheiten erfahren. Bondegger räumt allerdings in seinem Vorwort freimütig ein, daß er bei seiner „Übersetzung" des indischen Originals jede Menge eigenmächtiger Veränderungen vorgenommen hat. Und diese Veränderungen hatten weitreichende Folgen.

Während etwa Vairāgyānanda auf einer „Charakterveredelung" des Yoga-Adepten besteht und eine profane sowie egoistische Anwendung der von ihm gelehrten Yoga-Techniken strikt ablehnt, tut Bondegger genau das Gegenteil. Er möchte die übermittelten Yoga-Techniken dazu nutzen, „... das Geistesleben eines anderen (Menschen – der Verf.) völlig ... zu beherrschen."[49]

Von dem – in allen traditionellen Yoga-Wegen angestrebten – spirituellen Ziel einer Befreiung des Individuums aus dem Kreislauf der Wiedergeburten ist in Bondeggers Schrift also keine Rede. Vielmehr handelt es sich bei Bondeggers Darstellung um eine Unterweisung in praktischer *Magie.* Die Leser sollen dadurch befähigt werden, ihre egoistischen Neigungen und Wünsche zu verwirklichen und ihre profanen Kräfte und Fähigkeiten zu steigern. Der Typus des indischen Yogin ist dagegen der des *Mystikers.* Den klassischen indischen Yoga können wir sogar – im Sinne der oben angeführten Definition Frauwallners – als mystischen Weg par excellence bezeichnen.

Bondegger und andere Autoren legten mit ihren Schriften also

---

[49] Vgl.: Harry W. Bondegger (Hrsg./Üb.), *Hindu-Hypnotismus. Theorie und Praxis der Fakir-Illusionen,* Berlin 1905, S. 4.

die Grundlagen für eine *Säkularisierung* und *Utilisierung* des in Deutschland praktizierten Yoga. Während die Theosophen – bei allen genannten Veränderungen gegenüber der indischen Tradition – dem spirituellen Ziel des Yoga weitgehend verpflichtet blieben, erhielten Teilbereiche der deutschen Yoga-Rezeption nun eine völlig neue und andere Ausrichtung.

Ausdruck dieser Entwicklung sind auch zwei andere grundsätzliche Neuerungen, die durch die genannten Schriften eingeführt und etabliert wurden: die Weitergabe der Yoga-Praxis *ohne* einen persönlichen *Lehrer* (guru) und die Verbreitung der Yoga-Lehren in und für die *Öffentlichkeit*.

Allerdings müssen diese beiden Neuerungen mit ihren jeweiligen Auswirkungen sicher in unterschiedlichem Licht gesehen werden. Während die Öffnung des Yoga für alle Schichten der Bevölkerung bereits von namhaften indischen Yogins – wie Aurobindo, Vivekānanda u. a. – vorangetrieben und begrüßt wurde, stößt eine Weitergabe des Yoga ohne persönliche Anleitung im „Mutterland des Yoga" bis heute eher auf Ablehnung. Die persönliche Unterweisung durch einen Lehrer gehört nach indischer Lesart zu den konstitutiven Elementen der Yoga-Vermittlung. Die indische Yoga-Tradition wurde von alters her durch die mündliche Weitergabe des Wissens vom Lehrer auf den Schüler aufrechterhalten und durch eine möglichst ununterbrochene „Nachfolge der Meister" (guru-praṃparā) gesichert. Der Übergang von der persönlichen Belehrung durch einen Lehrer zu der unpersönlichen Aneignung des Wissens und der Praxis durch ein Lehrbuch bedeutet somit einen gravierenden Einschnitt in der neuzeitlichen Yoga-Rezeption des Abendlandes.

6 Neue Impulse für den deutschen Yoga zwischen den Weltkriegen

Der erste Weltkrieg tat der deutschen Yoga-Rezeption keinerlei Abbruch. Vielmehr kam es bereits in den ersten Nachkriegsjahren zu einer Intensivierung des allgemeinen Interesses an östlicher Kultur. Von diesem allgemeinen Trend profitierte natürlich auch der indische Yoga. Die praktische Ausübung von Yoga gewann gegen Ende der zwanziger Jahre derart an Popularität, daß G. R. *Heyer* bereits 1933 in einem Vortrag anmerkte: „Es ist

Mode geworden, zu introspizieren, zu meditieren, Yoga zu treiben." [50] Einen wichtigen Beitrag zu dieser ersten *Popularisierung* des Yoga in unseren Landen leistete die zunehmende Anerkennung der Yoga-Methoden durch Teile der westlichen Wissenschaft. Nach 1920 hatten sich immer mehr Psychologen und Mediziner mit den psycho-physischen Techniken des Yoga – und hier insbesondere mit den Techniken des körperbezogenen Haṭha-Yoga – beschäftigt. So erschien etwa 1928 eine Studie über *Die psychologischen Grundlagen der Yogapraxis,* in der Richard *Rösel* grundlegende Elemente des klassischen Yoga nach tiefenpsychologischen Mustern analysierte. [51]

Wesentlich bekannter wurden hierzulande aber die Arbeiten des Berliner Nervenarztes Johann Heinrich *Schultz* (1884–1970), der das sogenannte „Autogene Training" (AT) begründet hat. J. H. Schultz bezog sich in mehreren seiner Fach-Publikationen direkt auf den indischen Yoga. In diesem Zusammenhang ist es sicher interessant für uns zu erfahren, daß Schultz die „Oberstufe" seines AT noch 1932 als „physiopsychologisch rationalisierten und systematisierten Yoga" bezeichnet hat. [52]

Relevante Akzente für die deutsche Yoga-Rezeption wurden in den dreißiger Jahren vor allem von einem Mann gesetzt: von Boris *Sacharow* (1899–1959). Sacharow war nach den vorliegenden Quellen nämlich der erste, der hierzulande eine *Yoga-Schule* moderner Prägung gegründet hat. Aufgrund eigener Aussagen Sacharows und aufgrund meiner intensiven Forschungen läßt sich mit ziemlicher Sicherheit feststellen, wann der Exilrusse seine Yoga-Schule ins Leben rief: 1939 – zu Beginn des Zweiten Weltkriegs. Sacharow hat demnach von 1939 bis 1943, als seine Schule ausgebombt wurde, in Berlin praktischen Yoga-Unterricht gegeben. Er sah sich damals – in der Hauptstadt des Nationalsozialismus – allerdings gezwungen, seine Yoga-Kurse unter der Tarnbezeichnung *Indische Körperertüchtigung* durchzuführen.

---

[50] Vgl.: G. R. Heyer, *Sinn und Bedeutung östlicher Weisheit für die abendländische Seelenführung,* in Olga Fröbe-Kapteyn (Hrsg.), *Eranos-Jahrbuch 1933,* Zürich 1934, S. 226 + 235.

[51] Vgl. Richard Rösel, *Die psychologischen Grundlagen der Yogapraxis,* Stuttgart 1928.

[52] Vgl.: Johannes Heinrich Schultz, *Oberstufe des autogenen Trainings und Raya-Yoga,* in: *Zeitschrift für die gesamte Neurologie und Psychiatrie,* Band 139 (1932), S. 34.

Etwa zur selben Zeit fand in Budapest eine weitere wichtige Schulgründung statt. Dort taten sich der Inder Selvarajan *Yesudian* (geb. 1916) und die Ungarin Elisabeth *Haich* (1897–1994) zu gemeinsamer Yoga-Arbeit zusammen. Ab 1940 unterrichtete Yesudian im zur Yoga-Schule umfunktionierten Bildhaueratelier von Frau Haich. Zunehmende Kriegswirren forderten freilich auch hier ihren Tribut. Nach der Zerstörung ihres Domizils Anfang 1945 verlagerten Yesudian und Haich ihre Yoga-Kurse vorübergehend. Bei Kriegsende kehrten sie an den alten Standort zurück. 1948 mußte die Yoga-Schule jedoch auf Anordnung der kommunistischen Regierung geschlossen werden. Die beiden Yogalehrer emigrierten daraufhin in die Schweiz.

Mit der Pionierarbeit von Sacharow und Yesudian/Haich wurde also die *Yoga-Schule* moderner Prägung ins Leben gerufen; eine private, eigenständige Institution, die – in der Regel regelmäßig und gegen Entgelt – praktischen Yoga vermittelt und zu der nun weite Kreise der Bevölkerung Zugang haben. Dadurch erwuchs der praktischen Vermittlung des Yoga in unseren Landen eine grundlegend neue, institutionelle Basis.

7 Stationen der Yoga-Entwicklung in der Bundesrepublik

Nach Ende des zweiten Weltkrieges entwickelte sich die Yoga-Rezeption in den beiden deutschen Staaten für rund vierzig Jahre weitgehend getrennt. Ich möchte mich zunächst ausführlicher mit der Situation in der Bundesrepublik befassen.

Die bundesdeutsche Yoga-Rezeption erreicht nach 1945 gegenüber der Verbreitung des Yoga vor dem Krieg bemerkenswerte Ausmaße. Ich habe die moderne bundesdeutsche Yoga-Entwicklung daher in vier einzelne Phasen unterteilt, die verschiedene Stufen der Yoga-Rezeption kennzeichnen.

Die *erste* Phase, die von 1945 bis 1955 reicht, kann als die Periode der Konsolidierung angesehen werden. In dieser Phase wurde die bundesdeutsche Yoga-Szene vor allem durch die beiden Schulen geprägt, die schon während des Krieges aktiv waren. Boris Sacharow setzte seine Yoga-Tätigkeit nach 1947 in Bayreuth und Nürnberg fort. Bis zu seinem Unfalltod im Oktober 1959 führte er zahlreiche Schüler in den Yoga ein und verfaßte mehrere Sachbücher zum Thema.

Auch Selvarajan Yesudian und Elisabeth Haich dehnten ihre Arbeit in jener Zeit aus. Die beiden Yogalehrer richteten zunächst in Zürich und später in anderen Schweizer Städten regelmäßige Yoga-Kurse ein. Ihre Züricher Schule avancierte so zu einer der größten und bekanntesten Yoga-Einrichtungen in Europa. Das Lehrbuch *Sport + Yoga,* das beide Praktiker gemeinsam verfaßten, wurde mit 29 Auflagen (1984) und über drei Millionen verkauften Exemplaren zu einem wahren Yoga-„Bestseller".

Zu erwähnen sind in jener Zeit auch noch die Yogalehrer und Fachautoren Heinrich *Jürgens* (1880–1966), Felix *Riemkasten* (1894–1969) und Hans-Ulrich *Rieker* (1920–1979), die durch ihren Unterricht und besonders durch ihre zahlreichen Bücher maßgeblich zur Verbreitung des Yoga-Gedankens beitrugen.

Die *zweite* Phase der modernen Yoga-Entwicklung (1956–1966) zeichnet sich durch eine nunmehr intensiv einsetzende Gründung verschiedener Yoga-Einrichtungen aus. In diesem Jahrzehnt der *Institutionalisierung* des deutschen Yoga verstärkten indische Yoga-Organisationen ihre Tätigkeit und ihren Einfluß in der Bundesrepublik. Hierzu rechnen vor allem die *Śivānanda*-Richtung, die *Transzendentale Meditation* (TM), die *Internationale Śri-Aurobindo-Gesellschaft* und der *Ruhāni Satsaṅg.* Alle diese Gruppen waren gleichermaßen durch die Entsendung indischer Lehrer und durch die Etablierung bundesdeutscher Zentren aktiv.[53]

Gleichzeitig entstanden in jenem Jahrzehnt zahlreiche weitere private Yoga-Schulen. Heute gibt es im vereinten Deutschland sicher mehr als 300 Einrichtungen dieser Art.

Im Jahr 1967 setzte dann die *dritte* Phase der bundesdeutschen Yoga-Geschichte ein: die Phase der *Organisation* (1967–1979). Eine Gruppe von Yogalehrern und Yogalehrerinnen schloß sich am 1. Mai 1967 zum *Bundesverband Deutscher Yogalehrer* (BDY) zusammen. Maßgeblich initiiert und vorbereitet wurde dieser Zusammenschluß von dem Yogalehrer und Schriftsteller Otto-Albrecht Isbert (1901–1986), der bereits 1962 das *Deutsche Yoga-Institut* (DYI) gegründet hatte.

Im Mai 1970 fand der erste *Deutsche Yoga-Kongreß* in Willin-

---

[53] Vgl. hierzu: Reinhard Hummel, *Indische Mission und neue Frömmigkeit im Westen. Religiöse Bewegungen Indiens in westlichen Kulturen,* Stuttgart (Kohlhammer Verlag) 1980.

gen statt, und kurz darauf folgte die Gründung der *Deutschen Yoga-Gesellschaft* (DYG). Von 1975 bis 1979 waren der Berufsverband und die Yoga-Gesellschaft außerdem in dem Dachverband *Deutsche Yoga-Union* (DYU) zusammengeschlossen.

Die Phase der Organisation fällt auch in jene Zeit, in der die deutsche Yoga-Rezeption einen regelrechten Boom erfuhr. Der Beitrag „Yoga für Yeden" von Kareen Zebroff, der ab Ende 1973 in der „Sportinformation" und ab Anfang 1975 in der ZDF-Sendung „Drehscheibe" lief, trug zu dieser Popularität des Yoga erheblich bei. Die expandierende Yoga-Szene veranlaßte das Magazin „Spiegel" im Januar 1975 schließlich sogar zu dem Titelbeitrag: „Volkssport Yoga – Heil aus dem Osten?"

Die Auflösung der „Deutschen Yoga-Union" im Herbst 1979 steht für den Übergang in eine neue, *vierte* Phase der bundesdeutschen Yoga-Entwicklung. Diese Periode trägt Kennzeichen einer *Professionalisierung* der Yoga-Rezeption. Dazu zählen Bemühungen um eine Standardisierung und qualitative Sicherung der Ausbildung von Yoga-Lehrkräften ebenso wie die Erprobung und Anwendung neuer Lehr- und Lerntechniken im Yoga-Unterricht. Die Vermittlung des Yoga unterscheidet sich heutzutage in vielen Einrichtungen erheblich von den Anfängen der deutschen Yoga-Rezeption oder gar von den indischen Ursprüngen.

Da ist etwa die neue Rolle und das zum Teil völlig andere Selbstverständnis, das die Yoga-Lehrkräfte und Yoga-Schüler beanspruchen. Viele Yogalehrer und Yogalehrerinnen verstehen sich heute nicht als spirituelle Praktiker auf der Suche nach einer letzten Wahrheit, sondern als Vermittler eines gesundheitsbezogenen Lebensstiles, in dem Aspekte wie „Entspannung", „Fitness", „vollwertige Ernährung" etc. einen bedeutenden Stellenwert haben. Und zeitgenössische Yoga-Schüler wollen vor allem als emanzipierte „Teilnehmer/innen" wahrgenommen und angesprochen werden.

In diesem Zusammenhang dürfte auch eine Beobachtung interessant sein, die durch meine empirischen Forschungen bestätigt und quantifiziert wurde: Rund 80 Prozent aller bundesdeutschen Yoga-Rezipienten sind *Frauen*! Diese Tatsache unterscheidet die deutsche Yoga-Szene ebenfalls stark von der indischen Yoga-Szene. In Indien waren und sind es vor allem die Männer, die die institutionalisierte Yoga-Vermittlung tragen und die die sogenannte Yoga-„Tradition" konstituieren und für sich beanspruchen.

8 Stationen der Yoga-Entwicklung in der DDR

Die Entwicklung des Yoga in der DDR ist von 1949 bis 1989 in gänzlich anderen Bahnen verlaufen als die zeitgleiche Entwicklung des Yoga in der (alten) Bundesrepublik. Wenn ich im folgenden auf einige Aspekte des Yoga in der DDR eingehe, so ist zu berücksichtigen, daß meine Darstellung nur der Versuch einer ersten Skizze sein kann. Die Erforschung des Yoga in der DDR gestaltet sich aus mehreren Gründen nicht ganz unproblematisch. Hier ist an erster Stelle die noch schwierige Quellenlage zu nennen. Wichtige Dokumente und Berichte zum Thema sind bis heute nicht ausreichend gesichtet und dokumentiert, die Aussagen von Zeitzeugen noch nicht in erforderlichem Umfang aufgezeichnet und ausgewertet worden. Die hier dargelegten Informationen, die teilweise erstmals veröffentlicht werden, müssen daher wohl zu einem späteren Zeitpunkt ergänzt, präzisiert und gegebenenfalls auch korrigiert werden.

In den fünfziger, sechziger und frühen siebziger Jahren kann in der DDR noch nicht von einer nennenswerten Yoga-Szene gesprochen werden. Dies war vor allem bedingt durch die skeptische oder sogar ablehnende Haltung maßgeblicher Parteifunktionäre der SED und anderer Blockparteien, die im Yoga in erster Linie eine religiöse Praktik sahen. Für viele Verantwortliche in Staat und Gesellschaft der DDR war Yoga damit – als Teil einer Religion – auch Teil des „Opium des Volkes" (Karl Marx)[54], das dem revolutionären und materialistischen Anspruch der sozialistischen Ideologie entgegenstand. Entsprechend ablehnend war die Haltung der gesellschaftlichen Institutionen und der Massenorganisationen gegenüber einer Ausübung von Yoga. Ende der fünfziger Jahre gab es sogar einen offiziellen Beschluß des „Deutschen Turn- und Sportbundes" (DTSB) der DDR, der Yoga als „schlimmen Mystizismus" deklarierte und quasi ein „Yoga-Ver-

---

[54] Das Zitat von Karl Marx wird meist inkorrekt als „Religion ist Opium für das Volk" wiedergegeben. Der genaue Wortlaut des Zitates ist: *Die Religion ist der Seufzer der bedrängten Kreatur, das Gemüt einer herzlosen Welt, wie sie der Geist geistloser Zustände ist. Sie ist das Opium des Volkes.* Vgl. dazu: H. Gollwitzer, Exkurs zu dem Ausdruck *„Opium des Volkes"*, in: Marxismus-Studien IV, Tübingen 1962, S. 14–19.

bot" für alle vom DTSB organisierten Veranstaltungen aussprach.[55]

Andererseits zeigt dieses Verbot auch, daß einzelne Yoga-Aktivitäten bereits zu jener Zeit existiert haben müssen. Ansonsten wäre ein ausdrückliches Verbot derartiger Aktivitäten sicher überflüssig gewesen. Leider ist heute so gut wie nichts mehr über Art und Umfang dieser frühen Yoga-Aktivitäten in der DDR in Erfahrung zu bringen.

Eine wahrnehmbare Änderung dieser Umstände brachte erst die spürbare Veränderung der politischen Großwetterlage mit sich. Nach dem Einsetzen des erste Tauwetters zwischen Ost und West (vgl. die „Ostverträge" der Regierung Brandt/Scheel), dem Abschluß des „Grundlagenvertrages" zwischen der Bundesrepublik und der DDR im Dezember 1972 und einigen politischen und gesellschaftlichen Reformen des Politbüros der DDR unter Erich Honecker wurde in den siebziger Jahren auch die Haltung vieler DDR-Offizieller gegenüber dem Yoga freundlicher.

So berichtete der „Esotera"-Redakteur Claus Claussen 1977 in einem Artikel über die bundesdeutsche Yoga-Szene von einer Serie *Yoganistik für jedermann,* die zu jener Zeit in der Ostberliner „National-Zeitung" erschien. Claussen räsonierte damals: „Hier liest man nur, welche Körperstellungen gegen Schlaflosigkeit, Rückenbeschwerden oder Verdauungsstörungen helfen. Die geistige Seite wird, ideologisch bedingt, völlig ignoriert."[56]

Ein Meilenstein in der Etablierung und Absicherung einer eigenen Yoga-Szene in der DDR war dann die Gründung des *Arbeitskreises für Yoga und altindische Medizin* in Leipzig. Dieser Arbeitskreis „... konstituierte sich 1979 als ein Gremium am Yoga interessierter Indologen, Ärzte, Naturwissenschaftler, Physiotherapeuten, Sportlehrer und Laien, die aus jeweils ihrer Sicht eine interdisziplinäre Diskussion über Geschichte, Quellen, wissenschaftliche Hintergründe, Anwendung, Heilwirkung und praktische Erfahrung führen."[57]

---

55 Leider liegt mir der wörtliche Text dieses DTSB-Beschlusses (noch) nicht vor. Diese und weitere Informationen stammen aus einem Interview, das ich am 25. August 1992 in Leipzig mit Heinz Kucharski, dem ersten Vorsitzenden des „Arbeitskreises Yoga Darshana" geführt habe.

56 Vgl.: Claus Claussen, *Konfrontation mit Yoga,* in *Esotera* Nr. 11–1977, S. 1002.

57 Aus einer Selbstdarstellung des *Arbeitskreises* vom September 1992.

Initiator und Mitbegründer dieses Arbeitskreises war der Leipziger Diplom-Ethnologe Heinz *Kucharski* (geb. 1919). Durch seine Tätigkeit am Leipziger „Grassi-Museum" für Völkerkunde konnte Kucharski dem Arbeitskreis einerseits Räume und Arbeitsmöglichkeiten zur Verfügung stellen und andererseits die Protektion der Museumsleitung angedeihen lassen. Auch die akademische Ausrichtung des Gremiums und das wissenschaftliche Renommee seiner Mitglieder trugen dazu bei, daß der Arbeitskreis trotz staatlicher Überwachung in seinen Aktivitäten unbehelligt blieb.

Der Leipziger Arbeitskreis führte in den Jahren nach seiner Gründung auch regelmäßige öffentliche Veranstaltungen zum Thema Yoga durch. Es handelte sich dabei meist um Vorträge über verschiedene Aspekte des Yoga mit begleitenden Demonstrationen von Yoga-Übungen. Die Veranstaltungen waren in der Regel sehr gut besucht, teilweise begehrten mehrere hundert Personen Einlaß in den Vortragssaal. Durch die Verknüpfung der theoretischen, wissenschaftlich abgesicherten Vorträge mit praktischen Yoga-Vorführungen gelang es dem Arbeitskreis, eine noch vorhandene Skepsis der Bevölkerung gegenüber den „orientalischen Leibesübungen" allmählich abzubauen.

Neben Heinz Kucharski und anderen Aktiven taten sich in jenen Zeiten besonders zwei Mitglieder des Leipziger Arbeitskreises in der Förderung des Yoga-Gedankens hervor: Prof. Dr. Fritz Klingberg und Dr. Dietrich Ebert.

Der Mediziner Fritz *Klingberg* wurde 1974 zum ordentlichen Professor für Physiologie an der Universität Leipzig berufen. Er machte sich vor allem als Neurophysiologe einen Namen und forschte in diesem Kontext auch über Yoga. Zusammen mit Heinz Kucharski hielt Klingberg ab 1977/78 zahlreiche Vorträge über Yoga in vielen Städten der DDR. 1979 kam es dann sogar zu einer ersten Fernsehdiskussion über Yoga. Bekannt wurde Klingberg auch im Westen durch seine zwölfteilige Artikelserie *Yoga,* die von Januar bis Dezember 1984 in der populären Ostberliner Zeitschrift *Deine Gesundheit* abgedruckt wurde. Wegen der großen Nachfrage wurde dieser praktische Yoga-Kurs (mit theoretischen Erläuterungen) vom „VEB Verlag Volk und Gesundheit" 1986 in einem Sonderheft mit 250000 Exemplaren verbreitet und war bald vergriffen.

Da als Herausgeber dieser Zeitschrift das „Nationale Komitee für Gesundheitserziehung der Deutschen Demokratischen Republik" fungierte, kann die Veröffentlichung der Artikelserie Klingbergs als deutliches Anzeichen einer beginnenden Rehabilitierung und Anerkennung des Yoga durch staatliche Gremien der DDR betrachtet werden.

Einen weiteren Schub in diese Richtung bewirkte die Forschungstätigkeit des Leipziger Mediziners Dietrich *Ebert.* Ebert gehört zu den Mitbegründern des „Arbeitskreises für Yoga" und begann schon ab 1974 mit einer systematischen Sammlung wissenschaftlicher Yoga-Literatur. Seit 1979 führte er an der Leipziger Universität physiologische Laboruntersuchungen zu einigen Effekten der Haṭha-Yoga-Praxis an in die DDR gereisten oder dort lebenden Indern durch. Später erweiterte er diese Messungen durch Untersuchung auch ostdeutscher Yoga-Probanden. Ende 1983 stellte Ebert das Manuskript für sein Buch *Physiologische Aspekte des Yoga und der Meditation* fertig, das 1986 beim „VEB Georg Thieme Verlag" in Leipzig erschien.[58]

Das Erscheinen von Eberts Buch markiert denn auch den endgültigen Durchbruch in der öffentlichen Anerkennung des Yoga in der DDR. Spätestens Mitte der achtziger Jahre hatten sich Yoga-Kurse in nahezu jeder größeren Stadt der DDR etabliert. Teils wurden diese Kurse privat durchgeführt, teils aber auch von staatlichen Institutionen oder von Einrichtungen der Massenorganisationen (FDGB etc.) getragen. Die zunehmende Wertschätzung der Yoga-Techniken als geeignete Praxis für die gesundheitliche Prophylaxe und als (begleitende Maßnahme zu einer) Therapie machte es schließlich sogar möglich[59], daß Dietrich Ebert bereits im Juni 1989 an einem wissenschaftlichen Symposium zum Thema „Yoga – Körper – Geist" in Düsseldorf teilnehmen konnte. Derartige Kontakte zur westlichen Yoga-Szene wurden mit dem Fall der Mauer Ende 1989 natürlich erheblich intensiviert und erweitert.

---

58 Vgl.: Dietrich Ebert, *Physiologische Aspekte des Yoga und der Meditation,* Leipzig (VEB Georg Thieme Verlag) 1986; Lizenz-Auflage: Stuttgart (Gustav Fischer Verlag) 1986.

59 Nach Aussage mehrerer ostdeutscher Informanten, wäre bei einem Fortbestehen der DDR über 1990 hinaus sogar eine staatliche Förderung von Yoga-Kursen möglich gewesen.

9 Anmerkungen zu gesamtdeutschen Yoga-Szene

Seit dem 3. Oktober 1990 sind der Osten und der Westen Deutschlands politisch wieder vereint. Auch die Yoga-Szene in den alten und neuen Bundesländern hat sich seither stark ausgetauscht und ist neue Formen der Begegnung und der Zusammenarbeit eingegangen.

Diese Formen der persönlichen und fachlichen Begegnung fanden und finden auch ihren offiziellen Ausdruck. Im September 1992 wurde Heinz Kucharski, der Nestor des Yoga in der DDR, als Ehrenmitglied in den „Berufsverband Deutscher Yogalehrer e. V." (BDY) aufgenommen. Kucharski ist auch weiterhin erster Vorsitzender des Leipziger Yoga-Arbeitskreises, der seit 1991 offiziell als „Yoga Darshana – Gesellschaft für Yoga und traditionelle indische Medizin e. V." firmiert.

Ein vorläufiger Höhepunkt im Austausch und in der Kooperation zwischen ost- und westdeutschen Yoga-Vertretern ist der erste gesamtdeutsche *Yoga-Kongreß*, der vom 12. bis 14. November 1993 an der Universität Leipzig unter dem Thema „Yoga – Begegnungen, Erfahrungen, Perspektiven" stattfand. Dieser Kongreß wurde vom Leipziger Arbeitskreis „Yoga-Darshana" und vom „Berufsverband Deutscher Yogalehrer" gemeinsam geplant, organisiert und durchgeführt.

Das Zusammenwachsen der Yoga-Szene im Osten und Westen Deutschlands verdient eine eigene Betrachtung. Dabei könnte etwa der interessanten Frage nachgegangen werden, welche konkreten Einflüsse und Auswirkungen der jeweilige gesellschaftliche Hintergrund auf Form und Inhalt der in Ost- und Westdeutschland jeweils ausgeübten Yoga-Praktiken hatte. Daneben müßten soziologische, religionswissenschaftliche und psychologische Untersuchungen besonders der Yoga-Szene in Ostdeutschland stehen. Während die Yoga-Entwicklung im Vorkriegs-Deutschland (vor 1945) und in der alten Bundesrepublik inzwischen weitgehend exploriert ist, bleiben entsprechende Untersuchungen für die DDR und für die spannende Zeit nach der deutschen Vereinigung ein dringendes wissenschaftliches Desiderat.

Peter Schwind

Sein Gleichgewicht finden. Strukturelle Grundlage meditativer Praxis nach Ida P. Rolf

Vor einiger Zeit erregten Pressemeldungen die Öffentlichkeit, in denen von einer Meditationsgemeinschaft berichtet wurde, die Kleinstkinder frühzeitig zu stundenlangem aufrechtem Sitzen zwang. Nicht nur erwachsene Anhänger der Glaubensgemeinschaft eines fernöstlichen Gurus wagten sich in den seelischen Wüstenmarsch tagelanger Bewegungslosigkeit, auch Zwei- und Dreijährige wurden „angeleitet", ein Ohr wurde mit einer Paste verschlossen, um die Wahrnehmungsfähigkeit auszublenden, Kinder, die sich nicht gefügig zeigten, mit massiven körperlichen Zurechtweisungen diszipliniert. Ein Sprecher der Gemeinschaft meinte zu den Bedenken von Kinderärzten und aufgebrachten Eltern, daß ein Kind in diesem Alter ohnehin über keinen Intellekt verfüge und man deshalb auch nicht davon sprechen könne, daß der Widerstand des Kindes gebrochen würde, der Sprecher berichtete weiterhin von fröhlich ausgeglichenen Kindern.

Berichte dieser Art scheinen die Sorge des Agnostikers zu bestätigen, daß das Umfeld spiritueller Praxis unter dem Anspruch der Meditation latenten Gruppenwahn inszeniert, daß das, was als Erhöhung des menschlichen ins Göttliche angepriesen wird, letztlich die humane Konstitution reduziert und gefügig macht, nicht aber über sich hinauswachsen läßt. Ist der von unterschiedlichsten meditativen Praktiken angestrebte Zustand ein Aufbruch in die Tiefen und Weiten der Existenz, oder ist er nur eine Ausblendung neuronaler Endplatten, finden wir in der Meditation Ruhe oder fallen wir in Katatonie?

Ich konnte die Dringlichkeit der agnostischen Fragen nicht ganz von mir weisen, als ich mehr oder wenig zufällig die Räumlichkeiten der erwähnten Meditationsgemeinschaft betrat: Es begegneten mir nur zwei menschliche Grundtypen, der immer nur lächelnde fröhliche Geschäftsmann, der beteuert, daß er seit Jahren der Meditation keine Angst mehr habe, oder der still in sich gekehrte Mensch, der mit gebeugtem Oberkörper freudlos durch die geweihten Hallen schleicht und eher die Deutung nahelegt, daß er noch nicht genügend meditiert hat, um ins Reich der ewigen Freude vorzustoßen. Und dieses Reich scheint als Verheißung omnipräsent im Lächeln des Gurus, der aus wirklich jedem Winkel jedes Raums grinst: Sein Gesichtsausdruck verheißt Allwissenheit, scheint jede Form des Zweifels durchzustreichen und wirkt zugleich einladend für eine Reise aus der kalten modernen Welt, die die Formen organisierter Religiosität längst hinter sich gelassen zu haben meint.

Noch einmal besuche ich die Räumlichkeiten der Meditationsgemeinschaft, noch einmal stehe ich vor dem übergroßen Bild des „Meisters", versuche mich frei zu machen vom Vorurteil gegen personengebundene Religiosität.

Was gibt der Guru seinen Schülern, die sich in enger Bindung an einen Menschen auf den Weg zur Erleuchtung machen? Ist es der Selbstbetrug, dem auch manche therapeutischen Gemeinschaften aufsitzen, indem sie ihren Anhängern die große Gewißheit schenken wollen, falls diese nur lange genug denselben Weg einschlagen, ist es eine Ausweglosigkeit, die sich im Sinne von Watzlawiks „mehr desgleichen" die Sackgasse zum Weg gemacht hat? Oder steckt hinter den Versprechungen des esoterischen Markts doch ein genuines Element des Menschen, eine gewissermaßen natürliche Spiritualität, die verlorenzugeben fatal wäre? Im folgenden soll, ohne über Meditation selber zu sprechen, der Versuch unternommen werden, die Struktur des Körperbaus als Kompass durch mögliche Irrungen zu verwenden.

Zunächst ein Hinweis zum Strukturbegriff: Struktur ist das wiederkehrende Muster bestimmter räumlicher Konstellationen signifikanter Bauelemente des Körpers. Physikalisch betrachtet ist Struktur lediglich die Ansammlung von festen, zähen und flüssigen Bauelementen des Organismus innerhalb eines funktionell vorgegebenen Spielraums der Formveränderungen, die aber auch während extremer Bewegungsabläufe immer eine strukturelle Grundkontur bewahren: Die strukturell integrierte Form des Torsos wird beispielsweise im Sitzen, Gehen, Stehen und Liegen ihr Muster bewahren. Dieses Muster hat seine physikalische Grundlage aber nicht nur innerhalb des Körpers selbst. Nach einer alten Hypothese von Ida Rolf ist der Organismus nicht nur seinem eigenen Kräftefeld, sondern der Schwerkraft unterworfen. Der Körper formt und verformt sich langfristig nicht nur durch die Summe der alltäglichen Bewegungsabläufe und die Summe emotionalen Ausdrucks, vielmehr werden die inneren Kräfte durch die von außen einwirkende Schwerkraft verändert. Die Schwerkraft ist ständig gegenwärtig, sie ist eine wesentliche Voraussetzung des Erhalts der menschlichen Struktur.

Diese Gegebenheit läßt sich eindrucksvoll an den Veränderungen ablesen, die die Körper der Astronauten bei längerem Aufenthalt im Weltall durchzumachen haben. Es kommt zu drastischen, anhaltenden Wandlungen des Körperbaus bis hin zu Entkalkungserscheinungen des Knochens: Sobald die Schwerkraft als ordnende Kraft reduziert ist oder weitgehend verschwindet, entsteht ein ungegliederter Wettstreit der inhärenten Kräfte des menschlichen Organismus, der Körper tendiert zur Formlosigkeit.

Die traditionelle Anatomie nimmt bei der Formbeschreibung des Menschen auf diese Gegebenheit wenig Rücksicht. Die medizinische Anatomie ist weitgehend von Beobachtungen geprägt, die an der Leiche gewonnen wurden. Sie liefert deshalb – wie jede Modellvorstellung – ein Bild, das innerhalb eines relativ konstruktiven Rahmens sinnvolle Aussagen macht.

Historisch ist die Konzentration der menschlichen Forschung auf gewisse Gewebetypen, z. B. Muskel, Knochen und Nervengewebe, bestimmend gewesen. Das Bindegewebe ist erst neuerdings wieder in den Mittelpunkt des Interesses gerückt. Der Begründer der Osteopathie, Dr. Still, hatte die universale Gliederungsfunktion des Bindegewebes dagegen schon vor langer Zeit erkannt und damit das Augenmerk auf die Stütz- und Gliederungsfunktion dieser universalen Gewebeschicht gelenkt. Sein Ansatz wurde von Ida Rolf aufgegriffen und wesentlich differenziert. In Anlehnung an Still hat Ida Rolf betont, daß das Bindegewebe in seinen unterschiedlichen Formen nicht nur Muskeln und Knochen umhüllt, daß es im Inneren des Kopfes genauso präsent ist wie im Inneren der Wirbelsäule, daß es Organe umhüllt und voneinander abgrenzt. Das Bindegewebe läßt sich in diesem Sinn als das einzige universal präsente Gewebe des Organismus bezeichnen, es verbindet alle Baukomponenten des Organismus und bestimmt mit vorhandener oder reduzierter Gleitfähigkeit darüber, wie die einzelnen Bauelemente des Organismus in räumliche Beziehung zueinander treten können bzw. diese räumliche Relation verändern können. Die Bedeutung, die das Bindegewebe für Bewegungsabläufe hat, läßt sich beispielhaft im Ablauf eines Atemzuges verdeutlichen: Die Atemmuskulatur kann den Atmungsvorgang nur soweit räumlich manifestieren, wie es die Gleitfähigkeit der verschiedenen Bindegewebsschichten des Brust- und Bauchraums zulassen. Diese Gleitfähigkeit ist im „Idealfall" in allen Schichten vorhanden, in der zweischichtigen Pleura ebenso wie in der endothorakalen Faszie, im Mediastinum ebenso wie im Bauchfell. Letztlich ist es sogar so, daß der freie Atem durch die Gleitfähigkeit der Organe aufeinander und nebeneinander möglich wird: Sobald sich das Zwerchfell nach unten senkt, trifft es auf die Organe des Oberbauchs, die mit Bändern am Bauchfell bzw. den Rippen befestigt sind. Um dem Zwerchfell hinreichend Raum zu geben, müssen die Organe nun eine wohlgeordnete Raumkurve beschreiben. Der französische Osteopath Jean Pierre Barral hat für diesen Vorgang den Begriff der Mobilität der Organe geprägt. Jedes Organ kann nur soweit während des Atemvorgangs gleiten, wie seine bindegewebige Hüllschicht und die Bandaufhängung des Organs es zulassen. Die Rolle der Muskulatur ist in diesem Zusammenhang lediglich als ausführende Komponente innerhalb des bindegewebig begrenzten Bewegungsspielraums zu sehen. Treten Bindegewebsverdickungen oder sogenannte Adhäsionen (Verklebungen) auf, so kommt es zu einer Reduktion des Atemraums. Keine noch so tiefgehende Muskeldehnung oder Entspannung kann diese Reduktion in ihrem Kern erreichen.

Die schwankenden Spannungsmuster der Muskulatur werden diese Reduktion eventuell quantitativ verändern. „Verspannung" der Muskulatur kann die Konturen der Struktur verstärken, „Entspannung" mag sie zeitweise abmildern, aber die persönliche Qualität der langlebigen Muster des Bindegewebssystems bleiben trotzdem in seiner individuellen Signifikanz bestehen. Es ist wesentlich, diese Sicht des Strukturbegriffs zu betonen, weil damit die Abgrenzung von Körperhaltungen, die sowohl der Schwankung des Gefühlszustands wie der Willenskontrolle unterliegen, verstehbar wird.

Haltungen können eingenommen werden, wir können sie jedoch nur kurze Zeit aufrechterhalten, falls sie sich nicht mit dem persönlich strukturellen Grundmuster überschneiden. Struktur ist also etwas weitgehend Abstraktes, was nur dem geschulten Blick dann erkennbar ist, wenn er hinter die Haltungskontrolle des Menschen schaut. Haltung ist beispielsweise gegeben, wenn jemand die Schultern fast ständig im Kontakt eines Grundgefühls von Angst hochgezogen „hält". Zur Struktur wird dieses Muster erst dann, wenn bindegewebige Schichten den Muskeltonus so mit angrenzenden Schichten verbunden haben, daß die Schultern durch willentliches Loslassen nicht mehr nach unten sinken: Haltung kann also nach längerer Zeit in Struktur übergehen.

Dieses Phänomen führt uns zum Ausgangspunkt unserer Überlegung zurück. Wenn nämlich dauerhaft eingenommene Haltungen wiederholt, beispielsweise in täglicher Meditationspraxis, eingenommen werden, so fördern sie ein bestimmtes Grundmuster, was sich dem Organismus auf- und einprägt. Tägliche Übung kann so den Organismus genauso formen wie beispielsweise einseitige Berufstätigkeit; der Körper formt sich durch die wiederholt gewählten Grundspannungsmuster.

Blicken wir, um dies zu konkretisieren, nochmals zurück zur physikalischen Betrachtungsweise. Die formend auf den Organismus wirkenden Kräfte kommen aus zwei Richtungen, zum einen besteht die Formkraft der Summe der Kräfte von innen, als Summe aller mechanischen und psychischen Traumata, zum anderen werden diese Kräfte durch die Schwerkraft von außen verändert. Hat der Mensch beispielsweise dauerhaft eine gebeugte Haltung eingenommen, so wird die Schwerkraft diese Form verstärken, sie wird damit möglicherweise eine seelische Grundtendenz klarer zum Ausdruck bringen oder geradezu physiologisch fixieren.

Es ist in diesem Zusammenhang wichtig zu beachten, daß diese formende Kraft der Schwerkraft permanent gegeben ist, daß sie eine physikalische Größe ist, der wir, solange wir in unserem Körper leben, nicht entkommen können. Die Schwerkraft wirkt also auch und gerade dann, wenn wir uns in einer meditativen Haltung befinden. Angesichts dieser Gegebenheit lassen sich eine Reihe von Kriterien nennen, die für die Wahl der Meditationshaltung Bedeutung haben. Diese Kriterien sind dann stichhaltig, wenn wir eine Grundannahme akzeptieren, nämlich, daß die Meditationshaltung nicht mit der Schwerkraft und nicht mit der manifesten Struktur des Individuums in Kollision gerät. Was ist damit gemeint? Beim aufrechten Sitzen ist die entscheidende Frage, ob der Schultergürtel in einer Relation zum Hüftgelenk ruht, die uns „ökonomisches" Aufrechtsein ermöglicht, d. h. daß nur ein Minimum an Muskelaktivität nötig ist, um zu sitzen. Dies ist dann gewährleistet, wenn der Beckenabschnitt als ganzes eine minimale Neigung nach vorne einnimmt und der Bauch losgelassen wird. Diese „Position" des Beckens ist die Grundlage einer freien Atmungsbewegung und fließender Übergänge zwischen den einzelnen Kammern, aus denen der Rumpf besteht. Kippt das Becken dagegen nach hinten, verkürzen sich die Strukturelemente tief im Inneren des Bauchraums, an der Vorderseite der Wirbelsäule, und zusätzliche Kräfte müssen eingesetzt werden, damit sich die Atmung räumlich entfalten kann. Nun ist diese gleichsam „objektive" Position des Beckens allerdings nur soweit richtig, wie sie von der individuellen Struktur getragen ist. Es kann nämlich sein, daß verkürzte Schichten um das Hüftgelenk oder an der Rückseite der Beine die Neigung des Beckens nach vorne erschweren. In diesem Fall ist die Haltung so zu wählen, daß diese Verkürzungen nicht in das Innere des Beckens wirken, das Sitzen auf einem Schemel oder einem Stuhl, der gewährleistet, daß das Hüftgelenk höher als das Kniegelenk steht, kann hier Abhilfe schaffen. Auf keinen Fall erscheint es sinnvoll, die korrekte Haltung zu erzwingen, falls die individuelle Struktur deutliche Grenzen signalisiert. Hier ist nochmals auf das über das Verhältnis von Struktur und Haltung Gesagte zu verweisen, Haltung können wir nur innerhalb des Rahmens dauerhaft einnehmen, der uns von der Struktur vorgegeben ist. Eine individuelle Struktur kann möglicherweise die starke Beugung des Kniegelenks im Lotussitz nicht vertragen, und dann fördert es sicherlich nicht die Meditation, dieses Position zu erzwingen.

Nun noch ein Hinweis zur Atmung: Strukturell sinnvolle Atmung ist dadurch gekennzeichnet, daß sie sich mühelos vollzieht, daß sie unmerklich alle Komponenten des Körperbaus bewegt, sie ist also nicht notwendigerweise tief, sie ist vielmehr eine Bewegung, die tief im Inneren des Organismus ihr Zentrum hat und auf zusätzliche Anspannung der äußeren Hilfsmuskulatur verzichtet. In den Flanken des Körpers ist diese Atmung deutlich sichtbar, die Krümmungen des Rückens flachen sich während des Einatmens leicht ab und zeigen beim Ausatmen wieder ihre natürliche Krümmung. Diese Atmung hat nichts mit sogenannter „Bauchatmung" zu tun, sie ist vielmehr in allen Raumanteilen des Rumpfs gegenwärtig, ohne einzelne Abschnitte übermäßig nach außen vorzuwölben, ihr wichtigstes Kriterium, das sie zu erfüllen hat, ist, ähnlich wie beim Aufrechtsitzen, die Mühelosigkeit.

Für Atemschulung gilt im Grunde dasselbe wie für Haltungsschulung: Der Organismus kann nur die Muster annehmen, die von der persönlichen Struktur zugelassen werden, ohne daß sich die individuelle Körperform Gewalt antun müßte. Zwang ist ein schlechter Lehrmeister, auch dann, wenn wir ihn uns selbst antun. Dies gilt auch für eine Disziplin wie das Haṭha-Yoga, das im Grunde ja eine über den Weg des Körpers und des Atems vollzogene Vorbereitung in die Meditation ist. Der Yogi macht sich auf den Weg nach innen, er betreibt ja keine „Gymnastik", vielmehr nutzt er den Dialog mit den Spuren, die sich im Körper abgezeichnet haben, um beispielsweise emotionalen Ballast abzuwerfen. Dies kann aber nur gelingen, wenn die Asanas frei von gewaltsamem Dehnen sind, wenn es darum geht, die Form der Asana durch „Loslassen" aufzusuchen, statt sie zu erzwingen. Der Weg durch eine Sequenz von Yogapositionen kann intensiv sein, aber er sollte die strukturelle Integrität des Individuums entdecken helfen, anstatt eine vermeintlich objektive Form anzustreben. Nur so kann Yoga seine eigene meditative Wurzel kräftigen.

An diesem Punkt mag die Frage auftauchen, was denn nun eigentlich Meditation sei? Aus struktureller Sicht läßt sich hierzu nur weniges sagen. Dieses wenige mag allerdings als Orientierungshilfe auf der Reise metaphysischer Wirrnisse dienlich sein. Rein physiologisch betrachtet ist den meisten Meditationswegen eines gemeinsam: Sie scheinen den Menschen in einen Zustand des inneren und äußeren Wachseins zu führen, der sich im Körper als ein Gleichgewicht zwischen ergotropher und tropotropher Seite des vegetativen Nervensystems ausdrückt. Der Körper befindet sich am Schnittpunkt zwischen Erregung und Ruhe. Aus struktureller Sicht läßt sich dieser innere Ort dann am leichtesten aufsuchen, wenn die Störfaktoren, die nicht zur authentischen Form des Individuums passen, in den Hintergrund treten. Dies ist der Fall, sobald die persönliche Struktur die Zeichen der Integration zeigt, d. h. dann, wenn der Organismus in der Lage ist, Bewegungen kräftesparend, ökonomisch auszuführen. Die ideale Meditationshaltung wäre in diesem Sinne gar keine *Haltung,* sondern das Auffinden der persönlichen *Struktur,* die sich von der Schwerkraft tragen läßt, ohne sich selbst zu „halten", sie hätte etwas Müheloses, der Körper könnte es somit der Seele leichter machen, damit der Geist wehen kann, wo er will.

Literaturhinweise

Flury, Hans: Die neue Leichtigkeit des Körpers. Grundlagen der normalen Bewegung, Übungen und Selbsthilfe für Alltag und Freizeit, Deutscher Taschenbuch Verlag (dtv), München 1995.

Rolf, Ida P.: Rolfing-Strukturelle Integration. Wandel und Gleichgewicht der Körperstruktur (dt. Ausg. hrsg. v. Peter Schwind), Hugendubel Verlag, München 1989.

Rolf, Ida P.: Rolfing im Überblick, Junfermann Verlag, Paderborn 1993.

Schwind, Peter: Alles im Lot: Rolfing. Der Weg zu körperlichem und seelischem Gleichgewicht, Goldmann Verlag, München 1985.

Michael von Brück

Das Leibliche in der Zen-Erfahrung

I.

Zen ist kein theoretisches System, sondern leibliche Praxis. Das berühmte Koan des Zen-Meisters Hakuin vom „Ton der einen Hand“ verdeutlicht dies: „Zwei Hände klatschen ineinander. Höre den Ton der einen Hand!“ Hier gibt es nichts zu denken, wohl aber zu hören. Dieses Hören ist kein Schwingungsimpuls, der das Ohr träfe und entsprechende nervliche Reaktionen auslöste, die dann im Gehirn den Eindruck „Geräusch“ bzw. „Klang“ hervorbringen würden, sondern es geht um ein *Hören mit dem ganzen Körper.* Dabei wird der Körper ganz und gar zu einem einzigen Ohr, nein, er wird ganz und gar Klang.

Der Körper ist das Medium für die Zazen-Übung. Dafür gibt es Gründe, die in vielen Kulturen mit erstaunlicher Übereinstimmung genannt werden. Meditation im allgemeinen und Zen im besonderen streben die Kontrolle des spontan diffus wirkenden Bewußtseins an. Am klarsten ist dies ausgedrückt in Patanjalis Yoga-Sutra I, 2: *yogas cittavrtti nirodhah* – „Yoga ist die Ruhigstellung der spontanen Bewußtseinsfluktuation“. Dies trifft in gleicher Weise für das Zen zu. Wie aber kann die spontane Bewußtseinsfluktuation beruhigt werden? Das Bewußtsein läßt sich ja deshalb nur schwer willentlich und direkt beruhigen, weil jede Willensanstrengung – etwa der Wille zur Konzentration – selbst wieder eine Bewußtseinsfluktuation ist, das Bewußtsein anspannt und fast immer verspannt, so daß die einander widerstrebenden Gedanken und Empfindungen durch den Willen zur Konzentration nur noch verstärkt würden.

Ein Ausweg aus diesem Dilemma ist der Atem und die Atemkontrolle. Über den Atem wird das Bewußtsein beruhigt. Der Atem ist gleichsam ein Bindeglied zwischen physischen und mentalen Prozessen: er ist unwillkürlich und mit physisch wahrnehmbaren und bewußt kontrollierbaren Abläufen verbunden, gleichzeitig läuft er aber auch unwillkürlich ab. Die enge Verknüpfung vieler physischer Prozesse mit dem Atem ist aus der Psychosomatik wohlbekannt (asthmatische Beschwerden), und auch die Verbindung von emotionaler Gestimmtheit und Atem (Aufregung usw.) bedarf keines Kommentars. Atemkontrolle wiederum ist nur möglich bei einer gelösten körperlichen Haltung, wobei dem Beckenbereich, der Wirbelsäule und dem Schultergürtel besondere Aufmerksamkeit zu widmen sind. Durch die angemessene entspannte Körperhaltung wird der Atem gleichmäßig und ruhig, und durch den gleichmäßig-beruhigten Atem wird sodann die Bewußtseinsbewegung minimiert. Dies wiederum ist die Voraussetzung für tiefere Meditation. Deshalb ist im Zen das Sitzen die eigentliche und einzige Übung.

Ich möchte das Gesagte mit einer Anekdote verdeutlichen, die der christliche Zen-Meister Pater Hugo Enomiya-Lassalle (1898–1990) als eine Geschichte erzählte, die seinem Freund Karlfried Graf Dürckheim (1896–1988) widerfahren war: Zu Dürckheim kam einmal eine Frau, die klagte, sie könne nicht mehr beten. Darauf Dürckheim: „Können Sie knien?" Die Frau übte sich zu Hause im Knien und gelangte zu einer Bewußtseinshaltung, die ihr die Konzentration für das Gebet wieder ermöglichte.

Wir können die Frage nach der Bedeutung des Körpers im Zen auch von der Zielbestimmung der Meditation her beantworten. *Die Zen-Übung dient dazu, die Spaltung von Körper und Bewußtsein zu überwinden und die Einheit mit allem Lebendigen zu erfahren.* Die genannte Spaltung ist durch ein spezifisches Merkmal der höheren Bewußtseinstätigkeit bedingt. Das Bewußtsein hat ja die Fähigkeit, durch Imaginationen oder abstrahierende Begriffsbildung dem Körper, seinen Signalen und Bedürfnissen, vorauszueilen oder sich von denselben zu entfernen. Das Resultat ist die genannte Spaltung im Menschen. Die Kulturen der Menschheit haben dazu Gegenmittel entwickelt, die durch Erzählungen, Identifikation mit dem Vorbild usw. wirksam werden: Viele der Geschichten, Mythen und Märchen, die wir aus den Religionen kennen, dienen ja offenkundig dazu, die unterschiedlichen und oft einander widerstrebenden körperlichen Energien, Potentiale und Ansprüche auszugleichen und mit den mentalen Vorstellungen sowie den Willensimpulsen in Harmonie zu bringen. Der „Held" ist der „integrierte" Mensch. (Daß dieser Prozeß durch gesellschaftlich sanktionierte Codierungen sozial verbindliche Identifikationsmuster erzeugt, wäre ein anderes Thema.) In den Meditationssystemen der Religionen wird nun diese Integration geübt und gleichsam im mental-körperlichen „Ausnahmezustand" auf dem Kissen (oder in welcher Meditationshaltung auch immer) wiederholt vollzogen, bis die Integration zum Habitus wird.

Das Zen richtet seine Aufmerksamkeit in besonderer Weise auf die Körpererfahrung. Bei der fortschreitenden Übung verdichtet sich die normalerweise disparate Körpererfahrung (die Wahrnehmung *einzelner* Glieder, *einzelner* Impulse, *einzelner* Schmerzen usw.) zu einer einzigen *Gesamtwahrnehmung* des Körper-Bewußtseins. Der Körper selbst spielt bei dieser Fokussierung auf sich selbst als Ganzes die entscheidende Rolle: Wie bei vollkommener körperlicher Verausgabung bei sportlichen Höchstleistungen eine Sammlung der körperlichen Einzelimpulse erzielt wird[60], so bündelt sich durch die völlige Verausgabung im gesammelten Sitzen das diffuse körperlich-grobstoffliche und auch subtile Energiefeld in einen einzigen energetisch starken Fluß. Dies ist nicht unähnlich der Erfahrung des Orgasmus. Der Unterschied ist aber wohl der, daß die Zen-Erfahrung an keine äußere oder innere Stimulation gebunden bleibt, wobei sich, wenn diese nachließe, die Einheit wieder auflösen würde. Im Zen verschwinden auch die Differenzierungen in Zeit und Raum, also die Vielheit der Erfahrungsphänomene, keineswegs, sondern sie sind im dialektischen Sinne aufgehoben in die paradoxe Einheit des *hic et nunc* (hier und jetzt), wie man auch in der europäischen Mystik sagen kann.[61]

II.

Die bisherigen Bemerkungen verdeutlichen eher in prinzipiell pragmatischer Hinsicht, wie die Zen-Übung im Körper beginnt und über den Körper das Bewußtsein harmonisiert. Es ist aber sinnvoll, die Fragestellung in einen noch grundsätzlicheren Kon-

---

60 Im tibetischen Buddhismus wie in den chinesischen und japanischen Schulen des Tendai-Buddhismus gibt es entsprechende Übungen des schnellen und andauernden Laufens.

61 Vgl. M. v. Brück, Zeitlichkeit und mystische Einheitserfahrung, in: H.-P. Dürr/W. Zimmerli, Geist und Natur, München 1989, 262ff.

text zu stellen, der sich aus der Tradition und Erfahrung des Zen so darstellt: Die Vorstellung „Leib" oder „Körper" ist für das Zen aus folgendem Grunde noch viel fundamentaler als bisher dargestellt. Die gesamte Welt ist ein einziger „Körper", und die Meditationsübung dient dazu, daß sich der Mensch dieser Tatsache körperlich bewußt wird.

Wir wollen dies an einem Koan-Beispiel erläutern, das aus der Sammlung Bi-Yän-Lu (Hekiganroku) stammt, die der große chinesische Zen-Meister Yäan-wu (1063–1135) zusammengestellt hat. Das 40. Beispiel aus dieser Sammlung lautet:[62]

Der Würdenträger Lu Geng befand sich im Gespräch mit Nan-tjüan. Dabei sagte er: Bei Dschau, dem Lehrer des Gesetzes, stehen die Worte: „Himmel und Erde haben mit mir eine und dieselbe Wurzel. Das ganze All mit mir zusammen bildet einen einzigen Leib." Das ist doch im höchsten Grade wunderbar! Nan-tjüan wies auf den Blütenbusch im Vordergrund des Gartens, sprach den Würdenträger an und sagte: Die Menschen unserer Zeit betrachten diesen Blütenbusch wie Träumende.

Le Geng, ein Regierungsbeamter, der normalerweise mit ganz alltäglichen Geschäften befaßt ist, die unterscheidendes Urteilsvermögen und wohl auch die Beherrschung der Ränke des Machtspieles verlangen, kommt zu dem Zen-Meister Nan-tjüan. Im Gespräch erinnern sie sich an einen Ausspruch des Mönches Dschau, der im 5. Jh. n. Chr. in China gelebt hat. Wie so viele buddhistische Mönche in China war dieser ein eifriger Student und Verehrer der daoistischen Klassiker gewesen, also vor allem des Lau-dsi und Dschuang-dsi. Im Daoismus war die Harmonie zwischen materiellen und geistigen Prozessen eine der wichtigsten Grundlagen der Übungen, die das Gleichgewicht der Kräfte im Universum und in jedem einzelnen „Körper" des Universums anstrebten. So ist das hier angeführte Zitat zu verstehen, das im Zen nun noch mit einer typischen Pointe versehen wird: Der wunderbare Blütenbusch *ist* die Harmonie des ganzen Universums. Alles hat ein und dieselbe Wurzel und *ist* darum ein einzi-

---

[62] Zit. nach der Ausgabe von W. Gundert (Übers.), Bi-yän-lu. Meister Yüan-wu's Niederschrift von der Smaragdenen Felswand, Bd. 2, München: Carl Hanser 1967, 143 ff.

ger Leib, aber dies wird erfahrbar nur im sinnlich Konkreten – nämlich in *diesem* Blütenbusch, nirgends sonst.

Dabei liegt die Betonung nicht so sehr darauf, daß es sich um eine Pflanze, also ein Lebewesen außerhalb des menschlichen Körpers, handeln würde. Zuallererst erfährt der Zen-Meditierende den Blütenbusch nämlich *erstens* in sich selbst, dann *zweitens* in der Einheit mit anderen Übenden (vornehmlich mit dem eigenen Lehrer) und schließlich *drittens* in der Harmonie mit dem Universum.

1. In der *Einheit mit sich selbst* zeigt sich die Erfahrung zunächst in einer Harmonisierung der Körperempfindung. Das ungewohnte Sitzen im Lotos-Sitz oder einer vergleichbaren Sitzhaltung am Boden bewirkt ja zunächst fast immer, daß die Beine schmerzen, die Schultern verkrampft sind, im abdominalen Bereich ein Blockadegefühl auftritt usw. Der Übende nimmt sich selbst völlig fragmentiert wahr, insofern seine Aufmerksamkeit von der einen Verspannung zur nächsten springt, was nicht nur jede Konzentration verhindert, sondern auch ein Gefühl der Verzweiflung angesichts der buchstäblich verspürten Zerrissenheit des Leibes aufkommen lassen kann. Diese „Verzweiflung" hat aber eine hilfreiche therapeutische Funktion: Denn es ist kein Zufall, wie und an welcher Stelle die Verspannungen auftreten. Das körperliche Symptom zeigt vielmehr seismographisch genau an, welche psychischen, d. h. biographisch bedingten oder in der gegenwärtigen Einstellung begründeten, Unausgeglichenheiten sich im Körper abbilden. Im Zen benutzt man zur Heilung dieser Komplexe keine (oder nur sehr sparsam eingesetzte) verbale Therapie analytischer Art, sondern man geht allein in das Körpergefühl hinein. Im Zen ist also der Körper der Therapeut!

Die Übung läßt sich verallgemeinernd so beschreiben: Der Übende versucht, durch Konzentration auf die betreffende Körperregion, durch „Hinatmen" und dann vor allem durch das Loslassen der jeweiligen Spannung in den Hara (die Leibmitte unterhalb des Bauchnabels) die Spannung auf der vor-verbalen Ebene direkt zu lösen. Die Region des Hara wird dann zu einem Zentrum, in das alle fragmentierten Körperwahrnehmungen hineinfallen wie in ein „schwarzes Loch", und in diesem Zentrum werden sie in geballte Energie verwandelt, die die Konzentration in sich hineinzieht. Wenn dieser „Energieball" sich schließlich löst und durch die Gegend es Perinäum in die Erde sinkt oder in alle

Himmelsrichtungen „explodiert", gibt das Ich-Bewußtsein seine eingekapselte Identität auf und realisiert die ursprüngliche Einheit aller Energie- und Bewußtseinsströme: „Das ganze All mit mir zusammen bildet einen einzigen Leib." Interessant ist, daß im Zen diese Erfahrung ganz und gar *leiblich* ist, d. h. etwas sinnlich Konkretes und Strukturiertes meint. *All und Ich bilden nicht ein verflüchtigtes geistiges Abstraktum, sondern einen einzigen Leib!* Diese Erfahrungsdimension, in der alle Viel-Dimensionalität zusammenfällt, läßt sich sprachlich nicht darstellen, wohl aber sinnlich erfassen – eben in dem wunderbaren Duft *genau dieses* Blütenbusches.

2. Die *Einheit mit anderen Übenden* ist ein ganz wesentlicher Aspekt der Zen-Erfahrung. „Wir sind alle ein Leib", ist die fundamentale Empfindung in einem *Zen-sesshin,*[63] obwohl bzw. besser gerade weil vollkommenes Schweigen herrscht und jeder für sich selbst auf der Matte hockt. Die Übenden lassen sich in ein Energiefeld fallen, das von allen gemeinsam aufgebaut wird. So stützt die Präsenz eines jeden die Gegenwart aller. Dabei ist dies wiederum keine entkörperlichte Wahrnehmung, sondern die Teilnehmer eines *sesshin* nehmen oft körperlich äußerst sensibel wahr, was bei anderen Übenden vor sich geht – sie nehmen „Verspannungen auf sich" usw.

Die Wahrnehmung dieses gemeinsam aufgebauten Energiefeldes wird durch mantrische Rezitationen unterstützt, die im Zen keineswegs fehlen. Um sich nicht in der Exotik fremdsprachlicher Texte zu verlieren, werden beim *sesshin* in Deutschland gern deutsche Texte oder das kürzeste aller Mantras, die allumfassende Sanskritsilbe „OM", gesungen. Dabei entsteht ein Klangteppich, in den jeder seinen Laut in seiner eigenen Tonhöhe und in je eigener Intensität hineingibt. Der Klang strömt von außen in jeden Teilnehmer hinein, und er ist gleichzeitig von jedem Teilnehmer mitgestaltet und wird aufrechterhalten durch die Energie eines jeden. Oft sind die Individuen so stark synchronisiert, daß die Klangintensität spontan anschwillt oder abnimmt, ohne daß einzelne dies intendiert hätten, d. h. die Übenden sind *ein* Klang*körper* geworden. Diese Übung baut ein

---

[63] Im Zen ist ein *sesshin* („Begegnung im Geistgrund") die strenge Übungsperiode von ca. einwöchiger Dauer.

Energieniveau auf, das oft lange anhält und sich für die Konzentration im *zazen* (dem meditativen Sitzen) positiv auswirkt.

Eine besonders starke Erfahrung von Einheit auf dieser Ebene wird in der interpersonalen Einheit zwischen Lehrer und Schüler spürbar, die deshalb so intensiv ist, weil sie im *transpersonalen* Grund des Interpersonalen verwurzelt ist. Was heißt das? Der Lehrer lehrt nicht primär „Inhalte" *über* das Zen, sondern lebt eine Haltung *aus* Zen, die sich dem Schüler im Alltäglichen vermittelt. Der Lehrer zieht den Schüler in das Feld konzentrierten Bewußtseins hinein, und ermöglicht ihm so, aus seiner halbwachen Geisteshaltung zu erwachen. Nicht, daß der Lehrer eine Bewußtseinskraft auf den Schüler übertrüge, sondern er erweckt durch seine Präsenz die potentiell vorhandene eigene Kraft im Schüler – und die hat eine unverwechselbare eigene „Form". Ein kompetenter Lehrer zeichnet sich im Zen dadurch aus, daß er nicht die eigene „Form" zu übertragen versucht, sondern die Eigengestalt des Schülers spürt, bevor dieser sie selbst wahrgenommen hat und durch geeignete Stimulation wachruft. Es ist auffällig, daß bei sehr vielen Zen-Geschichten das Große Erwachen scheinbar unerwartet hereinbricht, und zwar meist im Anschluß an eine *körperliche* Erfahrung, die der Meister bewußt herbeigeführt hat – denn er hat gespürt, daß die „Spannung" im Schüler so angewachsen ist, daß es nur noch eines Impulses bedürfte, um die „Entspannung" auszulösen, die wiederum unerläßliche Voraussetzung für das Erwachen ist. Ein berühmtes Beispiel dafür ist das 3. Koan aus der Koan-Sammlung Mumonkan:[64]

Was immer Meister Chü-chih (bezüglich des Zen) gefragt wurde, stets hob er nur einen Finger. Ihm diente ein Knabe, den einmal ein auswärtiger Besucher fragte: „Was ist die Hauptsache der Lehre deines Meisters?" Der Knabe hob den Finger. Als Chü-chih davon erfuhr, schnitt er mit einer Klinge den Finger ab. Der Knabe lief vor Schmerz schreiend davon. Chü-chih rief ihm nach. Als der Knabe den Kopf zurückwandte, hob Chü-chih wieder den Finger. Da faßte der Knabe plötzlich die Erleuchtung.

---

64 H. Dumoulin (Übers.), Mumonkan. Die Schranke ohne Tor. Meister Wumen's Sammlung der achtundvierzig Kôan, Mainz: Grünewald 1975, 45.

Diese Geschichte ist in zweierlei Hinsicht aufschlußreich. Einmal ist es die intensive körperliche Erfahrung des körperlichen oder auch psychischen Schmerzes, die eine gleichsam initiatische Funktion hat.[65] Und zum zweiten wird deutlich, daß jede Erfahrung im Zen, sei sie auch noch so universal und allgemein, ganz und gar individuell ist. Den ersten Aspekt hatten wir oben bereits erörtert, indem wir von dem Schmerz beim Sitzen sprachen. Im Zen, besonders in der Rinzai-Schule, ist dies oft noch verstärkt worden durch die Methode des „Anbrüllens" oder den Schlag mit dem Stock (kyosaku), der keine Strafe sein soll, sondern eine Lösung von Verspannungen bewirkt. Der gezielt-befreiende Schlag löst im Gewebe und den Nervenbahnen einen „Schock" aus, der den Übenden aus den gewohnten Geleisen der Wahrnehmung und des emotionalen Flusses herauskatapultieren soll, um ihm eine frische Erfahrung des Augenblicks zu ermöglichen. Im Zen wird das Bewußtsein so geschärft, daß es jeden Augenblick als den ersten Schöpfungsmorgen der Welt erfährt. Und dies geschieht u. a. dadurch, daß ein höchst intensiver körperlicher Eindruck herbeigeführt wird. In späteren Stadien der Übung muß das Körperempfinden meist nicht mehr auf derartig drastische Weise stimuliert werden. Für den Geübten wird dann *jede* sinnliche Wahrnehmung so intensiv, als erlebte er sie zum ersten Mal: der Duft einer Blume, der Druck der Fußsohle auf den Boden beim Gehen, der Klang der Glocke usw. Dies spiegelt sich in den Geschichten wider, in denen der Übende mit größter Anspannung tagelang beim Sitzen intensiv die Konzentration in der völlig gleichmäßigen ruhigen Atmung geübt hat, ohne daß der Durchbruch zur Großen Befreiung[66] gelungen wäre. Schließlich,

---

[65] Die chinesischen und japanischen Zen-Geschichten drücken sich oft in drastischen Bildern aus. Man muß sie symbolisch lesen und darf dies keinesfalls als Legitimation der Gewalt oder Aggression des Lehrers mißverstehen, sondern der innere Schmerz des Schülers wird hier in dem äußeren drastischen Ereignis symbolisiert. Daß die Leitung eines Schülers durch den Lehrer nicht Brutalität, sondern feinfühliges Einspüren in das körperliche und psychische Befinden des Schülers voraussetzt, ist selbstverständlich. Dem Schüler die Selbst-Konfrontation mit dem eigenen Schmerz vorzuenthalten, hieße aber, ihn einer wichtigen Möglichkeit zum Durchbruch durch die Ich-Verstrickung zu berauben.

[66] Die Zen-Erfahrung wird mit verschiedenen Metaphern und ihren Übersetzungen umschrieben: als *satori, kensho* (Wesensschau), Große Befreiung, Erwachen, Erleuchtung usw. Jedes dieser Bildworte erlaubt unterschiedliche Assoziationen, die wir hier aber nicht analysieren wollen. Wir gebrauchen die Begriffe aus diesem Grunde synonym.

am Ende der Übungszeit, läßt er sich völlig los in den Atem hinein, ohne etwas zu wollen, und beim Klang der Glocke ... Er ist selbst zu diesem Klang geworden!

Zweitens zeigt die Geschichte von Chü-chih und dem Knaben auch, daß jede Situation anders und jedes Erwachen verschieden ist: Der Knabe imitiert in ungebührlicher Weise den Meister und glaubt, dadurch der Weisheit dieses Meisters teilhaftig zu werden. Er wird dafür drastisch zurechtgewiesen. Als der Meister unbeirrt wieder *sein* Symbol, die *ihm* entsprechende Ausdrucksform und Gestalt, zeigt (den erhobenen Finger), wird der Knabe erleuchtet. Will sagen: *In* der je einmaligen körperlichen Konkretion und Gestalt kommt das Universale und allgemeingültige zum Ausdruck. Das Erwachen im Zen ist ein Erwachen zur universalen Buddha-Natur aller Wesen. Es ist ein Erwachen zur *Einheit der Wirklichkeit.* Aber diese Einheit zeigt sich in der je besonderen und einzigartigen Form, in der unverwechselbar einmaligen körperlichen Gestalt.

3. Die umfassende Ebene ist die Erfahrung der *Einheit mit dem Universum.* Die ganze Wirklichkeit ist *ein* Leib. Auch dies ist im Zen durchaus eine körperliche Empfindung, denn charakteristisch für die Vertiefung der Zen-Praxis ist die „Ausdehnung" des eigenen Körperempfindens auf die Umgebung: Der Zen-Übende *wird* zu dem Klang des Wasserfalles, den er rauschen hört, er *wird* zu den zerfließenden Formen des Rauches von dem Räucherstäbchen, das vor ihm abbrennt. Das bedeutet, daß einerseits die Köperidentität nicht mehr durch die Außenbegrenzung der Haut konstituiert wird, daß sich aber anderseits der Körper auch nicht auflöst, sondern daß er sich ausweitet, bis das ganze Universum in ihm enthalten ist. In der mytho-poetischen Sprache des *Avatamsaka-Sutra*[67] hat der Buddha Maitreya und alle anderen Buddhas einen Leib so groß wie ein Staubkörnchen und so groß wie das ganze Universum. Staubkorn und Universum werden miteinander identisch. Dies ist, in mythischer Sprache ausgedrückt, die Zen-Erfahrung: Das ganz und gar leibliche Empfinden ist nicht an eine bestimmte und gleichbleibende Raumstruktur (den durch die Haut abgegrenzten Körper) gebunden, sondern es

---

[67] Einige Texte aus diesem Sutra mit Erläuterungen in: M. v. Brück, Weisheit der Leere. Sutra-Texte des indischen Mahayana-Buddhismus, Zürich: Benziger 1989 (Taschenbuchausgabe bei Heyne).

ist die vollkommen konkrete Gegenwärtigung des Hier und Jetzt in jeder raum-zeitlichen Form.

Diese Erfahrung des *einen Leibes,* der die individuelle Körperlichkeit transzendiert aber zugleich einschließt, findet sich keineswegs nur im Zen, sondern in vielen mystischen Traditionen, auch im Christentum. Es ist nur an die Vorstellung vom *mystischen Leib Christi* erinnert, der sich in kosmischen Dimensionen erstreckt und in *dem* alles Sichtbare und Unsichtbare geschaffen ist (Kol 1, 16). Aber auch das johanneische Gleichnis vom Weinstock und den Reben deutet in diese Richtung (Joh 15, 1–8). Jesus vergleicht sich hier mit einem Weinstock, an dem seine Schüler die Reben sind: die Menschen sind danach keine autarken Individuen, sondern Glieder an *einem* Organismus. Alle Individuen sind durchflossen von der einen Lebensenergie, und so wie es ohne den Weinstock keine Reben geben kann *und umgekehrt,* so sind alle Menschen Glieder an *einem* kosmischen Leib. Paulus erwartet die Offenbarung dieser universalen Einheit als Inbegriff der Vollendung der Welt und beschreibt dies mit den Worten, daß „Gott alles in allem" sein werde (1 Kor 15, 28). In der Mystik wie auch im Zen ist dies eine gegenwärtige Erfahrung.

Wenn dem so ist, erscheint allerdings die alltägliche Körpererfahrung als eine Begrenzung, als mangelnde Intensität der Wahrnehmung oder als *Traum.* Kehren wir zu unserem ersten Beispiel aus dem Bi-yän-lu zurück. Dort hieß es im letzten Satz: „Die Menschen betrachten diesen Blütenbusch wie Träumende." Sie halten diesen Blütenbusch für ein äußeres Ding, das neben anderen äußeren Dingen zum *Objekt* ihrer Wahrnehmung wird; ein Objekt, das begehrenswert erscheint oder Ablehnung hervorruft. In beiden Fällen wird von einem *Subjekt* der Wahrnehmung her der Gegen-stand als Äußeres empfunden. Das ist die Illusion oder der Traum, aus dem der Zen-Übende zu erwachen wünscht. Ein vollkommen Erwachter ist ein Buddha.[68] Im Traum entwickelt der Träumende körperliche Symptome, die auch das Wach-Erleben begleiten, wie Angstschweiß usw. Erwacht der Träumer, verändert sich die Umgebung nicht, aber sein Bewußtseinszustand ist ein anderer, und er nimmt die Welt völlig anders wahr. Der wesentliche Unterschied in der Wahrnehmung besteht darin, daß die *Relationen* und *Korrelationen* der einzelnen Wahrnehmungs-

---

[68] *Buddha* ist das Partizip Perfekt Passiv von der Wurzel bhuj: erwachen.

inhalte sowie die Einordnung in einen Gesamtrahmen, einen Sinn-Zusammenhang, im Wachbewußtsein ganz anders geschieht als im Traum. Die in indischen und ostasiatischen Traditionen häufig gebrauchte Analogie bezieht sich zunächst nicht auf eine Aussage über die Qualität des Traumbewußtseins, sondern sie besagt: Traum (T) verhält sich zu Wachbewußtsein (W) wie Wachbewußtsein zu meditativem Erwachen (E), also T : W = W : E.

Das meditative Erwachen ist ein Bewußtseinszustand, in dem Welt wahrgenommen wird, und zwar in ihrer Körperlichkeit, aber die Relationen sind anders als im normalen Tagesbewußtsein: „Das ganze All mit mir zusammen bildet einen einzigen Leib." Und dies wird körperlich fühlbar am „Blütenbusch im Vordergrund des Gartens". Für ein „träumendes Bewußtsein" ist dieser Blütenbusch ein Objekt, für ein „erwachtes Bewußtsein" ist der Blütenbusch ein Aspekt an dem einen großen Geschehen, von dem „Ich" ein anderer Aspekt bin. Subjekt und Objekt sind in dieser Erfahrung zu *einer Leiblichkeit* verschmolzen.

III.

Ein Meister wurde gefragt, was Zen sei. Er antwortete: „Wenn ich esse, esse ich; wenn ich sitze, sitze ich, wenn ich gehe, gehe ich." Darauf entgegneten verwundert die Fragenden: „Das tun wir doch täglich auch!" Darauf der Meister: „Nein, wenn ihr eßt, steht ihr schon auf; wenn ihr sitzt, geht ihr schon ..."

Zen ist das Gegenwärtigsein im Augenblick. Deshalb ist ein wichtiger Aspekt der Übung im *sesshin* die körperliche Arbeit. Die Tätigkeit in Haus und Garten bei ganz alltäglichen Verrichtungen dient der Einübung in konzentrierte Präsenz. Es genügt nicht, dies allein mental einzuüben, weil wiederum der Lernprozeß über die sinnliche Wahrnehmung gehen muß, damit das Gegenwärtigsein habituell werden kann. Die konzentriert vollzogene körperliche Tätigkeit erzeugt außerdem eine gelöste Wachheit, bei der das Bewußtsein eher in der notwendigen Balance von Anspannung und Loslösung verweilen kann als bei der rein mentalen Konzentration. So notwendig die mentale Übung ist, sie bedarf der Ergänzung durch die leibliche Übung, weil das Mentale durch das Leibliche im wörtlichen Sinne „gestützt" wird.

Abgesehen davon vollendet sich der Weg des Zen erst in der „Rückkehr zum Marktplatz", wie die Zehn Bilder vom Ochsen und dem Hirten lehren, die den Weg des Zen bildhaft veranschaulichen.[69] Der „Rückkehr zum Einen", bei der die Vielfalt der Welt in ihren Grund zurückgeführt wird, entspricht der „Vorgang ins Viele", in dem sich Zen-Erfahrung bewährt. Das erwachte bzw. befreite Bewußtsein kann in seiner ungehinderten offenen Weite alles umfassen und dadurch vereinen. Der Ursprung wird in dem gegenwärtigen Augenblick vermittelt, das „Wesen" in die alltägliche „Erscheinung". Daß das Alltägliche nur in der leiblichen Konkretion gegenwärtig sein kann, versteht sich von selbst. Würde die Zen-Erfahrung ein mentales Ereignis bleiben, wäre eine Dualität von Geist und Körper, von „heilig" und „profan", von Erleuchtung und Nicht-Erleuchtung zurückgeblieben. Es wäre also gar keine Zen-Erfahrung. Denn diese zeichnet sich dadurch aus, daß sie *jede* Dualität überwindet.

IV.

Zen könnte man vergleichen einem Spiel, durch das wesentlich Menschliches zur Erscheinung kommt. Im Spiel gibt sich ja der Spieler ganz an die Bewegung, den Rhythmus hin, der durch erprobte und akzeptierte Regeln erzeugt wird. Er „vergißt" sich selbst, und in diesem Selbstvergessen transzendiert er seine durch Gewohnheiten geprägten Erfahrungsmuster. Dieses Lebensspiel vollzieht sich zuallererst im schweigenden Sitzen, der Versenkung in den Atem, aber auch im Kult und in eigentümlichen Sprachspielen – wie wir im Koan gesehen haben –, auch in bestimmter Form zwischenmenschlicher Kommunikation zwischen Lehrer und Schüler und der Schüler oder Lehrer untereinander. Jedenfalls ist „der Spieler" ein Leib – jede Pore, jede Zelle des Körpers wird dabei in die Flamme der Konzentration getaucht, bis sie platzt und das *Wesen* des Menschen freigibt. Dieses Wesen ist wiederum nicht „der Geist" (gegenüber „dem Körper"), sondern die geist-körperliche Präsenz des einen Urbildes aller Wirklichkeit. Der japanische Zen-Meister Dogen (1200 bis

[69] K. Tsujimura/H. Buchner (Übersetzer und Hrsg.), Der Ochs und sein Hirte. Eine altchinesische Zen-Geschichte, Pfullingen 31976.

1253) beschreibt darum seine Zen-Erfahrung so: *Geist und Körper sind ausgefallen.*

Für den Buddhismus ist die Erfahrung der Vergänglichkeit *(anitya)* aller Erscheinungen der Inbegriff angemessener Wahrnehmungen der Wirklichkeit. Vergänglichkeit heißt, daß alle Daseinsmomente in beständigem Fluß sind, sie werden gebildet und vergehen sogleich wieder. Die Kraft, die jene Bildungen hervorbringt und strukturiert, ist das *karman. Karman* ist das Gesetz der Kausalität, das auch reziprok wirkt: die Ursache einer Erscheinung wird durch die Wirkung, die sie hervorbringt, modifiziert. Alle Erscheinungen sind demnach gegenseitig abhängig verursacht *(pratityasamutpada)*. In diesem Sinne ist die Kausalität dynamisch und reziprok. Wirklichkeit ist Wechselwirkung. Jedes individuierte Glied oder jeder Aspekt dieser Wechselwirkung birgt jedes andere in unterschiedlichen Aktualitätsgraden in sich. Jede Erscheinung formt sich demnach, und wiederholte Formungen bilden das aus, was wir „Charakter", also relativ konstante Verhaltensmuster, nennen.

In bezug auf die Lebewesen kann man dementsprechend sagen, daß das Bewußtsein als Impuls, der Motivationen freisetzt und sich in Handlungen äußert, durch *karman* Strukturen schafft, die wir als *Körper* wahrnehmen. Somit ist der Körper eine Projektion des Bewußtseins auf der äußersten, grobstofflichen Ebene der Wirklichkeit. Der Mensch, der sich mit seinem gegenwärtigen Körper identifiziert und diesen als sein „Ich" bzw. seine Identität wahrnimmt, identifiziert sich also gleichsam mit den geronnenen Formen seiner Lebenskraft, mit dem Körper nämlich, der, sobald er wahrgenommen wird, immer schon das Vergangene ist. Das ist die fundamentale Unwissenheit, die bindet und unfrei macht, weil sie an Fixiertem anhaftet. In Wirklichkeit ist der „wahre Körper" aber mehr – die *Einheit der universalen Energie.* Der Buddhismus erläutert diesen Sachverhalt an einem eindrücklichen Gleichnis: Die Wirklichkeit ist ein Meer des Bewußtseins, das an der Oberfläche durch Wellen gekräuselt ist. Die Wellen sind auch Bewußtsein, aber in bestimmter Modifikation, sie bewegen und verändern sich ständig. Wenn man sich mit den Wellen identifiziert und diese Formen festhalten will (was nicht gelingen kann), nimmt man die Wirklichkeit nicht in ihrer Soheit *(tathata)* wahr: Die Meditationsübung dient daher der Beruhigung der gekräuselten Oberfläche, damit das Bewußtsein seine eigene Identität, das „Meer-sein" nämlich, erkennt. Aber wie wir oben sahen: Im Zen ist dies keine Abstraktion von der konkreten körperlichen Form, sondern eine sinnlich konkrete Wahrnehmung der jeweiligen Form in ihrer Ganzheit.

Die Zen-Übung vergegenwärtigt die radikale Vergänglichkeit jedes Augenblicks. Hat sich der Übende in diesem einen entscheidenden Augenblick völlig losgelassen, sind Raum und Zeit überschritten und die Grenzenlosigkeit und Zeit-Ewigkeit wird erfahren. Diese Ewigkeit ist nicht die unendliche Ausdehnung der Zeit, sondern ein zeitloser Raum, der gleichsam unendlich-dimensional und somit null-dimensional ist. Die Körpererfahrung ist dabei eine unendliche Ausdehnung, die aber so gefüllt ist, daß strömende Energie als Kraft fließt, die aus einem Zentrum kommt, das überall ist. Der Strom wird durch nichts gehindert, und er ist doch in jeder körperlichen Form, die mit den Sinnen wahrgenommen wird. Diese Nicht-Dualität ist ein Zustand, der *nirvana* genannt wird, in dem gleichsam alle verfestigten oder substantialisierten „Knoten" im Bewußtsein aufgelöst sind, weil das geist-körperliche Kontinuum frei, spontan und zeitlos fließt.

Unübertroffen prägnant ist Leiberfahrung im Zen in den letzten Zeilen des „Liedes des Zazen" (*Zazen Wasan*) des japanischen Zen-Meisters Hakuin (1686–1769) aus der Rinzai-Schule beschrieben. Dort heißt es:

Dieser Ort *ist* das Lotos-Land.
Dieser Körper *ist* der Buddha-Körper.

Das bedeutet: das Wesen des Menschen ist nicht getrennt vom Wesen dieses Körpers, sondern dieser Körper, dieser Ort *ist* der Buddha und das Buddha-Land. Die Frage, wie weit der Körper ausgedehnt ist und wie offen diese Wahrnehmung ist, ist eine Frage der Intensität des Bewußtseins.

Die Autorinnen und Autoren dieses Buches

David Boadella, geb. 1931 in London, studierte englische Literatur und Pädagogik und spezialisierte sich auf emotionale Störungen bei Kindern. Ausbildung bei Ola Raknes und Paul Ritter in reichianischer Vegeto-Therapie. 1963 Rektor der Abbotsbury Schule in Dorset, gleichzeitig baut er eine psychotherapeutische Praxis in London auf. 1981 gründet er das „Zentrum für Biosynthese" (London, später Zürich, heute Heiden/Schweiz).

Gerda Boyesen, geboren 1922 in Bergen, Norwegen, Dipl. Psychologin, Klinische Psychotherapeutin in Reichianischer Analyse, Physiotherapeutin, Gründerin der Biodynamischen Psychologie. Sie gründete und leitet seit 1970 das Biodynamic Training Centre in London und die „Gerda Boyesen International Training Organisation" und lehrt in den westeuropäischen Ländern.
Kontaktadresse: Gerda Boyesen Academy for Biodynamic Psychol., Centre Ave., Aeton Park, GB London W3 7JX.

Mona Lisa Boyesen, geboren 1945 in Oslo, Norwegen, Körperpsychotherapeutin und Autorin. Seit 1970 Mitbegründerin der Biodynamischen Psychologie und Leitende Trainerin und Supervisorin der „Gerda-Boyesen-Methode" in Holland und Norddeutschland von 1973 bis 1992, seit Januar 1993 zusammen mit Ebba Boyesen Leiterin der European School for Biodynamic Psychology und Erogenetics Deutschland e.V. (E.S.B.P.E. e.V.), Begründerin der „Erogenetic Analysis".
Kontaktadresse: E. S. B.P.E. e. V., Hüxterdamm 22, 23552 Lübeck, Tel.: 0451–700 41, Fax.: 0451 714 06.

Dr. Michael von Brück, geboren 1949 in Dresden. Studium der ev. Theologie und der vergleichenden Sprachwissenschaft in Rostock sowie des Hinduismus und Buddhismus in Indien und Japan, dort auch Yoga- und Zen-Studium. Mehrere Jahre Dozent am Gurukul College in Madras. Heute Professor für Vergleichende Religionswissenschaft an der Universität Regensburg. Meditationskurse in Deutschland, den USA und Indien.

Mantak Chia, 1944 in Thailand geboren, lernte schon mit sechs Jahren das ‚Sitzen und die Geistesstille'. Während seiner Schulzeit wurde er in Thai-Boxen, Tai Chi Chuan, Aikido und Yoga unterrichtet, mit 18 in der esoterischen Praxis des Tao. Später studierte er Kundalini Yoga und eine Synthese aus taoistischen, buddhistischen und Chan-Lehren und schließlich auch die Shaolin-Methode des Umgangs mit der inneren Kraft. Hauptberuflich arbeitete er damals noch als Manager und Verkaufsleiter der thailändischen Niederlassung einer Firma für Offsetmaschinen. Mantak Chia strebt nach einem berechenbaren, zuverlässigen Arbeitsmodell und nach wissenschaftlichem Umgang mit den Energiesystemen des Körpers. Er praktiziert und lehrt weltweit.
Kontaktadressen:
Healing Tao Europa, Postfach 21 Nua, CH 9014 St. Gallen, Tel.: 041 – 71-278909.
Tao Garden, 274 Moo 7, Tambon Laung Nua, Doi Saket, Thailand, Tel.: 001-66 – 53495596

Gabrielle St. Clair (geb. 1953) und *Michael Plesse* (geb. 1945) sind seit mehr als 18 Jahren innovative Lehrer, Therapeuten und Ausbilder für Tantra, Meditation und Orgodynamik, die sie 1986 begründeten. Sie sind Autoren des Buches „Feuer der Sinnlichkeit, Licht des Herzens" (Aurum/Goldmann) und gründeten 1991 das Netzwerk „Orgoville International". Derzeit Seminare, Ausbildungen und Vorträge in Europa und USA.
Sektretariat: Orgoville International, Borghild Schudt, Ringstr. 49, D – 78465 Konstanz, Tel.: 07533/3225, Fax.: 07533/7670.

Dr. phil. Christian Fuchs, Jahrgang 1955. 1977–1983 Studium an der Universität Tübingen in den Fächern: Indologie, Religionswissenschaft und Philosphie. Gleichzeitig Ausbildung zum Yogalehrer in der Schule des Vaters. 1985–1989: Dissertation über das Thema: „Die Rezeption des Yoga in Deutschland" (Forschungsprojekt der „DFG"; 1990 unter dem Titel „Yoga in Deutschland" bei Kohlhammer in Stuttgart erschienen). 1989: Gründung des „Instituts für Yoga-Forschung" (IYF) in Stuttgart. Seit 1991 Vorstandsmitglied des „Berufsverbandes Deutscher Yogalehrer" (BDY) für das Referat „Öffentlichkeitsarbeit".

Dr. Joachim Galuska, Psychologiestudium; Facharzt für Psychiatrie, Gestalttherapeut, Lehrer für Vipassana Meditation, Orgodynamik, Gründer und Chefarzt der Fachklinik Heiligenfeld.

Dr. Ingo Jahrsetz, Psychotherapeut (Psychodrama, Holotropes Atmen nach Grof, Familientherapie) mit eigener Praxis. Erster Vorsitzender des Spiritual Emergence Network (SEN) Deutschland.

Pieter Loomans, Dipl.-Psych. Seit 1981 Mitarbeiter in Rütte, im Forum Rütte seit 1983; seit 1985 Fortbildungskurse in Initiatischer Leibtherapie. Leitet seit 1992 das Rütteforum eigenständig als Seminar und Fortbildungszentrum. Herausgeber von Veröffentlichungen zur initiatischen Therapie.

Dr. Arnold Mindell, Physiker am MIT (USA) und Psychologe (Ph.D.) Ausbildung am C. G. Jung-Insitut in Zürich und dortiger Lehranalytiker. Aus einer Verbindung von Traum- und Körperarbeit entwickelte er eine eigene Psychotherapierichtung, die Prozeßorientierte Psychologie, mit Zentren der USA und der Schweiz. Autor zahlreicher Veröffentlichungen.

Tillmann Moser, geb. 1938, studierte Philologie, Soziologie und Politik in Tübingen, Berlin, Paris, Frankfurt am Main und Gießen. Seine Ausbildung zum Psychoanalytiker erfolgte am Siegmund-Freud-Institut in Frankfurt. 6 Jahre lang war Moser Dozent für Psychoanalyse und Kriminologie am Fachbereich Jura der Frankfurter Universität. Seit 1979 arbeitet er als niedergelassener Psychoanalytiker in Freiburg.

Heinrich Nikodemus Panförder, geb. 1936, ehemaliger Priester im Dominikanerorden – Begleitung Alternder, Sterbender und psychisch ‚chronisiert' Kranker – Beginn des Weges erfahrbaren Atems 1982 – Atempädagoge seit 1992 – Mitarbeiter in der Ausbildung am Ilse Middendorf Institut für den Erfahrbaren Atem, 64743 Beefelden-Falken-Gesäß, Tel.: 06068/3063.

John D. Pierrakos M. D., Schüler und Mitarbeiter von Wilhelm Reich, zusammen mit Alexander Lowen Begründer der Bioenergetik. Im Prozeß seiner geistig-spirituellen Erfahrungen entwikkelte er die Core-Energie und gründete das Institute of Core Energetics in New York. Er hat eine private Praxis in New York und hält Vorlesungen und Workshops in den USA und in Europa.
Kontaktadressen:
Core Energetics Evolution, PO Box 806, Mendocino CA 95460, USA, Tel.: 707/9371825, Fax.: 707/937-3052.
Institut für Core Energetik, Dr. Siegmar Gerken, PF 4, D 82405 Wessobrunn, Tel.: 08809/ 568, Fax.: 08809/ 755.

Dr. phil Peter Schwind, nach Lehrjahren in unterschiedlichen psychotherapeutischen Schulen Ausbildung in der Rolfingmethode am von Ida Rolf begründeten Institut in Colorado, seit 1980 als Rolfer in München tätig, seit 1985 als Lehrer am Rolf Institute in Colorado und bei der European Rolfing Association (München) tätig.

Dr. Franz Sedlak, Leiter der Schulpsychologie-Bildungsberatung in Österreich, Univ. Lektor, Gesundheitspsychologe, Klinischer Psychologe, Supervisor, Balintgruppenleiter, Psychotherapeut (Autogenes Training, Klientenzentrierte Individualpsychologie und individualpsychologische Gruppentherapie, Logotherapie und Existenzanalyse, Katathyme Imaginative Psychotherapie).

Dr. phil. Hans-Willi Weis geb. 1951; Sozialwissenschaftler, Yoga- und Meditationslehrer; vergleichende Forschung über spirituelle Traditionen in ihrem soziokulturellen Kontext; theoretisch und praktisch anknüpfend insbesondere an den „initiatischen" Ansatz Graf Dürckheims; Vortragstätigkeit und Wegbegleitung (in Leibarbeit, Übungsanleitung und Gespräch) in Todtmosos-Rütte.

Dr. Edith Zundel, Dipl.-Psych., Psychotherapeutin (Wissenschaftliche Gesprächspsychotherapie nach Rogers, Katathymes Bilderleben nach Leuner u. a.), Veröffentlichungen zu sozialen Fragen, zu Psychotherapie und transpersonaler Psychotherapie.